Elias Erdmann

BLICKE
IN EINE ANDERE WIRKLICHKEIT

Das verborgene Wissen in der biblischen Symbolik,
in den deutschen Volksmärchen und in unserer inneren Bilderwelt

Spirit Rainbow Verlag

Weh euch Schriftgelehrten!
Denn ihr habt den Schlüssel der Erkenntnis weggenommen.
Ihr selbst seid nicht hineingegangen
und habt auch denen gewehrt, die hinein wollten.
(Lk. 11,52)

Die Bibelzitate stammen – sofern nicht anders angegeben –
aus der revidierten Luther-Bibel von 1984:
URL: http://www.bibel-online.net/
Deutsche Bibelgesellschaft, Stuttgart

Die Märchen der Brüder Grimm werden zitiert nach
http://gutenberg.spiegel.de/grimm/maerchen/0htmldir.htm
Projekt Gutenberg-DE

Der Autor ist über folgende eMail-Adresse zu erreichen:
elias.erdmann@gmx.de

Erstausgabe Januar 2007
© Copyright 2007 by Elias Erdmann
ISBN 978-3-937568-82-9

Alle Rechte beim Autor.
Nachdruck – auch auszugsweise – nicht gestattet.
Der Verlag übernimmt keine Haftung für den Inhalt des Buches.

Lektorat: Reinhard Fey
Manuskriptbearbeitung: C.S.
Gemälde auf dem Buchtitel von Silvian Sternhagel - Kunstmaler bei Berlin. Die zentrale
Internetseite seiner Bilder bereist man unter: www.licht-welten.com
Herstellung: Books on Demand GmbH, Norderstedt

Spirit Rainbow Verlag • Gudrun Anders
Ferberberg 11 • 52070 Aachen
Tel 0241 - 70 14 721 • Fax 0241 - 446 566 8
Email: info@spirit-rainbow-verlag.net • www.spirit-rainbow-verlag.net

Themenüberblick

Die esoterische Symbolsprache

- der Bibel (AT und NT)
- der deutschen Volksmärchen
- der „inneren Bilder"

Die Grundlagen

- Der mittlere Weg zwischen Weltflucht und Weltverhaftung
- Die „Grammatik" der esoterischen Symbolsprache
- Der „dreifache Schriftsinn"
- Der Unterschied zwischen esoterischen und psychologischen Interpretationen
- Die wichtigsten Symbole
- Die vier Elemente der Alchemie
- Die drei Ebenen der Schöpfung
- Das Modell der Planetensphären
- Zahlensymbolik
- Die geheime Lehre vom dreifachen Kreuz

Das verborgene Wissen als Klartext

- Die Smaragdtafeln des Hermes Trismegistos
- Goethes Hexen-Einmaleins
- Rapunzel, Dornröschen, Schneewittchen …
- Der biblische Schöpfungsbericht
- Der Turmbau zu Babel
- Der Auszug aus Ägypten und die Zehn Gebote
- Esoterisches Christentum
- Das Perlenlied des Apostels Judas Thomas
- Die Symbolik der Rituale: Abendmahl, Passah-Fest …

Der Nutzen

- Der Zugang zum „inneren Wissen" über die Symbolsprache der Märchen und Mythen
- Das Urwissen über den „Sinn des Lebens" und den Aufbau der Schöpfung

Erkenne

das Geistige im Materiellen,
das Ewige im Vergänglichen,
das Göttliche in der Schöpfung,
die Idee in der Realisierung,
das Abstrakte im Konkreten,
das Unfassbare im Fassbaren,
das Unsichtbare im Sichtbaren,
das Urbild im Abbild,
den Logos im Mythos,
die Bedeutung im Symbolischen,
den Inhalt in der Verpackung,
das Prinzip im Gleichnis,
das Höhere im Niederen,
das Heilige im Profanen,
das Gold im Blei,
das Licht in der Finsternis,
das Ganze im Zerteilten

und

das Eine in der Vielfalt.

Inhaltsverzeichnis

Themenüberblick 3
Erkenne 4
Der Schein der Sonne 9
Einleitung 11

Teil I – Eine Hinführung zum esoterisch-symbolischen Denken

Das innere Wissen – ein alter Bekannter von uns 16
Unterschiede zum üblichen Bibelverständnis 18
Die Grundausrichtung des Buches 22
Der Grund für die Symbolsprache 25
Der Vergleich mit einer Fremdsprache 28
Der Unterschied zur Psychoanalyse 32
    Der Vergleich mit einem Spiegelmosaik 32
    Das Drei-Ebenen-Schema beim Spiegelmosaik 34
Was ist Esoterik? 35
    Unterschiedliche Gründe für die Geheimhaltung 37
    Gründe für eine Veröffentlichung des esoterischen Wissens 44
Christentum und Esoterik 46
    Der Stammbaum der esoterischen Traditionen 56
Über den Autor und die Entstehung des Buches 60
    Erste spirituelle Erfahrungen in der Kindheit 61
    Das Wiedererwachen der Spiritualität in der Pubertät 62
    Die Zeit der Suche und Orientierung 65
    Die Kraft der Bäume 66
    Kontroverse Diskussionen im Internet 67
    Das Bild von der abgedunkelten Halle 71
    Das Dreifachkreuz und der Zugang zur Symbolsprache 73
    Das Buch 75
Die wichtigsten Werkzeuge auf dem Weg zum inneren Wissen 78
    Grundlagen und Umfeld 79
    Die inneren Bilder 82

Das innere Wissen 83
Die Verbindung von innerem Wissen und inneren Bildern 85

Anmerkungen zu den verwendeten Begriffen **87**
Gleichnis, Analogie, Sinnbild, Symbol, Allegorie, Metapher 87
„Gott" und „das Göttliche" 90

Teil II – Die wichtigsten Symbole, Motive, Grundstrukturen und Zusammenhänge

Die Hülle **96**

Die Interpretation nach dem Fleisch und nach dem Geist **96**

Das Abendmahl: Brot und Wein **104**

Strukturen und Ähnlichkeiten von Strukturen **107**

Geist und Seele **109**
Der Geist 111
Die Seele 112
Die drei Ebenen des Empfindens und Denkens 112
Der Zyklus der Seele 115
Der Zyklus des Geistes 117

Die Vier-Elemente-Lehre: Feuer, Luft, Wasser, Erde **117**
Die Evolution des Bewusstseins und die Vier-Elemente-Lehre 120
Das Analogie-Schema der vier Elemente 120
Die vier Elemente und der dreifache Schriftsinn als spiritueller
    Entwicklungsweg 122

Das Drei-Ebenen-Schema: Luft, Wasser, Erde **126**
Symbolische Analogien zum Drei-Ebenen-Schema 129

Das Dreifachkreuz **133**
Eine vereinfachte Herleitung 133
Die unterschiedlichen Polaritätenpaare 137
Die drei Kreuze 138
Die drei Querbalken 140
Die Rohform des Dreifachkreuzes 140
Der Vorhang und die korrigierte Form des Dreifachkreuzes 141
Das Dreifachkreuz und der kabbalistische Lebensbaum 146
Das Modell der sieben Bewusstseinsstufen 152

Der „höhere Seelenanteil" 153
   Die wundersame Brotvermehrung 153
   Das andere Zeitempfinden des höheren Seelenanteils 155
   Die unterschiedlichen Personifikationen des höheren Seelenanteils 155
   Jungfrau und Hure 157

Mann und Frau 160

Die Symbolik des Todes 163
   „Wer aber sein Leben verliert um meinetwillen …" 165
   Der zweifache Tod 167

Das angeblich Böse: Teufel, Satan, Schlange, Sünde, Magie 168

Der mittlere Weg zwischen Weltflucht und Weltverhaftung 176
   Die drei Versuchungen durch den Teufel 177
   Das Prinzip der Materiezuwendung und der anschließenden Abstraktion 178
   Die Notwendigkeit einer Erfahrungswelt und der Sinn des Lebens 179
   Warum lernen wir, wenn wir doch wieder alles vergessen? 181
   Wenn soziales Unrecht durch das Karma-Prinzip gerechtfertigt wird 181

Weitere Symbole 182
   Die Rose 182
   Salz 183
   Häuser und Gebäude 184
   Das Dach 184
   Der Turm 185
   Bäume 185
   Der Wald 185
   Die widersprüchliche Symbolik des Winters 186
   Der „Osten" 187
   Der Mondzyklus – Ein Gleichnis für den Zyklus der Seele 188
   Venus 189
   Die sieben Planetensphären 189
   Die sieben Wochentage 191

Zahlensymbolik 192
   Die Zahlen von null bis dreizehn 192
   Goethes Hexen-Einmaleins 195

Gematria – kabbalistische Numerologie 196
666 199

Das Problem mit den Widersprüchen 201
   Wie solche Widersprüche entstehen 202
   Das Problem der scheinbaren Zukunftsvisionen 215
   Das Problem der scheinbaren Erinnerungen an frühere Leben 217

Teil III – Esoterisch-symbolische Deutungen

Die Smaragdtafeln des Hermes Trismegistos 221
    Der komplette Text der Smaragdtafeln 221
    Die Interpretation 222
    Die Smaragdtafeln in heutigen Worten 226
    Und was hat das nun mit dem Stein der Weisen zu tun? 227

Das Höhlengleichnis von Platon 228

Das Rätsel der Sphinx 233

Esoterische Märcheninterpretationen 236
    Eine Evolution der Märchenmotive 236
    Eine Anmerkung zu den nachfolgenden Märcheninterpretationen ... 238
    Rapunzel 239
    Hänsel und Gretel 247
    Dornröschen 258
    Schneewittchen 264
    Schneeweißchen und Rosenrot 278

Weitere Märchen und Fantasyfilme zum Üben der Symbolsprache 289

Esoterische Bibelinterpretationen 292
    Die Symbolik in der Genesis 292
    Der Turmbau zu Babel 327
    Die zehn biblischen Plagen 332
    Die „zehn" Gebote 342
    Die gewaltsame Landnahme 353
    Der „biblische Jesus" und der „historische Jesus" 361

Das Perlenlied des Apostels Judas Thomas 384

Anhang 397
    Empfehlungen für den weiteren Weg 397
    Allgemeine Checkliste für eine esoterisch-symbolische Deutung ... 398
    Literatur zum Thema 401
    Danksagung 404
    Die gewagte Ästhetik des Lichtes 406

Aus dem weiteren Verlagsprogramm 407

Der Schein der Sonne

Die Sonne scheint in diese Welt
und spiegelt sich in Dingen.
Die Kraft, die diese Welt erhält,
will uns Bewusstsein bringen.

Das Licht dringt zu uns durch die Luft
wie die Idee durchs Denken.
Der Geist, der leise in uns ruft,
kann die Gedanken lenken.

Doch wie es die Erfahrung lehrt,
so fängt man nicht das Licht,
wenn man die Luft in Kisten sperrt,
denn Luft selbst leuchtet nicht.

Vom Wasser scheint das Spiegelbild
der Sonne uns entgegen.
Der Geist bewirkt ganz sanft und mild,
dass sich Gefühle regen.

Doch greift man in das Wasser rein
nach diesem Bild des Lichts,
wird zwar die Hand befeuchtet sein,
doch greifen wird sie nichts.

Auch uns're Erde wird erhellt
und alle and'ren Dinge,
damit das Leben in der Welt
für uns Erkenntnis bringe.

Und wieder gilt das gleiche Spiel:
Wer nach den Dingen greift
– und hat er davon noch so viel –,
ist dadurch nicht gereift.

So sehen wir des Geistes Licht
in Erde, Wasser, Luft.
Doch von den Dingen kommt es nicht,
auch wenn es durch sie ruft.

Der Künstler fühlt es, wenn er schafft,
der Philosoph im Denken
und dem Tüftler kann die Kraft
so manchen Einfall schenken.

Einleitung

Aus der Tiefe unserer Seele tauchen immer wieder Bilder und Szenen auf – bruchstückhafte Erinnerungen an eine andere Wirklichkeit. Bei einigen Menschen kommen sie in Momenten der Stille, in der Meditation oder im Halbschlaf. Andere erleben diese Bilder in ekstatischen Visionen. Manchmal ist es aber auch die Bilderwelt der Märchen und Mythen, die ein verschüttetes Urwissen tief in uns anspricht und uns damit bewusst macht.

Doch was bedeuten diese „inneren Bilder", und wie kann man sie interpretieren?

Dieses Buch zeigt einen Weg, wie man über die Symbolsprache der Märchen, Mythen, Träume und Visionen einen Zugang zum „inneren Wissen" finden kann bzw. zu dem höheren Seelenanteil, der über dieses Wissen verfügt. Dieses „innere Wissen" ist in jedem von uns vorhanden, aber es ist zumeist von vielen anderen Themen und Vorstellungen überlagert und verdeckt – es ist gewissermaßen IN UNS „begraben". Wenn wir diese Überlagerungen wegräumen, das „innere Wissen" wieder ausgraben und die symbolische Bildersprache wieder erlernen, in der es zu uns spricht, dann können wir erleben, wie dieses „innere Wissen" wieder in uns erwacht. Man kann diesen Prozess auch mit einer **Wiedergeburt** oder mit einer **Auferstehung** vergleichen.

Tod und Auferstehung – diese Grundmotive, die uns in sehr vielen Mythen und Märchen begegnen – sind in diesem Zusammenhang eine bildhafte Umschreibung für einen Prozess, der IN UNS stattfindet. **Das innere Wissen ist IN UNS begraben, doch es kann diesen Tod überwinden und IN UNS wieder auferstehen.**

Dieses Buch soll den Leser für diese Symbolsprache sensibilisieren und die notwendigen Methoden und Grundlagen vermitteln – in Klartext, ohne geheimnisvolle Andeutungen, ohne schwammige Umschreibungen und ohne unnötige Hürden. Es gibt in diesem Buch keine „versteckten" Informationen, die man entschlüsseln müsste, aber es gibt sehr viele Dinge, die man entdecken kann, wenn man die enthaltenen Informationen miteinander und mit anderen esoterischen Texten verknüpft.

Nach einigen einleitenden Kapiteln, die zu der esoterisch-symbolischen Denkweise hinführen, folgt ein theoretischer Teil, der die wichtigsten Symbole, Motive, Strukturen und Zusammenhänge vermittelt. An einigen esoterischen Texten, Volksmärchen und Bibelstellen wird dann im dritten Teil des Buches die Symbolsprache nachgewiesen, angewendet, erweitert und eingeübt.

Die esoterisch-symbolischen Bibel- und Märcheninterpretationen geben darüber hinaus auch einen Einblick in die Gedankenwelt der antiken Einweihungskulte und Mysterienschulen, in die verborgenen Ursprünge des Christentums und in ein uraltes, esoterisches Wissen, das immer wieder unterging, aber auch immer wieder aufgegriffen und neu belebt wurde. Dieses uralte Wissen hat verpackt in der Symbolik der Märchen und Mythen die dunklen Zeiten recht unbeschadet überstanden und wartet nun regelrecht darauf, von uns wieder neu entdeckt zu werden. Manche geheimnisvollen, esoterischen Texte, die für Jahrhunderte „hermetisch verschlossen" waren (wie z. B. die Smaragdtafeln des Hermes Trismegistos), öffnen sich nun und sind mit den notwendigen Grundlagen aus dem zweiten Teil für uns als Klartext zu erkennen.

Auch wenn die esoterisch-symbolische Sichtweise später durch esoterische und religiöse Texte belegt wird, so geht es in diesem Buch trotzdem nicht darum, aus den Bruchstücken der antiken und mittelalterlichen Geheimlehren eine neue Religion zu konstruieren. Ein solcher Versuch wäre von Anfang an zum Scheitern verurteilt.

Man kann die Wahrheit in den alten Texten wiedererkennen, aber man kann sie nicht aus ihnen schlussfolgern, wie es die Schriftgelehrten versuchen!

Eine Aussage ist nicht automatisch deshalb wahr, nur weil sie zufällig in irgendeinem alten Text steht. Immerhin gibt es auch andere alte Texte, in denen andere Aussagen stehen. Eine Schlussfolgerung basierend auf einer selektiven Quellenauswahl führt letztendlich immer nur zu einem logischen Ringschluss, weil man in der Regel genau die Botschaft wiederfindet, auf die man sich vorher beschränkt hat. Die Ergebnisse bleiben spekulativ und somit eine Frage des „Glaubens", weil man bei einer anderen Auswahl der Quellen auch ebenso zu einer anderen Schlussfolgerung gekommen wäre. Und bei der widersprüchlichen Quellenlage ist es leider auch vollkommen unmöglich, eine umfassende Wahrheit zu finden, die wirklich zu allen Quellen passt.

Dieses Buch und die darin beschriebene Methodik gehen einen genau entgegengesetzten Weg. Es wird nicht auf der Basis unterschiedlicher Quellen darüber spekuliert, wie es denn theoretisch wäre, wenn man das „innere Wissen" finden würde, sondern es wird ein Weg dargestellt, wie man tatsächlich über die Symbolsprache den Zugang zum „inneren Wissen" finden kann. Wenn man diesen Zugang zum „inneren Wissen" gefunden hat, dann ergibt sich die esoterische Sichtweise auf die religiösen Schriften ganz von selbst.

In diesem Fall schließt man aber nicht mehr von den Schriften auf die Wahrheit, sondern umgekehrt: Man schließt von den eigenen Erfahrungen und Erkenntnissen zurück auf die Schriften.

Die Symbolsprache der inneren Bilder und die Symbolsprache der Märchen und Mythen sind nahezu identisch. So kann uns die Symbolsprache der Märchen und Mythen für die Symbolik der inneren Bilderwelt sensibilisieren und auch umgekehrt. **Es ist das Ziel dieses Buches, diesen wechselseitigen Prozess in Gang zu setzen.** Je mehr man die Symbolsprache versteht, in der sich das „innere Wissen" in uns offenbart, umso mehr erkennt man diese Symbolik auch dann, wenn sie einem in den alten religiösen oder esoterischen Texten begegnet.

Auf diese Weise braucht man nicht mehr zu „glauben", was irgendwelche Theologen und Schriftgelehrten hergeleitet haben, sondern die „Erkenntnis" (griech. gnosis = Erkenntnis) beruht dann auf eigenen Erfahrungen. Man kann es vergleichen mit dem Erlernen einer Sprache. Wenn man eine fremde Sprache selbst lesen kann, dann braucht man nicht mehr zu glauben, was andere einem vorlesen und übersetzen.

Teil I – Eine Hinführung zum esoterisch-symbolischen Denken

Das innere Wissen – ein alter Bekannter von uns

Wenn man es genau nimmt, dann war das innere Wissen nie wirklich tot. Es hat immer gewirkt. Es ist eher wie ein alter Bekannter von uns, der zwar nicht gestorben ist, den wir aber im Laufe unseres Lebens vergessen haben. Wir gingen andere Wege, beschäftigten uns mit anderen Dingen und haben eine ganz andere Sprache gelernt. So ist uns die Sprache fremd geworden, in der unser alter Bekannter sich immer wieder an uns wendet. Er schickt uns zwar ständig Briefe, aber wir werfen sie zumeist achtlos weg, weil wir ihre Botschaft nicht mehr verstehen. Wenn wir jedoch die Sprache wieder erlernen, in der diese Briefe geschrieben sind, dann können wir den Kontakt mit unserem alten Bekannten wieder herstellen. Dann können wir uns zu ihm „rück-verbinden", was eine mögliche Herleitung des Wortes „Re-ligion" ist (lat. religare = wieder verbinden).

Es sind die Träume und Mythen, die wir achtlos wegwerfen. Häufig hört man Aussagen wie diese: „Träume? Das ist doch alles NUR ein Eintopf aus verfremdeten Tagesereignissen. Mythen? Das sind doch alles NUR erfundene Geschichten und naive Vorstellungen von einfachen Menschen aus längst vergangenen Zeiten. Warum sollten wir uns damit beschäftigen?" Ganz automatisch und selbstverständlich setzen wir immer wieder das abwertende Wörtchen „NUR" vor Märchen, Mythen und Träume sowie vor fast alles Symbolische. „Das ist doch alles nicht wirklich, sondern NUR symbolisch."

Auch der „alte Bekannte" von eben ist natürlich NUR erfunden und NUR symbolisch zu verstehen. Er hat keinen Namen und er hat als Mensch nie existiert. Er wurde nur geschaffen, um etwas bildhaft zu umschreiben. Aber wäre denn dieses Gleichnis mehr wert, wenn wir sagen würden, dass dieser alte Bekannte Hugo Müller heißt und in Düsseldorf wohnt? Ganz im Gegenteil. Eine solche Sichtweise würde sogar von dem Gleichnis ablenken. Je mehr wir über das reale Leben des Hugo Müller aus Düsseldorf erfahren, umso weniger bleibt von dem übrig, was eigentlich mit diesem Gleichnis ausgedrückt werden soll. (Der Name Hugo Müller ist übrigens frei erfunden. Zufällige Ähnlichkeiten mit eventuell lebenden oder toten Personen wären zufällig und sind nicht beabsichtigt.)

Es gibt in solchen Situationen immer zwei Arten von Wahrheit – eine historische Wahrheit im wörtlichen Sinn und eine andere Wahrheit im geistigen und übertragenen Sinn. Wenn wir nach den tatsächlichen Lebensdaten von Hugo Müller suchen, dann entspricht das der Suche nach der historischen Wahrheit. Wenn wir hingegen überlegen, welche Rolle der „alte Bekannte" im obigen Gleichnis spielt, dann entspricht das der Suche nach der geistigen Wahrheit.

Der Mythos ist eine Erzählform, in der sich häufig beide Ebenen mischen. Da wird – um bei diesem Gleichnis zu bleiben – die Geschichte von Hugo Müller und von der Rückkehr des verlorenen Freundes erzählt, um einen solchen Sachverhalt zu veranschaulichen. Mitunter wird eine solche Geschichte auch in reale Orte verlegt und durch historische Elemente ausgeschmückt. Diese Sichtweise ist genau entgegengesetzt zum heute üblichen Mythenverständnis, wo zumeist davon ausgegangen wird, dass ein historischer Kern symbolisch ausgeschmückt wurde. Hier geht es also darum, dass eine mythische und symbolische Geschichte historisch ausgeschmückt wurde.

Im obigen Beispiel ist der Fall natürlich absolut klar. Niemand würde jemals auf die absurde Idee kommen, tatsächlich nach den Lebensdaten des alten Bekannten zu suchen. Die Aussage im übertragenen Sinne ist schließlich nicht davon abhängig, ob die Geschichte in einem wörtlichen und historischen Sinne tatsächlich stattgefunden hat.

In unserer Kultur gibt es einen Streit, der schon seit etlichen Jahrhunderten erbittert geführt wird und in seinem Kern eigentlich nur auf dem Missverständnis basiert, dass diese zwei unterschiedlichen Wahrheiten ständig vermischt werden. Mythische Geschichten, bei denen die Wahrheit in einem übertragenen Sinne transportiert wird, werden immer wieder daran gemessen, ob sie denn in einem historischen oder wissenschaftlichen Sinne wahr sind oder auch nicht. Man misst beispielsweise den Schöpfungsmythos an der Evolutionstheorie, obwohl sich beide Darstellungen in einer ganz anderen Sprache an uns wenden und obwohl die Aussagen auf eine ganz andere Weise transportiert werden. Die Anhänger der Evolutionstheorie verwerfen dann natürlich den Schöpfungsmythos, weil er in einem wörtlichen Sinne nicht wahr ist. Und die fundamentalistischen Kreationisten leugnen wiederum die Evolutionstheorie und klammern sich trotz aller Widersprüche an eine wörtliche Interpretation der Schöpfungsgeschichte.

Das ist so, als ob die eine Seite das obige Gleichnis mit dem „alten Bekannten" verwirft, nur weil es diesen Hugo Müller niemals gab. Und die andere Seite würde darauf beharren, dass dieser Hugo Müller eine ganz reale Person sei. Bei diesem Streit, ob dieser Hugo Müller denn nun wirklich gelebt hat oder nicht, ist die Frage, worum es denn in diesem Gleichnis eigentlich ging, mit der Zeit immer mehr in den Hintergrund geraten. Und irgendwann wurde sie schließlich ganz vergessen.

Als Kinder haben wir noch die Faszination gespürt, die von den Märchen ausging und die uns ganz tief in unserer Seele ansprach. Dabei hat es für uns auch überhaupt keine Rolle gespielt, ob es den König oder den Zauberer als historische Person jemals gab. Aber wir haben mit der Zeit gelernt, logisch-rational zu denken, und so haben wir die mythische Bildersprache immer mehr verlernt.

Manchmal aber – da erwacht das „innere Kind" noch in uns, wenn es von dieser Bildersprache angesprochen und geweckt wird. Aber schon nach kurzer Zeit – manchmal schon nach wenigen Sekunden – reagiert zumeist das rationale

Tagesbewusstsein und bringt (bildlich gesprochen) dieses „innere" Kind wieder um. Die mythischen und traumartigen Motive werden verworfen, weil sie einfach nicht zu unserem logisch-rationalen Denken passen. Hier IN UNS findet er statt, der Kindermord des Herodes, der als historisches Ereignis übrigens auch nie stattgefunden hat. So, wie der „alte Bekannte" im obigen Gleichnis für unseren höheren Seelenanteil stand, so können wir Herodes in der biblischen Geschichte als ein Symbol für unser Tagesbewusstsein interpretieren. Im Lukas-Evangelium können wir nachlesen, dass die Steuerschätzung stattfand, als „Quirinius Statthalter in Syrien war" (Lk. 2,2). Doch als Quirinius im Jahr 6 n. Chr. Statthalter wurde, war Herodes schon seit etwa zehn Jahren tot, denn Herodes ist bereits im Jahr 4 v. Chr. gestorben. Wenn Jesus tatsächlich zur Zeit der Steuerschätzung geboren wäre, dann hätte es gar keinen Grund gegeben, vor dem toten Herodes zu flüchten. Auch Herodes Antipas, der zwischen 20 v. Chr. und ca. 39 n. Chr. lebte, kommt hier nicht in Frage, denn man kann nicht nach dem Tod von Herodes Antipas aus Ägypten zurückkehren und dann kurz vor der Kreuzigung wieder auf ihn treffen.

Unterschiede zum üblichen Bibelverständnis

Um die Symbolsprache erlernen zu können, müssen wir uns in diesem Buch auch mit der biblischen Symbolik beschäftigen. Das ist nach meiner Erfahrung immer ein ziemlich heikles Thema, denn die einen lehnen die Bibel wegen all ihrer historischen Fehler, Widersprüche und Grausamkeiten grundsätzlich ab. Und die anderen halten genauso entschieden daran fest, dass wirklich alles exakt so stattgefunden haben soll, wie es in der Bibel steht. Und so setzt man sich immer wieder zwischen alle Stühle und bezieht von beiden Seiten Prügel, wenn man anfängt, die Symbolsprache der Bibel zu untersuchen. Die einen mögen die Bibel grundsätzlich nicht, und die anderen mögen es gar nicht, wenn man „ihre" Bibel symbolisch interpretiert.

Ich tue es trotzdem!

Die Bibel kann uns einerseits eine wichtige Hilfe sein, denn sie vermittelt uns ein enormes Repertoire an mythischen Grundmotiven – und das ist letztendlich das Vokabular der Symbolsprache. Aber sie kann uns unter Umständen auch den Zugang zur Symbolsprache vollkommen verbauen, gerade weil es durch die kirchliche Vorprägung manche Vorurteile, Bewertungen und Tabus gibt, die sehr tief in unserer Seele verankert sind. Die Hilfe ist zu wertvoll, als dass man auf sie verzichten könnte, und die blockierenden Vorurteile würden den Weg versperren, wenn man sie nicht konsequent beiseite räumte. Beides ist notwendig – auch auf die Gefahr hin, dass vermutlich manch ein Leser das Buch voller Zorn in die Ecke werfen wird, weil manches, was hier zu lesen ist, seinen anerzogenen Vorstellungen vollkommen widersprechen wird.

Um nicht missverstanden zu werden, möchte ich jedoch folgendes ganz ausdrücklich betonen: **Es geht darum, dass man diese Hindernisse IN SICH SELBST aus dem Weg räumen muss, wenn man den hier dargestellten Weg FÜR SICH SELBST nutzen will. Es ist ein innerer Kampf gegen anerzogene Denkblockaden und Vorurteile. Ein Kampf gegen äußere Institutionen oder gegen andere Glaubensgemeinschaften nutzt dabei überhaupt nichts.** Ganz im Gegenteil. Solange wir gegen eine Institution kämpfen, sind wir durch diesen Kampf gebunden. Dieser Kampf hält uns eigentlich nur davon ab, diesen Weg selbst zu gehen. Dieses Buch soll als ein Hinweis verstanden werden, wie man diesen Weg finden kann – und nicht als eine Kampfansage gegen irgendwelche kirchlichen Institutionen.

Der „innere Kampf" ist oft auch eine Auseinandersetzung mit sehr tief sitzenden Ängsten, die zum Teil schon im frühsten Kindesalter verankert wurden. Das ist in erster Linie die Angst vor dem Tod und vor dem, was uns nach dem Tod erwartet. Der übliche Kirchenglaube verstärkt einerseits diese Ängste, indem der Tod mit allerlei Schreckensbildern ausgeschmückt wird: mit Hölle, Schmerz, Fegefeuer, ewiger Verdammnis und jüngstem Gericht. Und andererseits vermittelt der Kirchenglaube auch die Hoffnung, dass man diesen Qualen irgendwie entkommen könne, wenn man sich an die kirchlichen Vorstellungen und Regeln hält. Wenn nun die anerzogenen kirchlichen Vorstellungen in Frage gestellt werden, dann kann es in Einzelfällen passieren, dass zwar die Hoffnungen bröckeln, dass die tiefsitzenden Ängste aber trotzdem erhalten blieben. Die Ängste bewirken dann wiederum, dass man sich wieder stärker an die anerzogenen Vorstellungen und an die damit verbundenen Hoffnungen klammert.

Die deutlichsten Unterschiede zum allgemein üblichen „christlichen Volksglauben" bestehen darin, dass einige ganz zentrale Aussagen der Evangelien nicht als historische Ereignisse interpretiert werden, sondern als allegorische Umschreibungen von geistigen Zusammenhängen – also in der Art, wie es schon beim Kindermord des Herodes kurz angedeutet wurde. Die Gründe für diese ungewöhnliche Herangehensweise werden später noch ausführlich dargelegt.

Weiterhin gibt es einige mythische Figuren und Motive, die im heutigen „Christentum" zu Unrecht „verteufelt" wurden. Hier sind zum Teil Korrekturen notwendig, weil es bei der Interpretation der Symbolsprache schon einen gewissen Unterschied macht, ob man beispielsweise das Symbol der Schlange mit „Weisheit" übersetzt oder mit „Lüge". Durch solche Verschiebungen in der Bewertung steht nämlich beim heute üblichen Symbolverständnis vor manchen wichtigen und notwendigen Wegen ein ganz großes Durchfahrt-Verboten-Schild.

Den Spruch „Das muss man symbolisch interpretieren" hört man beim üblichen „Christentum" immer dann, wenn eine Aussage wörtlich keinen Sinn macht oder dem Sinn widerspricht, den man durch die kulturelle Vorprägung in der Bibel erwartet. Der Hinweis auf die Symbolik wird auf diese Weise zu einem Hilfsmittel, um alles das beiseite zu schieben, was der wörtlichen Sichtweise widerspricht. Und so wird die symbolische Sichtweise oft als Krücke verwendet, um die übliche, wörtliche Sichtweise zu stützen. Nach dem Spruch „Das muss man symbolisch interpretieren" kommt in den allermeisten Fällen leider keine symbolische Interpretation, sondern zumeist einfach nichts. Mit dem Spruch ist die unschöne Stelle vom Tisch gewischt. Damit hat der Spruch seine Schuldigkeit getan, und man kann sich wieder bedenkenlos der wörtlichen Sichtweise zuwenden. Dadurch hat das Thema „Symbolik" bei vielen Christen einen sehr üblen Beigeschmack bekommen, denn die Symbolik wurde zu oft als ein „Wegwisch-Argument" missbraucht. Und so kann natürlich auch der Eindruck entstehen, dass vom Christentum gar nichts mehr übrig bleibt, wenn man dieses „Wegwisch-Argument" zu häufig verwendet.

Die symbolische Sichtweise hat jedoch **zwei Seiten:** Auf der einen Seite werden natürlich solche Glaubensinhalte relativiert und in Frage gestellt, die auf einer ausschließlich wörtlichen und real-historischen Sichtweise basieren. Dazu tragen auch die Resultate der historisch-kritischen Bibel-Forschung bei, denn vieles, was in der Bibel steht, ist tatsächlich in einem wörtlichen und historischen Sinne nie passiert. Aber auf der anderen Seite werden durch die symbolische Interpretation auch verborgene Informationen offengelegt und zugänglich gemacht, die bei einer wörtlichen und real-historischen Interpretation verborgen blieben.

Die symbolische Sichtweise kann eine Bereicherung sein,
- wenn man das esoterische Wissen erkennt, das in der Symbolik verpackt ist,
- wenn man lernt, die inneren Bilder zu deuten, die in dieser Symbolik zu uns sprechen.

Somit wird auf der einen Seite etwas gestrichen, aber auf der anderen Seite gibt es einen enormen Gewinn. Diesen Gewinn kann man natürlich nur dann erkennen, wenn die Symbolik auch tatsächlich gedeutet wird und wenn das verborgene Wissen auch wirklich zugänglich gemacht wird. Wenn es jedoch bei dem bloßen Hinweis bleibt, dass etwas „nur" symbolisch zu verstehen ist, die Symbolik dann aber nicht erklärt wird, dann sieht man eben nur die Reduzierung und nicht den Nutzen.

Die meisten Bibelinterpretationen laufen heutzutage nach dem Grundprinzip „so wörtlich wie möglich und nur so viel symbolisch, wie unbedingt nötig". Die Idee der Symbolik wird also üblicherweise absolut minimalistisch eingesetzt – nur dort, wo es gar nicht anders geht. In diesem minimalistischen Ansatz sind sogar die evangelischen Kirchen und vor allem die freikirchlichen Gruppierungen noch sehr viel konsequenter und radikaler als die oft gescholtene römisch-katholische Kirche. Aber auch dort basieren viele der zentralen Glaubensinhalte auf der wörtlichen Sichtweise. Konkret im Verfahren gegen die Theologin Uta Ranke-Heinemann war ja gerade deren Abweichen von der streng wörtlichen Sichtweise der eigentliche Auslöser des Streits. Die Gläubigen wurden zwar durch die Bibel-Enzyklika von Papst Pius XII. aus dem Jahre 1943 und auch durch das Zweite Vatikanische Konzil ermuntert, die Bibel zu interpretieren und zu hinterfragen, aber in der Praxis scheitert das oft an den engen Grenzen, die durch die verwörtlichten und unverrückbaren Glaubensinhalte vorgegeben werden. Hier gilt also üblicherweise das Prinzip „nur so weit symbolisch, wie es die verwörtlichten Grundvorstellungen zulassen".

Ich plädiere für eine sehr viel konsequentere Anwendung der allegorischen bzw. symbolischen Deutung. Wenn wir nur das symbolisch deuten, was uns unverständlich erscheint oder nicht zu unseren Vorstellungen passt, dann bekommt das ganze Christentum einen einseitigen Drall. Dann passen wir nämlich das Christentum durch diese beliebige und selektive Deutung an unser Verständnis und unsere Vorstellungen an. Und dann wird die Symbolik tatsächlich zu einem Argument, um all das wegzuwischen, was nicht zu diesen Vorstellungen passt.

Die konsequentere Anwendung der Symbolsprache hat natürlich zur Folge, dass wir nun auch manche Bibelstellen durch die symbolische Brille betrachten müssen, die man beim üblichen „minimalsymbolischen" Deutungsansatz wörtlich interpretieren würde und die dementsprechend auch Jahrhunderte lang wörtlich interpretiert wurden.

„Konsequent" bedeutet aber nicht, dass man nun ganz wild vor sich hindeutelt, sondern dass man eine Symbolsprache, die man an einigen Stellen erkannt und gelernt hat, so konsequent wie möglich auch auf andere entsprechende Stellen anwendet. Das gilt für die Symbolsprache als Ganzes und nicht für das einzelne Symbol, denn ein einzelnes Symbol kann manchmal abhängig vom Kontext ganz unterschiedlich interpretiert werden. Ähnlich wie in unserer Umgangssprache gibt es auch in der Symbolsprache Mehrdeutigkeiten. Wenn man die Symbolsprache als Ganzes anwendet, dann muss man auch diese Mehrdeutigkeiten berücksichtigen. Es wird daher auch nie ein Schema geben, das man ganz konsequent und mechanisch auf die gesamte Bibel anwenden kann. Sie ist das Werk vieler Autoren, das über einen sehr langen Zeitraum entstanden ist, und selbst innerhalb der einzelnen Teile gibt es mitunter Brüche und Einschübe, die ganz offensichtlich von unterschiedlichen Autoren stammen.

Die Grundausrichtung des Buches

In diesem Buch werden biblische Texte, deutsche Volksmärchen und Traummotive esoterisch-symbolisch gedeutet,

- also nicht wörtlich-historisch (= erster Schriftsinn)
- und auch nicht psychologisch-moralisch (= zweiter Schriftsinn),
- sondern auf eine anagogisch-spirituelle Weise,

die in ihrer Methodik weitgehend dem dritten Schriftsinn nach Origenes entspricht (anagogisch: griech. anagein = emporführen, zur Höhe leiten). Was die Schlussfolgerungen und Ergebnisse betrifft, gibt es jedoch auch einige deutliche Abweichungen zur Lehre des Origenes.

Die materielle Welt wird in diesem Buch als ein Erfahrungsfeld interpretiert, das für die geistige Entwicklung wichtig und notwendig ist. Hier können geistige Ideen umgesetzt und erprobt werden. Hier sind sie erfahrbar und erlebbar. Hier kann man die Konsequenzen erkennen und neue Erfahrungen und Erkenntnisse gewinnen, die wiederum zu neuen Ideen führen. Die esoterische Vier-Elemente-Lehre mit Feuer, Luft, Wasser und Erde und ein darauf basierendes Polaritätsschema (das Dreifachkreuz) spielen in diesem Buch bei den esoterisch-symbolischen Deutungen eine ganz zentrale Rolle.

Bei einer **wörtlich-historischen Deutung (= erster Schriftsinn)** werden die religiösen und mythischen Texte in einem wörtlichen Sinne als historische Berichte interpretiert. Auch Märchen lassen sich zum Teil historisch deuten – zwar nicht unbedingt als historische Ereignisse, aber zumindest als Schilderungen von historischen Lebensbedingungen. Wenn man Träume als Verarbeitung von vergangenen Tagesereignissen interpretiert, dann wäre auch das ein Äquivalent zu diesem Deutungsansatz. In all diesen Fällen interpretiert man die Motive in erster Linie als Ereignisse und Situationen, die es in der Vergangenheit tatsächlich gab.

Bei einer **seelisch-moralischen Deutung (= zweiter Schriftsinn)** werden die Texte einerseits psychologisch interpretiert – als Gleichnisse für psychologische Entwicklungen, für innere Konflikte, für zwischenmenschliche Probleme usw. –, aber andererseits auch als Regeln für das menschliche Zusammenleben. Und so, wie man biblische Texte und Märchen psychologisch interpretieren kann, so kann man auch mit Traummotiven umgehen. Hier liegt der Schwerpunkt der psychologischen Traumdeutung, wie wir sie beispielsweise von Sigmund Freud kennen.

Bei der **esoterisch-symbolischen Deutung (= dritter Schriftsinn)** werden die Motive als gleichnishafte Umschreibungen einer höheren Wirklichkeit interpretiert – als eine Übersetzung von geistigen Zusammenhängen in unsere irdischen Denkstrukturen, Erfahrungswerte und Begriffe. Die esoterisch-symbolische Deutung ist dementsprechend eine Rückübersetzung, bei der man die geistigen Zusammenhänge wiedererkennt, die in den irdischen Begriffen und in den scheinbar historischen Berichten versinnbildlicht werden. In diesem Sinne ist die esoterisch-symbolische Deutung emporführend (= anagogisch), weil sie uns die höhere Wirklichkeit zugänglich macht.

Wenn ich mich in diesem Buch auf die esoterisch-symbolische Ebene konzentriere, dann soll das aber nicht bedeuten, dass ich deshalb die psychologischen Deutungen abwerte oder leugne, sondern ich möchte diese Deutungen um eine weitere Ebene ergänzen. Beide Deutungsansätze haben unabhängig voneinander ihren Wert und ihre Berechtigung. Psychologische Deutungen sind in manchen Fällen sogar sehr viel nützlicher und anwendbarer, gerade wenn es um die Probleme und Konflikte des täglichen Lebens geht. Eines können sie uns aber nicht liefern: **Antworten auf die Frage nach dem Sinn des Lebens.** Der Sinn unseres Lebens liegt nicht im Psychologischen und auch nicht im Moralischen, sondern der Sinn liegt im Spirituellen. Und daher kann auch nur eine spirituelle Deutung diesen Sinn offenlegen. Hier liegt der eigentliche Nutzen der esoterisch-symbolischen Methode. Gerade dann, wenn im Menschen die Frage nach dem Sinn des Lebens erwacht ist, besteht eine enorme Gefahr, dass er von irgendwelchen gefährlichen „Heilslehren" zu einem nutzlosen und selbstzerstörerischen Kampf gegen sich selbst verleitet wird – zu einem Kampf gegen seinen eigenen Körper, gegen seine natürlichen Empfindungen, gegen seine Vernunft und gegen seine „innere Stimme". Das Ziel, sich selbst zu verleugnen, sich vom rationalen Denken zu lösen und das Fleischliche zu überwinden, wird sehr häufig auf eine gefährliche Weise missverstanden. Hier kann die esoterisch-symbolische Methode eine gewisse Orientierung geben, sodass man lernt, all diese Dinge zu nutzen, anstatt sie zu bekämpfen.
In der Literatur findet man gelegentlich den Begriff der „**tiefenpsychologischen Deutungen**" (z. B. bei C. G. Jung oder Eugen Drewermann). Was die Motive und Symbole betrifft – also die so genannten **Archetypen** –, gibt es bei der Tiefenpsychologie tatsächlich einige ganz deutliche Berührungspunkte zur esoterisch-symbolischen Deutung. Was hingegen den Interpretationsansatz betrifft, so gibt es bei den Tiefenpsychologen eine größere Übereinstimmung mit der seelisch-moralischen Deutung. Die Motive werden in der Tiefenpsychologie nicht spirituell bzw. anagogisch gedeutet, sondern in erster Linie psychologisch. Es wird mit den Werkzeugen der Psychologie an spirituelle Motive herangegangen. Oder anders

ausgedrückt: Bei der Tiefenpsychologie werden spirituelle Motive in die Sprache und in die Denkstrukturen der Psychologie übersetzt.

Dieses Buch streift bei einigen Themen die Lehren von Platon und Origenes, aber auch die Archetypenlehre nach C. G. Jung, die Gnosis, die Kabbala, die Hermetik, die Alchemie und viele andere esoterische oder religiöse Lehren, wobei ich an dieser Stelle auch ganz besonders die Bücher und Vorträge von Thorwald Dethlefsen hervorheben möchte, die mir einige ganz wichtige Impulse gaben und meinen Weg nachhaltig prägten. **Das bedeutet aber nicht,** dass ich mit all diesen Lehren in allen Punkten übereinstimmen würde oder alle Punkte dieser Lehren komplett in mein Konzept übernommen hätte. Ebenso, wie es enorme Übereinstimmungen mit den verschiedenen Lehren und Konzepten gibt, so gibt es zum Teil auch ganz grundsätzliche und tief greifende Unterschiede. Es war nicht meine Absicht, ein Buch über diese unterschiedlichen Lehren zu verfassen und diese hier im Detail darzustellen. Das würde einerseits den Rahmen dieses Buches sprengen und andererseits auch von der Zielsetzung des Buches ablenken.

Von seiner Grundausrichtung ist das Buch esoterisch bzw. gnostisch. Aber im Gegensatz zum üblichen Gnostizismus, bei dem die materielle Welt oftmals als das unvollkommene Werk eines bösen Schöpfergottes erscheint, wird in diesem Buch sogar die wichtige und absolut notwendige Funktion der materiellen Welt im Schöpfungsplan unterstrichen. Ohne die materielle Welt bliebe der Geist unfruchtbar, denn erst aus dem Zusammenwirken von Geist und Materie entsteht neue Erkenntnis.

Da das Christentum sowohl von der Symbolsprache als auch inhaltlich sehr deutliche Parallelen zu den Mysterienschulen und Einweihungskulten der Antike aufweist, wird es in diesem Buch nicht als eine isolierte Entwicklung interpretiert, sondern im Kontext dieser anderen, zumeist heidnischen Kulte.

Wenn ich mich in diesem Buch primär auf biblische Texte und deutsche Volksmärchen beschränke, so liegt das einzig und allein daran, dass ich in der europäisch-abendländischen Kultur mit diesen Geschichten aufgewachsen bin und von Kindheit an mit diesen Motiven vertraut bin. Diese Motive sind quasi meine mythologisch-symbolische „Muttersprache". Und darüber hinaus kann ich bei diesen Motiven und Begriffen auch davon ausgehen, dass sie den meisten Lesern bekannt sind. Damit will ich unsere Kultur nicht überbewerten und erst recht nicht andere Kulturen abwerten. Wenn ich in einer anderen Kultur aufgewachsen wäre, dann würde ich ganz sicher auf andere Geschichten und auf andere Motive zurückgreifen. Es gibt beispielsweise auch im Islam esoterisch-gnostische Traditionen, die auch einen verborgenen Sinn des Korans kennen und die diesen ebenfalls allegorisch interpretieren. Und auch bei der Lebensgeschichte von Buddha fielen mir einige Motive auf, die man auf eine sehr ähnliche Weise allegorisch interpretieren kann.

Letztendlich gibt es nur eine Wahrheit. Aber es gibt viele unterschiedliche Menschen aus unterschiedlichen Kulturen, die unterschiedliche Teilaspekte dieser Wahrheit erkannt haben. Und diese Menschen haben versucht, das Unbegreifliche und Mystische in die unterschiedlichen Begriffe und Vorstellungen ihrer jeweiligen Kultur zu übersetzen. Dabei entstanden unterschiedliche Mythen, die jedoch im übertragenen Sinne letztendlich immer nur von der einen Wahrheit sprechen.

Der Grund für die Symbolsprache

Die esoterische Symbolsprache ist ein System von Motiven und Strukturen, mit dem wir spirituelle Zusammenhänge beschreiben und versinnbildlichen können. Mit jeder Information, die wir jemandem mitteilen, sprechen wir gleichzeitig auch etwas beim Hörer bzw. Leser an. Wenn ich sage: „Das Haus ist gelb", dann spreche ich damit beispielsweise die Erfahrung beim Zuhörer an, die er mit Häusern hat. Wenn der Zuhörer keine Erfahrung mit Häusern hätte, wenn er nicht wüsste, dass Häuser Wände, Türen und Fenster haben, dass man in Häusern wohnen kann usw., dann könnte der Zuhörer mit diesem Satz überhaupt nichts anfangen. Dann würde er diesen Satz als ziemlich abstrakt empfinden.

Wie kann ein Esoteriker über spirituelle Dinge sprechen, wenn die meisten Zuhörer damit entweder gar keine Erfahrungen haben oder sich zumindest dieser Erfahrungen nicht bewusst sind? Und wie soll unsere „innere Stimme" zu uns über diese Dinge sprechen? Beide haben in dieser Hinsicht das gleiche Problem. Natürlich könnte man diese spirituellen Dinge irgendwie benennen und dann Klartext reden – aber der Zuhörer könnte mit diesen Namen überhaupt nichts anfangen – denn diese Namen würden keine Erfahrungen in ihm ansprechen.

Wenn die „innere Stimme" spirituelle Themen mitteilen will, dann hat sie nur eine Chance: Sie muss die Themen in unsere Sprache und Denkstrukturen übersetzen. Sie muss solche Begriffe verwenden, mit denen wir Erfahrungen haben. Wir haben z. B. die Erfahrung, dass man Erde anfassen kann und Luft nicht, dass Wasser fließt und dass es wichtig zum Leben ist, dass Wasser als Regen vom Himmel auf die Erde fällt und später wieder verdunstet usw. Diese ganz elementaren Grunderfahrungen können in uns angesprochen werden, um spirituelle Informationen zu transportieren. Und deshalb baut die esoterische Symbolik auf solchen Motiven auf – und deshalb fängt sie in vielen Fällen auch genau mit diesen Motiven an:

*1. Mose 1,2: Und die **Erde** war wüst und leer, und es war finster auf der Tiefe; und der Geist (= **Atem**) Gottes schwebte auf dem **Wasser**.*

Die Begriffe Erde, Wasser und Luft beschreiben üblicherweise physische/materielle Dinge. Wenn man nun versucht, mit diesem materiellen Begriffen spirituelle Themen zu beschreiben, dann ist das etwa so, als würde man Musiknoten verwenden, um damit chemische Reaktionen zu beschreiben. So, wie Musiknoten nicht das optimale Beschreibungssystem für chemische Formeln sind, so sind unsere Alltagssprache und unsere irdischen Begriffe nicht besonders gut für spirituelle Themen geeignet. Dieses Problem hat ein Esoteriker, wenn er seine spirituellen Erkenntnisse mitteilen will. Das gleiche Problem hat aber auch unsere „innere Stimme", wenn sie uns etwas offenbaren möchte. Und beide verwenden eine sehr ähnliche Methodik, um dieses Problem zu lösen.

Man kann chemische Prozesse tatsächlich mit Musiknoten beschreiben. Wir können beispielsweise mit Musiknoten „morsen" – immerhin kann man mit Musiknoten unterschiedliche Tonlängen darstellen. Und mit einem Morse-Alphabet kann man wiederum chemische Formeln und Reaktionen beschreiben:

Tüt, tüt, tüt, tüt – tüt, tüt, tüüüt, tüüüt, tüüüt – tüüüt, tüüüt, tüüüt = H_2O = Wasser

Man kann also Musiknoten **„in einer anderen Weise"** verwenden, um etwas anderes zu beschreiben, das über das Thema Musik hinausgeht. In ähnlicher Weise kann man auch unsere irdischen Begriffe **in einer anderen Weise** verwenden, um etwas zu beschreiben, das über das rein Irdische hinausgeht. Genau hier kommt die Symbolsprache ins Spiel. **In der Symbolsprache wird etwas Irdisches verwendet, um im übertragenen Sinne etwas Spirituelles zu beschreiben.** Die spirituellen Themen werden gewissermaßen in unsere irdischen Begriffe und Denkstrukturen übertragen. Das „Gotteswort" wird ins „Menschenwort" übersetzt. Und in diesem Sinne ist die Bibel **„Gotteswort im Menschenwort"**. Die Bibel beschreibt spirituelle/göttliche/geistige Zusammenhänge in irdischen/menschlichen/materiellen Begriffen – aber in Begriffen, die **in einer anderen Weise** verwendet werden und die daher auch **in einer anderen Weise** gedeutet werden müssen – also nicht wörtlich, sondern in einem übertragenen Sinn. Und das gilt natürlich auch für die symbolischen Begriffe Erde, Wasser und Luft, denn auch diese werden **in einer anderen Weise** verwendet. Wir sollten uns also keine zu irdischen Vorstellungen von diesen Begriffen machen. Wenn man Dinge, die in einer anderen Weise verwendet werden, auf die übliche Weise interpretiert, dann kann es passieren, dass das Resultat ziemlich unbefriedigend ist. Musiknoten, mit denen chemische Formeln gemorst werden, ergeben sicherlich keine wohlklingende Melodie. Und symbolische Motive, die in einem übertragenen Sinne verwendet werden, können mitunter einen ziemlichen Unsinn ergeben, wenn man sie exakt wörtlich nimmt. Um es in modernen Worten auszudrücken: Die Zusammenhänge der geistigen

Wirklichkeit sind nicht „kompatibel" mit unserem Materie-orientierten Tagesbewusstsein, da dieses gewohnt ist, nur in materiellen Begriffen und Kategorien zu denken. Durch das symbolische Denken schalten wir es nun quasi in den „Kompatibilitätsmodus", um in die höhere, geistige Wirklichkeit vordringen zu können. **Die Symbolik überwindet die Inkompatibilität, weil sie die geistigen Zusammenhänge mit Begriffen aus unserer Erfahrungswelt verbindet.**

Diese Inkompatibilität ist der Grund für den „inneren Kindermord". Wenn ein spiritueller Gedanke in uns auftaucht – wenn er bildlich gesprochen IN UNS geboren wird, dann wird er zumeist abgewürgt und verdrängt, weil er so gar nicht zu den gewohnten Denkstrukturen passt. Der spirituelle Gedanke kann nur dann überleben, wenn er sich an unsere materiellen Begriffe und Denkstrukturen anpasst – wenn er also bildlich gesprochen ins Materielle „flüchtet". Die Flucht von Jesus nach Ägypten versinnbildlicht diesen Prozess, denn Ägypten steht in der biblischen Symbolik für das Materielle. Darüber hinaus ist Ägypten auch die Heimat vieler Einweihungskulte, die eine esoterische Symbolik verwendet haben. Hier – in einer symbolischen und materiellen Form – kann der spirituelle Gedanke überleben. Und aus der Symbolik heraus kann er später wieder ins Bewusstsein zurückkommen,

1.) wenn der Verdrängungsprozess vorüber ist, wenn der Verdränger bildlich gesprochen „gestorben" ist und wenn man den spirituellen Gedanken zulassen kann,

2.) wenn wir ein Grundverständnis für die symbolische Darstellung haben, sodass wir die Symbolik erkennen und deuten können,

3.) wenn wir einige spirituelle Erkenntnisse, Empfindungen oder Erfahrungen haben, sodass der Gedanke etwas in uns ansprechen kann.

Daraus ergeben sich drei Ziele, die ich mir für dieses Buch gesetzt habe:

1.) eine Form zu finden, sodass das Tagesbewusstsein diese spirituellen Gedanken zulassen und einordnen kann

2.) die Symbolsprache darzustellen

3.) meine eigenen Erkenntnisse, Empfindungen und Erfahrungen zu beschreiben

- in der Hoffnung, dass mache Leser ähnliche oder zumindest vergleichbare Erfahrungen kennen, an die sie anknüpfen können,
- mit dem Ziel, den Leser für seine eigene innere Bilderwelt zu sensibilisieren

Der Vergleich mit einer Fremdsprache

Wie ist es nun, wenn man über die Symbolsprache einen Zugang zum inneren Wissen findet?

Man kann es wohl am besten mit dem Erlernen einer Fremdsprache vergleichen. Man wird dadurch zwar nicht allwissend, aber man kann sehr viel mehr Information nutzen. Wenn man eine Fremdsprache beherrscht, dann kann man all die Bücher und Hinweisschilder lesen, die in dieser Sprache verfasst sind, und man kann mit Leuten reden, die in diesem Land leben. Man hat damit die Möglichkeit, auf all das Wissen zuzugreifen, das in dieser Sprache niedergeschrieben wurde. Aber natürlich verfügt man nicht automatisch über all das Wissen, nur weil man die Sprache beherrscht. Man muss es sich bei Bedarf immer noch Schritt für Schritt erarbeiten.

Nun kann es passieren, dass einen diese Leute auf wichtige Bücher hinweisen. Und es ist auch möglich, dass man in den Büchern etwas findet, was einem wiederum hilft, die Gewohnheiten der Leute besser zu verstehen. Diese Wechselwirkung kann dazu beitragen, dass man mit der Zeit die fremde Kultur immer besser kennenlernt.

Nun zur Symbolsprache: Es gibt mythische und esoterische Texte, die in Symbolsprache geschrieben sind – in denen es also eine verborgene Bedeutung gibt, die im Text symbolisch verpackt wurde. Und es gibt unsere inneren Bilder, die auch in dieser Symbolsprache zu uns sprechen. In Analogie zum vorigen Beispiel kann es uns auch hier passieren, dass uns die inneren Bilder für die Symbolsprache der mythischen Texte sensibilisieren und dass diese Texte wiederum wichtige Hinweise und Impulse geben können, sodass wir die Symbolik der inneren Bilder besser verstehen können. Diese Wechselwirkung kann dazu beitragen, dass man mit der Zeit die geistige Wirklichkeit immer besser kennenlernt, die sich über die Symbolsprache offenbart.

Unsere Grammatik sagt sehr viel über die Art und Weise aus, wie wir die Welt sehen. Wir unterscheiden beispielsweise Zukunft, Gegenwart und Vergangenheit. Diese Unterscheidungen spiegeln sich in unserer Grammatik wieder. In ähnlicher Weise gibt es auch eine „Grammatik" der Symbolsprache. Die Sonne (= Geist)

ist in der Symbolsprache männlich, Mond (= Seele) und Erde (= Materie/Körper) sind weiblich. Aber viele Symbole sind nicht nur einer Männlich-Weiblich-Polarität zugeordnet, sondern es gibt in vielen Fällen auch eine Zuordnung zu den vier Elementen Feuer, Luft, Wasser und Erde. So ähnlich, wie es in unserer Sprache für reale und mögliche Tätigkeiten Indikativ und Konjunktiv gibt, so haben wir in der Symbolsprache ein Drei-Ebenen-Schema abstrakt-konkret-real, das auch über die Elemente Luft, Wasser und Erde ausgedrückt wird. Die abstrakten und nicht greifbaren Dinge werden durch Luft symbolisiert, die Dinge, die sich konkretisieren, durch Wasser und die handfesten durch Erde.

So, wie es in Sprachen unterschiedliche Dialekte gibt, so unterscheiden sich auch die Symbolsprachen der unterschiedlichen Mythologien, der Astrologen und des Tarot immer ein wenig voneinander.

Jeder Mensch hat einen anderen Sprachgebrauch, bevorzugt bestimmte Wörter oder gebraucht diese in einem ganz bestimmten Sinn. Auch das werden wir in ähnlicher Weise bei der Symbolsprache erleben. Und so, wie es Menschen gibt, die sagen: „Hier werden sie geholfen", so gibt es auch Autoren, die recht abenteuerlich mit esoterischer Symbolik umgehen.

Wenn man einen Text liest, der die Symbolsprache benutzt, dann kann es durchaus passieren, dass man ein Symbol nicht auf Anhieb deuten kann – ähnlich wie bei fremdsprachigen Texten, bei denen man auch hier und da mal über ein Wort stolpert, das man noch nicht kennt. In manchen Fällen kann man das Symbol über den Zusammenhang erschließen. Das ist natürlich zunächst nur eine Vermutung. Aber wenn sich die vermutete Bedeutung bei vielen anderen symbolischen Texten immer wieder bewährt, dann kann man mit der Zeit schon davon ausgehen, dass die Vermutung gestimmt hat.

In einer Sprache gibt es Doppeldeutigkeiten: So kann das Wort „Bank" für ein Möbel oder für ein Kreditinstitut verwendet werden. Ähnliches gibt es auch in der Symbolsprache. Das Symbol Wasser kann beispielsweise für Seele, Leben, Bewusstsein, Entwicklung und Emotion stehen, aber auch für Zeit. Die jeweilige Bedeutung hängt vom Kontext ab.

Durch Doppeldeutigkeiten können Missverständnisse entstehen – in der esoterischen Symbolsprache ebenso wie in unserer Umgangssprache. Es kann beispielsweise passieren, dass man eine Bedeutung in eine Aussage hineininterpretiert, die in dieser Form gar nicht beabsichtigt war. Solche Probleme und Unterstellungen erleben wir bereits in ganz alltäglichen Situationen – im Beruf und in der Familie – in Situationen, die uns vertraut sind, in denen wir Plausibles und Absurdes aus der Erfahrung heraus unterscheiden können. Doch bei den spirituellen Zusammenhängen, die über die Symbolsprache dargestellt werden, fehlen uns oftmals diese Erfahrungswerte (bzw. sie entwickeln sich erst mit der Zeit), und so kann es hier sehr viel leichter zu Missverständnissen kommen.

Ein Anfänger wird einen fremdsprachigen Text anders übersetzen als ein Profi mit jahrelanger Erfahrung. Solange sich ein Mensch weiterentwickelt – solange er neue Erfahrungen und Erkenntnisse gewinnt, solange wird er es immer wieder erleben, dass er aus einer neuen Perspektive heraus ältere Deutungen revidieren und korrigieren muss. Die Interpretationen hängen jeweils vom persönlichen Erkenntnisstand ab, und solange sich dieser weiterentwickelt, unterliegen natürlich auch die Deutungen einer gewissen Entwicklung. Solange dieser Entwicklungsprozess stattfindet, solange gibt es auch nichts, was für alle Zeiten endgültig ist – und das gilt auch für dieses Buch. Viele der Deutungen, die in diesem Buch enthalten sind, musste ich vorher etliche Male korrigieren. Und auch wenn sich inzwischen ein ziemlich „stabiler Kern" von Grundlagenthemen herausgebildet hat, so werden sicherlich bei manchen Details auch in Zukunft noch weitere Korrekturen notwendig sein. **Ewige spirituelle „Wahrheiten" findet man nur in toten Religionen**, die keine weitere Entwicklung mehr zulassen. Sie sind aber nicht deshalb „ewig", weil sie sich immer wieder aufs Neue bewähren und bestätigen, sondern weil sie in einem bestimmten Entwicklungsstand festgefahren und erstarrt sind.

Die Symbolsprache ist ähnlich wie die natürliche Sprache auch einem gewissen Wandel unterworfen, und manche Symbole haben im Laufe der Zeit ihre Bedeutung verändert. Wenn wir mit unserem heute üblichen und von der Kirche geprägten Symbolverständnis an manche antiken Texte herangehen, dann kann es mitunter passieren, dass wir eine vollkommen andere Interpretation in den Text hineinlesen, die vom Autor so überhaupt nicht beabsichtigt war. Wenn beispielsweise Jesus in der Offenbarung des Johannes über sich sagt: *„Ich bin [...] der helle Morgenstern" (Offb. 22,16)*, dann ist das gleichbedeutend mit „Ich bin Luzifer". Luzifer hatte damals eine ganz andere Bedeutung als heute. Das ist nun keine Verunglimpfung von Jesus, dem Licht der Welt, sondern das Problem liegt darin, dass der Lichtträger „Luzifer" später verteufelt wurde. (Luzifer heißt übersetzt Lichtträger. Vor Sonnenaufgang trägt uns der Morgenstern das erste Licht entgegen.) Solche Überlagerungen bei der Bedeutung wirken leider immer wieder als Stolpersteine bei der Interpretation symbolischer Texte, weil manchmal etwas herauskommt, das nach unserem heutigen Verständnis absolut überhaupt keinen Sinn hat. Durch solche Überlagerungen bei der Symbolik kann es natürlich passieren, dass die Symbolsprache einer religiösen Gruppierung sich immer mehr von der Symbolsprache der Seele abkoppelt. Je weiter sich beides voneinander entfernt, umso weniger kann uns die Symbolsprache der religiösen Texte für die Symbolik unserer inneren Bilder sensibilisieren. Es kann sogar passieren, dass wir durch einen veränderten Symbolgebrauch regelrecht blind gemacht werden für die

Bildersprache unserer Seele. Und umgekehrt kann eine korrigierte Symbolik einen „Blinden" wieder sehend machen. Gerade deshalb ist es so wichtig, dass einige Verfälschungen und Verteufelungen wieder korrigiert werden, weil sie einem sonst den Weg versperren.

Wenn wir eine Sprache gelernt haben und ein Buch lesen, dann können wir in fremde Gedankenwelten eindringen. Wir können spannende, unterhaltsame oder erotische Geschichten miterleben. All das kann in der Schrift „verpackt" sein, auch wenn die Buchstaben selbst nichts Spannendes, Unterhaltsames oder Erotisches an sich haben. Auch über die Symbolsprache kann man in fremde Gedankenwelten eindringen – in eine faszinierende, geistige Welt, die sich für uns überhaupt nur symbolisch und gleichnishaft erfahren lässt. Dieses Erlebnis kommt jedoch erst dann zustande, wenn wir mit der Sprache so weit vertraut sind, dass wir uns auf die verpackten Inhalte konzentrieren können. Das ist wie bei vielen anderen Dingen auch in diesem Fall eine Frage der Übung. Zunächst wird es einem so ergehen wie einem Grundschüler, der gerade erst das Lesen lernt und dessen Leseerlebnis noch hauptsächlich darin besteht, dass er mit der Entzifferung der Buchstaben beschäftigt ist. Das wirkliche „Erleben" der Inhalte tritt in dieser frühen Phase noch etwas in den Hintergrund. Es entwickelt sich aber mit der Zeit ganz von selbst.

Das Erlernen der Symbolsprache ist in der Anfangsphase immer etwas theoretisch und „kopflastig" und etwa so spannend, als ob man die Grammatik einer Fremdsprache paukt. Diese langwierige Beschäftigung mit so viel „trockener" Theorie haben manche Autoren mit einer Wanderung durch eine Wüste verglichen – aber dieser lange Weg führt einen letztendlich in das verheißene Land. Dieses Land ist für uns nur erlebbar, wenn wir mit der trockenen Theorie der Symbolsprache so weit vertraut sind, dass wir die Wirklichkeit erleben können, die in der Symbolik „verpackt" ist.

Aber keine Angst! Man muss dafür nicht wie Moses 40 Jahre durch die Wüste ziehen. Auch solche Zahlenangaben sind häufig symbolisch zu verstehen – nicht als Mengenangaben, sondern als eine qualitative Beschreibung der Jahre. Die Zahl vier steht symbolisch für unsere Welt: die vier Elemente, die vier Himmelsrichtungen, die vier Enden der Welt, die vier Jahreszeiten usw. Ein religiöses Symbol ist zunächst etwas Materielles (z. B. eine Rose), aber mit dem Symbol verweisen wir auf eine höhere Wirklichkeit – auf etwas Geistiges und Immaterielles. Und somit erhöhen wir die vier zur 40. Die 40 Jahre in der Wüste sind die Zeit, in der wir die theoretischen Grundlagen erlernen, die wir benötigen, um in den irdischen und dinglichen Motiven das Höhere und Geistige zu erkennen.

Der Unterschied zur Psychoanalyse

Die esoterische Symbolsprache ähnelt in vielen Punkten der klassischen Traumdeutung, wie wir sie aus der Psychoanalyse kennen. Es geht jedoch um eine andere Symbolik, die sich auf andere Inhalte bezieht und durch die man letztendlich auch einen anderen Bereich zugänglich macht.

Die Symbolik der psychologischen Traumdeutung bezieht sich primär auf Alltagserfahrungen: auf Probleme, Ängste, Blockaden, Wünsche, Kränkungen … Es sind alles Dinge, die wir prinzipiell kennen und die wir dadurch auch noch relativ leicht wiedererkennen können, auch wenn sie uns in Träumen in einer symbolisch verfremdeten Form begegnen.

Im Gegensatz dazu beschreibt diese esoterische Symbolsprache eine geistige Wirklichkeit, die sich über eine ähnliche Symbolik offenbart.

Der Vergleich mit einem Spiegelmosaik

Ein Traum ist aus psychologischer Sicht wie ein Spiegelmosaik, das die uns bekannte Wirklichkeit in etwas veränderter Form wiedergibt. Ein Teil des Spiegelmosaiks ist farbig, und dadurch färbt es die Wahrnehmung etwas ein. Ein anderes Teil sitzt etwas schief, und dadurch zeigt es uns etwas, was eigentlich an einer ganz anderen Stelle ist. Es zeigt uns etwas in einem anderen Zusammenhang. Ein weiteres Teil ist etwas gewölbt, und so erscheint ein Detail größer. Manche Teile sind aber auch abgedeckt, und so wird einiges ausgeblendet.

Sicher kennt jeder den Effekt, wenn man abends bei der Dämmerung schon die Zimmerbeleuchtung angeschaltet hat und sich die Zimmereinrichtung in der Fensterscheibe spiegelt. Gleichzeitig kann man aber durch das Fester hindurch auch noch die Landschaft erkennen, die sich außerhalb des Zimmers befindet. Die Fensterscheibe ist in diesem Moment wie ein „halbdurchlässiger Spiegel". Wenn wir in die spiegelnde Fensterscheibe blicken, dann können wir wahlweise unser Spiegelbild oder die Welt hinter der Fensterscheibe erkennen – abhängig davon, welchen Bereich wir mit unseren Augen fokussieren.

Das erwähnte innere Spiegelmosaik unserer Träume hat nun eine ganz ähnliche Eigenschaft. Es wirft uns zum Teil ein verfremdetes Abbild unserer Alltagserfahrungen zurück, aber man kann zum Teil auch durch die spiegelnden Flächen hindurchschauen und eine andere, uns unbekannte Wirklichkeit erkennen, die durch das Spiegelmosaik auf eine sehr ähnliche Weise verfremdet wird. Während sich die Psychoanalyse mit dem Spiegelbild des Zimmers beschäftigt, geht es bei der Esoterik um die Dinge, die wir auf der anderen Seite des Spiegelmosaiks erkennen. Da das Spiegelmosaik beide Informationen auf eine ähnliche Weise verfremdet, können wir sowohl bei der Psychoanalyse als auch in der Esoterik sehr ähnliche Methoden anwenden. Wir schauen in beiden Fällen in die gleiche Richtung und verwenden eine ähnliche Art der symbolischen Interpretation, aber wir fokussieren eine andere Ebene. Dabei betrachten wir nicht die Dinge unseres Zimmers, sondern andere, uns unbekannte Dinge, die sich auf der anderen Seite des Spiegelmosaiks befinden. Wenn wir gelernt haben, im Spiegelmosaik die Dinge unseres Zimmers wiederzuerkennen, dann werden uns diese anderen Dinge etwas fremd vorkommen. Die üblichen Interpretationen passen hierbei nicht so richtig – einfach deshalb, weil es sich um andere Dinge handelt. Während es noch relativ einfach ist, die symbolisch verfremdeten Alltagserfahrungen im Traum wiederzuerkennen (also die Dinge aus unserem Zimmer), ist der Sachverhalt nun bei diesen anderen Dingen deutlich komplizierter, denn es handelt sich um die symbolisch verfremdeten Abbilder einer uns unbekannten geistigen Welt. Diese verfremdeten Motive begegnen uns nun nicht nur in unseren Träumen, sondern in vielen „inneren Bildern", also auch in Momenten der Stille, in Assoziationen und in den Bildern unserer Fantasie. Manchmal reagieren wir aber auch ganz spontan und intuitiv auf diese verfremdeten Motive, wenn sie uns in Märchen, Mythen oder Fantasyfilmen begegnen, weil diese Motive etwas IN UNS ansprechen.

Irgendwann früher oder später macht man die Erfahrung: Wenn man im Zimmer das Licht ausknipst, dann sieht man deutlich mehr von dem, was auf der anderen Seite des Spiegelmosaiks ist.

Wenn man also beispielsweise in der Meditation oder in Halbschlafzuständen innerlich still und gelassen wird, dann spiegelt sich weniger von unseren Gedanken im inneren Spiegel, und man sieht deutlich besser, was auf der anderen Seite ist. Doch wenn wir dann etwas entdeckt haben und unsere Gedanken wieder einschalten bzw. das innere Licht wieder anknipsen, um genauer nachzuschauen, dann ist das andere Bild ruck, zuck wieder weg. Weiterhin ist das Bild auch im Zustand der inneren Ruhe noch immer symbolisch verfremdet, und die Dinge der geistigen Welt sind uns noch immer unbekannt. So können wir im Zustand der Meditation zwar durchaus interessante Erfahrungen mit der geistigen Wirklichkeit sammeln, aber wir können – wenn wir nur diese eine Methode isoliert betreiben – nicht wirklich verstehen und beschreiben, was wir da gesehen und erlebt haben.

Man kann die andere Seite auch dadurch besser erkennen, wenn man sehr genau weiß, welche der Spiegelungen aus unserem Zimmer stammen – welche der Motive wir also sinnvollerweise im Sinne der Psychoanalyse interpretieren sollten. Sonst könnte es uns passieren, dass wir zwar glauben, wir würden durch den Spiegel hindurchschauen, aber in Wirklichkeit nur eine Verfremdung unserer eigenen Ängste und Vorurteile sehen. Selbsterkenntnis und eine absolute Ehrlichkeit gegenüber sich selbst sind dafür die notwendigen Voraussetzungen. Je mehr wir von unserer wahren Natur verdrängen, umso weniger können wir davon im Spiegel bewusst wiedererkennen und umso weniger können wir diese Spiegelbilder von den Dingen unterscheiden, die sich hinter dem Spiegel befinden.

Das Drei-Ebenen-Schema beim Spiegelmosaik

Beim obigen Gleichnis gibt es drei Bereiche, die man wahrnehmen kann:

1.) Zunächst einmal kann der Beobachter sich, sein Umfeld und seine bewusste Gedankenwelt unmittelbar und direkt wahrnehmen.

2.) In den Träumen und „inneren Bildern" erlebt der Beobachter ein symbolisch verfremdetes Spiegelbild dieser Dinge. Dieser Bereich kann psychologisch gedeutet werden.

3.) Und schließlich gibt es als dritten Bereich die „geistige Welt hinter dem Spiegel", die einer esoterisch-symbolischen Deutung bedarf.

Diese drei Bereiche entsprechen in ihrer Struktur dem dreifachen Schriftsinn, den wir bereits kennengelernt haben:

erster Schriftsinn: wörtlich-historisch	Ereignisse und Situationen im unserer materiellen Wirklichkeit
zweiter Schriftsinn: psychologisch-moralisch	seelische Entwicklungen und Probleme, aber auch moralische Normen
dritter Schriftsinn: anagogisch-spirituell	gleichnishafte Umschreibungen einer höheren Wirklichkeit

Im weiteren Verlauf wird uns diese Grundstruktur noch öfters begegnen – zumeist jedoch in umgekehrter Reihenfolge, weil die geistige Ebene üblicherweise oben eingezeichnet wird und die materielle unten.

Was ist Esoterik?

In den letzten Jahrzehnten erlebten wir in Europa einen wahren Esoterik-Boom. In vielen Städten wurden kleine Esoterik-Lädchen eröffnet, wo zwischen Edelsteinkettchen und Wünschelruten das Wasser im Zimmerspringbrunnen vor sich hin plätschert, wo Duftlämpchen den Raum mit einem süßlichen Duft einnebeln, wo uns Buddha, Jesus und diverse Elfen gütig von der Wand anlächeln und wo man alles an Literatur und Zubehör erweben kann, was man angeblich braucht, um in dieser Welt Glück, Liebe und Erkenntnis zu finden. Kaufhäuser und Buchhandlungen schufen Esoterik-Ecken. Ganze Esoterik-Messen wurden veranstaltet mit einem weit gefächerten Leistungsangebot von Aura-Fotografie über energetisierten Blumenkohl bis hin zu erotischer Partnermassage. Es war regelrecht wie bei einer Inflation. Das Esoterische vermehrte sich zwar, aber es wurde gleichzeitig immer weniger wert. Der Begriff „Esoterik" hat unter all dem schwer gelitten. Er wurde regelrecht zu einem Synonym für zweifelhafte Heilslehren und Scharlatanerie, obwohl dieses bunte Treiben eigentlich kaum noch etwas mit echter Esoterik zu tun hat.

Das heute übliche Hauptwort „Esoterik" ist tatsächlich eine verhältnismäßig junge Wortschöpfung (vermutlich aus dem 19. Jahrhundert). Das Adjektiv „esoterisch" ist jedoch deutlich älter. Es stammt aus dem Bereich der antiken Einweihungskulte und Mysterienschulen und bezeichnete ein „geheimes Wissen", das nur einem „inneren Kreis" von Eingeweihten zugänglich war. Wörtlich bedeutet das griechischen Adjektiv „esôterikós" so viel wie „zum inneren Kreis gehörig" (griech. esôteros = das Innere). „Esoterische Kreise" gab es schon in der Antike und vermutlich auch schon deutlich früher, auch wenn sie damals noch nicht mit dem neuzeitlichen Hauptwort „Esoterik" bezeichnet wurden. Die Esoterik ist also kein neuzeitlicher „Modetrend". Neu an der Esoterik ist tatsächlich nur die Hauptwortbildung „Esoterik" für das „Esoterische".

So, wie die Esoterik von „eso" für „innerhalb" abgeleitet ist, gibt es als Gegenstück die „Exoterik", wobei die Vorsilbe „exo" „außerhalb" bedeutet. Aus esoterischer Sicht wird die vereinfachte und verhüllte Lehre, die nach außen weitergegeben werden kann, als „exoterisch" bezeichnet.

Esoterisches Wissen könne man also auf Neudeutsch als „religiöses Insiderwissen" bezeichnen, das gegenüber Außenstehenden geheim gehalten wird.

Heutzutage wird der Begriff „Esoterik" manchmal auch in dem Sinn verwendet, dass es sich um einen „inneren Weg" handelt – dass man also die Wahrheit „in sich" sucht. Das entspricht zwar streng genommen nicht ganz der ursprünglichen Bedeutung, ist aber trotzdem auch nicht falsch. Eigentlich bezieht sich „innen und außen" auf die Zugehörigkeit zu einer Gruppe von Eingeweihten bzw. um das geheime Wissen, das nur INNERHALB dieser Gruppe bekannt war. Bei dieser anderen Deutung geht es um eine „innere Wahrnehmung" – um etwas Geistiges, das man nicht so ohne weiteres mit den Sinnesorganen in der „äußeren Welt" wahrnehmen kann. Innen und außen beziehen sich also in beiden Fällen auf unterschiedliche Dinge.

Die Unterscheidung von innen und außen kann man aber auch auf das Textverständnis der heiligen Schriften anwenden. In diesen Schriften werden häufig innere und geistige Zusammenhänge gleichnishaft so dargestellt, als ob es sich um äußere und materielle Ereignisse handle. Der geistige Zusammenhang wird dabei oftmals in eine scheinbar historische Geschichte „gekleidet". Einerseits wird er damit „verhüllt", andererseits wird er damit aber auch in die Begriffe unserer Erfahrungswelt übertragen. Während der Esoteriker das verborgene Wissen erkennt, das IN den Gleichnissen verborgen ist, sieht der Exoteriker nur die äußere Verpackung.

Innen und außen können sich also beziehen

- auf die Zugehörigkeit zu einer „inneren Gruppe"
- auf das „interne" Wissen dieser Gruppe, das nach außen hin geheim gehalten wird
- auf ein Wissen, das man in sich findet
- auf ein Textverständnis, das den verborgenen Sinn offenlegt

Da die **inneren** Kreise ihr „**internes** Wissen" über den Weg zum „**inneren** Wissen" **in** den heiligen Texten verpackt haben, hängen natürlich diese unterschiedlichen Bedeutungen von „innen" inhaltlich ganz eng zusammen.

Im Laufe der Jahrhunderte gab es sehr viele religiöse Kulte und Gruppierungen, die ihre Lehren aus unterschiedlichen Gründen gegenüber Außenstehenden geheim hielten oder geheim halten mussten. So gibt es auch keine einheitliche Esoterik, sondern sehr viele unterschiedliche Traditionen und Richtungen: ägyptische Mysterienkulte, Essener, Pythagoräer, Druiden, Mithras-Kult, Gnostiker, Hermetiker, Astrologen, Kabbalisten, Alchemisten, Templer, Rosenkreuzer, Freimaurer …
Und es gab auch einige Gruppierungen, die ursprünglich esoterisches Wissen veröffentlichten oder zumindest behaupteten, dass das, was sie veröffentlichen, auf uralten Geheimlehren basiere: z. B. Theosophen (esoterischer Buddhismus), Anthroposophen, Neu-Rosenkreuzer … Natürlich ist ein veröffentlichtes Geheimwissen nach der Veröffentlichung nicht mehr wirklich geheim. Trotzdem ist es sinnvoll, auch hierfür den Begriff „Esoterik" anzuwenden, da es sich ja um ursprünglich esoterisches Wissen handelt bzw. handeln soll.
Im heutigen Sprachgebrauch werden häufig auch viele andere Themen als Esoterik

bezeichnet, obwohl sie eigentlich nicht aus dem Bereich der religiösen Geheimlehren stammen, z. B. Parapsychologie (Telepathie, Telekinese, Todesnäheerfahrungen ...), Neuoffenbarungen, Channeling, Jenseitskontakte, Reinkarnationstherapie, UFO-Erscheinungen ... Trotzdem – auch wenn der Begriff „Esoterik" hier streng genommen nicht anwendbar ist – so gibt es dennoch etliche inhaltliche Berührungspunkte zu den esoterischen Lehren.

Mitunter werden auch der Buddhismus und das Neu-Heidentum in einem Atemzug mit der Esoterik genannt. Dazu kann man grundsätzlich Folgendes sagen: Die Beschäftigung mit anderen Religionen (Buddhismus, Hinduismus, Taoismus, Neu-Heidentum ...) und mit unterschiedlichen Mythologien ist an sich noch keine Esoterik. Esoterik ist es erst dann, wenn man sich auf eine esoterische Weise damit beschäftigt – wenn man also z. B. die geistigen Prinzipien erkennt, die in den Mythologien personifiziert werden, und wenn man erkennt, wie diese Prinzipien IN UNS und in der Schöpfung wirken. Die Beschäftigung mit unterschiedlichen Religionen und Mythologien kann natürlich für den esoterischen Weg sehr nützlich sein. Bei fremden Religionen ist man noch nicht so stark vorgeprägt wie bei der Religion, in die man hineingeboren wurde. Und dadurch kann man bei einer fremden Religion neu und unvorbelastet (wie ein Kind) an die Thematik herangehen und manche Dinge erkennen, für die man in der eigenen Religion längst blind geworden ist.

Unterschiedliche Gründe für die Geheimhaltung

Für die Geheimhaltung des esoterischen Wissens kann es ganz unterschiedliche Gründe geben. Durch die Vielfalt der esoterischen Strömungen ist es aber nahezu unmöglich, allgemeingültige Aussagen zu treffen, die in gleicher Weise für alle esoterischen Traditionen gelten. So kann die nachfolgende Auflistung von unterschiedlichen und zum Teil sogar widersprüchlichen Gründen auch nur einen groben Überblick vermitteln. Die Zusammenstellung enthält insgesamt sieben Gründe für die „Versiegelung" des esoterischen Wissens, wobei in den ersten vier Punkten zunächst die einfachen und offensichtlichen Gründe dargestellt werden. Diese ersten vier Gründe haben alle eine Schutzfunktion. Anschließend folgen in den Punkten 5 bis 7 die eigentlichen esoterischen Gründe, die sich ganz zwangsläufig aus der Natur der spirituellen Thematik ergeben.

1. Selbstschutz – Der Esoteriker schützt sich selbst

Es gab Zeiten, da war es mit enormen Gefahren verbunden, wenn man seine religiösen Ansichten zu offen aussprach, und so war eine gewisse Geheimhaltung schon allein deshalb notwendig, um sich vor irgendwelchen Zwangsmaßnahmen zu schützen (Folter, Inquisition, ...).

2. Schutz vor Missbrauch – Der Esoteriker schützt andere Menschen

Manche Techniken sind mit einem Risiko verbunden, wenn man sie nicht richtig beherrscht. Das gilt ganz besonders für das Heilwissen, das früher auch in den esoterischen Kreisen weitergegeben wurde. Wenn es um Rezepturen für Drogen und Heilmittel geht, dann kann die Geheimhaltung eine Maßnahme sein, um beispielsweise die Gefahren von Missbrauch und falscher Dosierung etwas einzudämmen.

Das gleiche Problem gibt es grundsätzlich auch bei spirituellen Techniken: Später werde ich eine Methode vorstellen, wie man „negative" Emotionen ganz gezielt nutzen kann, um auf diesem Weg etwas „Positives" zu erreichen. Diese Methode birgt natürlich die Gefahr, dass man sich in diese „negativen" Emotionen hineinsteigert, wenn man einmal diesen positiven Effekt gespürt hat. Solche spirituellen Effekte können süchtig machen, ebenso wie auch eine Droge süchtig machen kann.

3. Schutz vor verfälschter Weitergabe – Der Esoteriker schützt das esoterische Wissen

Geheimhaltung kann den Zweck haben, dass eine Lehre unverfälscht weitergegeben wird. Würde jeder Halbeingeweihte das weitergeben, was er persönlich meint verstanden zu haben, dann würde die Lehre innerhalb weniger Jahre etliche abweichende Ableger erzeugen, die sich mit der Zeit immer mehr vom Original entfernen.

4. Schutz vor Spott und Verunglimpfung – Der Esoteriker schützt die esoterische Lehre

Zum Teil gibt es den Wunsch, eine Lehre vor Spott und Verunglimpfung zu schützen, indem man diese nur solchen Leuten offenbart, die den Wert der Lehre erkennen können und auch zu schätzen wissen.

Mt. 7,6: Ihr sollt das Heilige nicht den Hunden geben, und eure Perlen sollt ihr nicht vor die Säue werfen, damit die sie nicht zertreten mit ihren Füßen und sich umwenden und euch zerreißen.

5. Gleichnisse aus der Alltagswelt

Bei manchen Themen ist es gar nicht so einfach, sie in einfachen Worten zu erklären – zum Teil deshalb, weil in der Alltagssprache ein passendes Vokabular fehlt. Jeder, der einen modernen technischen Beruf hat, beispielsweise Datenbankadministrator oder Webdesigner, kennt sicher das Problem: Was soll man erzählen, wenn die Eltern oder Großeltern einen fragen, was man denn beruflich so macht? Die Eltern und Großeltern haben zumeist eine ganz andere Erfahrungswelt. Mit all den technischen Begriffen aus der modernen Berufswelt können sie daher nur sehr wenig anfangen. Würde man zu ihnen Klartext sprechen, so wie man es mit einem Kollegen macht, dann würden die Großeltern nur Kauderwelsch verstehen. So bleibt einem nichts anderes übrig, als die Zusammenhänge in die Begriffe ihrer Erfahrungswelt zu übersetzen. Man verwendet also Gleichnisse und greift auf Bekanntes und Alltägliches zurück, um das Unbekannte zu umschreiben, beispielsweise: „Die Webseite des Internethändlers ist so ähnlich wie ein Kaufhauskatalog." Der „Kaufhauskatalog" ist etwas, was die Großeltern kennen. Und dieses Bekannte wird benutzt, um das Unbekannte zu umschreiben.

Vor ähnlichen Problemen stehen auch die Esoteriker, wenn sie von geistigen Zusammenhängen sprechen wollen. Würden sie Klartext sprechen, dann würden die Zuhörer zumeist nur Kauderwelsch verstehen, weil die notwendigen Grundlagen fehlen. Der Klartext würde auf unfruchtbaren Boden fallen und die Zuhörer sogar verwirren. (Und vor dem gleichen Problem steht natürlich auch unser höherer Seelenanteil, wenn er uns etwas offenbaren will.)

Im Prinzip gibt es jetzt zwei Möglichkeiten:

1.) Man vermittelt zunächst die notwendigen Grundlagen, damit der Klartext verstanden wird.
2.) Man verwendet Gleichnisse, um die Zusammenhänge in die Erfahrungswelt der Zuhörer zu übersetzen.

Das Erste wäre der lange „esoterische" Weg über die Einweihung, das Zweite der kurze „exoterische" Weg über die Gleichnisse. (Dabei ist anzumerken, dass der kurze „exoterische" Weg über die Gleichnisse ein sehr guter Einstieg sein kann, um sich später mit dem langen „esoterischen" Weg zu beschäftigen.)

Die Unterscheidung in diese zwei Gruppen finden wir auch in der Bibel:

Mt. 13,10: Und die Jünger traten zu ihm und sprachen: Warum redest du zu ihnen in Gleichnissen? Er antwortete und sprach zu ihnen: Euch ist's gegeben, die Geheimnisse des Himmelreichs zu verstehen, diesen aber ist's nicht gegeben.

Hier wird unterschieden zwischen „euch" und „diesen".

Für die esoterische Gruppe gilt: Wem die Grundlagen gegeben sind, der kann den Klartext verstehen und all diese Informationen nutzen. *(Mt. 13,12: Denn wer hat, dem wird gegeben, dass er die Fülle habe.)*

Für die exoterische Gruppe gilt hingegen: Wem die Grundlagen fehlen, der kann sogar seinen Glauben verlieren, wenn er den Klartext hört, denn viele traditionelle und exoterische Glaubensinhalte werden in Frage gestellt. *(Mt. 13,12: Wer aber nicht hat, dem wird auch das genommen, was er hat.)*

Die Gleichnisse versteht man scheinbar sofort, denn sie bauen nur auf den Grundlagen auf, die man durch die normalen Alltagserfahrungen ohnehin schon kennt. Bei Gleichnissen verwendet man Dinge aus der materiellen Welt oder auch zwischenmenschliche Beziehungen, um geistige Zusammenhänge gleichnishaft zu umschreiben. Diese Vorgehensweise birgt jedoch ein Risiko: Manche Zuhörer erkennen die Gleichnisse nicht als solche, sondern glauben, es ginge einem tatsächlich nur um diese materiellen Dinge oder um die konkret geschilderten zwischenmenschlichen Beziehungen. So wird beispielsweise die Beziehung von Mann und Frau häufig verwendet, um gleichnishaft den Zusammenhang von Geist und Materie zu umschreiben. Aber das wird dann zum Teil so missverstanden, als ob es tatsächlich nur um Regeln für das Eheleben ginge. Die etwas eingeschränkte Rolle der Frau in der katholischen Kirche basiert zum Teil auf solchen Missverständnissen.

Selbst dann, wenn man Klartext spricht, kann man feststellen, dass sehr viele Begriffe Metaphern sind, bei denen etwas Dingliches verwendet wird, um etwas Geistiges gleichnishaft zu umschreiben. Nehmen wie als Beispiel das Wort „begreifen". Wir „greifen" nicht wirklich mit der Hand, sondern wir „greifen" im übertragenen Sinne. Das „Greifen" mit der Hand ist ein verdinglichtes Gleichnis für das, was wir wirklich machen, wenn wir etwas im übertragenen Sinne „begreifen". Für uns ist es so selbstverständlich, diesen Begriff im übertragenen Sinne zu verwenden, dass wir ihn gar nicht mehr als gleichnishafte Umschreibung empfinden. Die gleichnishafte Metapher wird durch den selbstverständlichen Gebrauch als Klartext empfunden. Die Unterscheidung von Gleichnis und Klartext liegt also zum Teil auch im Auge des Betrachters. Was der Insider für selbstverständlich und für Klartext hält, das kann dem Außenseiter als ein Gleichnis erscheinen, das der Deutung bedarf.

6. Verhüllte Wegmarken und Prüfungen

Bei Gleichnissen gibt es ein grundsätzliches Problem: Jeder Vergleich hinkt irgendwo. So kann man beispielsweise den elektrischen Strom mit Wasser vergleichen, das durch ein Rohr fließt. Der Wasserdruck entspricht der Spannung, die Fließgeschwindigkeit der Stromstärke, das Ventil dem Schalter usw. Aber man kann nicht bedenkenlos in allen Situationen vom Gleichnis auf die Wirklichkeit zurückschließen. Strom kann beispielsweise nicht heruntertropfen, wenn der Draht undicht ist.

Spirituelle Vorstellungen, die man von Gleichnissen ableitet, führen einen daher sehr häufig in die Irre. Das ist das typische Problem der „Schriftgelehrten", die aus vielen gleichnishaften Einzelaussagen wunderschöne und hochkomplexe Weltbilder aufbauen, die aber zumeist nur sehr wenig mit der Realität zu tun haben.

In der Esoterik werden die Gleichnisse daher häufig auch auf eine andere Weise verwendet – nicht als vereinfachende Erklärungen, die zum Wissen hinführen, sondern als Prüfungen und Wegmarken, die uns zeigen, ob wir nun eine bestimmte Lektion verstanden haben. Es begegnen uns zum Teil Gleichnisse, Umschreibungen und mythische Motive, die auf den ersten Blick so unverständlich, paradox oder widersinnig sind, dass sie uns zunächst überhaupt nicht weiterhelfen. Wenn man aber irgendwann aus der praktischen Lebenserfahrung heraus die entsprechende Erkenntnis gewonnen hat, dann kann man erleben, wie sich der verhüllte Sinn später ganz von selbst erschließt. Auf diese Weise schließt man aber nicht vom Gleichnis auf die Wirklichkeit, sondern von der Erkenntnis zurück auf das Gleichnis. Das Gleichnis wird zu einer „Wegmarke", an der man erkennen kann, dass man wieder ein Stück des Weges gepackt hat. So begleiten diese Wegmarken den Weg des Esoterikers und geben darüber hinaus auch Hinweise für die weitere Entwicklung.

Diese andere Verwendung der Gleichnisse macht deutlich, warum manche Gleichnisse ganz gezielt „verschlossen" wurden – damit sie nur auf diese Weise verwendet werden können.

Mk. 4,11: Und er sprach zu ihnen: Euch ist das Geheimnis des Reiches Gottes gegeben; denen aber draußen widerfährt es alles in Gleichnissen, damit sie es mit sehenden Augen sehen und doch nicht erkennen, und mit hörenden Ohren hören und doch nicht verstehen, damit sie sich nicht etwa bekehren und ihnen vergeben werde.

Im Matthäus-Evangelium (13,13) klingt das noch etwas anders: *Darum rede ich zu ihnen in Gleichnissen. Denn mit sehenden Augen sehen sie nicht und mit hörenden Ohren hören sie nicht; und sie verstehen es nicht.*

Das könnte man noch dahingehend interpretieren, dass zu den Leuten in Gleichnissen gesprochen wird, WEIL diese es anders nicht verstehen. Aber bei Markus steht etwas ganz anderes: Zu den Leuten wird in Gleichnissen gesprochen, DAMIT sie es NICHT verstehen! Das ist das genaue Gegenteil. Und es ist eine Aussage, die sicherlich aus der Perspektive des traditionellen Christentums ziemlich unverständlich und paradox klingen mag: Jesus spricht zu den Leuten in Gleichnissen, damit er nicht verstanden wird. An dieser Stelle ist anzumerken, dass Matthäus auf Jesaja 6,10 hinweist. Und was wir dort lesen, das entspricht tatsächlich eher der Formulierung von Markus. So entsteht der Eindruck, dass Matthäus die beiden Prinzipien zusammengeworfen hat – die „gleichnishaften Erklärungen" und die „verhüllten Wegmarken", die ich als Punkte 5 und Punkt 6 unterschieden habe. Damit hat er die paradoxe und unverständliche Stelle etwas „geglättet" und „entschärft".

Solange man an Gleichnisse glaubt, die ein anderer einem gibt, solange bleibt man von diesem Anderen anhängig, denn ein solcher Glaube basiert nicht auf EIGENEN Erfahrungen und Erkenntnissen. Gleichnisse, die man erst dann verstehen und deuten kann, wenn man die entsprechenden Erfahrungen und Erkenntnisse SELBST gewonnen hat, führen hingegen zu einem vollkommen anderen Religionsverständnis. Eine solche Religion basiert nicht mehr auf dem Glauben an Gleichnisse und Personifikationen, sondern auf den eigenen Erfahrungen und der eigenen Erkenntnis (= Gnosis). Das ist der prinzipielle Unterschied zwischen dem traditionellen Christentum und dem gnostischen Christentum. **Ein Christentum, das den „Glauben" betont, wird immer die Gläubigen in Abhängigkeit halten. Und ein Christentum, das die Gläubigen in Abhängigkeit halten will, wird immer den „Glauben" betonen.**

Wenn ich hier schreibe, dass manche Gleichnisse nicht verstanden werden sollen, dann gilt das natürlich nicht generell für alle Gleichnisse. Manche Gleichnisse haben schon den Sinn, etwas zu verbildlichen, damit es verstanden wird.

Dieser Effekt, dass Texte ganz gezielt so formuliert werden, dass man sie nicht verstehen kann, begegnet uns übrigens auch im Buddhismus bei den so genannten Koans. Später im Buch, wenn ich meinen eigenen Entwicklungsweg schildere, werde ich eine ganz bestimmte Erfahrung beschreiben. Würde man diese Erfahrung als einen Koan formulieren, dann könnte dieser Koan beispielsweise so lauten:

Lies, was nicht in den Büchern steht – schreibe, was du nicht weißt.

Wenn man solche Sätze unvorbereitet liest und diese Erfahrung nicht kennt, dann klingen solche Aussagen zunächst paradox und widersinnig. Wenn man jedoch selbst diese Erfahrungen gemacht hat, dass man beim Lesen auf Informationen stoßen kann, die nicht in den Büchern stehen, dann bekommen solche Aussagen plötzlich einen Sinn.
Einer der bekanntesten Koans ist sicherlich dieser:

Wie klingt das Klatschen einer Hand?

Diese Frage klingt natürlich zunächst ziemlich unsinnig, denn mit nur einer einzelnen Hand kann man nicht klatschen. Aber diese unsinnige Frage weist uns auf ein ganz wichtiges Grundprinzip hin. Eine Kraft kann sich in der materiellen Welt erst dann offenbaren, wenn es eine Gegenkraft gibt. Ein Gewichtheber beispielsweise könnte seine Kraft nicht demonstrieren, wenn es keine Anziehungskraft gäbe, die das Gewicht nach unten zieht. In der materiellen Welt tritt daher keine Kraft isoliert auf, sondern immer als eine Polarität – als eine Kraft und als eine Gegenkraft. In der Physik gilt das Prinzip: Die Summe aller Kräfte ist null.
Stellen wir uns nun einmal vor, wir würden den Gewichtheber mit einer Rakete ins Weltall schicken und damit in die Schwerelosigkeit: Er hätte zwar theoretisch noch immer seine körperliche Kraft, aber er könnte sie nicht anwenden und nicht demonstrieren. Natürlich gäbe es in der Schwerelosigkeit noch andere Möglichkeiten, eine Gegenkraft zu finden, aber das soll an dieser Stelle einmal unberücksichtigt bleiben. Eine Kraft, die man nicht demonstrieren kann, bleibt für uns verborgen. Sie ist wie ein Schöpfungsprinzip, das sich nicht in der Polarität offenbart.

Das Klatschen einer Hand klingt also im übertragenen Sinn nach einem solchen Schöpfungsprinzip, das sich nicht in der Polarität offenbart.

7. Weil sich das Göttliche im Geheimnis offenbart

Ein anderer und aus meiner Perspektive sogar der wichtigste Grund für die „Verschlüsselung" des Wissens liegt im Wesen der Offenbarung.

4. Mose 12,6: Ist jemand unter euch ein Prophet des HERRN, dem will ich mich kundmachen in Gesichten oder will mit ihm reden in Träumen. (Gesichte ist ein altes Wort für Visionen.)

Jeder weiß: Träume sprechen zumeist nicht in Klartext zu uns, sondern ihr Sinn ist „symbolisch" verhüllt. Träume bedürfen einer Deutung. Die Sache mit der symbolischen Verschlüsselung haben sich die Esoteriker also nicht willkürlich ausgedacht, um uns zu ärgern, sondern sie liegt im Wesen der Offenbarung begründet.

Das Göttliche offenbart sich nicht im Klartext, sondern im Geheimnis. Indem wir lernen, esoterische Texte zu deuten, lernen wir gleichzeitig auch, die Bilder und Motive zu deuten, die aus der Tiefe unserer Seele ins Bewusstsein drängen. Wir lernen dadurch Schritt für Schritt die symbolische Bildersprache, über die sich das Göttliche IN UNS offenbart. Diese Symbolsprache könnten wir nicht erlernen, wenn wir die „esoterische Wahrheit" im Klartext präsentiert bekämen.

Indem wir den Zugang zu diesem „inneren Wissen" finden, das IN UNS „begraben" ist, erleben wir so etwas wie eine „innere Auferstehung". Wir brauchen nicht mehr zu glauben, was andere uns vorkauen, sondern wir können es IN UNS selbst erfahren.

Es mag zunächst paradox klingen: **Der Klartext würde uns zum Glauben führen, aber der symbolisch verschlüsselte Mythos führt uns zur Erkenntnis (= Gnosis).**

Gründe für eine Veröffentlichung des esoterischen Wissens

Die Esoteriker der Antike und des Mittelalters hatten gute Gründe für die Geheimhaltung ihres Wissens. Aber die Zeiten ändern sich, und mit ihnen ändern sich auch die Rahmenbedingungen.

1. Selbstschutz?

Eine dieser geänderten Rahmenbedingungen ist die andere Rechtslage. Der Grund, sich selbst vor Folter und Inquisition zu schützen, existiert heute nicht mehr (zumindest in unserem Kulturraum). Und darüber hinaus kann man Informationen auch anonym veröffentlichen.

2. Schutz anderer Menschen?

Hier gilt es, zwei Risiken gegeneinander abzuwägen:

1.) Welches Risiko besteht, wenn das esoterische Wissen missverstanden wird?
2.) Welches Risiko besteht, wenn jemand diese Informationen nicht findet und

stattdessen einem anderen Weg folgt, der möglicherweise noch sehr viel gefährlicher ist?

Es hat nicht nur Konsequenzen, wenn man eine Information veröffentlicht, die möglicherweise missverstanden werden kann. Es hat auch Konsequenzen, wenn man eine Information nicht veröffentlicht, die ein Missverständnis bereinigen könnte.
Seit Jahrhunderten schlagen sich die Exoteriker gegenseitig die Köpfe ein, weil sie sich nicht darüber einigen können, welcher Gott denn nun der wahre Gott ist. Dieser Konflikt könnte möglicherweise etwas entschärft werden, wenn deutlich würde, dass alle Religionen unterschiedliche Perspektiven auf EINE Wahrheit sind. Ein weiteres Risiko ist, dass viele Religionen den Menschen zu einem nutzlosen und selbstzerstörerischen Kampf gegen sich selbst anstiften (zu einem Kampf gegen den eigenen Körper, gegen die natürlichen Empfindungen, gegen die Vernunft und gegen die „innere Stimme").

3. Schutz vor verfälschter Weitergabe?

Eine weitere Änderung bei den Rahmenbedingungen ist es, dass es nicht gelungen ist, das esoterische Wissen bis heute im Geheimen weiterzugeben. Heute ist schlicht und einfach niemand mehr da, der das alte Wissen noch vollständig kennen würde und uns in dieses Wissen einweihen könnte. Dadurch verändern sich auch die Ziele. Es kann heute nicht mehr darum gehen, das alte Wissen in reiner Form zu bewahren und weiterzugeben, denn das alte Wissen liegt nicht mehr in reiner Form vor, sondern es geht darum, dieses Wissen wieder neu aufzubauen und wieder neu zu beleben. Dieser Wiederaufbau erfordert eine ganz andere Strategie. Man kann nur dann auf den Ergebnissen anderer Esoteriker aufbauen, wenn diese ihr Wissen veröffentlichen. Natürlich könnte man versuchen, auch die neuen Erkenntnisse symbolisch zu verschlüsseln und entsprechend verschlüsselt weiterzugeben. Aber wenn viele Esoteriker ihre persönlichen Erkenntnisse jeweils nach ihrem persönlichen Symbolverständnis neu verschlüsseln, dann wird das ursprüngliche Wissen auf diese Weise nicht aufgebaut, sondern regelrecht überwuchert. In der heutigen Situation würde also die Verschlüsselung das esoterische Wissen nicht vor Verfälschungen schützen, sondern die Verschlüsselung hätte eine genau entgegengesetzte Wirkung.

4. Schutz vor Spott und Verunglimpfung?

Der Esoterik-Boom der letzten Jahre mit all seinen seltsamen Blüten hat dazu geführt, dass der Begriff „Esoterik" von vielen Menschen schon regelrecht als eine Abwertung empfunden wird. Eine sachliche Darstellung des verborgenen Wissens kann diesem angeschlagenen Ruf sicherlich nicht mehr schaden. Aber möglicherweise kann eine sachliche Darstellung dazu beitragen, um manche Verunglimpfungen zu entkräften.

Zu den Punkten 5 bis 7

Die Punkte 5 bis 7 lassen sich nicht entkräften, weil sie sich direkt aus der Natur der spirituellen Thematik ergeben. Aus diesen Gründen wird die Esoterik immer zu einem gewissen Grad „verhüllt" bleiben. Aber das Prinzip der Verhüllung lässt sich trotzdem unverhüllt darstellen.

Christentum und Esoterik

Viele moderne Menschen empfinden Christentum und Esoterik als unvereinbare Gegensätze. Dabei ist das Christentum ursprünglich auch eine esoterische Lehre gewesen, und es gibt neben den bereits erwähnten Zitaten auch noch unzählige andere Hinweise auf einen „verborgenen Sinn" der Bibel.

Der verborgene Schriftsinn – Hinweise in der Bibel

Die beiden deutlichsten Hinweise finden wir bei Paulus:

2. Kor. 3,12: Weil wir nun solche Hoffnung haben, sind wir voll großer Zuversicht und tun nicht wie Mose, der eine Decke vor sein Angesicht hängte, damit die Israeliten nicht sehen konnten das Ende der Herrlichkeit, die aufhört. Aber ihre Sinne wurden verstockt. Denn bis auf den heutigen Tag bleibt diese Decke unaufgedeckt über dem Alten Testament, wenn sie es lesen, weil sie nur in Christus abgetan wird. Aber bis auf den heutigen Tag, wenn Mose gelesen wird, hängt die Decke vor ihrem Herzen. Wenn Israel aber sich bekehrt zu dem Herrn, so wird die Decke abgetan. Der Herr ist der Geist; wo aber der Geist des Herrn ist, da ist Freiheit. Nun aber schauen wir alle mit aufgedecktem Angesicht die Herrlichkeit des Herrn wie in einem Spiegel, und wir werden verklärt in sein Bild von einer Herrlichkeit zur andern von dem Herrn, der der Geist ist.

Hier ist von einer Decke die Rede, die über dem Alten Testament liegt. Die Botschaft ist also „verhüllt". Das gilt jedoch nicht nur für die Juden von damals, sondern auch für viele moderne „Christen", die in den allermeisten Fällen noch nie etwas von den Dingen gehört haben, die hinter der Decke verborgen sind. Es ist schon ein gewisser Unterschied, ob man hinter die Decke ins Verborgene blicken kann – oder ob man noch nicht einmal weiß, dass es diese Decke überhaupt gibt.
So, wie Paulus hier das damalige Christentum vom damaligen Judentum unterscheidet, entspricht das genau dem Unterschied von Esoterik und Exoterik. Während die damaligen Christen das verborgene esoterische Wissen hinter der Decke erkennen und freilegen konnten, waren die damaligen Juden dazu nicht in der Lage, weil sie die Bibel sehr buchstabengetreu auslegten.
Heutzutage erleben wir übrigens eine entgegengesetzte Situation: Während die esoterische Tradition der Kabbala fest im Judentum verankert ist, hat sich das heutige Kirchen-Christentum fast vollständig von seinen esoterischen Wurzeln gelöst.
Man kann also das ursprüngliche Christentum – so, wie Paulus es verstand – als eine esoterische Form des Judentums bezeichnen. Es unterschied sich jedoch in seiner Zielsetzung ganz erheblich von dem ursprünglichen esoterischen Judentum, das einst die Mose-Bücher verfasste. Dieses ältere esoterische Judentum wollte nämlich das Esoterische nicht aufdecken, sondern verdeckt halten. Im Alten Testament steht in einer verdeckten Form, dass die Decke des Vaters nicht aufgedeckt werden soll (vgl. 5. Mose 23,1 und 5. Mose 27,20).
Es gibt übrigens noch einige weitere Unterschiede zwischen der Zielsetzung des Alten und des Neuen Testaments. Zwei konkrete Beispiele werden später im Buch noch untersucht (Stichwörter: „Esset das Fleisch nicht mit seinem Blut" und „Auge um Auge, Zahn um Zahn").

Nun zum anderen Paulus-Zitat:

Gal. 4,21: Sagt mir, die ihr unter dem Gesetz sein wollt: Hört ihr das Gesetz nicht? Denn es steht geschrieben, dass Abraham zwei Söhne hatte, den einen von der Magd, den andern von der Freien. Aber der von der Magd ist nach dem Fleisch gezeugt worden, der von der Freien aber kraft der Verheißung. Diese Worte haben tiefere Bedeutung. Denn die beiden Frauen bedeuten zwei Bundesschlüsse: einen vom Berg Sinai, der zur Knechtschaft gebiert, das ist Hagar; denn Hagar bedeutet den Berg Sinai in Arabien und ist ein Gleichnis für das jetzige Jerusalem, das mit seinen Kindern in der Knechtschaft lebt. Aber das Jerusalem, das droben ist, das ist die Freie; das ist unsre Mutter.

Die Aussage „Diese Worte haben tiefere Bedeutung" könnte man wörtlich aus dem Griechischen übersetzen mit: „Das alles ist allegorisch geredet."
Wir können mit Sicherheit annehmen, dass nicht nur diese eine Stelle allegorisch zu interpretieren ist, sondern dass Paulus uns hier einen sehr grundsätzlichen Hinweis zum Bibelverständnis gibt. Einen weiteren Hinweis finden wir im Markus-Evangelium, und dieser betrifft sogar die Kreuzigung und die Auferstehung von Jesus – also die absolut zentralen Grundpfeiler der christlichen Glaubenslehre.

Mk. 8,31: Und er fing an, sie zu lehren: Der Menschensohn muss viel leiden und verworfen werden von den Ältesten und Hohenpriestern und Schriftgelehrten und getötet werden und nach drei Tagen auferstehen. Und er redete das Wort frei und offen. Und Petrus nahm ihn beiseite und fing an, ihm zu wehren. Er aber wandte sich um, sah seine Jünger an und bedrohte Petrus und sprach: Geh weg von mir, Satan! **Denn du meinst nicht, was göttlich, sondern was menschlich ist.**

Petrus hatte ganz offensichtlich die Aussagen in einem menschlichen und irdischen Sinne interpretiert, doch damit hatte er Jesus vollkommen falsch verstanden. Dass Petrus hier als Satan angesprochen wird und damit als „Herr der Materie", unterstreicht diese Aussage. Deutlicher kann man es eigentlich kaum noch sagen: **Wir sollen diese Motive nicht in einem materiellen und menschlichen Sinne verstehen, sondern in einem göttlichen bzw. geistigen Sinne.**

Darüber hinaus gibt es noch viele andere Hinweise auf ein geheimes oder verschlossenes Wissen:

Lk. 11,52: Weh euch Schriftgelehrten! Denn ihr habt den Schlüssel der Erkenntnis weggenommen. Ihr selbst seid nicht hineingegangen und habt auch denen gewehrt, die hinein wollten.

Verborgene Hinweise auf den verborgenen Sinn

Neben diesen eindeutigen, klaren und „offenen" Hinweisen auf den verborgenen Sinn gibt es in der Bibel aber auch noch einige verborgene Hinweise auf den verborgenen Sinn. Es sind Hinweise, die man erst dann nutzen kann, wenn man bereits weiß, dass es einen verborgenen Sinn gibt.

Ein Beispiel:
Mt. 10,27: Was ich euch sage in der Finsternis, das redet im Licht; und was euch gesagt wird in das Ohr, das predigt auf den Dächern.

Ein traditioneller bzw. exoterischer Christ würde die Aussage „das redet im Licht" vermutlich so interpretieren, dass man die christliche Botschaft „in der Öffentlichkeit" verkünden soll. Er würde also „Licht" mit „Öffentlichkeit" übersetzen. Aber auf der esoterisch-symbolischen Ebene wird an dieser Stelle noch sehr viel mehr ausgesagt. Es ist ein verborgener Hinweis zur spirituellen Interpretation der Bibel.
Die Symbolik von **Licht und Finsternis** steht in diesem Fall für die Polarität von **Geist und Materie**. Materie ist gewissermaßen „verfinsterter" Geist. Mit diesem Hinweis können wir die esoterische Bedeutung freilegen:

die symbolische Sprache der Bibel	die esoterische Bedeutung als Klartext
Was ich euch sage in der Finsternis …	Was ich in materiellen Bildern sage …
… das redet im Licht;	… das sollt ihr vergeistigen;
und was euch gesagt wird in das Ohr, …	und die geheimen Worte …
… das predigt auf den Dächern.	… sollt ihr auf einer höheren Ebene interpretieren.

Die spirituellen Themen werden in den heiligen Schriften verfinstert (= ins Materielle übertragen). Nun liegt es an uns, das Verfinsterte wieder zum „Leuchten" zu bringen – das geistige Licht wieder freizusetzen, das in den materiellen Bildern gebunden ist. Das ist ein konkretes Beispiel für das Prinzip: **Erkenne das Licht in der Finsternis!**

Origenes und der dreifache Schriftsinn

Der aus Alexandria stammende Theologe Origenes lebte im 3. Jahrhundert (ca. 185 – ca. 254 n. Chr.) und damit einige Jahrzehnte vor dem Konzil von Nizäa (325 n. Chr.). In seinem Buch „Von den Prinzipien" begegnet uns ein Christentum, das noch sehr ursprünglich und esoterisch ist und noch nicht für Kaiser Konstantins machtpolitische Ziele zurechtgestutzt wurde. Auf den verborgenen Schriftsinn geht er im folgenden Zitat ein:

Dreifach also muss man sich die „Sinne" der heiligen Schriften in die Seele schreiben: Der Einfältige soll von dem „Fleische" der Schrift erbaut werden – so nennen

wir die auf der Hand liegende Auffassung –, der ein Stück weit Fortgeschrittene von ihrer „Seele", und der Vollkommene [...] erbaut sich aus „dem geistlichen Gesetz", „das den Schatten der zukünftigen Güter enthält" (vgl. Röm. 7,14 und Hebr. 10,1). Wie nämlich der Mensch aus Leib, Seele und Geist besteht, ebenso auch die Schrift, die Gott nach seinem Plan zur Rettung der Menschen gegeben hat.
(Origenes: Vier Bücher von den Prinzipien, herausgegeben, übersetzt, mit kritischen und erläuternden Anmerkungen versehen von Herwig Görgemanns und Heinrich Karpp, 3. Auflage, Wissenschaftliche Buchgesellschaft, Darmstadt, 1992, Buch IV, 2,4, Seite 709)

Wie der geistige Sinn (= das Pneumatische) in den biblischen Geschichten verpackt ist, erklärt uns Origenes in folgendem Zitat:

„Es war ja das erste Ziel, den Zusammenhang des Pneumatischen durch geschehene und durch noch auszuführende Handlungen auszusagen. Wo nun der Logos geschichtliche Ereignisse fand, die sich auf diese Geheimnisse beziehen ließen, da benutzte er sie, wobei er den tieferen Sinn vor der Menge verbarg; wo (diesem) aber bei der Darlegung des Zusammenhangs der geistigen Dinge der bisher niedergeschriebene Ablauf bestimmter Vorgänge nicht entsprach, weil es sich um zu tiefe Geheimnisse handelte, da webte die Schrift in die Geschichtsdarstellung Unwirkliches mit hinein, was teils gar nicht geschehen kann, teils zwar geschehen könnte, aber nicht geschehen ist. Manchmal sind nur wenige Ausdrücke eingefügt, die „leiblich" nicht wahr sind, manchmal aber auch mehr." (Buch IV, 2,9, Seite 727)

Dieser kurze Text enthält einige ganz deutliche und wichtige Aussagen:

1.) Es war NICHT das primäre Ziel, einen exakten historischen Bericht zu liefen.
2.) Das scheinbar Historische wird verwendet, um eigentlich etwas Geistiges zu versinnbildlichen.
3.) Viele in der Bibel dargestellte Ereignisse haben nicht wirklich stattgefunden.
4.) Manches ist sogar unmöglich.
5.) Es gibt in der Bibel einen geheimen Sinn, der vor der Menge verborgen ist.

Auch wenn die Lehre des Origenes über die Präexistenz der Seele (= die Existenz der Seele vor der Zeugung) später von der Kirche verworfen wurde, so findet man selbst heute noch im Katechismus der katholischen Kirche einen Hinweis auf einen „anagogischen" Schriftsinn, der durchaus dem geistigen Schriftsinn entspricht, wie Origenes ihn beschreibt. Aber während Origenes noch ganz deutlich sagt, dass manches in der Bibel dem Wortsinn nach unmöglich sei, behauptete Thomas von Aquin, auf den sich der Katechismus ganz konkret bezieht, dass der Wortsinn uneingeschränkt auf die ganze Schrift angewendet werden kann. Wenn man die Ergebnisse der historisch-kritischen Bibelforschung berücksichtigt, dann lässt sich jedoch diese Sichtweise des Thomas von Aquin beim besten Willen nicht länger aufrechterhalten.

Der katholische Katechismus

Im Katechismus finden wir folgende Passage:

115 Nach einer alten Überlieferung ist der Sinn der Schrift ein doppelter: der wörtliche und der geistige Sinn. Dieser letztere kann ein allegorischer, ein moralischer und ein anagogischer Sinn sein. Die tiefe Übereinstimmung dieser vier Sinngehalte sichert der lebendigen Lesung der Schrift in der Kirche ihren ganzen Reichtum.
*116 Der **wörtliche** Sinn ist der durch die Worte der Schrift bezeichnete und durch die Exegese, die sich an die Regeln der richtigen Textauslegung hält, erhobene Sinn. „Jeder Sinn [der Heiligen Schrift] gründet auf dem wörtlichen" (Thomas v. Aquin, summa th. 1,1,10 ad 1).*
*117 Der **geistliche** Sinn. Dank der Einheit des Planes Gottes können nicht nur der Schrifttext, sondern auch die Wirklichkeiten und Ereignisse, von denen er spricht, Zeichen sein.*
*1. Der **allegorische** Sinn. Wir können ein tieferes Verständnis der Ereignisse gewinnen, wenn wir die Bedeutung erkennen, die sie in Christus haben. So ist der Durchzug durch das Rote Meer ein Zeichen des Sieges Christi und damit der Taufe (1. Kor. 10,11).*
*2. Der **moralische Sinn**. Die Geschehnisse, von denen in der Schrift die Rede ist, sollen uns zum richtigen Handeln veranlassen. Sie sind uns „ein Beispiel ... uns zur Warnung ... aufgeschrieben" (1. Kor. 10,11, vgl. Hebr. 3,1-4,11).*
*3. Der **anagogische** Sinn. Wir können Wirklichkeiten und Ereignisse in ihrer ewigen Bedeutung sehen, die uns zur ewigen Heimat hinaufführt [griechisch: „anagogé"]. So ist die Kirche auf Erden ein Zeichen des himmlischen Jerusalem (vgl. Offb. 21,1-22,5).*

(Katechismus der katholischen Kirche, Artikel 3, III, 115-117, Oldenburg Verlag, München, Seite 66-67)

Zur Verdeutlichung der Methode des vierfachen Schriftsinns noch das klassische Beispiel von Johannes Cassian:

Jerusalem im wörtlichen Sinne (littera): die Stadt
Jerusalem im bildhaften Sinne (allegoria): die Kirche
Jerusalem im moralischen Sinne (moralis): die menschliche Seele
Jerusalem im anagogischen Sinne (anagogia): das himmlische Jerusalem

Mittelalterlicher Merksatz (anonym): *Littera gesta docet, quid credas allegoria; Moralis quid agas, quo tendas anagogia.*

Übersetzung:
Der Buchstabe lehrt die Fakten, die Allegorie den Glauben; der moralische Sinn das zu Tuende, der anagogische das Ziel.

Der anagogische Schriftsinn steht zwar offiziell im Katechismus, aber de facto spielt er in der täglichen Praxis und im christlichen Volksglauben so gut wie keine Rolle mehr. Die Geschichten der Bibel werden heutzutage weitgehend real-historisch interpretiert (wobei sogar durchaus einige historische Fehler eingeräumt werden), und in den Predigten geht es primär um den moralischen Sinn.

Die Einteilung der Gnostiker

Bei den spätantiken Gnostikern finden wir eine Einteilung der Menschen in drei Gruppen, die von der Struktur deutlich an den dreifachen Schriftsinn des Origenes erinnern. So gibt es in deren Lehre:

1. Gnostiker (= Pneumatiker), in denen das Lichtelement vorherrscht
2. Seelenmenschen (= Psychiker), in denen Gutes und Böses miteinander kämpfen
3. Leibmenschen (= Hyliker), die rettungslos der Materie verfallen sind

Johannes Helmond – Die entschleierte Alchemie

Auch der Autor Johannes Helmond greift in seinem 1957 verfassten Buch „Die entschleierte Alchemie" im Kapitel „Das Mysterium von Israel" die Lehre vom dreifachen Schriftsinn auf:

Alles in der heiligen Thorah (Bibel) hat gemäß der geheimnisvollen Dreiheit der menschlichen Natur einen dreifachen Sinn: nämlich den äußeren historischen Wortsinn (Paschut), der dem Leib und dem Vorhof im Tempel entspricht; zweitens den allegorisch-mystischen Sinn (D'rasch), der der Seele und dem Heiligen im Tempel gleicht; und drittens den inneren geheimen Sinn (Sod), welcher den Geist und das Allerheiligste darstellt. Der äußere historische Wortsinn ist wie alles Äußerliche in der Welt nur ein Schein oder Sinnbild und oft so vernunftswidrig, dass kein verständiger Mensch ihn für wahr halten kann. Ja, diese Vernunftwidrigkeit sollte sogar ein Schutz gegen die buchstäbliche Auffassung der heiligen Texte sein.
[…]
Die in der Thorah verzeichnete „Geschichte" Israels ist daher nicht die Darlegung eines äußeren historischen Vorgangs, sondern ist in Wahrheit gemäß den geheimen kabbalistischen Midraschim die allegorische Geschichte der menschlichen Seele und ihrer mystischen Wiedergeburt. So, wie Israel einst aus Ägypten (dem Land der Knechtschaft) auszog, um(*) das verheißene gelobte Land zu suchen, so soll auch die Seele die äußere irdische Welt (Ägypten) verlassen, in der sie solange in der Knechtschaft der Sinne und niederen Begierden gefangen lag, und das verlorene Paradies suchen.

(Johannes Helmond, Die entschleierte Alchemie, Karl Rohm Verlag, Bietigheim, 1994, Seite 134)

Im Kapitel „Das Christus-Mysterium als Geschichte einer Einweihung" heißt es: *„Was vom dreifachen Sinn der heiligen Thorah gesagt wurde, gilt in gleicher Weise auch von den urchristlichen Evangelien, d.h. von der sogenannten Lebensgeschichte Jesu."*

Das Buch von Helmond ist übrigens ziemlich kompakt gehalten, enthält aber dennoch sehr viel mehr Essenz als viele andere Esoterik-Bücher. Der Mittelteil des Buches ist für den Einsteiger relativ schwer zu lesen, gerade wegen der vielen alchemestischen Begriffe. Doch bevor man vollkommen aufgibt, sollte man lieber zu Seite 114 weiterblättern – zum Kapitel „Die drei Welten", denn dort wird es wieder deutlich leichter und man kann diesen Teil und die nachfolgenden Seiten auch ohne die vorangegangenen Kapitel verstehen.

---

* An dieser Stelle steht im Buch statt „um" ein „und", was jedoch ganz offensichtlich ein Tippfehler ist.

Die Konsequenz

Wir finden eine gleichartige Einteilung im frühen Christentum (bei Origenes), bei den Gnostikern, beim Alchemisten Johannes Helmond und in einer abgewandelten Form auch im katholischen Katechismus (wobei dieser noch einen weiteren Schriftsinn kennt, bei dem sich die Kirche selbst in die Schrift hineingedeutet hat). Als eine weitere Quelle, die ebenfalls den dreifachen Schriftsinn beschreibt, sei hier noch das Buch „Die Kabbala" von Papus erwähnt (§ 5 Die Kabbala). Diese verschiedenen Quellen – die jüdischen und die christlichen, die traditionellen und die esoterischen, die alten und die neuen – haben natürlich ihre gemeinsamen Wurzeln in der gleichen jüdischen Auslegungstradition.

Basierend auf den bisherigen Überlegungen kann ich daher die heute übliche Unterscheidung zwischen Christentum und Esoterik eigentlich nur auf eine einzige Art kommentieren:

Echtes Christentum ist reinste Esoterik!

Der Unterschied zwischen **offensichtlichem** und **verborgenem** Schriftsinn ist letztendlich der gleiche wie zwischen **Exoterik** und **Esoterik**.

Ein Christ, der die Esoterik prinzipiell ablehnt, der ist eigentlich gar kein Christ, denn das Christentum basiert auf einer esoterischen Lehre und enthält an sehr vielen Stellen Hinweise auf einen verborgenen „esoterischen" Sinn in der Bibel.

Ein Esoteriker, der das Christentum wegen der üblichen historischen Fehler und Widersprüche ablehnt, der ist eigentlich kein Esoteriker, denn er hat offensichtlich noch nicht begriffen, dass die übliche Bibelkritik auf einem extrem exoterischen Bibelverständnis beruht.

Trotzdem ist natürlich manche Kritik an dem berechtigt, was die Kirche im Laufe der Zeit aus dem Christentum gemacht hat, und auch an manchen wirren Weltbildern und Heilslehren, die heutzutage unter dem Schlagwort „Esoterik" vermarktet werden. Auswüchse gibt es auf beiden Seiten, und ich betrachte den religiösen Kitsch in einem christlichen Devotionalienhandel durchaus mit den gleichen Augen wie die vielfältigen Amulette und Glücksbringer im Esoterik-Lädchen. Und das gilt auch für die unterschiedlichen Formen von Aberglauben, egal ob es sich nun um weinende Madonnen handelt oder um irgendwelche Gurus, die Gegenstände in ihrem Mund „materialisieren".

Bei Origenes finden wir übrigens auch noch andere Aussagen, die heute eher der Esoterik zugeordnet werden. Er glaubte an die Wiedergeburt und beschrieb die Rückkehr zu Gott als ein Geschehen, das sehr lange Zeiträume benötigt – das also keinesfalls innerhalb eines doch verhältnismäßig kurzen Lebens stattfindet.

„Wir müssen nur annehmen, dass er [Jakob] auf Grund von Verdiensten eines früheren Lebens ... dem Bruder vorgezogen wurde." (Origenes: Vier Bücher von den Prinzipien, Buch II, 9,7, Seite 415)

„Dies [die Rückkehr zu Gott] muss man sich aber nicht als ein plötzliches Geschehen vorstellen, sondern als ein allmähliches, stufenweise im Laufe von unzähligen und unendlich langen Zeiträumen sich vollziehendes ..."
(Origenes: Vier Bücher von den Prinzipien, Buch III, 6,6, Seite 659)

Eine Anmerkung zur Entmythologisierung des Christentums

Heute ist es modern, die biblischen Texte zu „entmythologisieren". Das Unhistorische und Irreale wird so weit wie möglich eliminiert, um den angeblich „wahren" historischen Kern der biblischen Geschichten freizulegen. Es wird so getan, als ob ursprünglich reale Schilderungen mit der Zeit immer mehr ausgeschmückt wurden und dass man nun eigentlich nur diese Ausschmückungen entfernen müsse, um wieder zur historischen Wahrheit zu gelangen.

Diese modernen Forscher suchen die Wahrheit im Historischen – nicht mehr im Geistigen. Doch indem sie all das streichen, was unhistorisch ist, verstümmeln sie das Geistige, das eigentlich durch diese Texte ausgedrückt werden soll.

Das Historische wurde von den Autoren der Bibel wie ein Steinbruch verwendet. Sie nutzten das Material aus diesem Steinbruch, um abstrakte Ideen zu versinnbildlichen und komplexe Gedankengebäude zu errichten. Wo ein Stein passte, da wurde er verwendet. Wo er nicht passte, da wurde er passend gemacht. Lücken wurden ausgefüllt, und raue Stellen wurden verputzt. Wenn man heute versucht, die historische Wahrheit zu ergründen und die Steine wieder in ihre ursprüngliche Lage zurückzuversetzen – wie sie einst im Steinbruch der Geschichte lagen –, dann erhält man zwar vielleicht einen historisch korrekten Steinbruch, aber von dem Gedankengebäude bleibt so gut wie nichts mehr übrig. Es wird dadurch regelrecht zerstört.

So, wie das Historische der Steinbruch ist, aus dem die biblischen Geschichten geschaffen wurden, so sind die Tagesereignisse der Steinbruch für unsere nächtlichen Träume. So, wie man den biblischen Geschichten nicht gerecht wird, wenn man sie auf das Historische reduziert, so wird man auch den Träumen nicht gerecht, wenn man sie nur als verfremdetes Abbild der Tagesereignisse interpretiert. In beiden Fällen betrachtet man nur den Steinbruch, aber das Gesamtwerk, das aus den Bruchstücken errichtet wurde, geht dabei verloren. Die eigentliche Botschaft geht dabei verloren.

Ich versuche, die Bibel nicht zu „historisieren" und zu „entmythologisieren", um den ursprünglichen Steinbruch zu rekonstruieren, sondern ich gehe mit diesem Buch einen genau entgegengesetzten Weg, denn das geistige bzw. esoterische Gesamtgebäude interessiert mich sehr viel mehr als die historischen Bruchstücke, die bei seinem Bau verarbeitet und angepasst wurden.

Der Stammbaum der esoterischen Traditionen

Auch wenn die verschiedenen esoterischen Traditionen in Europa und im Mittelmeerraum zum Teil deutliche Unterschiede aufweisen, so fallen dennoch auch immer wieder verblüffende Übereinstimmungen und Gemeinsamkeiten auf. So kann man vermuten, dass es eine gewisse Verwandtschaft der unterschiedlichen Traditionen gibt.

Diese Ähnlichkeiten, die es beispielsweise zwischen den Essenern in Israel, den Pythagoräern in Italien und den Druiden in Mittel- und Westeuropa gab, wurden auch schon von antiken Autoren erwähnt. So schreibt beispielsweise der römische Historiker Flavius Josephus, dass die Essener „eine ähnliche Klasse von Menschen bilden wie bei den Griechen die Pythagoräer" (Jüdische Altertümer, Buch 15, Kapitel 10, Absatz 4) und „in weißen Gewändern" einhergehen (Der jüdische Krieg, Buch 2, Kapitel 8, Absatz 3). Die Essener waren eine esoterische Sekte, und so musste sich ein Essener verpflichten, „keines ihrer Geheimnisse zu offenbaren, und sollte man ihn auch bis zum Tode martern" (Der jüdische Krieg, Buch 2, Kapitel 8, Absatz 7).

Wenn ich die Pythagoräer in Italien erwähne, Flavius Josephus aber von den Griechen spricht, dann hat das folgende Bewandtnis: Der griechische Philosoph und Mathematiker Pythagoras ($a^2 + b^2 = c^2$) musste aus seiner Heimat fliehen und ließ sich im süditalienischen Kroton nieder, wo er um das Jahre 530 v. Chr. die Gemeinschaft der Pythagoräer gründete. Kroton war damals eine griechische Kolonie.

Eine Bestätigung für den Zusammenhang von Pythagoräern und Druiden finden wir im Buch „fromm – fremd – barbarisch – Die Religion der Kelten" (herausgegeben von Hans-Ulrich Cain und Sabine Rieckhoff, Verlag Philipp von Zabern, Mainz am Rhein, 2002, Seite 7-8). Dieses Buch enthält ein Kapitel „Pythagoras und die Druiden" von Franck Perrin, aus dem ich die wichtigen Kernaussagen zitieren möchte, soweit sie für die Thematik hier von Bedeutung sind:

Seit dem 1. Jh. v. Chr. zogen die griechischen Gelehrten eine Parallele zwischen Pythagoreern und Druiden und versuchten zu ermitteln, welche der beiden Lehren älter war. Grundsätzlich gab es genügend Übereinstimmungen (die alle aus ein und derselben griechischen und nicht aus gallischer Sicht herrührten!): das Alter und der geheime Charakter der Lehre, das Tragen von weißen Gewändern, das Leben in der Kommune, Interesse an Astronomie und Zahlen ...

Aber die auffälligste Verbindung war der gemeinsame Glaube an die Reinkarnation der Seele, von den Griechen als Seelenwanderung bezeichnet. Einige wollten daher in der pythagoreischen Lehre einen Einfluss der Druiden erkennen, eine kaum glaubhafte Vorstellung, wenn man bedenkt, dass es in der Hallstattkultur im 6. Jh. v. Chr. lediglich Priesterkönige – wie den Fürsten von Hochdorf (D, Baden-Württemberg) – und keine Druiden gab. Im Gegensatz dazu ist ein umgekehrter Einfluss nicht auszuschließen. Wenn man freilich Papst Hippolytus (3. Jh. n. Chr.) Glauben schenken will, ist die pythagoreische Lehre durch Zalmoxis, einen thrakischen Sklaven des „Weisen von Kroton", an die Druiden weiter gegeben worden. Doch wird man eher daran denken müssen, dass die Kontakte in Großgriechenland zustande gekommen sind, da die gallischen Söldner hier seit dem 4. Jh. v. Chr. häufig mit Lucaniern und anderen Italikern aus dem Umkreis der Pythagoreer zusammen getroffen sind. Diese Hypothese ließe sich mit Hilfe gallischer Münzen aus Nordfrankreich untermauern, die Prägungen aus den pythagoreischen Städten, insbesondere aus Tarent, nachgeahmt haben.

Durch die vielen Ähnlichkeiten in der Symbolik und Mythologie und auch durch solche historisch belegbaren Beziehungen zwischen den verschiedenen Traditionen lässt sich durchaus eine Art Stammbaum der verschiedenen esoterischen Traditionen skizzieren. Die verschiedenen Traditionen in Europa und im Mittelmeerraum gehen vermutlich auf eine gemeinsame Wurzel zurück, die in Ägypten lag. Von dort ausgehend sind verschiedene Strömungen erkennbar, die auch mehrfach aufeinander trafen und sich wieder vermischten:

- von Ägypten über Griechenland und das keltische Siedlungsgebiet nach Nord- und Westeuropa (→ **Druidentum**, → **Yggdrasil**)
- von Ägypten nach Israel (→ **Moses/Judentum**)
- von Ägypten, Israel und Griechenland nach Rom (→ **Mysterienschulen,** → **Urchristentum,** → **christliche Kirchen**)
- von Rom in die keltischen Gebiete (-> **Gralslegende**)
- über die **Templer** von Israel nach Europa
- über das Judentum von Israel nach Süd- und Westeuropa (→ **Kabbala,** → **Tarot**)
- von Ägypten über den arabischen Raum nach Córdoba in Spanien (→ **Hermetik**)

- Einflüsse der Kabbala und der Hermetik auf das **Rosenkreuzertum**
- eine Verbindung von den Templern und Rosenkreuzern zu den **Freimaurern**
- Goethe greift auf das Wissen der Freimaurer und Rosenkreuzer zurück und schafft den **Faust**.
- Helena Blavatsky verknüpft westliche und östliche Esoterik zur **Theosophie**.
- Goethe und die Theosophie beeinflussen wiederum **Rudolf Steiner (→ Anthroposophie)**.

Es gibt noch sehr viele weitere Einflüsse und Verästelungen, die in diesem kurzen Abriss unberücksichtigt bleiben. In der modernen „Esoterik" fließen nun all diese Entwicklungen, aber auch Visionen, Channeling-Botschaften, Todesnäheerlebnisse, Reinkarnationserfahrungen und andere Religionen wieder zusammen.

Vermutlich gibt es aber bei keiner der heutigen esoterischen Strömungen eine wirklich zusammenhängende Kette der Einweihungen, die auch tatsächlich bis in die Antike zurückreicht. Es deutet sogar einiges darauf hin, dass das geheime Wissen mehrfach unterging und immer wieder neu entdeckt und dann auch neu interpretiert wurde.

Wenn jemand auf das „innere Wissen" stößt, das in ihm selbst ruht, dann wird er irgendwann bemerken, dass auch die esoterischen Texte und die heiligen Schriften von genau dieser Erfahrung sprechen. Und so wird er anfangen, diese älteren Texte entsprechend seinen eigenen Erfahrungen neu zu interpretieren. Auf diese Weise wird er an die alten Traditionen anknüpfen, ohne dass er sein esoterisches Wissen direkt von diesen Traditionen erhalten hat. Natürlich kann es dabei auch passieren, dass der Wiederentdecker nun auf die Angehörigen dieser älteren Traditionen stößt, die inzwischen das esoterische Wissen verloren haben und sich mitunter ganz heftig dagegen wehren, dass jemand Fremdes daherkommt und „ihre" heiligen Texte esoterisch „um-interpretiert". Der Wiederentdecker geht natürlich ganz anders an die Texte heran als die bisherigen Angehörigen der Tradition. Während Letztere in den Texten wühlen und daraus abzuleiten versuchen, wie es denn rein theoretisch wäre, wenn man denn wirklich das Göttliche spüren könnte, schließt der Wiederentdecker von seinen praktischen Erfahrungen zurück auf die Texte. Und das ist die genau entgegengesetzte Vorgehensweise. So erleben wir immer wieder einen Konflikt zwischen den Würdenträgern der alten Traditionen und den Wiederentdeckern, die völlig anders an die Texte herangehen und nicht so predigen wie die bisherigen Schriftgelehrten.

Wegen dieser Neuentdeckungen und Neuinterpretationen ist es auch immer eine sehr schwierige Frage, wie alt eine esoterische Tradition tatsächlich ist. So sagen beispielsweise die Kabbalisten, dass es die Kabbala schon seit den Zeiten von Adam und Eva gebe, und für die Historiker ist die Kabbala eine Entwicklung aus dem Mittelalter (11. - 12. Jahrhundert). Ganz ähnlich ist es auch mit dem Tarot. Auch wenn es inhaltlich an eine deutlich ältere Tradition anknüpft, stammt das Tarot in seiner heutigen Form und mit seiner heutigen esoterischen Bedeutung tatsächlich erst aus dem 18. Jahrhundert, wobei sich natürlich seit dem 18. Jahrhundert auch noch einige kleine Änderungen ergeben haben.

Bei einer Neuinterpretation passiert es häufig, dass eine esoterische Lehre in eine neue Symbolik umverpackt wird. Ein Exoteriker, der nur die äußere Verpackung sieht, wird das Alter einer esoterischen Lehre natürlich immer nur am Alter der Verpackung messen können. Ein Esoteriker, der hingegen hinter die Verpackung blickt und in erster Linie die darin enthaltene esoterische Lehre betrachtet, der wird das Alter der Tradition auf den Inhalt beziehen.

Und was in diesem Zusammenhang auch nicht verschwiegen werden soll: Es gibt auch immer wieder Versuche, eine neue Lehre rückwirkend mit einem hohen Alter zu „adeln". Ebenso gibt es aber auch von Esoterik-Gegnern immer wieder Versuche, die Esoterik als eine neuzeitliche Erfindung abzutun, die ihre Wurzeln in der Theosophie hat.

Die Ähnlichkeiten in der Symbolik bei unterschiedlichen Traditionen müssen aber nicht immer auf einer gemeinsamen Abstammung basieren, sondern können auch auf andere Weise entstehen. In der Symbolik werden Dinge und Zusammenhänge aus unserer irdischen Erfahrungswelt verwendet, um damit geistige Zusammengänge gleichnishaft zu umschreiben. Wenn Menschen eine ähnliche Erfahrungswelt haben, ähnliche geistige Zusammenhänge erkennen und einen ähnlichen Denkapparat haben, dann ist es durchaus wahrscheinlich, dass sie auch eine ähnliche Symbolik entwickeln können.

Darüber hinaus gibt es auch spirituelle Gründe, weshalb unterschiedliche Menschen immer wieder auf eine sehr ähnliche Symbolsprache kommen. Es gibt einerseits so etwas wie eine kollektive Wissensdatenbank der Menschheit, die man als Akasha-Chronik oder auch als morphisches bzw. morphogenetisches Feld (nach Rupert Sheldrake) bezeichnen kann. Und es gibt andererseits auch individuelle Erinnerungen an Erfahrungen aus früheren Leben. Über beide Wege kann man auf ältere Erfahrungen zurückgreifen und damit natürlich auch auf ältere Erfahrungen mit der Symbolsprache.

Über den Autor und die Entstehung des Buches

Während sich der Rest dieses Buches hauptsächlich mit sachlichen Themen beschäftigt – mit Grundlagen, Quellen, Deutungen, Methoden und Begründungen –, möchte ich in diesem Kapitel kurz auf die ganz persönlichen Gründe und Hintergründe eingehen, wie es überhaupt dazu kam, dass ich diesen Weg wählte und warum letztendlich auch dieses Buch entstand.

Wie man auf eine Idee kommt und wie man sie später rational begründen kann – das sind mitunter zwei ganz verschiedene Wege. Ideen sind nicht immer rational, und sie folgen auch nicht immer den üblichen Denkgewohnheiten. Manchmal verknüpfen sie ganz unterschiedliche Themenbereiche miteinander. Ein Prinzip oder ein Motiv, das man in einem Zusammenhang kennengelernt hat, begegnet einem beispielsweise plötzlich in einem ganz anderen Zusammenhang. Und während die alten Denkgewohnheiten in uns noch fleißig hin und her argumentieren, dass diese beiden Themenbereiche doch eigentlich rein gar nichts miteinander zu tun hätten, gibt es dennoch diese innere Stimme, die all diese Gewohnheiten und Schranken durchbricht und trotz aller Argumente ganz spontan in uns aufschreit: „Bingo – genau das ist es!"

Es war eine solche innere Stimme, die ich im Laufe meines Lebens immer wieder spürte. Darüber hinaus gab es auch „innere Bilder", die manchmal ganz plötzlich in meinem Gedanken, Träumen und Fantasien auftauchten und ebenfalls mit einem solchen starken Bingo-Gefühl verbunden waren.

Wenn ich hier meine persönlichen Erfahrungen schildere, so tue ich das in der Hoffnung, dass sich eventuell manche Leser bei diesen Beschreibungen an ähnliche oder zumindest an vergleichbare Dinge erinnern, die sie selbst erlebt haben, sodass sie später an diese Erfahrungen anknüpfen können. Letztendlich geht es darum, dass jeder den Zugang zu seinem **eigenen** inneren Wissen findet – zu dem Wissen, das sich über seine **eigenen** inneren Bilder und seine **eigene** innere Stimme offenbart. Wenn ich hier meine „inneren Erfahrungen" beschreibe, so geschieht das mit der Absicht, den Leser für seine **eigenen** „inneren Erfahrungen" zu sensibilisieren.

Zunächst ein paar allgemeine Informationen zu meiner Person: Ich bin Jahrgang 1964, Diplom-Informatiker (FH), verheiratet und habe drei Kinder. Ein weiteres ist im Alter von einem Jahr an einem Hirntumor gestorben. Ich gehöre keiner Kirche, Sekte, Loge oder sonstigen religiösen Gruppierung an. Es ist dabei nicht so, dass ich etwas gegen religiöse Gruppierungen hätte – nur kenne ich bislang noch keine, bei der ich wirklich auf Dauer eine Heimat finden konnte.

Erste spirituelle Erfahrungen in der Kindheit

Meine Erziehung war „evangelisch-atheistisch". Zu Weihnachten ging es in die Kirche, und in der Schule musste ich am Religionsunterricht teilnehmen, aber sonst spielte Religion im täglichen Leben eigentlich überhaupt keine Rolle. Was mir damals im Religionsunterricht vermittelt wurde, empfand ich als wenig glaubhaft und so stand ich religiösen Dingen eigentlich eher skeptisch bis ablehnend gegenüber.

Meine ersten spirituellen Erfahrungen hatte ich schon im Grundschulalter, aber das hatte so wenig mit dem zu tun, was ich im Religionsunterricht vermittelt bekam, dass ich überhaupt nicht auf die Idee gekommen wäre, dass diese Erlebnisse auch nur irgendetwas mit Religion zu tun haben könnten. Heute würde ich sie als Meditationserfahrungen bezeichnen. Aber als Kind kannte ich noch keinen passenden Begriff dafür. Das beeindruckendste und schönste Erlebnis hatte ich übrigens ausgerechnet beim Trödeln auf der Toilette. Plötzlich tauchte ich in eine Welt von Farben ein. Es war so, als würde ich in einem lauen Frühlingswind schweben und als würden mich farbige Bänder umwehen. Als das Erlebnis nach einigen Sekunden wieder vorbei war, konnte ich es nach meinem damaligen Verständnis nur als ein Bild interpretieren, das ich mir vorgestellt hatte. Ich versuchte daraufhin sehr oft, mir dieses Bild erneut vorzustellen, um das schöne Erlebnis nochmals zu wiederholen. Aber was ich erlebt hatte, das war gerade wegen seiner Intensität etwas vollkommen anderes als diese späteren Versuche, mir das Bild gezielt vorzustellen.

Einmal erlebte ich morgens nach dem Aufwachen, als ich noch ruhig im Bett lag, wie plötzlich an der Wand des Kinderzimmers einige Minuten lang regelrecht ein „Film" ablief. Einen Scherz oder einen Trick mit einem versteckten Projektor oder Ähnliches kann ich in diesem Fall ausschließen. Rein vom optischen Eindruck könnte man diese Projektion mit den Schwarz-Weiß-Filmen aus der Stummfilmzeit vergleichen oder mit alten Wochenschauberichten. An die inhaltlichen Details dieses „Films" kann ich mich leider nicht mehr erinnern. Ich war damals jedenfalls von diesem Erlebnis schon etwas irritiert und sprach deshalb auch meine Mutter an, doch sie meinte dazu einfach nur, ich hätte das wohl nur geträumt.

Inzwischen weiß ich, dass solche Erlebnisse bei Kindern gar nicht so selten sind. Innere Bilder werden vom Bewusstsein nach außen projiziert. Sie werden regelrecht ins äußere Bild eingeblendet. Meine Tochter hatte übrigens im Alter von sieben bis acht Jahren ähnliche Erlebnisse. Sie sah manchmal nach dem Aufwachen einen goldenen Würfel, der vor der Tapete schwebte.

Als ich einmal gedankenlos auf dem Teppichboden vor unserer alten Musiktruhe lag und einfach nur die Musik genoss, erlebte ich einen euphorischen Zustand, wobei ich mich selbst regelrecht vergaß. Es war ein vollkommen anderer Bewusstseinszustand, den ich bis heute nicht wirklich in Worte fassen kann. So etwas wie ein „Ich" gab es in diesem Moment nicht mehr. Trotzdem nahm ich die Musik weiterhin wahr, aber mehr so, als ob ich in der Musik wäre oder mit der Musik verschmolzen wäre. Die Trennung von Beobachter, Beobachtung und Beobachtetem war gewissermaßen aufgehoben.

Alle diese Erlebnisse hatten eine Gemeinsamkeit. Es war ganz offensichtlich dieser Zustand der gedankenlosen Wachheit, der diese Erfahrungen ermöglichte. Später als Erwachsener habe ich etwas mit diesen Zuständen experimentiert, um solche Erlebnisse mit inneren Bildern gezielt herbeizuführen. Am besten funktionierte es, wenn ich mich an einem sonnigen Tag auf die Liege vor unserem großen Wohnzimmerfenster legte, sodass es angenehm hell war, aber nicht blendete, und zusätzlich eine CD mit ruhiger Musik anschaltete. Anfangs verwendete ich gerne eine Soft-Klassik-Schallplatte, aber inzwischen bevorzuge ich eine John-Denver-CD. Es ist eine Musik, die mich „träumen" und „schweben" lässt und nicht zu viel Konzentration bindet, weil ich eigentlich nie so richtig auf den Text achte.

Das Wiedererwachen der Spiritualität in der Pubertät

Mit 14 ließ ich mich auf Wunsch meiner Eltern konfirmieren, aber zu dieser Zeit war ich eigentlich ein absolut überzeugter Atheist, wie übrigens auch eine Vielzahl meiner Klassenkameraden. An die seltsamen Erlebnisse aus meiner frühen Kinderzeit dachte ich nicht mehr. Ich hatte sie ja bis dahin ohnehin nie mit dem Thema Religion in Verbindung gebracht. Religion – das waren für mich wundersame und märchenhafte Geschichten von Adam, Moses und Jesus, die in der Bibel stehen und angeblich vor sehr langer Zeit in einem fernen Land stattgefunden haben sollen. Das waren traditionelle Bräuche zu Ostern und Weihnachten. Das war Beten, Singen und Malen im Religionsunterricht. Später kamen im Religionsunterricht auch gesellschaftliche und soziale Themen hinzu. **Aber bei dieser Art von Religion ging es nie um innere Erlebnisse – nie um etwas, was IN UNS passiert.**

Im Alter von etwa 15 bis 16 Jahren hatte ich jedoch wieder ein paar Erlebnisse, die mir deutlich machten, dass es durchaus etwas gibt, was über das rein materielle Weltbild hinausgeht. Ich hatte z. B. einen Wahrtraum – also einen Traum, der sich später bewahrheitet hat. Im Traum sah ich mich im Schulbus, wie ich mit einigen Freunden darüber diskutierte, wie wir denn nach Hause kämen. Als ich aufwachte, erschien mir dieser Traum vollkommen absurd. Wo sollte denn das Problem sein, wenn ich doch schon im Schulbus saß? Am kommenden Nachmittag kam es nun im Schulbus zu einem Gespräch, bei dem ich mich mit ein paar Freunden für einen Kino-Besuch verabredete. In diesem Gespräch wurde die Frage aufgeworfen, wie wir denn nach dem Film nach Hause kommen würden. Und so saß ich plötzlich im Bus und diskutierte darüber, wie wir nach Hause kommen würden – exakt so, wie ich es im Traum erlebt hatte. Nur das Detail vom Kino-Besuch war mir im Traum nicht bewusst gewesen.

Dieses Erlebnis warf natürlich einige Fragen für mich auf. Wie kann man ein zukünftiges Ereignis sehen, wenn man eigentlich doch gar nicht wissen kann, dass es zu diesem Gespräch kommen wird? Und das Gespräch war für mich tatsächlich beim besten Willen nicht absehbar gewesen. So kam es dazu, dass ich irgendwann das erste Buch über Parapsychologie las. Immerhin erweckte die Parapsychologie den Eindruck von Wissenschaftlichkeit, und das entsprach damals eher meinem Denken. Ein anderes Denken hätte ich in dieser Zeit gar nicht zugelassen. Der „Herodes" in mir hätte es abgewürgt.

Aus meiner heutigen Perspektive würde ich die Existenz von Wahrträumen so erklären: Es gibt in uns einen höheren Seelenanteil, der schon über Dinge nachdenkt, von denen unser Tagesbewusstsein noch gar nichts weiß. Dieser höhere Seelenanteil plant schon etwas voraus und koordiniert im Hintergrund die zukünftigen Ereignisse. Wenn diese Pläne und Überlegungen bildhaft ausgestaltet und visualisiert werden, dann erscheinen uns diese Bilder wie ein Blick in die Zukunft. Aber es ist kein Blick in die **tatsächliche Zukunft**, sondern nur ein Blick in die **geplante Zukunft** bzw. in eine **potenzielle Zukunft**. Solche visualisierten Pläne können unterschiedlich konkret sein und sich natürlich auch ändern. Sie können später noch angepasst, korrigiert oder auch verworfen werden. Aus der Tatsache, dass einige Pläne tatsächlich realisiert werden und einige Wahrträume tatsächlich exakt eintreffen, kann man keinesfalls schlussfolgern, dass die Zukunft heute schon vollkommen feststünde und man die tatsächliche Zukunft heute schon sehen könne.

Ein anderes Erlebnis, das mich ebenfalls nachhaltig beeindruckte, begann an einem anderen Tag auf dem Heimweg von der Schule. In einem Ort musste ich umsteigen und manchmal auch etwas auf den Anschlussbus warten. So saß ich verträumt auf einer Parkbank unter einem Kastanienbaum und grübelte so vor mich hin, als mir plötzlich in rascher Folge ein paar philosophische Ideen durch den Kopf schossen. In diesem Moment empfand ich das eigentlich noch gar nicht als so bedeutsam. Aber als ich ein paar Tage später in der Schule genau diese Ideen wieder hörte, und zwar im Zusammenhang mit der buddhistischen Lehre, da war ich in diesem Moment schon etwas irritiert. Dadurch fing ich auch an, mich mit dem Buddhismus zu beschäftigen, der mir von Anfang an sehr vertraut war. Was mich dabei besonders amüsierte: Buddha hatte seine Erleuchtung auch unter einem Baum.

Damals stieß ich auch auf ein Buch über die Zukunftsvisionen von Edgar Cayce.

Es gab bei mir einige Träume, die sich häufig wiederholten und durchaus zu den gewaltigen Naturkatastrophen passten, wie Cayce sie beschrieb. Ich sah z. B. immer wieder, wie die Gegend um unser Haus von einer Erdschicht zugedeckt war, die etwa bis zur Regenrinne unseres Zweifamilienhauses reichte. In diesen Träumen war ich häufig damit beschäftigt, etwas auszugraben. Nachdem ich erlebt hatte, wie mein Wahrtraum tatsächlich eingetroffen war und nachdem dieses Bild mit den Erdschichten und auch andere Traumszenen durchaus zu den prophezeiten Naturkatastrophen passten, fing ich an, meine Träume und auch die Bilder, die ich manchmal in Momenten der Stille spontan sah, entsprechend dieser Prophezeiungen zu interpretieren. Das war eine Fehlinterpretation, aber das wusste ich damals noch nicht. Inzwischen ist mir klar, was diese Bilder wirklich bedeuteten. Ich habe nämlich im übertragenen Sinne tatsächlich etwas ausgegraben, das IN MIR verschüttet war. Aber ich habe von damals an gerechnet noch etwa 20 Jahre gebraucht, um zu dieser einfachen Erkenntnis zu gelangen.

Die Bilder hatten schon gestimmt – aber nicht im wörtlichen, sondern im übertragenen Sinn.

Ein anderes Beispiel für diese Art der Symbolik war ein Traumzyklus, bei dem ich immer wieder einen Wasserrohrbruch im Dachgeschoss unseres Hauses sah. Wir versuchten im Traum, das Rohr freizulegen, und stemmten dabei einen Teil der Zimmerdecke auf. Wasser steht in der Symbolik häufig für Empfindungen. Es ging bei diesem Motiv also nicht um irgendwelche zukünftigen Zerstörungen oder um technische Probleme am Haus, wie ich das Motiv damals gedeutet habe, sondern um Empfindungen, die von einer höheren Ebene ins Bewusstsein drängen. Auf der Suche nach dem Ursprung dieser Empfindungen konnte ich in einen höheren Bereich „vorstoßen". Dieses „Vorstoßen" in diesen höheren Bereich hatte ich als ein „Aufstemmen" der Zimmerdecke gesehen.

In einem anderen Fall sah ich mich, wie ich aus einer westlichen Gegend kam und zu Fuß auf dem Weg nach Hause war. Auf diesem Heimweg fand ich in einer römischen Ruinenstadt ein Fahrrad, mit dessen Hilfe ich schneller vorankam. Nun ist es so, dass ich östlich vom Rhein-Main-Gebiet wohne und es in Frankfurt tatsächlich eine „Römerstadt" gibt. So überlegte ich damals, welchen Grund es wohl geben könnte, dass ich irgendwann einmal zu Fuß durch Ruinen von Frankfurt nach Hause laufen würde. Der dritte Weltkrieg, der in vielen Prophezeiungen erwähnt wird, erschien mir damals als eine plausible Erklärung, denn bei kriegerischen Einflüssen kann es durchaus Situationen geben, in denen der öffentliche Nahverkehr eingeschränkt ist. Später erkannte ich jedoch, dass dieses Motiv vom Fahrrad in der Römerstadt ein versteckter Hinweis auf den römischen Mithras-Kult war – oder zumindest ganz allgemein ein Hinweis auf die römischen Einweihungskulte.

Indem ich mich damit beschäftigte, kam ich auf meinem „spirituellen Heimweg" tatsächlich schneller voran.

Die Zeit der Suche und Orientierung

In diesen Jahren las ich alles, was ich über Esoterik, Religion und Prophezeiungen in die Hände bekam: Alan Watts (Ideen aus dem Buddhismus), Rudolf Steiner (Anthroposophie), Jakob Lorber (Neuoffenbarungen und Prophezeiungen), Thorwald Dethlefsen (Esoterik und Reinkarnation), Annie Bessant (Theosophie), die Bibel, Laotse (Taoismus), Karlheinz Deschner (Kirchenkritik), Raymond Moody (Todesnäheerlebnisse), Wolfgang Bekh (bayerische Hellseher), Zecharia Sitchin (Präastronautik-These) und auch vieles andere. Dabei stieß ich auch immer wieder auf Texte, die zwar einen höheren Ursprung vorgaukelten – die angeblich von höheren Wesen gechannelt wurden, die aus der Akasha-Chronik stammen würden, die uralte Weisheiten enthielten usw. – die jedoch in den meisten Fällen inhaltlich diesem hohen Anspruch nicht gerecht wurden. Die hochspirituellen Wesenheiten redeten mitunter einen ziemlichen Unfug. Weiterhin besuchte ich freiwillig den katholischen Religionsunterricht, diskutierte mit Philanthropen, Mormonen und Zeugen Jehovas, machte im Hinterzimmer eines Esoterik-Ladens eine Rückführung mit, besuchte eine Freimaurerloge, eine religiöse Sekte (Universelles Leben) und einen Einsteigerkurs über das Weltbild der Rosenkreuzer (Lectorium Rosicrutianum).

Schließlich stand ich vor einem riesigen Sammelsurium unterschiedlicher und zueinander widersprüchlicher Lehren. Ich kannte nun zwar viele unterschiedliche Aussagen, hatte aber überhaupt kein Kriterium, um in diesem Gestrüpp die Wahrheit identifizieren zu können.

Es waren hauptsächlich vier Autoren, die von nun an meine weitere Entwicklung beeinflussten:

- Die Theologin Uta Ranke-Heinemann zeigte im Buch „Nein und Amen", dass viele biblische Geschichten unhistorisch oder widersprüchlich sind.

- Der Esoteriker Thorwald Dethlefsen erklärte in seinem Buch „Ödipus der Rätsellöser", wie man eine mythische Geschichte symbolisch interpretieren kann.

- Der Kirchenkritiker Karlheinz Deschner wies im Buch „Der gefälschte Glaube" auf die vorchristlichen Wurzeln des christlichen Glaubens hin.

- Der Forscher Raymond Moody fasste in seinem Buch „Das Leben nach dem Tod" das zusammen, was Menschen im Zustand der Todesnähe erlebten.

Durch Uta Ranke-Heinemann und Karlheinz Deschner lernte ich, die Bibel weniger historisch zu betrachten, und durch Thorwald Dethlefsen kam ich auf die Idee, auch die Bibel symbolisch zu interpretieren. Gleichzeitig musste natürlich ein religiöses Weltbild auch mit den tatsächlichen Erlebnissen der Menschen vereinbar sein, so wie sie beispielsweise Raymond Moody beschrieb. Die wichtigsten Grundaussagen dieser vier Autoren wurden auch noch durch viele andere Autoren und Quellen bestätigt, und so bildeten sie ein ziemlich stabiles Fundament, das in seinen zentralen Grundaussagen bis heute gehalten hat.

Im Prinzip sind diese Grundlagen die vier Säulen, auf denen mein heutiges religiöses Weltbild aufbaut:

- die historisch-kritische Bibelforschung
- die esoterisch-symbolische Interpretation mythischer Texte
- die Interpretation des Christentums im Kontext der heidnischen Einweihungskulte
- die Ergebnisse der Grenzwissenschaften (Todesnäheforschung, Reinkarnation, Telepathie, Präkognition …)

Die Kraft der Bäume

Bäume spielen in meinem Leben immer wieder eine ganz besondere Rolle. Im Grundschulalter spürte ich die „Kraft der Bäume" das erste Mal, als wir bei einem Schulausflug an einem Wäldchen vorbeikamen, das auf einer kleinen Bergkuppe lag. Als ich dieses Wäldchen betrat, erlebte ich eine ganz seltsame Stimmung – eine Mischung aus Faszination, Erhabenheit und Ehrfurcht – fast so, als wäre ich in einer Kathedrale.

Später erfuhr ich, dass es bei den Kelten Rituale gab, die in Wäldchen abgehalten wurden, dass es heilige Bäume gab, dass die Bezeichnung „Druiden" möglicherweise vom keltischen Wort „drus" für Eiche abstammen könnte und dass manche Druiden unter Bäumen schliefen, um visionäre Erlebnisse herbeizuführen. Ortsnamen wie „Dreieich-Götzenhain" (bei Darmstadt) erinnern heute noch an diesen uralten Baumkult.

Als Erwachsener spürte ich manchmal eine Art „Feld" über den Baumwipfeln – hauptsächlich, wenn ich kurz vor der Dämmerung aus einer gewissen Entfernung zu einem Wäldchen hinblickte. Mit der Zeit lernte ich, dass ich dieses Feld „einatmen" konnte, wenn ich mich gerade hinstellte, das Feld mit den Augen fixierte und dann kräftig einatmete, wobei ich den Sog zunächst beschleunigte, dann aber abstoppte und mir nur vorstellte, wie diese Welle meinen Körper weiter durchlief. Durch bestimmte Armbewegungen und Armhaltungen konnte ich diesen Effekt verstärken. Eine dieser Bewegungen sah etwa so aus, als ob man am Tisch mit zwei Händen von jemandem eine große Salatschüssel übernimmt und vor sich hinstellt und dann die offenen Hände zum Bauch führt, ohne sie jedoch wirklich auf den Bauch zu legen. Es ist fast so, als ob man die „Energie" durch die Bewegung zu sich hinführt, und erinnert durchaus an die Bewegungsabläufe, wie man sie auch beim Tai-Chi (chinesisches Schattenboxen) beobachten kann. Diese „Energie" hat ein ziemlich ähnliches „Strömungsverhalten" wie Wasser. Wenn man in einem Schwimmbecken steht und derartige Bewegungsabläufe vollführt, dann kann man spüren, wie das Wasser in ähnlicher Weise den Körper umfließt. Aber während man sich im Wasser etwas kräftiger und etwas schneller bewegen muss, um diese Strömung am Körper zu spüren, ist es bei dieser „Energie" notwendig, sich langsamer und gleichmäßiger zu bewegen (etwa mit der halben Geschwindigkeit). Es gab aber auch Armstellungen, die es mir unmöglich machten, dieses Feld einzuatmen, z. B. mit Händen in den Hosentaschen oder bei gefalteten Händen. Dieses „kräftige Durchatmen" hat eine erfrischende und entspannende Wirkung. Es schafft einen kurzen Moment der Ruhe und steigert gleichzeitig die spirituelle „Empfänglichkeit", da man sich innerlich auf diese „feinen" Energien bzw. Felder einstellt. Manchmal vollziehe ich dieses Einatmen nur ein einziges Mal, manchmal auch mehrmals hintereinander, aber nie länger als 15 Minuten. Irgendwann kommt immer ein Moment, ab dem sich die Wirkung nicht mehr steigert – fast so, als sei das Feld nun aufgebraucht oder der Körper nun aufgeladen.

Kontroverse Diskussionen im Internet

Im Alter von 35 Jahren (1999) stieß ich auf ein Diskussionsforum im Internet, in dem es schwerpunktmäßig um Prophezeiungen und Zukunftsvisionen ging. Dieses Forum hatte eine sehr wechselvolle Geschichte. Es ging aus unterschiedlichen Gründen mehrmals komplett unter, wurde aber immer wieder neu gegründet. Das Themenspektrum war in der Anfangszeit sehr vielfältig, und so wurde auch über religiöse Weltbilder, Wirtschaftsprobleme und viele andere Dinge diskutiert.

Die Diskussionen verliefen häufig sehr kontrovers, und es wurde dabei auch leidenschaftlich gestritten. Später (Silvester 2001) eröffnete ich eine eigene kleine Homepage mit einem Diskussionsforum, in dem es etwas ruhiger zuging und in dem ich die esoterischen Themen bündeln und zusammenfassen konnte. Diese Homepage bestand bis Ende 2004. Danach konzentrierte ich mich auf dieses Buch und schränkte meine Internetaktivitäten wieder etwas ein.

Beim Schreiben im Forum passierten mir nun wieder einige seltsame Dinge. Beispielsweise wiederholten sich solche Effekte, wie ich sie als Jugendlicher beim Buddhismus erlebt hatte. Wenn ich es geschafft hatte ein Thema auszuformulieren, stieß ich oft ein paar Tage später auf ein Buch, wo ich genau diese Beispiele und Argumente wiederfand, die ich selbst ein paar Tage vorher verwendet hatte.

Was hier passierte, das war nicht einfach nur eine Synthese aus der bisher gelesenen Literatur, sondern dieser Prozess war eindeutig zielorientiert. Die Themen wurden ganz systematisch aufgebaut, ohne dass ich es plante.

Üblicherweise ist es sicherlich bei den meisten Menschen so, dass man zunächst über die Dinge nachdenkt, bevor man sie niederschreibt. Die normale Art des Schreibens mit Papier und Stift legt einem diese Vorgehensweise nahe, denn man kann die geschriebenen Worte später nicht mehr korrigieren bzw. es sieht nicht besonders gut aus, wenn man es tut. Man kann bestenfalls den Text später noch einmal komplett neu schreiben. Und das ist natürlich ein Aufwand, den die meisten Menschen scheuen.

Der Computer lässt hingegen auch eine ganz andere Art des Schreibens zu. Man kann einfach drauflos schreiben, ohne den Fluss der Inspiration zu stören, weil man ja hinterher alles noch beliebig korrigieren und umformulieren kann. Dadurch kann man sehr viel emotionaler schreiben und auch der Inspiration etwas längere Zügel lassen. Es ist nicht notwendig, einen Gedanken zu Ende zu denken, bevor man ihn eintippt.

Manchmal passierte es, dass jemand bei mir über eMail oder im Forum nachfragte, was beispielsweise eine ganz bestimmte Bibelstelle bedeutet oder ein bestimmtes Symbol oder ein Traum. Zum Teil konnte ich die Fragen beantworten und schreiben, was ich wusste. Aber manche dieser Fragen konnte ich nicht beantworten, denn mir fiel beim besten Willen keine Antwort oder Deutung ein. Trotzdem wollte ich natürlich solche Nachfragen nicht unbeantwortet lassen, und so fing ich zumeist nach ein paar Tagen doch noch an, eine Antwort zu verfassen. Ich erklärte also, was ich erkannte, wo mir manche Sachen noch unklar waren, wo ich nicht richtig weiterkam, was es vielleicht bedeuten könnte, was dagegen sprach usw. Und während ich gerade noch damit beschäftigt war, all die Gründe darzustellen, warum ich die Symbolik in einem konkreten Fall nicht deuten konnte, flossen immer wieder kleine Fragmente und Zusammenhänge in den Text mit ein, an die ich vorher noch

gar nicht gedacht hatte. Während ich also noch schrieb, weshalb ich die Lösung nicht finden konnte, entwickelte sich die Lösung manchmal ganz von selbst.
Ich musste in diesen Fällen also nicht die Lösung wissen, um sie aufschreiben zu können, sondern es war genau andersherum: Ich musste schreiben, um die Lösung finden zu können. Der „Informationsschub" kam mit dem Schreiben und durch das Schreiben. Es war beinahe so, als ob man mit dem Schreiben eine Art „innere Strömung" verursacht hätte und als ob diese Strömung dann kleine Fragmente des „inneren Wissens" mit ans Tagesbewusstsein spülte, die man dann nur noch aus dem Wasser „fischen" muss.
Ich experimentierte etwas mit diesem „kreativen Schreiben" und stellte mit der Zeit fest, dass starke Emotionen diesen „Informationsfluss" sogar noch deutlich beschleunigen können. Und das galt zu meiner eigenen Überraschung nicht nur für „positive" Gefühle wie Freude und Euphorie, sondern auch für Frustration, Erschöpfung, Wut und Zorn. Das war nun ganz und gar nicht das, was ich erwartet hatte, aber ich erlebte es immer wieder, dass gerade bei kontroversen und leidenschaftlichen Diskussionen deutlich mehr „inneres Wissen" ans Tagesbewusstsein gespült wurde als beispielsweise bei sachlichen Recherchen und ausgewogenen Argumenten.
Das „innere Wissen" kann sich überall dort offenbaren, wo es die Kontrolle des Tagesbewusstseins umgehen oder durchbrechen kann – überall dort, wo es dem inneren „Kindermord" entgeht:

- Im Zustand der „inneren Ruhe" bzw. in der Meditation wird die Kontrolle „heruntergefahren".

- In rauschartigen Zuständen verliert man diese Kontrolle zum Teil, und aus diesem Grund wurden rauschartige Zustände in manchen antiken Kulten ganz gezielt angewendet, um mit dem Göttlichen in Kontakt zu treten. In vino veritas – im Wein liegt die Wahrheit. (Bei mir selbst spielte dieser Effekt so gut wie keine Rolle, und Bier hat bei mir sogar eher eine dämpfende Wirkung, weil es mich müde macht.)

- Im Zorn wird die Kontrolle von der Stärke der Gefühle regelrecht durchbrochen.

- Und in der Symbolik wird die Kontrolle umgangen. Die Inhalte werden durch die Symbolik so verfremdet, dass die Kontrolle sie nicht mehr erkennt.

Meditation, rauschhafte Kultfeiern, der „göttliche Zorn" und die esoterische Symbolik – auch wenn diese Methoden zunächst ganz unterschiedlich erscheinen mögen, so sind sie dennoch alle für das gleiche Ziel nutzbar.

Gelegentlich bekam ich ziemlich aggressive eMails – hauptsächlich von „bibeltreuen Christen" und klerikalen Fundamentalisten, die zum Teil in sehr drastischen Worten ihren Unmut über das äußerten, was ich mit „ihrer" Bibel anstellte. Es war gerade diese typische Mischung aus vollkommener Ahnungslosigkeit und Besserwisserei, die mir bei diesen Leuten immer wieder begegnete und manchmal schon eine gewisse Wut in mir auslöste. Darüber hinaus hatte ich die meisten Argumente und Behauptungen schon so oft durchdiskutiert, dass ich manchmal bei der Beantwortung der eMails einfach so drauflos schreiben konnte – ohne über die Formulierungen extra nachdenken zu müssen. So kam ich mehrfach in Situationen, dass ich gleichzeitig **wütend** und **gedankenlos** war, während ich die **esoterische Symbolik** der Bibel darstellte. Ganz unabsichtlich hatte ich in diesen Momenten drei der oben dargestellten Methoden kombiniert. Bislang waren über die „innere Stimme" zumeist nur einzelne Fragmente, Motive und Formulierungen in die Texte mit eingeflossen. Aber nun konnte ich an manchen Tagen erleben, wie der „Informationsfluss" in diesem Zustand über mehrere Seiten hinweg anhielt. Ich vermute, dass einige der Leute damals ziemlich irritiert waren, wenn sie auf ihre kurze Verbalattacke eine komplette zehnseitige Abhandlung als Antwort erhielten. Die Texte habe ich übrigens vor dem Absenden immer noch einmal überarbeitet, sodass sie danach in den meisten Fällen weitgehend höflich und sachlich formuliert waren.

Oft habe ich diese Texte dann später noch einmal überarbeitet, um die „Essenz" zusammenzufassen. Auf diese Weise entstanden neue Texte, die ich wieder ins Diskussionsforum oder auf die Homepage stellte und die dann wiederum zu neuen Diskussionen führten. Mich selbst erinnerte dieser Prozess der Informationsgewinnung an die Alkoholherstellung: Zunächst wird in einem emotionalen Gärungsprozess das Geistige freigesetzt bzw. erzeugt. Und dann wird in einem zweiten Schritt durch Destillation der „Spiritus" aus dem gegorenen Material gewonnen. Letztendlich ist dieses Buch Schritt für Schritt aus solchen „alchemistischen" Gärungs- und Destillationsprozessen entstanden. Es enthält die geistige „Essenz" aus vielen heftigen und kontroversen Diskussionen. Und manchmal kommt es mir so vor, als ob die ganze Welt ein einziger Gärbottich sei. Überall gärt es. Aber möglicherweise ist das ja gerade der Sinn der Sache, weil ohne diese Gärung eine anschließende Destillation (Vergeistigung) gar nicht möglich wäre.

Es ist ein sehr schmaler Grat – einerseits starke Emotionen gezielt zu nutzen, andererseits aber nicht von ihnen übermannt zu werden. Das ist beinahe so, als ob man auf einem „Drachen" ritte – also auf einem mächtigen Wesen, das gleichzeitig aber auch sehr gefährlich sein kann. Ebenso ist auch diese Methode mächtig und gefährlich zugleich.

Falls jemand versuchen sollte, die Methode zu reproduzieren, dann möchte ich an dieser Stelle eines ganz deutlich betonen: Der Zustand kann sehr effektiv genutzt werden, damit die Inspiration mit einem regelrecht durchgeht. Wenn aber stattdessen die starken Emotionen mit einem durchgehen, dann hat man überhaupt nichts gewonnen. Es ist hierbei ganz wichtig, dass man die aufgewühlten Emotionen auch wieder bremsen kann. Daher empfehle ich, nur ganz langsam und vorsichtig an diese Technik heranzugehen. Wenn man emotional nicht „über" den Dingen steht, dann kann dieses „Wandeln auf dem Wasser" nämlich auch dazu führen, dass man von den starken Gefühlen regelrecht überflutet wird. Und dann ist es notwendig, dass man den Sturm der Gedanken wieder etwas beruhigen kann.

In dieser Zeit spürte ich auch, dass sich manchmal etwas in mir rührte, wenn ich bestimmte Bücher las. Es meldeten sich dabei gelegentlich ziemlich deutliche Gefühle, die mich teilweise zu einer ganz anderen Interpretation oder Bewertung der Thematik führten. Beim Lesen gab es somit zwei Arten von Information. Die eine Information steckte im Buch, aber die andere Information steckte in mir und wurde durch das Lesen des Buches als Reaktion auf die Themen freigesetzt.

Wenn dieses „innere Wissen" nur ein Echo des angelesenen Wissens gewesen wäre, dann hätte ich erwartet, dass es auch genauso ein Sammelsurium von unterschiedlichen und widersprüchlichen Ansichten gewesen wäre. Aber das war es nicht. Es war – was mich selbst überraschte – absolut klar und strukturiert.

Das Bild von der abgedunkelten Halle

In dieser Zeit gab es gelegentlich auch Momente der inneren Stille, und in diesen Momenten erlebte ich es immer wieder, dass Bilder in mir auftauchten. Aber in den meisten Fällen konnte ich diese Bilder nur so lange sehen, wie ich innerlich still war. Sobald meine Aufmerksamkeit ansprang und sobald ich anfing, die Bilder zu untersuchen, waren sie sofort wieder weg.

Es gab jedoch auch einen Fall, bei dem ich mich ziemlich lange in einem dieser Bilder umschauen konnte. Einmal hatte ich im Wachzustand das Gefühl, als wäre ich aus dem Traum erwacht, den wir üblicherweise für die Realität halten – so als würden wir eigentlich in einer anderen Welt leben und uns von dort nur in die materielle Welt „hineinträumen". In dieser anderen Welt lag ich auf einem Gestell, das an einem Seil hing, das wiederum irgendwie an der Decke einer riesigen Halle angebunden war. Die Halle selbst war abgedunkelt und hatte etwa die Größe wie die Hangars auf Flughäfen, in denen die Wartungsarbeiten an Flugzeugen vorgenommen werden. In dieser Halle hing ich etwa auf halber Höhe und konnte um mich herum auf unterschiedlichen Höhen viele andere Menschen erkennen. Diese schliefen auch auf Gestellen, die ebenfalls mit Seilen an der Decke befestigt waren. Weit unterhalb war ein kleines Tor zu erkennen, durch das etwas Licht in die Halle fiel. Manche Leute wurden von irgendwelchen Helfern zu diesem Ausgang hin abgeseilt, sodass sie dabei regelrecht auf das Lichttor zuschwebten. Während ich noch mit einigen Problemen beschäftigt war, weil ich am Gestell festhing und mich deshalb nicht so richtig bewegen konnte, sah ich plötzlich die Halle von außen. Sie hatte die Grundform eines Würfels und stand in einer Art Parklandschaft auf einem Hochplateau mit leichten grasbewachsenen Hügeln. Diese hügelige Graslandschaft hatte gewisse Ähnlichkeiten mit dem Gelände der Teletubbies oder dem Auenland aus „Herr der Ringe". Weiter hinten sah ich eine Kante, wo das Plateau endete und sich ein tiefes Tal anschloss, dessen Boden aus meiner Perspektive nicht sichtbar war. Hinter diesem Tal konnte ich in der Ferne große Berge erkennen – ein Panorama, durchaus vergleichbar mit den Alpen. Während die Halle auf der rechten Seite des Bildes war, erkannte ich auf der linken Seite auf einem Hügel einen Steinkreis, in dessen Mitte ein Tisch oder Altar aufgestellt war. Um den Steinkreis herum standen einige Tannen, während die Landschaft sonst eher baumlos war. Ein Weg führte leicht geschwungen auf die Kante zu, mitten hindurch zwischen dem Steinkreis auf der einen Seite und der Halle auf der anderen. Von diesem Weg gab es zwei Abzweigungen, einerseits zum Steinkreis und andererseits zur Halle. Auf diesen Wegen sah ich einige Leute, die zu zweit oder in kleinen Gruppen umhergingen und diskutierten und mich von der Kleidung an griechische Statuen erinnerten. Danach war die Szene zu Ende, und ich war wieder zurück in dieser Welt.

Dieses Bild hat mich lange beschäftigt. Mit der Zeit erkannte ich immer deutlicher die Symbolik:

- das Festhängen im finsteren Würfel
- das Erwachen aus dem Schlaf
- das Zuschweben auf das Licht
- das Ebenenschema Tal-Hochplateau-Gebirge
- die Reihenfolge Hochplateau-Tal-Gebirge
- die Polarität Kreis-Würfel
- usw.

Es fiel mir aber auch auf, dass es viele Fantasyfilme gab, bei denen ich einige Details dieser Szene wiedererkennen konnte. Beispielsweise gibt es eine ähnliche

Kante in dem Puppenfilm „Der dunkle Kristall", aber auch im Film „Jagd auf den Schatz der Riesen", in dem das Märchen von Hans und der Bohnenranke überarbeitet wurde. Es war also offensichtlich, dass auch andere Menschen von diesen Motiven angesprochen wurden und die Filmemacher dieses Empfinden bildhaft umgesetzt hatten.

Das Dreifachkreuz und der Zugang zur Symbolsprache

Im Frühjahr 2001 (einige Tage nach meinem 37. Geburtstag) kam das Gespräch im Forum auf das Weltenkreuz mit den vier Elementen der Alchemie: Feuer, Luft, Wasser und Erde. Ich versuchte, diese vier Elemente als Polaritätenpaare zu ordnen (also beispielsweise Feuer-Wasser o. ä.) und sie den Himmelsrichtungen zuzuordnen. Im Internet fand ich annähernd jede denkbare Kombination und je länger ich darüber nachdachte, umso klarer wurde mir, dass jede dieser Kombinationen ihren Sinn und ihre Berechtigung hatte.

Vier Elemente kann man genau auf drei verschiedene Arten zu Polaritätenpaaren zusammenfassen, wenn man einmal von spiegelsymmetrischen und gedrehten Varianten absieht.

1.) Luft-Feuer, Wasser-Erde

	Luft	
Wasser		Erde
	Feuer	

2.) Luft-Wasser, Feuer-Erde

	Feuer	
Wasser		Luft
	Erde	

3.) Luft-Erde, Feuer-Wasser

	Erde	
Wasser		Feuer
	Luft	

Relativ spontan setzte ich diese drei Kreuze zu einem Dreifachkreuz zusammen.

An dieser Stelle überspringe ich die Details der Dreifachkreuzstruktur und auch die weitere Herleitung. Im Kapitel „Das Dreifachkreuz" im zweiten Teil des Buches wird das Thema später noch ausführlich behandelt.

Nachdem ich auf diese Dreifachkreuzstruktur gestoßen war und ganz bewusst darauf achtete, fielen mir plötzlich die vielen Dreifachkreuze, Drei-Ebenen-Strukturen und Dreiheiten auf, die es in ganz unterschiedlichen Traditionen und Kulturen gibt: Hierophantenstab (Papststab), Kreuzdarstellungen im orthodoxen Christentum, die drei Kreuze auf Golgatha, der dreifache Schriftsinn bei Origenes, der Lebensbaum der Kabbalisten, die biblische Schöpfungsgeschichte, die wundersame Brotvermehrung, die Struktur der „zehn" Gebote, Platons Höhlengleichnis, das Rätsel der Sphinx, der siebenarmige Leuchter der Juden (mit seinen drei Kreuzungspunkten), die Weltenesche Yggdrasil aus der nordischen Mythologie, der „philosophische Baum" der Alchemisten, die Drei-Ebenen-Struktur im Huna-Kult, Dreifachkreuze bei Indianervölkern, bei prähistorischen Funden usw. **Aller guten Dinge sind drei.**

Philosophischer Baum - Occulta Philosophia, 1613

Im großen Evangelium des Johannes, das Jakob Lorber durch seine innere Stimme als Neuoffenbarung empfing, wird ein „dreifaches Kreuz" sogar ausdrücklich angesprochen. Hier werden Jesus die folgenden Worte zugeschrieben:

GEJ 8,47: Das dreifache Kreuz aber bezeichnet Meine Lehre, die daselbst eben dreifach verfälscht den Königen und ihren Völkern aufgedrungen werden wird: falsch im Wort, falsch in der Wahrheit und falsch in der lebendigen Anwendung.
(Jakob Lorber, Das große Evangelium Johannis, Band 8, Lorber-Verlag, Bietigheim, 1963, 5. Auflage, Seite 100)

In vielen Texten, die ich in den letzten Jahren gelesen und gesammelt hatte, steckte eine verborgene Botschaft, die in der Symbolik verpackt war. Aber die Information war bis zu diesem Zeitpunkt für mich nicht zugänglich gewesen. Doch nun, nachdem ich für die Dreifachkreuzstruktur sensibilisiert war, öffneten sich viele dieser Texte in sehr rascher Folge, und ich konnte die verpackte Information erkennen. Die Entwicklung, die nun einsetzte, war wirklich **extrem** heftig und hielt etwa ein Jahr an (etwa bis zum meinem 38. Geburtstag im Jahr 2002). Die Symbolsprache der Mythen und Märchen sensibilisierte mich immer mehr für die Symbolik meiner inneren Bilder (für die scheinbaren Zukunftsvisionen). Und die Symbolik der inneren Bilder sensibilisierte mich wiederum für die Symbolsprache der Mythen und Märchen. Beide Prozesse verstärkten sich gegenseitig, und diese innere Kettenreaktion führte zu einer regelrechten Informationsüberflutung. Vermutlich war der Prozess deshalb so heftig, weil sich im Laufe der Jahre sehr viele Themen „angestaut" hatten und das „innere Feuer" dadurch nun sehr viel Material hatte, das es umsetzen konnte.

Das Buch

Inzwischen (2006) sind vier weitere Jahre vergangen, und der Informationsstrom sprudelt noch immer. Aber er ist nicht mehr ganz so heftig und lässt mir nun auch gelegentlich mal eine „Verschnaufpause".
In den Jahren waren durch die Diskussionen im Internet etliche Texte entstanden, wobei sich der thematische Schwerpunkt mit der Zeit etwas verschob. Anfangs standen häufig noch die Widersprüche und Fehler im Vordergrund, die sich aus einer buchstabengetreuen Bibelinterpretation ergeben. Später ging es hauptsächlich um esoterisch-symbolische Bibelinterpretationen und um das „esoterische" Wissen, das in der Bibel „verpackt" ist. Dass man auf diese Weise auch einen

Zugang zum „inneren" Wissen finden kann – also zu dem Wissen, das IN UNS „schläft", das war in dieser Phase nicht wirklich geplant, sondern eigentlich eher eine unbeabsichtigte Nebenwirkung, die ich damals auch noch nicht besonders in meinen Texten erwähnte. Erst in einem dritten Schritt legte ich den Schwerpunkt auf genau diese „Nebenwirkung". Nun ging es in erster Linie um die Methode selbst und auch darum, dass man die Methode nutzen kann, um genau diese (Neben-)Wirkung zu erzielen.

Solange der Schwerpunkt auf den esoterisch-symbolischen Interpretationen lag, war es mein Ziel gewesen, die Bibel möglichst vollständig zu interpretieren und das verpackte Wissen möglichst vollständig auszupacken und nachzuweisen. Weiterhin hatte ich das Bedürfnis, auch außerhalb der Bibel möglichst viele Beispiele für die Symbolsprache zu finden und zu untersuchen. Mit der Verschiebung des Schwerpunktes – von den Inhalten zu der Methode – änderte sich auch diese Zielsetzung. Ich erkannte, dass eine vollständige Deutung sogar absolut kontraproduktiv wäre, denn je vollständiger und perfekter eine Deutung ist, umso weniger Freiraum bleibt dem Leser, um eine eigene Deutung zu entwickeln und einen eigenen Zugang zur Symbolsprache zu finden. Es ist zwar durchaus sinnvoll und nützlich, ein paar Texte und Motive zu deuten, um die Methode darzustellen und dem Leser einen Einsteig zu ermöglichen, aber mit jeder weiteren Deutung, die ich vorgebe, nehme ich indirekt dem Leser auch ein Motiv weg, das er selbst deuten könnte.

Auf dieses Problem wurde ich übrigens durch einen Traum hingewiesen. Ich sah mich in der Schule bei einer Klassenarbeit. Die Blätter, auf denen ich schreiben wollte, waren bereits eng bedruckt, sodass ich keinen Platz mehr hatte, um selbst etwas zu schreiben. Die anderen Schüler hatten – wie es üblich ist – leere Blätter zum Schreiben. Sie schrieben einfach drauflos, gaben das Geschriebene beim Lehrer ab, nahmen immer wieder neue Blätter und schrieben weiter. Die Botschaft des Traums war ganz eindeutig: Wenn zu viel vorgegeben ist, dann kann man keine eigenen Gedanken mehr entwickeln und formulieren. Entwicklung braucht Freiraum, und zu viele Vorgaben schränken den Freiraum ein.

So entschied ich mich, keine weiteren Deutungen mehr hinzuzufügen, sondern die bereits vorhandenen Texte zu überarbeiten, zusammenzufassen, nachzurecherchieren, durch Quellen zu belegen und vom Aufbau her aufeinander abzustimmen. Manches, was zu kompliziert war, habe ich dabei vereinfacht und manches, was unnötig war, habe ich sogar komplett herausgestrichen. Auf diese Weise entstand nach und nach dieses Buch. Dabei sind die drei Schwerpunkte noch immer in den Texten zu erkennen – letztendlich deshalb, weil diese drei Schritte logisch aufeinander aufbauen:

der Zugang zum „inneren" Wissen
esoterisch-symbolische Bibelinterpretationen, um das „esoterische" Wissen auszupacken
die Auseinandersetzung mit dem „Buchstabenglauben"

Ich konnte mich nur deshalb der esoterisch-symbolischen Sichtweise zuwenden, weil ich mich vorher mit den Problemen des „Buchstabenglaubens" auseinander gesetzt hatte. Und ohne diese beiden Grundlagen hätte ich wiederum diesen Zugang zum „inneren Wissen" nicht finden können.

Es ist zum Teil ein sehr persönliches Buch geworden, in das ich neben den Recherchen und Fakten auch meine eigenen Erfahrungen, meine Erlebnisse, meine innere Bilderwelt und auch meine Emotionalität mit eingebracht habe.

Es war nicht mein Ziel, ein ausschließlich theoretisches Werk über esoterische Bibelexegese zu verfassen, sondern ich will mit dem Buch einen Weg aufzeigen, wie man das Göttliche IN SICH SELBST finden kann – indem ich in diesem Buch die Methode beschreibe, wie ich es selbst gefunden habe. Zu dieser Methode gehört einiges an theoretischen Grundlagen, damit man die Symbolsprache versteht, in der das Göttliche zu uns spricht. Dabei benutze ich in vielen Fällen auch selbst bildhafte Umschreibungen oder steige in biblische oder mythische Motive ein, weil dies nach meiner Erfahrung besser zum Ziel führt als rein abstrakte und theoretische Beschreibungen.

Man sollte diesen symbolischen Motiven, Gleichnissen, Umschreibungen und Metaphern immer etwas Zeit geben, damit sie in einem wirken können. Es ist sinnvoll, nach manchen Absätzen das Buch kurz beiseite zu legen, um gedanklich in das beschriebene Bild „einsteigen" zu können. Für den Zugang zur eigenen „inneren Bilderwelt" ist es nämlich sehr wichtig, dass solche Bilder wirklich visuell erlebt werden und dass man sich dabei sogar regelrecht in diesen Bildern umschaut. Sobald es dem Leser gelingt, in diese Bilderwelt einzusteigen und neue Details zu erkennen, ist der Zugang zur eigenen inneren Bilderwelt für einen kurzen Moment hergestellt. Dabei ist ein kleines Detail ganz wichtig: Es geht nicht darum, sich andere Details gezielt vorzustellen, sondern es geht um die Details, die man manchmal ganz spontan vor dem inneren Auge sieht. Indem ich meine innere Bilderwelt und auch die symbolische Bildersprache der Märchen und Mythen präsentiere, möchte ich den Leser für seine innere Bilderwelt sensibilisieren. Es kann dabei auch sehr hilfreich sein, wenn man überlegt, in welchen Träumen, Fantasien, Märchen, Mythen, Kunstwerken und Fantasyfilmen man auch schon ähnliche Motive entdeckt hat.

Es kann beim Lesen dieses Buches durchaus passieren, dass sich manchmal das innere Wissen ganz spontan meldet. Vielleicht wird der Leser ganz plötzlich einen

Zusammenhang verstehen, auch wenn dieser auf den ersten Blick gar nicht mit dem Thema des jeweiligen Kapitels zusammenhängt. Vielleicht wird er auch plötzlich das Bedürfnis spüren, sich mit irgendeinem Thema zu beschäftigen. Das muss gar nicht unbedingt ein religiöses oder esoterisches Thema sein. Eventuell handelt es sich um Kulturgeschichte, um Kunst, um einen historischen Roman oder um Science-Fiction. Und es kann auch passieren, dass man plötzlich das Bedürfnis hat, Sätze in den Text einzufügen und weitere Aspekte zu betonen, die einem selbst ganz wichtig sind, die man aber im Text vermisst.

Wenn man solche Effekte beim Lesen spürt, dann sollte man diese Empfindungen sehr genau beobachten, auch wenn sie einem zunächst „irrational" erscheinen, denn genau über solche Effekte meldet sich mitunter das „innere Wissen".

Es kann aber auch passieren, dass sich bei manchen Lesern innere Widerstände aufbauen, weil das Buch in einigen Punkten sehr deutlich vom allgemein üblichen, traditionell-christlichen Weltbild abweicht. Manche dieser anerzogenen Vorstellungen sind sehr tief in uns verwurzelt und wirken mitunter auch dann noch, wenn wir meinen, dass wir uns schon lange von ihnen gelöst hätten. Wenn man solche Widerstände spürt, dann bringt es relativ wenig, wenn man in so einer Situation weiterliest, denn alle weiterführenden Themen würden dann am inneren Widerstand abprallen. In einem solchen Fall ist es sinnvoller, einfach mal in der angegebenen Literatur nachzuschlagen oder die relevanten Schlagwörter in eine Internetsuchmaschine einzugeben, um sich einen groben Überblick zu verschaffen, was es an Information und Meinung zu dem Thema gibt. Man wird sicherlich in der Literatur und im Internet keine Quelle finden, bei der das hier dargestellte Weltbild als Ganzes bestätigt wird. Aber was die verschiedenen Einzelaussagen betrifft, so lassen sich durchaus etliche seriöse Quellen und Seiten finden.

Die Schwierigkeit bzw. die Kunst liegt darin, das „innere Wissen" von den anerzogenen Vorstellungen zu unterscheiden. Das gelingt nur, wenn man gelernt hat, die eigenen Ansichten und Vorstellungen konsequent zu hinterfragen. Andernfalls wird das „innere Wissen" mehr oder weniger vom Spiegelbild der anerzogenen Vorstellungen überlagert.

Die wichtigsten Werkzeuge auf dem Weg zum inneren Wissen

Dieses Kapitel ist eine Zusammenfassung, Ergänzung und Strukturierung der wichtigsten Grundlagen, Effekte und Erfahrungen, die größtenteils im vorigen Kapitel schon erwähnt wurden. Eines möchte ich dabei ganz deutlich betonen: Die Zusammenfassung ist **nicht** als Lehrplan gedacht, den man Schritt für Schritt nacheinander abarbeiten soll, sondern es war meine Absicht, das allgemeine Funktionsprinzip der „Elias-Methode" hier einmal strukturiert und als Ganzes darzustellen, damit erkennbar ist, **wie** und **warum** diese Methode funktioniert. Es ist also nicht notwendig, dass man Punkt 1 erledigt haben muss, bevor man sich Punkt 2 zuwenden kann usw. Eine solche Vorgehensweise wäre auch gar nicht sinnvoll. Nur dann, wenn man immer wieder zwischen diesen Punkten hin und her wechselt, kann eine Wechselwirkung zwischen diesen Themen entstehen. Würde man sich streng an diese Reihenfolge halten, dann würde man sogar diese Wechselwirkungen unterbinden. (Beim ersten Lesen dieses Buches sollte man jedoch nicht zwischen den Kapiteln hin und her springen, da die späteren Kapitel auf Grundlagen aufbauen, die in den früheren Kapiteln dargestellt und hergeleitet werden.)

Grundlagen und Umfeld

1. Die theoretischen Grundlagen

Ob man einen Funken der Inspiration aufgreifen und nutzen kann oder ob dieser ungenutzt verpufft, hängt zu einem großen Teil davon ab, welche Grundlagen in uns vorhanden sind. Je mehr Grundlagen wir aufgebaut haben, umso mehr Ideen fallen in uns auf fruchtbaren Boden und umso mehr Informationen können wir nutzen *(Mt. 13,12: „Denn wer hat, dem wird gegeben, dass er die Fülle habe")*. Aber natürlich gibt es nicht nur nützliche Grundlagen, die den Boden fruchtbar machen, sondern auch schädliche Grundlagen, die den Boden regelrecht vergiften, zu Missverständnissen führen und uns blind machen für den Funken der Inspiration. Hier ist es teilweise auch notwendig, manche Grundlagen „abzutragen" und zu ersetzen.

Für den ersten Einstieg und empfehle ich

- die Evangelien nach Matthäus und Johannes und
- das erste und zweite Buch Moses,

um sich noch einmal die wichtigsten biblischen Geschichten und Motive in Erinnerung zu rufen. Diese biblischen Texte sind eine wichtige Grundlage, um später unterschiedliche Interpretationsansätze beurteilen zu können. Weiterhin empfehle ich:

- Konrad Dietzfelbinger: Mysterienschulen
- Uta Ranke-Heinemann: Nein und Amen

Es sind zwei grundverschiedene Bücher. Während das Buch „Nein und Amen" in sehr deutlichen Worten die Probleme beim traditionellen Religionsverständnis aufzeigt, lernt man im Buch von Konrad Dietzfelbinger den anderen Weg der Mysterienschulen kennen. Aber beide Sichtweisen sind gleichermaßen wichtig. Eine Neuorientierung ist nur dann möglich, wenn man

- auf der einen Seite die Probleme des bisherigen Weges erkannt hat und
- auf der anderen Seite eine Alternative sieht, die nicht an diesen Problemen scheitert.

Solange man von der Richtigkeit des bisherigen Weges überzeugt ist, wird man in der Neuorientierung keinen wirklichen Nutzen erkennen. Und andererseits kann es sehr frustrierend sein, wenn man zwar die Probleme beim traditionellen Religionsverständnis erkannt hat, man aber keinen anderen Weg sieht. Dadurch gehört beides zusammen.

Nach diesem ersten Einstieg kann man dann den übrigen Literaturangaben folgen, sodass man langfristig einen Überblick über die folgenden Themenbereiche gewinnt:

- die Bibel, die deutschen Volksmärchen und die antike Mythologie
- die verschiedenen religiösen und esoterischen Lehren: Christentum, Buddhismus, Gnosis, Kabbala, Tarot, Hermetik, Alchemie, Rosenkreuzertum …
- das Christentum im Kontext der anderen Religionen und Einweihungskulte
- die historisch-kritische Betrachtung des Christentums
- die Erfahrung von Menschen mit Todesnähe und Reinkarnation
- Psychologie und Traumdeutung
- esoterische Symbolik (die allegorische Interpretation mythischer Texte)

2. Erhebende Themen und kreative Tätigkeiten

Durch unseren Musikgeschmack, durch die Art der Literatur, die wir lesen, durch unsere eigene Ausdrucksform und durch unsere Programmauswahl beim Fernsehen stellen wir indirekt auch die „geistige Frequenz" ein, auf der wir selbst empfänglich sind. Es gibt Themen, die uns herabziehen, abstumpfen und uns auf eine „niedrigere Frequenz" einstellen. Und es gibt andere „inspirierende" Themen, die uns für feinere Empfindungen sensibilisieren. Auch meine Erfahrungen mit der Kraft der Bäume würde ich in diesen Bereich einordnen.

Kreative Tätigkeiten sind notwendig, um den Fluss der Ideen anzustoßen, damit das innere Wissen ans Tagesbewusstsein gespült werden kann. Das erreichen wir, indem wir schreiben, zeichnen, mit Ton arbeiten usw.

3. Ein praktisches Erfahrungsfeld

Die allgemeinen Prinzipien lernt man am besten dort kennen, wo man sie anfassen kann, wo man sie sinnlich erfahren kann und wo man mit ihnen experimentieren kann. Das kann im Beruf sein, in der Familie, beim Hobby usw. Mir hat beispielsweise mein Beruf als Informatiker geholfen, manche spirituellen Zusammenhänge zu verstehen, weil ich durch den Beruf manche Modellvorstellungen vermittelt bekam, die ich später auch auf spirituelle Themen übertragen konnte. Jemand hat das einmal sehr passend als „Computer-Alchemie" bezeichnet.

In meiner Ausbildung habe ich beispielsweise das Siebenschichtenmodell der Datenkommunikation kennengelernt – das so genannte OSI-Referenzmodell. Dabei wird die Datenübertragung zwischen zwei Computern in verschiedene Ebenen unterteilt. Wenn man eine Seite aus dem Internet aufruft, dann sieht man mit seinem Internet-Browser nur die oberste Ebene der Datenkommunikation. Auf den tieferen Ebenen geschieht aber noch einiges, wovon der Benutzer im Normalfall nur wenig mitbekommt. Die Internetseiten werden z. B. in einer ganz bestimmten Sprache dargestellt (HTML), und es gibt noch weitere Schichten, die sich darum kümmern,

- dass die Verbindung aufgebaut wird,
- dass die Daten in Pakte aufgeteilt werden,
- dass die Daten den Weg durch das Internet finden,
- dass die Daten im Fehlerfall neu übertragen werden,
- dass die Daten in Töne umgewandelt werden (Modem).

Diese grundsätzliche Idee, dass man eine Kommunikation als „Schichtenmodell" darstellen kann, ist nun auch auf den „dreifachen Schriftsinn" übertragbar. Letztendlich geht es in beiden Fällen um den Transport von Informationen:

- Beim OSI-Referenzmodell geht es um Texte, Tabellen und Bilder, die über ein physikalisches Medium transportiert werden (z. B. über ein Telefonkabel).

- Beim dreifachen Schriftsinn geht es um spirituelle Informationen, die in irdischen Gleichnissen und Begriffen transportiert werden.

In diesem Buch werden uns noch einige andere Schichtenmodelle begegnen:

- die drei Ebenen der Schöpfung
- die sieben Stufen des Bewusstsein
- die sieben Planeten-Sphären
- die sieben Einweihungsgrade beim Mithras-Kult
- ...

Die inneren Bilder

4. Eine Sensibilisierung für die inneren Bilder

Nach der Lektüre dieses Buches wird man sicherlich viele Motive sehr viel bewusster erkennen:

1.) die Motive, die in einem auftauchen (z. B. in Träumen oder in Momenten der Ruhe)
2.) die Motive, die einen ansprechen, wenn sie einem in einem Film, einem Buch oder einem Bild begegnen

5. Das Arbeiten mit inneren Bildern, indem man sie darstellt, zeichnet, beschreibt, mitteilt, mit anderen Motiven vergleicht ...

Es geht darum, regelrecht in die Bilder „einzusteigen" – so bekommen die Bilder mit der Zeit noch etwas Detailfülle. Dabei ist es wichtig, dass man die Bilder nicht „aktiv" anreichert, sondern die Anreicherungen beachtet, die sich quasi fast von selbst ergeben. Eine künstlerische oder schriftstellerische Betätigung kann in diesem Zusammenhang sehr nützlich sein.

6. Die Traumdeutung im Sinne der Psychoanalyse

Viele Motive, die uns in unseren inneren Bildern begegnen, sind Spiegelungen unserer Ängste und verdrängten Probleme. Die psychologische Traumdeutung kann uns helfen, sodass wir diese Motive erkennen und identifizieren können. Andernfalls könnte es passieren, dass wir auf der Suche nach unserem inneren Wissen nur auf das Spiegelbild unserer Ängste und verdrängten Probleme stoßen.

Es geht hierbei um den Effekt, der schon im Gleichnis vom halbdurchlässigen Spiegelmosaik dargestellt wurde:

Man kann die andere Seite auch dadurch besser erkennen, wenn man sehr genau weiß, welche der Spiegelungen aus unserem Zimmer stammen – welche der Motive wir also sinnvollerweise im Sinne der Psychoanalyse interpretieren sollten.

Das innere Wissen

Die Punkte 7 bis 9 sind analog zu den Punkten 4 bis 6:

wahrnehmen	4.) Sensibilisierung für die inneren Bilder	7.) Sensibilisierung für das innere Wissen
verstärken	5.) Arbeiten mit inneren Bildern	8.) Nutzung von starken Emotionen
hinterfragen	6.) psychologische Motive erkennen	9.) anerzogene Meinungen erkennen

Die Aufteilung in „innere Bilder" und „inneres Wissen" ergibt sich direkt aus dem Aufbau unseres Großhirns. Während die linke Gehirnhälfte eher logisch-begrifflich denkt, arbeitet die rechte eher emotional und in Bildern. Entsprechend gibt es auch zwei Arten, wie die Inspiration in uns wirken kann: einerseits über das logisch-begriffliche Denken und andererseits über die inneren Bilder.

Die Aufgabenteilung der beiden Gehirnhälften:

linke Gehirnhälfte	rechte Gehirnhälfte
denken in Namen und Begriffen	denken in Bildern
logisch, rational, analytisch	visuell, gefühlsmäßig, emotional, ganzheitlich
Regeln, Gesetze	Kreativität, Spontaneität
Wissenschaft	Musik, Kunst
Konzentration auf einen Punkt	Sprunghaftigkeit
Analyse, Details, Strukturen	Synthese, Überblick, Zusammenhänge
in der Symbolik: die rechte, männliche Seite	in der Symbolik: die linke, weibliche Seite

Vorsicht: Die esoterische Rechts-Links-Symbolik von Vernunft und Empfinden ist genau entgegengesetzt zur tatsächlichen Aufgabenteilung der beiden Gehirnhälften. Interessanterweise ist es aber auch so, dass die rechte Körperhälfte von der linken Hirnhälfte gesteuert wird und die linke Körperhälfte von der rechten Hirnhälfte.

7. Eine Sensibilisierung für das innere Wissen

Manchmal spüren wir das „innere Wissen", wenn wir ein Buch lesen, einen Vortrag hören oder eine Reportage sehen und dann plötzlich einen „innern Aufschrei" spüren, der uns auf einen Fehler hinweist, oder wenn wir ein regelrechtes Bingo-Gefühl erleben: „Bingo! Genau das ist es." Manchmal begegnet uns das innere Wissen auch in Diskussionen als ein Argument, das plötzlich einfach da ist, obwohl man es vorher selbst noch nicht wusste.

8. Die Nutzung von starken Emotionen

Starke Emotionen (z. B. in leidenschaftlichen Diskussionen) können den inneren Fluss verstärken, sodass sehr viel mehr „inneres Wissen" ans Tagesbewusstsein gespült wird.

9. Das konsequente Hinterfragen der eigenen Meinungen und Vorurteile

Unter Punkt 6 ging es darum, die eigenen Ängste und Probleme zu erkennen, die sich in unseren „inneren Bildern" widerspiegeln können. Hier geht es nun in ähnlicher Weise um die anerzogenen Meinungen und Vorurteile, die ebenso wie unser „inneres Wissen" auch einen inneren Aufschrei oder ein Bingo-Gefühl auslösen können.

Die Verbindung von innerem Wissen und inneren Bildern

10. Die Symbolsprache

Mit der Symbolsprache kann man spirituelles Wissen in symbolische Bilder übersetzen und auch umgekehrt. Das gilt für das innere Wissen, das sich in unseren inneren Bildern offenbart, und für das esoterische Wissen, das in den religiösen und esoterischen Texten verpackt ist.
Damit wird die Grenze zwischen logisch-begrifflichem und bildhaftem Denken überwunden. Wer sich der Symbolsprache bedient, denkt quasi mit beiden Gehirnhälften synchron.
Damit leistet die Symbolsprache im Prinzip genau das, was auch das von Robert Monroe entwickelte Hemi-Sync-Verfahren verspricht. Monroes Verfahren basiert auf verschiedenen Tönen, die mit einem Rauschsignal gemischt werden; das soll angeblich zu veränderten Bewusstseinszuständen führen, unter anderem auch zu einer Erhöhung der Intuition und Kreativität. Ich selbst kann die Funktionsweise und die Effektivität von Monroes Hemi-Sync-Verfahren nicht beurteilen, da ich dieses selbst nie ausprobiert habe und auch niemanden persönlich kenne, der es erfolgreich angewendet hat. Da aber die Effekte der Hirnhälften-Synchronisation sehr präzise beschrieben werden, vermute ich, dass Monroes Hemi-Sync-Verfahren durchaus funktionieren kann.
In meinem Leben gab es übrigens in diesem Zusammenhang einen seltsamen Zufall, der möglicherweise auch eine Rolle gespielt hat. Bevor die kontroversen Diskussionen im Internet begannen, hatte ich ganz nebenbei festgestellt, dass ich eigentlich ein umerzogener Linkshänder bin. Meine Tochter entwickelte sich damals ganz eindeutig als Linkshänderin, und meine Mutter meinte dazu, das könne man korrigieren; ich hätte als Kind auch alles mit links genommen, aber sie hätte aufgepasst und mir die Sachen immer wieder in die rechte Hand gegeben. Ich überlegte damals, ob eine Rückschulung möglich wäre, und versuchte gelegentlich, ob es möglich war, manche Dinge auch mit links zu machen. Später habe ich diese Versuche aber eingestellt. Es ist durchaus möglich, dass diese Versuche meinen inneren Fluss in der Anfangsphase etwas beschleunigt haben, aber ich kann die

Wirkung, den Nutzen und das Risiko bei diesem Effekt nicht wirklich abschätzen – auch deshalb nicht, weil mir dieser mögliche Zusammenhang erst sehr viel später aufgefallen ist.

11. Der wechselseitige Verstärkungseffekt

Im Prinzip gibt es sieben Teile, die miteinander in Beziehung stehen und sich gegenseitig verstärken können:

bildhafte Seite	Übersetzung	abstrakt-logische Seite
die symbolische Bilderwelt der Märchen, Mythen und biblischen Texte		das „esoterische Wissen" der Mysterienschulen und Einweihungskulte (z. B. Vier-Elemente-Lehre, kabbalistischer Lebensbaum, …)
die „inneren Bilder" in unseren Träumen, Fantasien, …	die Symbolsprache	das „innere Wissen", das IN UNS ist
unsere Erfahrungen und Erlebnisse – die Bilder unseres Lebens		Strukturen, Methoden und Prinzipien, die wir in unserem Leben, Beruf, Hobby kennengelernt haben

Die bildhaften Motive (= 1. Spalte) sind symbolische Übersetzungen (= 2. Spalte) von geistigen Prinzipien und Strukturen (= 3. Spalte).

Ganz unterschiedliche Wechselwirkungen sind nun denkbar:

- Wenn man ein bildhaftes Motiv hat (= 1. Spalte) und die Symbolsprache kennt (= 2. Spalte), dann kann man auf das geistige Prinzip schließen (= 3. Spalte).
- Wenn man ein bildhaftes Motiv hat (= 1. Spalte) und das zugehörige geistige Prinzip erkannt hat (= 3. Spalte), dann kann man auf die Symbolsprache schließen (= 2. Spalte).
- Wenn man ein geistiges Prinzip erkannt hat (= 3. Spalte) und die Symbolsprache kennt (= 2. Spalte), dann kann man ein passendes bildhaftes Motiv finden (= 1. Spalte).

Man kann also innerhalb einer Ebene immer von zwei Spalten auf die dritte schließen. Und darüber hinaus kann man auch die Erfahrungen mit der Symbolsprache von einer Ebene auf eine andere übertragen.

12. Recherche, Kontrolle und praktische Umsetzung

Natürlich können wir nicht kontrollieren, ob die geistige Wirklichkeit auch wirklich so ist, wie sie sich auf diesem Weg offenbart. Aber man kann durchaus mal nachschauen, wie andere Menschen diese Dinge umschrieben haben. Bei manchen Themen geht es aber auch um Hinweise, wie man bestimmte Umschreibungen in heiligen Texten interpretieren kann. Da lohnt es sich durchaus, einmal diese Texte zu nehmen und die Ideen auch wirklich am Wortlaut zu verifizieren. Zu dieser Phase gehört es auch, dass man die unterschiedlichen Hinweise in Beziehung zueinander setzt, um damit Schritt für Schritt ein Weltbild aufzubauen. Dabei fallen mitunter auch noch einige Inkonsistenzen auf. Ohne diesen Punkt würde man sich in Luftschlössern verlaufen.

Anmerkungen zu den verwendeten Begriffen

Gleichnis, Analogie, Sinnbild, Symbol, Allegorie, Metapher

Im Zusammenhang mit dem esoterischen Textverständnis begegnen uns immer wieder die Begriffe: Gleichnis, Analogie, Sinnbild, Symbol, Allegorie und Metapher. Diese verschiedenen Begriffe werden jedoch in der Literatur und im allgemeinen Sprachgebrauch nicht immer auf die gleiche Weise voneinander abgegrenzt. So kann es passieren, dass jemand zwei Begriffe als Synonyme verwendet, während ein anderer gerade die Unterschiedlichkeit der beiden Begriffe betont.

Drei Beispiele für unterschiedliche Abgrenzungen zwischen Allegorie und Symbol:

- **Das Symbol ist mehrdeutig, während die Allegorie immer eindeutig ist.**
  Doch dann wäre ein Schlüssel, den man symbolisch übergibt, gar kein Symbol, denn er ist nicht mehrdeutig, sondern verweist genau auf eine ganz konkrete Wohnung.

- **Die Allegorie ist eine rationale Entsprechung, während die Wesensverwandtschaft beim Symbol nicht rational erfassbar ist.** Doch damit läge die Unterscheidung zwischen Allegorie und Symbol einzig und allein im Auge des Betrachters. Wenn dieser die Wesensverwandtschaft erkennt, dann ist es eine Allegorie. Wenn er sie nicht erkennt, dann ist es ein Symbol. Ein Schlüssel, den man symbolisch übergibt, wäre gemäß dieser Definition auch kein Symbol, weil es eine rationale Entsprechung zum Türschloss und damit zur Wohnung gibt.

- **Ein Symbol ist ein reales Ding, das auf etwas anderes verweist.** (Der symbolische Schlüssel wäre in diesem Fall ein Symbol, da er ja real existiert.) **Im Gegensatz dazu ist die Allegorie nie ein reales Ding**, sondern nur eine Sprachfigur, die auf etwas anderes verweist (z. B. der „Hafen der Ehe", der real nicht existiert).

Ob etwas nun ein Symbol ist oder eine Allegorie, das hängt in erster Linie davon ab, welche dieser unterschiedlichen Definitionen wir anwenden.

Weiterhin gibt es Autoren (z. B. der Freimaurer Franz Carl Endres), die zwischen Symbol und Sinnbild unterscheiden: Während ein Sinnbild auf etwas Materielles verweist, steht das Symbol für etwas Geistiges und Immaterielles. Doch im Duden wird Symbol ausgerechnet mit „Sinnbild" erklärt und damit gleichgesetzt.

Die Begriffe Gleichnis und Metapher könnte man noch recht einfach unterscheiden:

Mt. 13,33: Das Himmelreich gleicht einem Sauerteig ...

Diese Aussage wäre ein Gleichnis. Es werden zwei Dinge miteinander verglichen: das Himmelreich auf der einen Seite und der Sauerteig auf der anderen. Die nächste Aussage wäre hingegen eine Metapher:

Mt. 16,6: Seht zu und hütet euch vor dem Sauerteig der Pharisäer und Sadduzäer!

Es ist also keine Eigenschaft des Sauerteigs, Gleichnis oder Metapher zu sein, sondern diese Eigenschaft hängt jeweils vom konkreten Satz ab. Wenn man ganz allgemein über die Bedeutung des Sauerteigs im biblischen Kontext spricht, dann kann man eine solche Unterscheidung zwischen Gleichnis und Metapher nicht mehr vornehmen. Man kann bestenfalls von „gleichnishaften Metaphern" sprechen.

Aus solchen Gründen und weil ich letztendlich keine allgemein verbindlichen Regeln finden konnte, um die Begriffe Gleichnis, Analogie, Sinnbild, Symbol, Allegorie und Metapher exakt voneinander abzugrenzen, verwende ich die Begriffe in diesem Buch nur entsprechend ihren jeweils ursprünglichen und eigentlichen Bedeutungen und ohne dabei die unterschiedlichen und widersprüchlichen Abgrenzungsversuche zu berücksichtigen.

Ein **Gleichnis** ist eine Veranschaulichung mithilfe eines Vergleichs.

Eine **Analogie** (griech. ana = gemäß, logos = Wort) ist eine Entsprechung, die nach dem gleichen Prinzip aufgebaut ist bzw. wirkt.

Ein **Sinnbild** ist eine vereinfachte, bildhafte Veranschaulichung einer abstrakten Vorstellung.

Ein **Symbol** (griech. sym ballein = zusammenwerfen) ist ein Zeichen, das über sich hinaus auf etwas anderes hinweist. Die Vorsilbe „Sym" bedeutet „zusammen" und „bol" ist sprachlich mit „Ball" und „Bowling" verwandt. Ein Symbol ist etwas „Zusammengeworfenes". In der griechischen Antike war ein Symbolon eine Art Siegel, das in zwei Teile gebrochen wurde. Man konnte die Echtheit eines Teils erkennen, indem man es an die abgebrochene zweite Seite legte. In diesem Sinne wurden die beiden Teile zusammen geworfen.

Die **Allegorie** (griech. allegorein = etwas anders sagen, bildlich reden) ist eine Personifizierung oder Verdinglichung eines abstrakten Sachverhalts.

Eine **Metapher** (griech. meta pherein = woanders hintragen) ist der Gebrauch eines Wortes im übertragenen Sinn.

All diesen Begriffen ist eines gemeinsam: Es wird etwas verwendet, um etwas anderes zu beschreiben und zu veranschaulichen. In diesem allgemeinen Sinne sind die verschiedenen Begriffe nahezu gleichwertig und austauschbar. Das gilt insbesondere für die Thematik dieses Buches. Wenn etwas Irdisches verwendet wird, um etwas Geistiges zu veranschaulichen, dann kann man all diese Begriffe in gleicher Weise anwenden:

- Das Irdische wird als ein Gleichnis bzw. als eine Analogie für das Geistige verwendet.
- Das Irdische versinnbildlicht das Geistige.

- Das Irdische verweist als ein Symbol auf das Geistige.
- Das Irdische ist eine Allegorie für das Geistige.
- Das Irdische steht im übertragenen Sinne für das Geistige.

„Gott" und „das Göttliche"

In den Mythen und biblischen Texten wird **„das Göttliche"** personifiziert und vermenschlicht. Es wird zu einem **„Gott"** gemacht, der in vielerlei Hinsicht sehr menschlich dargestellt wird – der wie ein Mensch denkt, fühlt und handelt – der beispielsweise einen Sohn zeugt und der auch wie ein Mensch gütig und zornig sein kann. In diesem Buch geht es darum, diese Personifizierungen wieder zu vergeistigen – das „Göttliche" wiederzuerkennen, das in den heiligen Schriften als „Gott" personifiziert wird.

Es mag vielleicht auf den ersten Blick unbedeutend erscheinen, ob man nun von „Gott" spricht oder vom „Göttlichen" – aber trotzdem: Allein diese kleine Änderung hat zur Folge, dass manche Aussagen plötzlich ganz anders klingen und auch ganz anders interpretiert werden.

Nehmen wir als Beispiel die folgenden beiden Sätze:

1.) Gott spricht jemanden an.
2.) Das Göttliche spricht jemanden an.

Weil wir üblicherweise mit „Gott" sehr vermenschlichte Vorstellungen verbinden, neigen wir natürlich auch dazu, das „Ansprechen" im ersten Satz menschlich zu interpretieren. Man stellt sich einen Gott vor, der in Worten zu uns spricht, so wie andere Menschen auch in Worten zu uns sprechen. Die vermenschlichten Vorstellungen von Gott führen zwangsläufig auch zu vermenschlichten Vorstellungen von dessen Handeln und Wirken. Und das führt natürlich auch zu einer entsprechenden Erwartungshaltung, sodass Menschen einen Gott suchen, der diesen Vorstellungen entspricht – der also beispielsweise in Worten zu ihnen spricht.

Doch wie kann man das Göttliche erkennen, das sich in der Schöpfung offenbart, wenn man einen Gott sucht, der diesen vermenschlichten Vorstellungen entspricht?

Obwohl beim zweiten Satz nur der Gottes-Begriff ausgetauscht wurde, so verbindet man dennoch mit dieser Aussage ganz andere Vorstellungen. Ganz unwillkürlich interpretiert man bei diesem Satz das „Ansprechen" sehr viel mehr in der Art und

Weise, wie man beispielsweise von der Schönheit der Natur „angesprochen" wird. Und die Natur spricht natürlich nicht in Worten zu uns. Das Lösen vom vermenschlichten Gottesbegriff führt in diesem Fall ganz automatisch dazu, dass man sich auch Gottes Handeln und Wirken weniger vermenschlicht vorstellt.

Der andere Gottesbegriff verändert unsere Vorstellungen und damit auch unser Denken. Diese Überlegungen haben dazu geführt, dass in diesem Buch an manchen Stellen ganz bewusst der Begriff „das Göttliche" verwendet wird, wo man im „traditionellen Christentum" üblicherweise das Wort „Gott" erwarten würde.

Teil II – Die wichtigsten Symbole, Motive, Grundstrukturen und Zusammenhänge

Um einen esoterischen Text oder ein Motiv aus der inneren Bilderwelt symbolisch interpretieren zu können, braucht man zunächst einen „Einstieg" – ein paar Grundmotive und Strukturen, an denen man sich orientieren kann und die einem eine ungefähre Richtung vorgeben. Zu diesem Zweck werden in diesem Teil die wichtigsten Symbole, Motive, Strukturen und Zusammenhänge zusammengefasst und dargestellt. Wenn man in einem ersten Schritt überprüft, welche dieser **Motive und Strukturen** man ganz spontan wiedererkennen und zuordnen kann, dann hat man zumindest schon mal ein erstes grobes Gerüst. Es lohnt sich, eine solche Interpretation tatsächlich am Computer für andere aufzuschreiben, denn wenn man erst mal am Schreiben ist, dann fließen mitunter auch noch weitere Ideen mit ein.

Die Polarität von **bildhaften Motiven und abstrakten Strukturen** ergibt sich übrigens auch wieder aus der unterschiedlichen Arbeitsweise unserer beiden Gehirnhälften. Sicherlich wird es den meisten Lesern so ergehen, dass die Kapitel über Motive und Symbole leichter und angenehmer zu lesen sind, während die Strukturen eher als theoretisch und abstrakt empfunden werden. Hinzu kommt, dass man Strukturen nur sehr schwer verbal beschreiben kann. Und wenn man diese Strukturen tabellarisch darstellt – was in den meisten Fällen günstiger und anschaulicher ist –, stört das wiederum den Lesefluss. Aber so, wie man eine Sprache nur lernen kann, wenn man sich mit **Vokabeln und Grammatik** beschäftigt, so braucht man auch für die Symbolsprache beides: **Motive und Strukturen**.

Wenn man diesen Einstieg bei der Interpretation geschafft hat, dann stößt man natürlich auch immer wieder auf unbekannte Symbole, die in dieser Zusammenfassung nicht enthalten sind. Manche kann man über den Kontext erschließen, aber mitunter kann es auch helfen, wenn man diese Begriffe einfach einmal in eine Internetsuchmaschine eingibt. Es empfiehlt sich dabei eine Kombination mit einigen anderen Begriffen, um das Thema etwas einzugrenzen (z. B. mit Symbol, Symbolik, Esoterik, Tarot, Astrologie, Sinnbild, Geist, Seele, Mythologie, Bibel, Märchen usw.). Aber nicht zu viele Begriffe auf einmal, denn sonst schränkt man die Suche zu stark ein. Die Ergebnisse einer solchen Internetrecherche sollte man jedoch immer mit einer gewissen Skepsis betrachten, doch sie können einem zumindest einige Ideen vermitteln, die man später an der konkreten Deutung überprüfen kann.

Darüber hinaus kann man natürlich auch in der Literatur nachschlagen, z. B.

- in einem allgemeinen Mythologielexikon,
- in einem Buch zur Symbolik des Tarot,
- in einem Buch über die Symbolik der Astrologie,
- oder in einem Traumdeutungslexikon.

Es geht in diesem Zusammenhang bei der Traumdeutung, bei der Astrologie und beim Tarot **nicht** um die Frage, ob und wie man diese Methoden zur Wahrsagerei nutzen kann, sondern ausschließlich um die Symbolik bzw. die Symbolsprache.

Viele esoterische Symbole und Strukturen beziehen sich

- auf den dreischichtigen Aufbau der Schöpfung (in geistige Welt, seelische Welt und materielle Welt),
- auf den zyklischen Weg der Seele durch diese Schichten,
- auf den dreischichtigen Aufbau des Menschen (nach dem Ebenbild der Schöpfung),
- auf das Analogieprinzip (wie im Großen, so im Kleinen),
- auf die Tatsache, dass die Welt der „Schatten" (oder das Spiegelbild) eines geistigen „Urbildes" ist,
- auf den zweistufigen Abstieg (= zweifacher Tod) von der geistigen Welt in die Materie,
- auf die Überwindung dieses „Todes" und den anschließenden Wiederaufstieg,
- auf die Gründe, warum sich der Mensch vom Göttlichen trennen muss bzw. getrennt hat,
- auf die Gründe, warum die geistige Welt für uns verborgen bzw. verhüllt ist,
- auf die Methoden, wie man diese Trennung überwinden kann,
- auf das Prinzip von Aussaat und Ernte (wie der Geist an der Materie wächst),
- auf die Vier-Elemente-Lehre (Feuer, Luft, Wasser, Erde).

Es geht dabei um Antworten auf die ganz elementaren Grundfragen des Lebens: Woher komme ich? Wohin gehe ich? Warum bin ich hier?

Grundsätzlich ist zu beachten: Mythische Geschichten beginnen nicht notwendigerweise auf unserer materiellen Ebene. In vielen Fällen liegt der Anfang der Geschichte in der geistigen Ebene, von wo die Entwicklung ihren Ausgang nimmt. Diese geistige Ebene wird jedoch fast immer so dargestellt, als ob es die uns bekannte Welt sei. Und was auch zu beachten ist: Aus der Perspektive der höheren, geistigen Welt ist unsere Welt die „Unterwelt".

Die Hülle

Das esoterische Wissen ist „verhüllt", und so gibt es viele Symbole, die auf diesen Sachverhalt hinweisen. Wir hatten bereits das Beispiel mit der „**Decke**" von Moses. Auch ein „**Gewand**", ein „**Schleier**" oder ein „**Vorhang**" kann diese Bedeutung haben. Entsprechend gibt es auch einige Symbole für die Entfernung der „Hülle". Die **Schlange**, die sich ja bekanntlich „häutet", ist in der Esoterik ein zumeist positiv besetztes Weisheitssymbol, da sie „enthüllen" kann. (Auch die Haut der Schlange ist eine Hülle.) Bei der „**Beschneidung**" entfernt man ein Stück von der „Hülle", die den Penis umgibt, und somit erscheint im übertragenen Sinne die zeugende Kraft „unverhüllt". Da man jedoch den Penis üblicherweise durch Kleidung verbirgt, wird diese zeugende Kraft nur „im Verborgenen" enthüllt. Nach außen hin bleibt sie verhüllt.

Das deutsche Wort „Hülle" ist sprachlich verwandt mit dem griechischen „hyle", das man mit Materie, Stoff, Holz und Wald übersetzen kann (vgl. „Hyliker"). Wenn in einigen Märchen Kinder in den Wald geführt werden (z. B. Hänsel und Gretel, Schneewittchen, Rapunzel), so können wir das als ein Gleichnis interpretieren für den Weg in die Materie. Dort in der Materie begegnet uns dann das Geistige in „verhüllter" Form. Wenn wir inkarnieren – wenn wir also „in das Fleisch" gehen (lat. carnis = Fleischstück) –, dann ist auch unser Körper eine solche „Hülle".

Die Interpretation nach dem Fleisch und nach dem Geist

Origenes erwähnt zwar einen dreifachen Schriftsinn entsprechend der Dreiheit von Fleisch, Seele und Geist, aber dieses Schema begegnet uns gerade im biblischen Kontext sehr häufig in einer vereinfachten Form als eine Polarität von Fleisch und Geist. Entsprechend dieser vereinfachten Fleisch-Geist-Polarität kann man religiöse Texte auf zweierlei Weise lesen: nach dem Fleisch oder nach dem Geist. Und entsprechend kann man auch die Gebote und Rituale auf diese zwei Arten befolgen.

Das gilt auch für das Gebot der Beschneidung. Man kann das Gebot „dem Geiste nach" befolgen, indem man die „zeugende Kraft" im übertragenen, geistigen Sinne freilegt – indem man also das esoterische Geheimnis im Verborgenen enthüllt. Oder man kann das Gebot in einem wörtlichen und materiellen Sinne „dem Fleisch nach" befolgen, indem man tatsächlich den Penis beschneidet – wobei das Wort Fleisch in diesem Fall dann sehr fleischlich verstanden würde. Es ist dabei aber auch eine doppelte Interpretation möglich. Man kann das Gebot dem Fleische nach befolgen, um die esoterische Enthüllung rituell zu unterstreichen und zu betonen. Aber beides hängt nicht notwendigerweise miteinander zusammen. Das Befolgen eines Gebots im geistigen Sinne setzt NICHT voraus, dass man dieses Gebot auch im fleischlichen Sinne befolgen muss. Man kann also durchaus die „zeugende Kraft" im übertragenen, geistigen Sinne freilegen, auch ohne am Penis herumzuschnippeln. Und umgekehrt kann man dem Fleische nach beschnitten sein, auch ohne die zeugende Kraft erkennen zu können. Rituelles Handeln kann beides sein – ein Handeln im fleischlichen Sinne und gleichzeitig ein Handeln im geistigen Sinne. Aber das ist es nur dann, wenn man es in diesem Bewusstsein vollzieht.

Was jedoch auch möglich ist und an dieser Stelle nicht verschwiegen werden soll: Wenn unser Tagesbewusstsein eine Symbolik nicht kennt und nicht versteht, dann kann diese Symbolik benutzt und leider auch missbraucht werden, um Informationen am Tagesbewusstsein vorbeizuschmuggeln. Auf diese Weise kann ein Ritual verwendet werden, um eine Botschaft in eine tiefere Schicht des Bewusstseins zu transportieren – in eine Schicht, die diese Botschaft erkennen kann und darauf anspricht, auch wenn unser Tagesbewusstsein nichts davon mitbekommt. Das ist ein ganz ähnlicher Effekt wie bei den so genannten Subliminals – das sind versteckte Botschaften, die auf technische Weise einem Bild oder Geräusch beigemischt werden. Dadurch kann ein Ritual, das dem Fleische nach vollzogen wird, durchaus auch innere und seelische Folgen haben. Aber natürlich kann so ein einfaches Ritual wie die Beschneidung niemals die enorme Menge an Information transportieren, die man benötigt, um das zeugende Prinzip erkennen zu können. Es sind also eher einfache Botschaften, die auf diese Weise transportiert werden. (Ein konkretes Beispiel für eine solche einfache Botschaft wird später im Zusammenhang mit dem Abendmahl vorgestellt, wenn nur der Priester den Wein bekommt und wenn nur die Hostie des Priesters gebrochen wird.)

Mythos und Logos

Im Mythos wird etwas Abstraktes und Geistiges personifiziert und „verfleischlicht". Die abstrakten und geistigen Zusammenhänge werden so dargestellt, als seien sie Menschen aus Fleisch und Blut. Dadurch werden diese abstrakten Zusammenhänge für uns erlebbar und erfahrbar, weil sie in Begriffe und Bilder übersetzt werden, die unserer materiellen Erfahrungswelt entsprechen.
Wenn wir modernen Menschen das Wort „Mythos" hören, hat dieser Begriff oftmals den Beigeschmack des Unwirklichen und Fantastischen. Doch damit wird man dem Mythos nicht gerecht. Um die Denkweise des Mythos aus heutiger Perspektive zu verstehen, ist es sinnvoll, zunächst den Begriff „Logos" zu betrachten, denn

beide Begriffe stehen in enger Beziehung zueinander. **Mythos und Logos sind gewissermaßen wie Geschwister. Es sind zwei unterschiedliche Arten, eine Aussage zu vermitteln.**

Der Mythos spricht mit seinen Bildern und Symbolen mehr unsere rechte Gehirnhälfte an. Der rationale und begriffliche Logos entspricht hingegen mehr der Denkweise unserer linken Gehirnhälfte.

Den Begriff **„Logos"** kann man mit „Wort" übersetzen, aber er bedeutet noch sehr viel mehr: Es geht um **eine beschreibende, sachliche, abstrakte und begriffliche Darstellung von Information** – so, wie die Wissenschaften üblicherweise ihre Lehren darstellen. Und zum Teil erkennt man diesen Bezug zum Logos auch durch die Endung „-logie" wie z. B. bei der Biologie, Zoologie, Psychologie …

Im Gegensatz dazu werden beim Mythos die Informationen personifiziert und in Geschichten gekleidet – so, wie uns die abstrakten Zusammenhänge üblicherweise im täglichen Leben begegnen. Uns begegnet nämlich kein Argument, sondern ein Mensch, der argumentiert. Uns begegnet kein Zusammenhang, sondern wir erleben konkrete Dinge und erkennen, dass diese Dinge auf eine ganz bestimmte Art und Weise zusammenhängen. Und als Kind begegnen uns zunächst auch keine abstrakten Zahlen, sondern konkrete Dinge, die in einer bestimmten Anzahl vorhanden sind.

Und so begegnen uns im Mythos keine abstrakten Beschreibungen von Zusammenhängen, sondern Geschichten, in denen diese Zusammenhänge erlebbar sind. **So, wie das Göttliche in der materiellen Welt „Fleisch" wird, so wird auch das Geistige im Mythos verfleischlicht.** So, wie das Geistige im Mythos erkennbar ist, so ist auch das Göttliche in der Schöpfung erkennbar.

Im Mythos steckt also auch eine abstrakte und geistige Information. Sie ist jedoch in einer Geschichte verpackt. Im Mythos wird der Logos Fleisch.

Eine sehr ähnliche Aussage finden wir im Johannes-Evangelium:

Joh. 1,14: Und das Wort (= der Logos) ward Fleisch und wohnte unter uns, und wir sahen seine Herrlichkeit, eine Herrlichkeit als des eingeborenen Sohnes vom Vater, voller Gnade und Wahrheit.

Das Evangelium ist eine Verfleischlichung und Personifizierung von etwas Geistigem, das durch die Personifikation in unsere Gedankenwelt einziehen kann. Dadurch wird es für uns erlebbar und wir können die Herrlichkeit erkennen.

Der Logos wird im Johannes-Evangelium jedoch nicht nur als die abstrakte, geistige Lehre definiert, sondern auch als das abstrakte, geistige Urprinzip, das allem Geschaffenen innewohnt, etwa in dem Sinne, wie Platon die Begriffe Idee bzw. Form verwendet.

*Joh. 1,1: Im Anfang war das Wort (= der Logos), und das Wort war bei Gott, und Gott war das Wort. Dasselbe war im Anfang bei Gott. Alle Dinge sind durch dasselbe gemacht, und ohne **dasselbe ist nichts gemacht, was gemacht ist.***

Wenn wir die Evangelien betrachten, dann können wir das auch auf zwei Arten machen. Entweder erkennen wir nur das „Fleisch" der Geschichte – also nur die Verpackung. Oder wir erkennen auch das abstrakte, geistige Prinzip, das in der Geschichte verpackt ist. Je mehr wir uns mit den Lebensdaten des angeblich historischen Jesus beschäftigen, umso mehr konzentrieren wir uns auf das „Fleisch" der Geschichte.

Nun wäre es rein theoretisch denkbar, dass es nicht die Evangelisten waren, die damals einen Logos verfleischlicht haben, sondern dass Gott selbst dazu beigetragen hat, dass der Logos vor 2000 Jahren tatsächlich und in einem wörtlichen Sinne Fleisch geworden ist. Dagegen spricht jedoch ganz eindeutig, dass man auch solche Bibelstellen dem Geiste nach lesen kann, die nachweislich niemals in einem historischen bzw. fleischlichen Sinne stattgefunden haben (wie z. B. das am Anfang des Buches erwähnte Beispiel von Herodes). Es ist jedoch durchaus möglich, dass die Evangelisten einzelne historisch überlieferte Fragmente aufgegriffen, angepasst und genutzt haben, um einen geistigen Zusammenhang zu personifizieren. Das entspricht in etwa der Aussage von Origenes: *„Wo nun der Logos geschichtliche Ereignisse fand, die sich auf diese Geheimnisse beziehen ließen, da benutzte er sie ..."*

Um nicht missverstanden zu werden, möchte ich noch eines ergänzen: Die Verfleischlichung des Logos in den Evangelien ist das Werk der Evangelisten und somit nur eine „literarische Verfleischlichung". Aber in den Schöpfungsprozessen wird der Logos tatsächlich Fleisch. Hier findet also eine „reale Fleischwerdung" statt. Aber es handelt sich bei dieser Fleischwerdung nicht um ein einmaliges Ereignis vor 2000 Jahren, sondern die gesamte materielle Welt ist Fleisch gewordener Logos. Die „literarische Verfleischlichung" soll uns auf diese „reale Fleischwerdung" hinweisen. Sie ist ein Gleichnis für diese „reale Fleischwerdung".

Das Lösen vom Fleischlichen und vom Irdischen

Das Lösen vom Fleischlichen bedeutet nicht, dass wir auf Schnitzel und Sex verzichten müssen, sondern es geht darum, dass wir uns beispielsweise weniger auf das Fleisch der biblischen Geschichten konzentrieren sollen. Das Lösen vom Irdischen ist genau auf die gleiche Weise zu verstehen. Es geht nicht um Armut und Askese, sondern darum, dass wir das Irdische als ein Gleichnis für eine höhere Wirklichkeit erkennen sollen, so wie Goethe am Ende von Faust II sagt: *„Alles Vergängliche ist nur ein Gleichnis."*

Wenn man die Lösung vom Fleischlichen anstrebt und deshalb keusch lebt, dann zeigt man damit, dass man diese Aussage selbst sehr fleischlich interpretiert. Und je stärker man nach diesem Ideal strebt, umso mehr bindet man sich an die fleischliche Denkweise und umso weniger erkennt man das Geistige, das im Fleisch verpackt ist.

Natürlich ist es so, dass bei spirituell entwickelten Menschen der materielle Besitz und auch manche Äußerlichkeiten nicht mehr so stark im Mittelpunkt stehen. Aber man kann daraus nicht den Umkehrschluss ziehen, dass man sich vom materiellen Besitz trennen müsse, um sich spirituell entwickeln zu können. Täte man dies, dann würde man einen spirituell entwickelten Menschen nur imitieren, aber das würde der eigenen Entwicklung nichts nützen. Dann würde man die stolze und prachtvolle Maske nur durch eine bescheidene und arme Maske ersetzen, aber es bliebe dennoch eine Maske, die in beiden Fällen nicht dem wahren Ich entspräche.

Wenn ein Kind erwachsen wird, dann benötigt es irgendwann sein Spielzeug nicht mehr. Aber es wäre sinnlos, wenn man dem Kind das Spielzeug wegnähme, damit es schneller erwachsen wird. Täte man dies, dann würde man Ursache und Wirkung verwechseln. Das Kind wird nicht erwachsen, weil es das Spielzeug liegen lässt, sondern es lässt das Spielzeug irgendwann liegen, weil es erwachsen wird und das Spielzeug nicht mehr braucht. Das Wegnehmen würde dem Kind nichts nützen. Man würde dadurch sogar manche wichtige Erfahrung verhindern, denn die Spielsachen sind die Erfahrungswelt der Kinder.

Verzicht ist kein geeignetes Werkzeug, um die innere Begierde zu überwinden. Ganz im Gegenteil: In vielen Fällen steigert sich die Begierde sogar durch einen erzwungenen Verzicht und wird irgendwann unkontrollierbar.

Bei den „fleischlichen Interpretationen" liegt der Fall jedoch etwas anders. Die „spirituellen Interpretationen" sind nämlich ein geeignetes Werkzeug, um sich von den „fleischlichen Interpretationen" zu lösen. Mit der Methode der esoterisch-spirituellen Interpretation bekommen wir ein Werkzeug in die Hand, mit dem wir mit der Zeit genau die Erfahrungen sammeln können, die wir zum Interpretieren brauchen.

Die bisherigen Überlegungen über die „Lösung vom Materiellen" können wir direkt auf folgende Bibelstelle anwenden:

Lk. 18,18: Und es fragte ihn ein Oberer und sprach: Guter Meister, was muss ich tun, damit ich das ewige Leben ererbe? Jesus aber sprach zu ihm: Was nennst du mich gut? Niemand ist gut als Gott allein. Du kennst die Gebote: „Du sollst nicht *ehebrechen; du sollst nicht töten; du sollst nicht stehlen; du sollst nicht falsch Zeugnis reden; du sollst deinen Vater und deine Mutter ehren!" Er aber sprach: Das habe ich alles gehalten von Jugend auf. Als Jesus das hörte, sprach er zu ihm: Es fehlt dir noch eines. Verkaufe alles, was du hast, und gib's den Armen, so wirst du einen Schatz im Himmel haben, und komm und folge mir nach! Als er das aber hörte, wurde er traurig; denn er war sehr reich. Als aber Jesus sah, dass er traurig geworden war, sprach er: Wie schwer kommen die Reichen in das Reich Gottes! Denn es ist leichter, dass ein Kamel durch ein Nadelöhr gehe, als dass ein Reicher in das Reich Gottes komme. Da sprachen, die das hörten: Wer kann dann selig werden? Er aber sprach: **Was bei den Menschen unmöglich ist, das ist bei Gott möglich.***

Hier wird auf der esoterisch-symbolischen Ebene Folgendes gesagt: „Nimm die Gebote und löse dich vom Materiellen!" Auch die „zehn" Gebote kann man auf zweierlei Art interpretieren: nach dem Fleisch und nach dem Geist (im dritten Teil des Buches werden die „zehn" Gebote dem Geiste nach interpretiert). Der „Reiche" ist eine Metapher für einen Menschen, dessen Denken an das Materielle gebunden ist. Er befolgt die Gebote „dem Fleische" nach. Diesem Menschen wird hier gesagt: „Löse dich vom Materiellen!" Man kann nicht in geistige Bereiche vordringen, wenn das Denken im Materiellen gefangen ist. Die Aussage „Verkaufe alles und gib's den Armen!" ist nicht wörtlich zu verstehen. Im materiellen Sinne ist es gar nicht möglich, dieses Gebot zu befolgen. Das wird hier auch ganz klar gesagt: **Es ist „den Menschen unmöglich". Aber im übertragenen, spirituellen Sinne ist es möglich.**

Ein Tempel, der nicht mit Händen gemacht ist

Die nicht-materielle Denkweise wird auch bei folgender Aussage betont:

Mk. 14,58: Ich will diesen Tempel, der mit Händen gemacht ist, abbrechen und in drei Tagen einen andern bauen, der nicht mit Händen gemacht ist.

Der materielle Tempel wird durch einen immateriellen Tempel ersetzt. In einem materiellen Tempel, der „mit Händen gemacht ist", werden auch die Rituale in einem materiellen Sinne interpretiert und „mit den Händen" vollzogen. Sie werden also „dem Fleische nach" befolgt. Im Gegensatz dazu steht ein Tempel, „der nicht mit Händen gemacht ist" – der also nicht in einem materiellen Sinne existiert. In einem solchen „geistigen Tempel" können auch die Rituale nicht „mit den Händen" vollzogen werden, sondern nur in einem übertragenen Sinne. Die Drei ist ein Symbol für das Geistige bzw. Göttliche.

Die Botschaft der Evangelien ist an dieser Stelle ganz deutlich und steht im krassen Gegensatz zu den „verfleischlichten" Vorstellungen und Praktiken, die damals im Judentum üblich waren und auch heute im kirchlich geprägten „Christentum" wieder üblich sind.

Fleischliche contra geistige Interpretation

Seit den frühen Zeiten des Christentums wurde erbittert über die Frage gestritten, wie fleischlich oder wie geistig bzw. allegorisch man die Evangelien interpretieren solle. Und beide Positionen finden sich auch in der Bibel wieder. Am Schluss hat die Fraktion gesiegt, die eine sehr fleischliche Interpretation vertrat, und diese Fraktion hat letztendlich unser heutiges Bild vom Christentum geprägt. Diese Fraktion entschied auch, welche Schriften in die Bibel aufgenommen wurden und welche nicht. Aber diese Fraktion setzte sich nicht deshalb durch, weil sie die besseren Argumente hatte, sondern weil sie ihren Glauben mit Waffengewalt und äußerster Brutalität durchsetzte und die anderen (zumeist gnostischen) Richtungen nahezu komplett auslöschte.

Folgende Bibelstelle zeigt uns, dass es damals ganz offensichtlich auch andere Richtungen gab, die nicht der Meinung waren, dass Jesus ein Mensch aus Fleisch und Blut war. Der Verfasser des folgenden Zitats wehrt sich nämlich genau gegen diese Aussage:

2. Joh. 1,7: Denn viele Verführer sind in die Welt ausgegangen, die nicht bekennen, dass Jesus Christus in das Fleisch gekommen ist.

Paulus hingegen kämpft gegen eine zu wörtliche Interpretation der Evangelien und betont, dass sein Evangelium von einer ganz anderen Art ist.

Gal. 1,11: Denn ich tue euch kund, liebe Brüder, dass das Evangelium, das von mir gepredigt ist, nicht von menschlicher Art ist. Denn ich habe es nicht von einem Menschen empfangen oder gelernt, sondern durch eine Offenbarung Jesu Christi.

Weiterhin wettert er gegen die „ungeistlichen Altweiberfabeln" (1. Tim. 4,7). Damit meint er ganz offensichtlich nette und wundersame Geschichten, in denen aber keine geistige Botschaft transportiert wird. Er stellt sich auch gegen die „Lügenredner, die [...] gebieten, nicht zu heiraten und Speisen zu meiden ..." (1. Tim.

1,2). Gerade die strengen jüdischen Speisevorschriften basieren nämlich auf einer sehr wörtlichen bzw. „fleischlichen" Interpretation des Alten Testaments. Und im Zusammenhang mit Gal. 4,22 weist er auf die allegorische Deutung von Abraham und den beiden Frauen hin, um zu erklären, wie man das Gesetz zu verstehen habe. Und so können wir schließen, dass Paulus die Schrift nicht dem Fleische und dem Buchstaben nach interpretierte, sondern in einem übertragenen und geistigen Sinn. Bei 2. Kor. 3,6 bezeichnet er sich konkret als einen Diener „des neuen Bundes, nicht des Buchstabens, sondern des Geistes. Denn der Buchstabe tötet, aber der Geist macht lebendig." Und in 1. Kor. 2,7 ff spricht er von der „Weisheit Gottes, die im Geheimnis verborgen ist", die „geistig beurteilt werden" muss und demjenigen als eine Torheit erscheint, der nichts vom Geist Gottes vernimmt.

Das Urchristentum unterschied sich also genau dadurch vom damaligen Judentum, dass es die Schriften und die Gebote nicht in einem wörtlichen, buchstabengetreuen und fleischlichen Sinne interpretierte und befolgte, sondern in einem übertragenen und spirituellen Sinne. Doch von dem, was damals das absolut zentrale Grundprinzip des Urchristentums war, ist beim heutigen „Christentum" nicht allzu viel übrig geblieben. Die Schriften und die Gebote werden wieder weitgehend dem Fleische nach interpretiert. Die Rituale werden wieder mit den Händen vollzogen – in Kirchen, die mit Händen gebaut wurden. Es wurden dabei auch solche Gebote in einem fleischlichen Sinne zum Ideal erhoben, die nie in einem fleischlichen Sinne gedacht waren und bei denen es mitunter sogar vollkommen unmöglich ist, sie in einem fleischlichen Sinne zu befolgen.

Der Gläubige lebt in einem Spagat zwischen religiösen Ansprüchen, denen er nicht gerecht werden kann, und einem gesunden Menschenverstand, der mitunter ganz andere Verhaltensweisen fordert. Und so mutierte das ursprüngliche **mystische Christentum** im Laufe der Jahrhunderte immer mehr zu einem **Müsste-ich-Christentum**, in dem man immer wieder hören kann, wie die Gläubigen sagen: „Eigentlich **müsste ich** so leben. Eigentlich **müsste ich** diese Gebote befolgen. Eigentlich **müsste ich** all meinen Besitz verkaufen und das Geld den Armen geben." Die Folgen dieses Müsste-ich-Christentums sind Scheinheiligkeit und Doppelmoral. (Der Begriff „Müsste-ich-Christentum" basiert auf einem Wortspiel des Kabarettisten Jürgen Becker aus seinem Programm „Da wissen Sie mehr als ich!".)

Gerade weil Paulus sich an einigen Stellen sehr deutlich für eine allegorische Sicht auf die Bibel ausspricht, ist es natürlich bedauerlich, dass uns viele seiner Aussagen nicht im Originalwortlaut überliefert wurden. Einige der Paulus-Briefe wurden nämlich erst in späteren Zeiten verfasst und ihm dann rückwirkend zugeschrieben (was als „Pseudoepigraphie" bezeichnet wird). Allgemein werden folgende Briefe als unecht anerkannt: Römer, 1./2. Korinther, Galater, Philipper, 1. Thessalonicher, Philemon. Aber auch bei den anderen Briefen werden von manchen Experten Zwei-

fel an der Echtheit geäußert. Nun ist es zwar durchaus möglich, dass die späteren „Brief-Redakteure" tatsächlich echte Paulus-Zitate aufgegriffen und übernommen haben. Aber wir können heute im Nachhinein nicht mehr eindeutig am Text erkennen, wo nun das echte Paulus-Zitat aufhört und wo die persönliche Interpretation des späteren „Brief-Redakteurs" anfängt – wo Paulus eventuell sogar fremde Ansichten untergeschoben wurden, die er so weder gemeint noch gesagt hat.
Trotzdem: Auch wenn die Quellenlage bei den Paulus-Briefen ziemlich unklar ist, so haben diese Briefe dennoch ihren Wert. Selbst dann, wenn die Hinweise nicht vom „echten Paulus" stammen sollten, so beweisen die Paulus-Briefe doch zumindest, dass die frühen Christen einen verborgenen bzw. allegorischen Schriftsinn kannten. Letztendlich ist es für uns gar nicht so wichtig, ob diese Hinweise auf den allegorischen Schriftsinn wirklich vom „echten Paulus" stammen oder von einem späteren „Pseudo-Paulus". Wichtig ist nur, dass wir diese Hinweise haben, dass wir sie anwenden und nutzen können und dass wir diese allegorische Sichtweise auch tatsächlich an der Bibel verifizieren können. Ein Hinweis, den wir selbst verifizieren können, steht für sich selbst und bedarf nicht mehr der Autorität eines großen Namens.

Das Abendmahl: Brot und Wein

Beim Abendmahl erleben wir folgende Szene:

Mk. 14,22: Und als sie aßen, nahm Jesus das Brot, dankte und brach's und gab's ihnen und sprach: Nehmet; das ist mein Leib. Und er nahm den Kelch, dankte und gab ihnen den; und sie tranken alle daraus. Und er sprach zu ihnen: Das ist mein Blut des Bundes, das für viele vergossen wird.

Brot ist Nahrung, und wenn man den Text allegorisch interpretiert, so steht das Brot für geistige Nahrung. Mit der Geschichte von Jesus wird uns geistige Nahrung gegeben. Sie muss jedoch „aufgebrochen" werden. Wenn wir ein Brot aufbrechen, so legen wir damit das Innere frei. Auf ähnliche Weise können wir auch die Geschichte von Jesus „aufbrechen", um das Verborgene zu erkennen, das in der Geschichte verpackt ist. Die Geschichte von Jesus ist uns gegeben wie ein Brot, das wir aufbrechen können.
Wenn wir die Geschichte aufbrechen, dann findet tatsächlich eine „Wandlung" statt. Dann verwandelt sich das „Fleisch" der Geschichte in seine geistige Bedeutung. **Das „Aufbrechen" ist gewissermaßen die Umkehrung der Verfleischlichung.**

1.) In den biblischen Geschichten wird das Geistige verfleischlicht. Der Logos wird Fleisch.

2.) In der Auslegung der biblischen Geschichten und in der Symbolik des Abendmahls wird das „Fleisch" wieder aufgebrochen und damit wird das Geistige wieder offengelegt. Im Fleisch wird wieder der Logos erkennbar.

Verfleischlichung und Aufbrechen gehören zusammen – ebenso wie schreiben und lesen, wie kodieren und dekodieren, wie modulieren und demodulieren, wie verhüllen und enthüllen, wie verwickeln und entwickeln.

An dieser Stelle können wir auch eine Brücke zur Homöopathie bauen:

1.) Die materiellen Stoffe sind „Fleisch gewordene" Prinzipien.
2.) Durch das Potenzieren werden diese Prinzipien wieder aus der fleischlichen Hülle befreit. Die Stoffe werden so lange verdünnt und verschüttelt, bis nichts Stoffliches mehr enthalten ist.

So, wie der verborgene Sinn der biblischen Texte durch die esoterisch-symbolische Deutung freigelegt wird, so wird das enthaltene Prinzip eines Stoffs durch das homöopathische Potenzieren freigelegt.
Das Blut ist eine symbolische Entsprechung für die Seele bzw. das „Wesen" jener Kraft, die in den Evangelien als Jesus personifiziert wird. Wir brauchen diese Kraft, um die Geschichte aufbrechen zu können. In uns muss quasi das Wesen (= das Blut) von Christus wirken, damit wir das Geistige erkennen können, das im „Fleisch von Jesus" verborgen ist. Wein enthält Spiritus (= Weingeist) und steht daher symbolisch für eine höhere, seelische Kraft, die uns Geist verleiht.

So werden uns im Abendmahl symbolisch zwei Dinge gegeben:

1.) die geistige Nahrung (= Brot), die erkennbar ist, wenn man die Lebensgeschichte von Jesus „aufbricht"
2.) die seelische Kraft (= Blut), die uns Geist (= Spiritus) verleiht

Bei der Symbolik des Abendmahls geht es also darum, die seelische Kraft in sich wirken zu lassen und die geistige Nahrung aus der Schrift freizulegen. Das ist uns aufgetragen. Wenn wir hingegen beim Abendmahl nur in trockene Hostien beißen, so ist dieses lediglich ein äußeres Zeichen, das inzwischen jede Bedeutung verloren hat. Es ist ein Gebot, dass nur noch „dem Fleische nach" befolgt wird.

Wenn im Abendmahl „Fleisch" und „Blut" symbolisch vereint werden, dann steht das im Gegensatz zur jüdischen „Speisevorschrift": „... esset das Fleisch nicht mit seinem Blut, in dem sein Leben ist!" (1. Mose 9,4). Im Christentum wird also das vereint, was im Judentum streng getrennt gehalten wird. Moses legte eine Decke über seine Lehre und verhüllte sie dadurch. Im (ursprünglichen) Christentum wurde diese „Decke" wieder abgenommen. Die geheime Lehre wurde enthüllt – durch die Wirkung des höheren Seelenanteils, durch jene seelische Kraft, die uns Geist verleiht.

Beim katholischen Abendmahl (in seiner üblichen Form) fallen in diesem Zusammenhang zwei bemerkenswerte Details auf:

1.) Nur die Hostie des Pfarrers wird gebrochen. Die Gemeinde bekommt hingegen ungebrochene Hostien.
2.) Der Wein bleibt dem Pfarrer vorbehalten.

Hier wird auf der symbolischen Ebene eine ganz deutliche Botschaft transportiert:

1.) Das verborgene Wissen bleibt dem Pfarrer bzw. der Kirche vorbehalten. Die Gemeinde bekommt hingegen nur die „unaufgebrochene" und verhüllte Lehre vermittelt.
2.) Nur beim Pfarrer bzw. nur in der Kirche wirkt die seelische Kraft. Die Gläubigen bekommen das „Fleisch" ohne das „Blut" – genauso, wie es der übertragenen Bedeutung der jüdischen „Speisevorschrift" entspricht. Der Gläubige isst das „Fleisch" nicht in seinem „Blut".

Nach meiner persönlichen Einschätzung gehe ich aber davon aus, dass diese Symbolik heutzutage in den allermeisten Fällen nicht mehr bewusst in diesem Sinne angewendet wird. Ein Pfarrer kann der Gemeinde schließlich nur dann ein verborgenes Wissen vorenthalten, wenn er dieses selbst kennt.

Es wäre übrigens durchaus sinnvoll, wenn der Priester im Gottesdienst zunächst zeigen würde, wie man eine Geschichte symbolisch aufbrechen kann, und wenn er dann ein weiteres Gleichnis bringen würde, das er nicht aufbricht, sodass die Zuhörer etwas haben, an dem sie selbst üben können. Dieses Prinzip könnte man im Ritual unterstreichen.

Aber beim Abendmahl in seiner heute üblichen Form wird dem Zuhörer nicht gesagt: „Hier ist der Leib, brich du ihn auf", sondern die Hostie wird in den Mund gesteckt oder in die Hand gelegt, ohne dass sie aufgebrochen wird. Die verborgene Botschaft kann bestenfalls unbewusst erkannt werden.

Strukturen und Ähnlichkeiten von Strukturen

In den nächsten Kapiteln geht es schwerpunktmäßig um allgemeine Strukturen in der Symbolik und um Ähnlichkeiten von Strukturen. Das klingt zunächst ziemlich abstrakt, und daher möchte ich zur Einstimmung zunächst auf solche Strukturen und Strukturähnlichkeiten in unserer Umgangssprache hinweisen, bevor ich auf die Strukturen der Symbolsprache eingehe. (Im Kapitel „Die wichtigsten Werkzeuge auf dem Weg zum inneren Wissen" gab es übrigens auch schon Ähnlichkeiten von Strukturen.)

Eine solche Struktur in unserer Umgangssprache wäre beispielsweise die Beugung von Substantiven nach den vier Fällen:

Nominativ	der Baum	Der Baum ist groß.
Genitiv	des Baumes	Das ist der Stamm des Baumes.
Dativ	dem Baum	Ich stand bei dem Baum.
Akkusativ	den Baum	Ich sehe den Baum.

Würden wir in allen hochdeutschen Texten die Stellen suchen, bei denen das einzelne Wort Baum mit einem bestimmten Artikel vorkommt, dann würden wir erkennen, dass es immer wieder genau diese vier Fälle sind. Nur gelegentlich würden wir auf seltsame Ausnahmen stoßen, z. B. im rheinischen Dialekt: „Das ist dem Baum sein Stamm."

Aber es gibt nicht nur diese eine Struktur, sondern es gibt bei anderen Wörtern sehr ähnliche Strukturen:

Nominativ	die Blume	Der Blume ist schön.
Genitiv	der Blume	Das ist die Blüte der Blume.
Dativ	der Blume	Ich stand bei der Blume.
Akkusativ	die Blume	Ich sehe die Blume.

Die Liste der Artikel (die, der, der, die) ist zwar ganz anders als die vorige (der, des, dem, den), aber trotzdem gibt es eine Analogie zwischen beiden. Und diese Analogie könnte man beispielsweise auf folgende Weise in einer Tabelle darstellen (wobei ich hier gleich die Spalte für „neutrum" ergänzt habe):

	maskulin	feminin	neutrum
Nominativ	der	die	das
Genitiv	des	der	des
Dativ	dem	der	dem
Akkusativ	den	die	das

Diese Liste hat leider eine ganz unschöne Eigenschaft: Sie ist zum Teil mehrdeutig. „Der" ist gleichzeitig Nominativ maskulin und Genitiv feminin und Dativ feminin. Wenn wir also in einem Text auf ein „Der" stoßen, dann kann das abhängig vom Zusammenhang etwas ganz anderes bedeuten.

So, wie es in unserer Umgangssprache gewisse grammatikalische Strukturen, Strukturähnlichkeiten und Mehrdeutigkeiten gibt, und so, wie man diese Strukturen in Tabellen darstellen kann, so werden wir auch in der esoterischen Symbolsprache auf sehr ähnliche Effekte und Prinzipien stoßen. So, wie man nicht nur die bestimmten Artikel (der, die, das) nach den vier Fällen beugen kann, sondern auch die Hauptwörter, die unbestimmten Artikel und die Fürwörter (z. B. Relativpronomen, Demonstrativpronomen, Interrogativpronomen …), so kann man auch manche Strukturen der Symbolsprache in unterschiedlichen Situationen anwenden. Man könnte also durchaus von einer „Grammatik" der Symbolsprache sprechen. Und das ist leider auch ein genauso trockenes Thema, als ob man die Grammatik einer Fremdsprache paukte. Aber ohne Grundkenntnisse der Grammatik würde man viele Aussagen falsch interpretieren.

In den nächsten Kapiteln werden die Drei-Ebenen-Struktur und die Vier-Elemente-Lehre vorgestellt, und anschließend werden diese beiden Themen zu einer Gesamtstruktur vereinigt, die eine gewisse Ähnlichkeit mit dem kabbalistischen Lebensbaum hat. Das Dreifachkreuz besteht im Wesentlichen aus drei Ebenen, auf denen die vier Elemente jeweils in unterschiedlichen Polaritäten angeordnet sind. Hier werden gewissermaßen die vier Elemente und die Begriffe Geist und Seele auf allen drei Ebenen „durchdekliniert". Es wird bei diesen Themen leider etwas theoretisch und abstrakt. Aber ich kann so viel versprechen: Nach dem Kapitel über das Dreifachkreuz haben Sie als Leser/Leserin den schwersten Teil überstanden. Wie die nachfolgenden Themen aufeinander aufbauen, kann man an folgender Übersichtsdarstellung erkennen:

die Speisung der 4000 bzw. 5000	der Lebensbaum der Kabbalisten	Dornröschen	Platons Höhlengleichnis	das Rätsel der Sphinx	die Symbolik der Genesis	Moses und die „zehn" Gebote
			im dritten Teil des Buches			
			das Dreifachkreuz			
die linke und die rechte Seite (die Polarität von Empfinden und Denken)	die vier Elemente auf drei Ebenen					die sieben Stufen des Bewusstseins
	die drei Ebenen des Empfindens und Denkens		die drei Ebenen der Schöpfung (Luft, Wasser, Erde)		die vier Elemente (Feuer, Luft, Wasser, Erde)	
	das Drei-Ebenen-Schema					

Anmerkungen:

1.) Das Fundament, auf dem **das Dreifachkreuz** aufbaut, ist gleichzeitig auch die Grundlage für viele andere Themen in diesem Buch (z. B. für die Smaragdtafeln des Hermes Trismegistos).
2.) Die Themen im oberen Bereich (die größtenteils im dritten Teil des Buches besprochen werden) bauen zwar alle gemeinsam auf der Dreifachkreuz-Symbolik auf, aber sie bauen nicht direkt aufeinander auf.

Geist und Seele

Solange wir uns über materielle Dinge unterhalten, ist die Verständigung noch recht einfach. Aber sobald wir thematisch die materielle Ebene verlassen und mit unseren Gedankengebäuden in höhere, geistige Bereiche vordringen, erleben wir regelmäßig eine babylonische Sprachverwirrung. Wenn ein Psychologe „Seele" sagt, dann meint er damit etwas ganz anderes, als wenn ein Theologe diesen Begriff verwendet. Und ein Buddhist verwendet den Begriff wiederum ganz anders als ein Katholik usw. Ähnliche Probleme gibt es auch beim „Geist", der manchmal als „Vernunft" interpretiert wird, manchmal aber auch als eine spirituelle Kraft. Darüber hinaus gibt es Autoren, die klar zwischen Geist und Seele unterscheiden, während andere diese beiden Begriffe vermischen oder gleichsetzen.

Auch bei der exakten Abgrenzung der Begriffe „Vernunft" und „Verstand" treten diese Probleme auf. Eigentlich kommt das Wort „Vernunft" von „vernehmen", und somit ist die Vernunft unsere Fähigkeit, etwas zu sehen und zu hören. Man sagt beispielsweise, dass man ein Geräusch „vernimmt". Aber dieses Vernehmen setzt kein Verständnis voraus. Man kann durchaus ein Geräusch vernehmen, auch ohne zu verstehen, was es bedeutet. Doch was ist dann „vernünftiges Handeln"? Hier interpretieren wir ganz selbstverständlich etwas in den Begriff „Vernunft" hinein, was deutlich über das reine „Vernehmen" hinausgeht: Zielorientierung, Abwägung der Möglichkeiten, Berücksichtigung der Konsequenzen, Sinnhaftigkeit des Handelns usw. So gibt es in diesem Fall einen Unterschied zwischen der ursprünglichen bzw. eigentlichen Bedeutung dieses Begriffs und der heute üblichen Verwendung.

Beim Schreiben dieses Buches stand ich mehrfach vor der Frage, welcher Begriff in einer konkreten Situation passender ist. Ist es günstiger, wenn ich mich mehr an den ursprünglichen Bedeutungen der Begriffe orientiere? Oder wäre der Text leichter zu verstehen, wenn ich die Begriffe in ihrer heute üblichen, umgangssprachlichen Bedeutung verwende? Letztendlich habe ich mich für einen Spagat entschieden. Wo die ursprüngliche bzw. eigentliche Bedeutung für das Verständnis wichtig ist, da verwende ich diese und weise auf diese Bedeutung hin. Ansonsten halte ich mich weitgehend an die allgemein üblichen umgangssprachlichen Bedeutungen der Begriffe, um die Lesbarkeit zu erleichtern.

Was im konkreten Fall die „Vernunft" betrifft, so verwende ich diesen Begriff in Anlehnung an den allgemeinen Sprachgebrauch in seiner erweiterten Bedeutung – also mit Zielorientierung, Abwägung der Möglichkeiten, Berücksichtigung der Konsequenzen, Sinnhaftigkeit des Handelns usw.

Das Wort „Emotion" bedeutet in der wörtlichen Übersetzung „Herausbewegung" (lat. emovere = herausbewegen). Aber bei dieser Herausbewegungen gibt es zwei verschiedene Stufen: Zunächst werden in einer ersten Stufe die Empfindungen IN UNS freigesetzt. Sie kommen heraus aus der Tiefe unserer Seele, wenn uns ein Thema „bewegt". In diesem Sinne werden die Empfindungen IN UNS herausbewegt. Und dann können wir in einer zweiten Stufe diese Empfindungen nach außen herauslassen (oder auch nicht). Man kann nun den Begriff „Emotion" unterschiedlich definieren – abhängig davon, welche dieser beiden Stufen man betrachtet. So kann man einerseits Emotionen und Empfindungen gleichsetzen und andererseits auch zwischen „inneren Empfindungen" und „nach außen gezeigten Emotionen" unterscheiden. In diesem Buch werden die Begriffe „Emotionen" und „Empfindungen" nicht unterschieden. Der Begriff „Emotion" wird also auch für innere Empfindungen verwendet, die man nicht nach außen zeigt.

Der Geist

Den Geistbegriff verwende ich in mehreren Abstufungen:

Eine Form von Geist ist der **„analytische Verstand"**, der die kausalen Abläufe in der materiellen Welt erkennen, untersuchen und verstehen kann. Es ist das **Materie-orientierte bzw. Materie-fixierte Denken**, das ich später auch als **„Logik"** bezeichne.

Darüber gibt es die **„höhere Vernunft"**, die in der Lage ist,

- sich von der Materiefixierung zu lösen,
- von den konkreten Dingen zu abstrahieren und
- die größeren Zusammenhänge und allgemeinen Prinzipien zu erkennen.

Während der analytische Verstand die Dinge zerlegt und trennt, erkennt die höhere Vernunft die Zusammenhänge des Ganzen. Selbst Maschinen können sich in gewissen Grenzen „logisch" verhalten, aber sie haben keinerlei Vernunft.
Auf der höchsten Ebene steht schließlich die **„Ur-Idee" – das geistige Prinzip**, das sich in der Materie offenbart. Ein solches Prinzip kann beispielsweise ein mathematischer Zusammenhang sein, ein Naturgesetz oder auch ein allgemeines Funktionsprinzip.
Damit gibt es drei Geistbegriffe, die man in einem Ebenen-Schema anordnen kann. Oben ist das abstrakte Denken positioniert, unten das konkrete, materielle Denken und dazwischen ein Denken, das die abstrakten Prinzipien im Materiellen erkennt:

die Ur-Idee / das geistige Prinzip
die höhere Vernunft, die das geistige Prinzip im Materiellen erkennen kann
der analytische Verstand, der auf die Materie ausgerichtet ist

Diese drei Geistbegriffe werden durch das Element „Luft" symbolisiert. Es sind unterschiedliche Arten des „Denkens":

- die Ideen und Prinzipien, die auf das Denken einwirken und die man über das Denken erkennt
- ein Denken, das diese Prinzipien und Zusammenhänge erkennt
- das Materie-fixierte, analytische Denken

Neben dem „denkenden" Geist gibt es auch noch einen anderen Geist, der uns inspiriert, antreibt und Bewusstsein verleiht und durch das Element Feuer symbolisiert wird.

Die Seele

Die Seele ist der empfindende und fühlende Anteil in uns. Auf der körperlichen Ebene haben diese Gefühle in erster Linie eine Schutzfunktion. Ängste und Schmerzen schützen uns vor Gefahren und Verletzungen. Auf dieser Ebene wird die Seele sehr stark von den Trieben und körperlichen Bedürfnissen dominiert.
Auf einer höheren Ebene geht es um „feinere" Empfindungen – um Harmonie, Ästhetik, Mitgefühl, Einfühlungsvermögen, „Herzenswärme" usw.

Auf der höchsten Ebene gibt es schließlich eine allumfassende Verbundenheit der Seelen.
Damit ergibt sich folgendes Drei-Ebenen-Schema:

die allumfassende Verbundenheit der Seelen
die „feineren" Empfindungen: Harmonie, Ästhetik, Mitgefühl, Einfühlungsvermögen, „Herzenswärme" usw.
Ängste, Schmerzen (von Trieben dominiert)

Die drei Ebenen des Empfindens und Denkens

Die drei geistigen und die drei seelischen Ebenen weisen gewisse Analogien im Ebenenschema auf, die man in folgender Tabelle erkennen kann:

Bewusstseinsstufen	die drei Ebenen des Empfindens (seelische Spalte)	Die drei Ebenen des Denkens (geistige Spalte)
göttliches Bewusstsein (geistige Ebene)	die allumfassende Verbundenheit der Seelen	Die Ur-Ideen und allgemeinen Prinzipien
voll entwickeltes menschliches Bewusstsein (seelische Ebene)	die „feineren" Empfindungen (Empfindungsseele)	Die „höhere" Vernunft (Vernunftsseele)
Bewusstsein, das in der Materie „gefangen" ist (körperliche bzw. materielle Ebene)	die körperlichen Empfindungen (von Trieben dominiert)	Der analytische Verstand (auf die Materie ausgerichtet)

Bei dieser Darstellung gibt **es eine seelische und eine geistige Spalte**. Aber in dieser Tabelle werden nun auch die **drei Ebenen** mit den Begriffen **Geist, Seele und Körper bzw. Materie** benannt, wodurch es sehr leicht zu Verwechslungen kommen kann. Die „höhere Vernunft" ist einerseits eine Position in der **geistigen Spalte**, aber andererseits auch eine Seite innerhalb der **seelischen Ebene**. Umgekehrt ist der Zustand der allumfassenden Verbundenheit in der **seelischen Spalte** positioniert und gleichzeitig innerhalb der **geistigen Ebene**.
So könnte man sich fragen: Was ist denn nun die „höhere Vernunft"? Ein geistiges Prinzip oder eine Seite unserer seelischen Ebene? Beides stimmt: Die höhere Vernunft ist das geistige Prinzip auf der seelischen Ebene.

Durch solche Doppeldeutigkeiten gibt es übrigens auch einige Probleme in der Symbolik, weil das Geistige männlich dargestellt wird und das Seelische weiblich. Sind nun Empfindungsseele und Vernunftsseele zwei Seelenanteile und somit zwei Schwestern („Schneeweißchen und Rosenrot"), oder sind sie Bruder und Schwester („Hänsel und Gretel")? Die Symbolik ist hier nicht eindeutig, und es finden sich tatsächlich beide Darstellungen in Märchen und Mythen.
Diese doppelte Zuordnung ist jedoch keine Ungenauigkeit, die sich zufällig aus unserem Sprachgebrauch ergibt, sondern sie ist Teil des allgemeinen Schöpfungsprinzips. **Es gibt einige Grundstrukturen, die sich im Schöpfungsplan permanent wiederholen – im Kleinen wie im Großen.** Die Aufteilung in Geist und Seele, die wir innerhalb einer Ebene sehen können, gibt es in ähnlicher Weise auch im Ebenen-Schema. (Natürlich könnten wir das Schema nun auch noch um eine Materie-Spalte ergänzen, sodass wir auf jeder Ebene die Dreiheit von Geist, Seele und Materie erkennen könnten.) **Nur deshalb, weil sich die Strukturen im Schema wiederholen, können wir den Analogieschluss überhaupt anwenden,**

um vom Bekannten auf das Höhere und Geistige zu schließen.
Der Analogieschluss wäre hier folgender: **Die geistige Ebene verhält sich zur seelischen Ebene wie die Vernunftsseele zur Empfindungsseele.**

In der esoterischen Literatur sind es hauptsächlich zwei Analogieschlüsse, die uns immer wieder begegnen:

1.) Wie oben, so unten. Die unteren Ebenen sind ähnlich strukturiert wie die oberen Ebenen.
2.) Wie im Großen, so im Kleinen (Makrokosmos = Mikrokosmos). Die Unterstrukturen innerhalb der Ebenen ähneln der gesamten Ebenenstruktur (Prinzip der Selbstähnlichkeit).

Die eigentliche Kunst liegt nun darin, die bekannten Ebenen gedanklich so zu strukturieren, dass diese Strukturen tatsächlich auch auf das Höhere, Größere und Unbekannte übertragbar sind. Das klappt nämlich nicht immer, sondern nur dann, wenn wir eine geeignete Strukturierung finden. **Die richtige Strukturierung der bekannten Welt ist der Schlüssel für die Erkenntnis der höheren Welt.** Oder anders ausgedrückt: **Wenn man die höhere Wirklichkeit gleichnishaft beschreiben will, dann braucht man in unserer Wirklichkeit passende Gleichnisse bzw. passende Strukturen.** Das System der vier Elemente, das später im Kapitel „Die Vier-Elemente-Lehre: Feuer, Luft, Wasser, Erde" noch ausführlich behandelt wird, ist eine solche Strukturierung,

- die geeignet ist,
- die sich über Jahrhunderte bewährt hat und
- die auch tatsächlich in unserer inneren Bildersprache verwendet wird.

Natürlich wäre es theoretisch denkbar, diese seelischen und geistigen Kräfte auch nach ganz anderen Kriterien zu strukturieren – z. B. nach konstruktiven und destruktiven Kräften, nach verstärkenden und begrenzenden Prinzipien, nach aktiven und passiven Prinzipien, nach bewussten und unbewussten Prinzipien usw. Aber nicht jede Strukturierung ist in gleicher Weise für diesen Zweck geeignet.
Den Analogieschluss kann man auch in folgender Darstellung erkennen. So, wie die Zeile 1 in zwei Seiten unterteilt ist (in eine seelische und eine geistige Seite), so sind die beiden Teile in Zeile 2 wiederum unterteilt. Wie im Großen, so im Kleinen. Der Makrokosmos gleicht dem Mikrokosmos.

Zeile 1	seelische Ebene		geistige Ebene	
	(seelische Seite)		(geistige Seite)	
Zeile 2	Empfindungs-seele	Vernunftseele	allumfassende Verbundenheit der Seelen	Ur-Ideen und allgemeine Prinzipien
	(seelische Seite)	(geistige Seite)	(seelische Seite)	(geistige Seite)

Ein vergleichbares Analogieprinzip finden wir übrigens auch beim so genannten Liniengleichnis von Platon, worin dieser jedoch nicht das Verhältnis der seelischen zur geistigen Ebene darstellt, sondern das Verhältnis der sichtbaren zur denkbaren Welt. Diese Strukturierung entspricht eher dem Verhältnis der materiellen zur geistigen Ebene. Dieses Beispiel führe ich an dieser Stelle nur deshalb an, um nachzuweisen, dass solche Analogieprinzipien in der Antike tatsächlich angewendet wurden.

Also diese beiden Arten hast du nun, das Denkbare und das Sichtbare. [...] Wie nun von einer zweigeteilten Linie die ungleichen Teile, so teile wiederum jeden Teil nach demselben Verhältnis, das Geschlecht des Sichtbaren und das des Denkbaren ...
(Platon: Politeia, Buch 6, Übersetzung von F. Schleiermacher, zitiert nach http://12koerbe.de/pan/platon6.htm)

Dieses Zitat von Platon können wir nun in Analogie zum vorigen Beispiel so darstellen:

Schritt 1	das Sichtbare		das Denkbare	
Schritt 2	sichtbarer Anteil	denkbarer Anteil	sichtbarer Anteil	denkbarer Anteil

Im ersten Schritt wird die Zeile 1 in einen sichtbaren und in einen denkbaren Teil aufgeteilt. Im zweiten Schritt wird jeder dieser Teile wiederum nach dem gleichen Schema unterteilt.

Der Zyklus der Seele

Beim Inkarnationszyklus der Seele begegnet uns ein Drei-Ebenen-Schema, das sehr ähnlich aufgebaut ist wie das obige Schema der drei Bewusstseinszustände:

die allumfassende Verbundenheit der Seelen
das Paradies als Entwicklungsbereich der eigenständigen Seelen
die inkarnierte Seele in der materiellen Welt (im Zustand der maximalen Trennung)

Der Zyklus der Seele beginnt im Zustand der allumfassenden Verbundenheit. Die Seele trennt sich aus diesem Zustand und gewinnt Eigenständigkeit. Sie entwickelt sich auf einer mittleren Ebene, die in unserem Sprachgebrauch als Paradies oder Jenseits bezeichnet wird. Von dort aus inkarniert sie in einen Körper und betritt unsere materielle Welt. Nach dem Tod des Körpers kehrt sie zu der mittleren Ebene zurück, und nach vielen Inkarnationen gibt es schließlich eine Rückkehr in den Zustand der allumfassenden Verbundenheit.

Wenn ich in diesem Buch den Begriff der **„seelischen Welt"** verwende, so bezieht dieser sich auf die mittlere Ebene – auf jenen Bereich, in dem die Seelen bereits eine gewisse Eigenständigkeit und Individualität haben, wo sie aber noch nicht inkarniert sind. Es ist gewissermaßen der Lebensbereich der Seelen.

Dieses Drei-Ebenen-Schema ist zwar sehr ähnlich aufgebaut wie das andere Schichtenmodell der Seele, das weiter vorne dargestellt wurde, aber es geht hier tatsächlich um etwas vollkommen anderes. Vorhin ging es um drei Arten des seelischen Empfindens. Hier geht es nun um drei Stufen der Realität. Es ist ein enormer Unterschied, ob man am Ende des Lebens den physischen Körper zurücklässt und in die paradiesische Welt zurückkehrt oder ob man sich etwas von den Trieben und Begierden löst und feinere Empfindungen entwickelt, während man noch in der materiellen Welt lebt.

Hier schlägt wieder das Prinzip der Selbstähnlichkeit zu: Das Kleine ähnelt dem Großen. Die drei Stufen des seelischen Empfindens ähneln in ihrer Struktur den drei Stufen der Realität.

Wegen solcher struktureller Ähnlichkeiten ist es übrigens manchmal gar nicht so einfach, eine bestimmte Symbolik eindeutig zu interpretieren. Das Lösen von der materiellen Ebene kann man beispielsweise in unterschiedlichen Situationen ganz verschieden deuten:

- Man stirbt körperlich.
- Man ist nicht mehr ein Gefangener der körperlichen Begierden und Triebe.
- Man strebt nicht mehr nach irdischem Besitz.
- Man flüchtet vor den Problemen der materiellen Welt (spirituelle Weltflucht).
- Man löst sich von den konkreten Beispielen und lernt zu abstrahieren.
- Man interpretiert die heiligen Schriften nicht mehr wörtlich bzw. historisch, sondern im übertragenen Sinn.
- usw.

Welche dieser Deutungen in einer konkreten Situation passend ist, das hängt jeweils vom Kontext ab. Und es gibt durchaus auch Situationen, in denen Mehrfachdeutungen beabsichtigt sind.

Der Zyklus des Geistes

In Analogie zum Zyklus der Seele gibt es auch einen Zyklus der geistigen Prinzipien bzw. Ideen:

die Ur-Idee / das geistige Prinzip
die gedankliche Entwicklung der Idee
die materielle Realisierung der Idee

Einerseits kann man eine Idee in der materiellen Welt realisieren und erproben, indem eine Idee von der geistigen Ebene in die Materie hinabsteigt. Andererseits entstehen aus den Erfahrungen in der materiellen Welt neue Ideen, und somit gibt es auch einen Informationsfluss in die Gegenrichtung. Es werden Ideen gesät und Erfahrungen geerntet.

Mit dem Begriff der „geistigen Welt" oder der „geistigen Wirklichkeit" wird die obere Ebene in diesem Schema bezeichnet – die Ebene der Ur-Ideen und der geistigen Prinzipien. So, wie man in der materiellen Ebene ein Haus betreten kann, so kann man in der geistigen Welt ein Gedankengebäude betreten und sich darin umschauen.

Die Vier-Elemente-Lehre: Feuer, Luft, Wasser, Erde

Erst zu begegnen dem Tiere,
Brauch ich den Spruch der Viere:
Salamander soll glühen,
Undene sich winden,
Sylphe verschwinden,
Kobold sich mühen.
Wer sie nicht kennte
Die Elemente,

> *Ihre Kraft*
> *Und Eigenschaft,*
> *Wäre kein Meister*
> *Über die Geister.*
>
> (Goethe: Faust I)

Man sollte den Begriff „Element" nicht im chemischen Sinne verstehen, also nicht so wie Wasserstoff oder Helium, sondern eher im Sinne eines Grundprinzips. Bereits in den ersten Zeilen der Genesis wird einem die Anwendung dieser Vier-Elemente-Lehre geradezu aufgedrängt:

*1. Mose 1,1: Und die **Erde** war wüst und leer, und es war finster auf der Tiefe; und der **Atem** (= **Luft**) Gottes schwebte auf dem **Wasser**. Und Gott sprach: Es werde **Licht** (= **Feuer**)!*

Erde symbolisiert die **materiellen Aspekte**. Dazu gehören die uns umgebende **materielle Welt** und natürlich auch unser **Körper**, mit dem wir uns in dieser materiellen Welt bewegen. Durch die Erprobung in der materiellen Welt kann man erkennen, was die Ideen wirklich taugen, denn in der Materie erleben wir die **Konsequenzen**.

Wasser hat sehr unterschiedliche Aspekte. Einerseits steht es für **Empfindungen und Emotionen**, denn an vielen starken Emotionen sind Flüssigkeiten beteiligt (Tränen, Schweiß, Blut …). Durch das „Dahinfließen" steht es aber auch für die **Zeit**. In der Antike gab es Wasseruhren, und so sagt man noch heute, dass die Zeit „verrinnt". Weiterhin lässt Regen die Pflanzen wachsen und ermöglicht damit **Leben, Wachstum und Entwicklung**.

Luft versinnbildlicht **Gedanken**, die man ebenso wie Luft nicht greifen kann. In der Sprache der Bibel ist Geist und Atem das gleiche Wort: hebräisch ruach = griechisch pneuma = lateinisch spiritus. Spiritus kommt von lat. spirare (= atmen), und das Wort „Pneuma" kennen wir auch von der Pneumatik (= Antrieb über Druckluft). Umgangssprachlich sagt man auch vom „heiligen Geist", dass er „weht". Aber die Luft ist auch eine Analogie für den **Raum**, der uns umgibt. Es mag vielleicht zunächst etwas irritieren, dass ausgerechnet das **Schwert** bzw. Eisen eine Analogie zum Element Luft ist, aber so, wie man mit dem Schwert Dinge zerlegen kann, so kann man mit dem Verstand Dinge analysieren. Umgangssprachlich redet man auch von einem „scharfen" Verstand.

Feuer steht für den **Willen** bzw. den **Antrieb**. Einerseits gibt es den körperlichen Antrieb nach **Nahrung, Fortpflanzung und materieller Sicherheit**. Andererseits gibt es in uns aber auch eine geistige Kraft, die uns vorantreibt und führt. Feuer gibt uns jedoch auch **Licht** und ermöglicht uns damit das Sehen. Daher wird es auch als ein Symbol für unser **Bewusstsein** verwendet. Auch die „**zündende Idee**" und der „**Geistesblitz**" sind Aspekte dieses Elements, ebenso wie auch die „**Be-geist-erung**".

Es gibt hier also **zwei unterschiedliche Arten von „Geist"**, die in der deutschen Sprache nicht so eindeutig unterschieden werden, was leider immer wieder zu Missverständnissen führt:

- **Ideen, Gedanken, Verstand und Vernunft werden durch Luft symbolisiert,**
- **Inspiration, Bewusstsein und spirituelle Führung durch Feuer.**

Es ist leider nicht immer ganz einfach, die Elemente Luft und Feuer exakt zu unterscheiden. Die abstrakte Idee selbst entspricht beispielsweise eindeutig dem Element Luft, aber die Kraft, die von einer solchen Idee ausgeht, und das Bewusstwerden einer Idee entsprechen wiederum dem Element Feuer. Daher wird auch die **Inspiration** häufig durch Feuer symbolisiert, obwohl sie vom Wortstamm her eigentlich eher zum Element Luft passen würde. Man spricht beispielsweise auch vom „**Funken der Inspiration**".

Das Kapitel „Die wichtigsten Werkzeuge auf dem Weg zum inneren Wissen" war in vier Hauptgruppen unterteilt. Auch diese Hauptgruppen können wir den vier Elementen zuordnen:

- In der ersten Gruppe geht es um Grundlagen bzw. um ein Fundament, das dem Element Erde entspricht.

- In der zweiten Gruppe geht es um die Bilder unserer Seele. Das Seelische entspricht dem Element Wasser.

- Die dritte Gruppe behandelt das „innere Wissen", das dem Element Luft entspricht.

- In der vierten Gruppe wird ein Bewusstwerdungsprozess beschrieben. Durch die Verknüpfung von „inneren Bildern" und „innerem Wissen" wird ein „Feuer" in uns entfacht. So, wie ein Feuer Stoffe umsetzt, wird hier Information umgesetzt.

Die Evolution des Bewusstseins und die Vier-Elemente-Lehre

Die Evolution des Bewusstseins kann mithilfe der vier Elemente dargestellt werden: Ganz einfache Lebensformen, die sich ausschließlich mit **Stoffwechsel und Fortpflanzung** beschäftigen, sind auf einer Stufe, die mit „Erde" symbolisiert wird. Lebewesen, die bereits über **Empfindungen** verfügen, entsprechen der Stufe des „Wassers". Mit der **Fähigkeit zum Denken** steht der Mensch auf der Stufe der „Luft". Auf der Stufe des „Feuers" stehen Menschen, in denen das **göttliche Bewusstsein** erwacht ist.

So, wie manche Säugetiere schon in gewissen Grenzen denken können und damit an der Schwelle zur Stufe der Luft stehen, so stehen kreative Menschen, die in sich den Funken der Inspiration spüren, an der Grenze zur Stufe des Feuers.

Feuer	göttliches Bewusstsein	unser nächstes Evolutionsziel
Luft	abstraktes Denken	Mensch
Wasser	Empfindungen	Tiere
Erde	Stoffwechsel und Fortpflanzung	einfache Lebensformen

Das Analogie-Schema der vier Elemente

Element	Feuer	Luft	Wasser	Erde
Mensch	Geist	Verstand, Vernunft	Gefühl	Körper
Kosmos	Energie	Raum	Zeit	Materie
Spielkarte	Karo	Pik	Herz	Kreuz
Tarot	Stäbe	Schwerter	Kelche	Münzen
Qualität	warm-trocken	warm-feucht	kalt-feucht	kalt-trocken
Goethes Faust	Salamander	Sylphe (Luftelfe)	Undene (Wassernixe)	Kobold
apokalyptische Reiter	rotes Pferd	weißes Pferd	fahles Pferd	schwarzes Pferd
Temperament	cholerisch	sanguinisch	phlegmatisch	melancholisch

Bei den unterschiedlichen Analogie-Ebenen sollte man Folgendes beachten: Die Symbole in den verschiedenen Zeilen kann man zwar alle den vier Elementen

zuordnen, aber nicht in allen Fällen haben diese Zeilen auch eine Beziehung untereinander. So ist beispielsweise ein Salamander nicht „warm und trocken", sondern eigentlich ein kaltes und feuchtes Tier, und ein sanguinisch veranlagter Mensch ist nicht zwangsläufig warm und feucht. Wenn man versucht, die Zeilen in solchen Tabellen untereinander in Verbindung zu setzen, kann es daher leicht passieren, dass man auf diese Weise unter Umständen ganz andere Zuordnungen herleitet.
Darüber hinaus werden manche Symbole in unterschiedlichen Traditionen durchaus auch sehr unterschiedlich verwendet. Beispielsweise ist der Stier in der Astrologie ein Erdzeichen, aber im Mithras-Kult wird er durch die Form der Hörner in Verbindung gebracht mit der Mondsichel, mit dem Kelch und mit Wasser. Auch die Kuh wird in der biblischen Symbolik mehrfach für das Seelische verwendet. So kann es in manchen Fällen – gerade bei mehrfach indirekten Herleitungen – sogar zu gegensätzlichen Zuordnungen kommen, wie man es z. B. an der typischen Herleitung der französischen Spielkarten über das Tarot demonstrieren kann:

Element	Feuer	Luft	Wasser	Erde
Tarot	Stäbe	Schwerter	Kelche	Münzen
deutsche Spielkarten	Eichel	Blatt	Herz	Schelle
französische Spielkarten	Kreuz	Pik	Herz	Karo

Das ist das übliche Schema, wie man es in der Esoterik-Literatur findet. Weiter oben hatte ich mich aber aus folgenden Gründen ganz bewusst für eine andere Zuordnung entschieden:
Karo nennt man in England „diamonds", und der **Diamant** entspricht von der Symbolik her dem **Feuer**, denn auch vom Diamanten sagt man, dass er Glut oder Feuer habe. Wenn man Diamanten schenkt, so zeigt man damit das bis in alle Ewigkeit brennende Feuer der Liebe. Der Diamant reflektiert das **Licht** und ist damit **auf der materielle Ebene die Entsprechung von Licht**. Hingegen ist das **Kreuz** ein typisches Symbol für Materie – also Erde. Beim Kreuz-Symbol fällt weiterhin auf, dass es drei kreisrunde Enden hat, was für Kreuze eigentlich eher untypisch ist. So ähnelt dieses Kreuz einem Schellenstab mit drei Schellen. Daher spricht eigentlich alles gegen dieses übliche Schema.
In diesem Zusammenhang möchte ich noch ergänzen, dass es einige Quellen gibt, in denen die Temperamente „phlegmatisch" und „melancholisch" genau entgegengesetzt zugeordnet werden. Das weicht zwar wieder etwas vom üblichen Schema ab, lässt sich aber durchaus begründen. Immerhin ist ein Melancholiker sehr gefühlsbetont, was der Bedeutung des Wasser-Elements entspricht, während

die Schwerfälligkeit des Phlegmatikers eher zum Erd-Element passt. So schreibt beispielsweise Franz Bardon in seinem Buch „Der Weg zum wahren Adepten", dass das melancholische Temperament dem Element des Wassers entspringt und das phlegmatische dem Element der Erde.

In der Literatur und im Internet findet man auch noch deutlich umfangreichere Tabellen, in denen auch Tiere, Evangelisten, Erzengel, Farben, Tattwas, Himmelsrichtungen, Tageszeiten und Jahreszeiten mit aufgeführt werden. Grundsätzlich sollte man aber bei der Interpretation solcher Tabellen sehr vorsichtig sein, denn mitunter gibt es bei den Zuordnungen **enorme Abweichungen**. Da die Verfasser solcher Listen aus unterschiedlichen Traditionen stammen, kommt es auch immer wieder zu sehr unterschiedlichen Interpretationen und Zuordnungen der Elemente.

Die vier Elemente und der dreifache Schriftsinn als spiritueller Entwicklungsweg

In einer ähnlichen Weise, wie wir die Vier-Elemente-Lehre bereits anwenden konnten, um vier Stufen der Evolution zu beschreiben, kann man diese Lehre auch anwenden, um einen vierstufigen Entwicklungsweg darzustellen, der auf dem dreifachen Schriftsinn basiert.

Dieser Entwicklungsweg beginnt bei Stufe 1 mit dem **wörtlichen Textverständnis**. Man interpretiert in dieser Entwicklungsstufe die biblischen Texte primär als „real-historische" Ereignisse. Und entsprechend werden auch die Gebote wörtlich – also „dem Fleisch nach" – verstanden und befolgt.

In der nächsten Stufe beginnt man die Schriften **psychologisch bzw. moralisch** zu deuten – als Gleichnisse für seelische und zwischenmenschliche Situationen, beispielsweise als Entwicklungs-, Lösungs- und Reifungsprozesse, als Überwindung von seelischen und sozialen Barrieren, als ein Umgang mit Leid und Verlust usw. Eine solche psychologische Deutung hat jedoch noch keine spirituellen Aspekte. Selbst ein hartgesottener Atheist kann Märchen und Mythen psychologisch deuten.

Auf Stufe 3 entdeckt man die **esoterische bzw. spirituelle Dimension** der Texte. Die mythischen Texte sind also nicht nur Gleichnisse für seelische und zwischenmenschliche Situationen, sondern zeigen uns auch spirituelle Zusammenhänge, die weit darüber hinausgehen. Bei manchen Deutungen verschwimmt jedoch diese Grenze zwischen der zweiten und der dritten Stufe, wenn beispielsweise in psychologische Deutungen einige spirituelle Aspekte mit einfließen.

Bei der vierten Stufe geht es schließlich darum, dass man diese spirituelle Ebene auch in sich selbst erkennt und auf diese Weise **Zugang bekommt zu dem Göttlichen**, das in einem selbst „begraben" ist.

Man kann diese vier Entwicklungsstufen direkt mit der Vier-Elemente-Lehre in Verbindung setzen:

Stufe 4	Zugang zum Göttlichen in uns	Was erkenne ich in mir?	das Göttliche in uns	Feuer
Stufe 3	Zugang zum esoterischen bzw. spirituellen Textverständnis	Was erfahre ich über den Aufbau der Schöpfung, den Plan Gottes und den Sinn des Lebens?	Geist	Luft
Stufe 2	Zugang zum psychologischen bzw. moralischen Textverständnis	Was bedeutet es, wenn ich danach lebe?	Seele	Wasser
Stufe 1	wörtliches bzw. materielles Textverständnis	Was geschah vor 2000 Jahren?	Körper	Erde

Johannes der Täufer sagt in Mt. 3,11: *Ich taufe euch mit **Wasser** zur Buße; der aber nach mir kommt, ist stärker als ich, und ich bin nicht wert, ihm die Schuhe zu tragen; der wird euch mit dem **heiligen Geist und mit Feuer** taufen.*

Diese Aussage bezieht sich direkt auf diesen vierstufigen Entwicklungsweg. Die Wasser-Taufe führt uns im übertragenen Sinne zum seelisch-moralischen Textverständnis. Das alte „Irdische" wird abgewaschen. Danach folgen zwei weitere „Taufen", die Taufe mit Geist (= Luft/Atem) und die Taufe mit Feuer. Bei den heutigen Kirchen gibt es in den allermeisten Fällen nur eine Wasser-Taufe bei der Geburt – und genau das können die Kirchen auch leisten.

Auch beim Auszug der Israeliten aus Ägypten unter Moses begegnen uns diese vier Stufen. Ägypten steht symbolisch für die Materie bzw. die Materiefixierung. Beim Auszug durchquert Moses zunächst das Meer, und danach führt er das Volk 40 Jahre durch die Wüste, bis sie schließlich das „gelobte Land" erreichen.

Stufe 4	das gelobte Land
Stufe 3	40 Jahre durch die Wüste
Stufe 2	Durchquerung des Meeres
Stufe 1	Ägypten

Wenn nun die Ägypter im Meer umkommen, so bedeutet das, dass sie bei diesem Weg nur bis zu dieser Ebene folgen können. Das wird übrigens auch bei den zehn Plagen angedeutet, die im dritten Teil des Buches im Kapitel „Die zehn biblischen Plagen" noch ausführlich behandelt werden. Bei den ersten beiden Plagen, die etwas mit „Wasser" zu tun haben, können die Priester des Pharao noch „mithalten". Aber danach müssen sie aufgeben.

Wenn sich nun ein moderner Pfarrer in seiner Auslegung der Schrift nur auf die historische Geschichte und auf die seelisch-moralische Ebene beschränkt, dann gleicht er darin den Ägyptern, die auch nur bis zur Ebene des Wassers kamen.

Je mehr man sich an die erste Stufe klammert (an die real-historische Interpretation der Bibel), umso schwerer werden die dritte und die vierte Stufe auf dem spirituellen Entwicklungsweg. Die erste Stufe hat aber – wenn man sie richtig einsetzt – durchaus ihre Berechtigung. Die **erste Stufe** ist als **„Kennenlern-Stufe"** absolut sinnvoll, wenn sie zur zweiten Stufe hinführt – wenn sie die Grundlagen schafft, die man für die zweite Stufe benötigt. Aber die erste Stufe kann leider auch zu einer Falle werden – und zwar dann, wenn man sich so fest in den exakten Wortlaut der Texte verbeißt, dass man einen übertragenen Sinn und eine esoterisch-symbolische Deutung gar nicht mehr zulässt. So, wie die erste Stufe die Grundlagen für die zweite Stufe schaffen kann, so erlernen wir auch in der zweiten Stufe die Grundlagen für die dritte Stufe.

Auf der **zweiten** Stufe werden wir mit dem **Prinzip der allegorischen bzw. symbolischen Interpretation** vertraut gemacht. Wir lernen eine bildhafte Sprache kennen und wir lernen, symbolisch und bildhaft zu denken. Aber die Themen und Interpretationen beziehen sich noch immer auf Situationen aus unserer Erfahrungswelt.

In der **dritten Stufe** wird nun diese bildhafte Sprache benutzt, um **geistige Zusammenhänge** zu erkennen und zu beschreiben. Nun wird ein „symbolisches Vokabular" aufgebaut, sodass komplexere geistige Zusammenhänge begreifbar und beschreibbar werden.

Dieses „symbolische Vokabular" ist wiederum die Grundlage für die **vierte Stufe – für das geistige Erleben**. Dieses wäre nur sehr eingeschränkt möglich, wenn unser Bewusstsein diese Erfahrung nicht strukturieren und erfassen könnte. Ohne das „symbolische Vokabular" würden diese Erfahrungen an unserem Tagesbewusstsein regelrecht abprallen, denn das Tagesbewusstsein könnte diese Erfahrungen nicht einordnen. Das ist übrigens ein ganz typischer Effekt bei Meditationserfahrungen. Ohne das „symbolische Vokabular" kann man diese Erfahrungen nicht in die Denkstrukturen des Tagesbewusstseins hinüberretten. Also:

Die erste Stufe liefert das **mythische Material** für die zweite Stufe.
Die zweite Stufe liefert die **allegorische Methode** für die dritte Stufe.
Die dritte Stufe liefert das **symbolische Vokabular** für die vierte Stufe.
Die vierte Stufe schafft den **Zugang zum Göttlichen** in uns.

Die spirituellen Erfahrungen und Erkenntnisse in der vierten Stufe haben zur Folge, dass man manches von dem besser verstehen kann, was man in der dritten Stufe theoretisch gelernt hat. Manche spekulativen Vorstellungen, Missverständnisse und Fehlinterpretationen können dadurch ausgeräumt werden. Auf diese Weise gibt es eine Wechselwirkung zwischen der dritten und der vierten Stufe. Durch die eigenen Erfahrungen und Erkenntnisse kann man das symbolische Vokabular besser verstehen. Und dadurch schafft man wiederum bessere Grundlagen für weitere Erfahrungen und Erkenntnisse. Wenn diese Wechselwirkung einsetzt, dann ist der verborgene, esoterische Schriftsinn der Bibel keine theoretische Spekulation mehr und auch keine abstrakte Spielerei, sondern erfahrbare Realität.

Dann wird auch verständlich,

- warum die Bibel genauso geschrieben wurde,
- warum sie in symbolischen Bildern zu uns spricht,
- warum die Geheimnisse nicht im Klartext ausgesprochen werden,
- warum sie es uns so schwer macht,
- warum sie uns gar keinen exakten historischen Bericht liefern will
- usw.

Spräche die Bibel nicht in symbolischen Bilder zu uns, dann könnten wir an ihr nicht die allegorische Methode und das symbolische Vokabular erlernen – dann wäre sie für den vierstufigen Weg nicht nutzbar.
Dieses Buch behandelt hauptsächlich die Stufe 3, und das ist wie auch schon zu den Zeiten von Moses sehr viel „trockene Theorie". Diese Wanderung durch die Wüste kann den Leser zur vierten Stufe hinführen – in das gelobte Land. Aber so, wie Moses dieses Land selbst nicht betreten konnte, so kann auch dieses Buch nicht wirklich in die vierte Stufe vordringen. Diese Stufe ist nicht erklärbar, sondern nur erlebbar.
Die dritte Stufe kann man durchaus mit dem Lesenlernen vergleichen. Immerhin lernt man ja, wie man die esoterische Symbolsprache lesen kann. Nun kann man einem Kind zwar das Lesen beibringen, aber all das, was ein Mensch erleben kann, wenn er die Schrift beherrscht, kann man nicht wirklich erklären. Das kann man nur erleben. Ein Roman kann beispielsweise spannend sein. Aber wenn man diese

Spannung sachlich erklärt, dann ist das halt doch etwas anderes, als wenn man diese Spannung beim Lesen selbst erlebt. Und so ist es auch ein Unterschied, ob man in der dritten Stufe die Prinzipien und Zusammenhänge sachlich erklärt bekommt oder ob man sie in der vierten Stufe selbst erleben und erkennen kann.

Dieser Weg durch die Wüste begegnet uns übrigens auch beim angeblichen „Rufer in der Wüste", was übrigens ein Übersetzungsfehler ist. Wenn man diesen Fehler korrigiert, dann geht es darum, dass es einen Weg durch die Wüste gibt, der uns zum Göttlichen hinführt:

Joh. 1,23: Er (Johannes der Täufer) sprach: „Ich bin eine Stimme eines Predigers in der Wüste: Ebnet den Weg des Herrn!", wie der Prophet Jesaja gesagt hat.

Aber Jesaja hat etwas ganz anderes gesagt:

Jes. 40,3: Es ruft eine Stimme: In der Wüste bereitet dem HERRN den Weg, macht in der Steppe eine ebene Bahn unserm Gott!

Es geht also nicht um den „Rufer in der Wüste", sondern um den „Weg des Herren in der Wüste (bzw. Steppe)". Im Evangelium des Johannes ist der Satz also falsch aufgeteilt. Auf dem Weg zwischen dem Alten Testament, das ursprünglich in Hebräisch verfasst war, und dem Neuen Testament, das in griechischer Sprache geschrieben wurde, hat sich dieser Fehler eingeschlichen.

In der trockenen Theorie (= in der Wüste) werden die Grundlagen vorbereitet, damit das Göttliche in uns wirken kann.

Das Drei-Ebenen-Schema: Luft, Wasser, Erde

Wir haben gesehen, wie man die Vier-Elemente-Lehre auf die Evolutionsstufen und auf einen Entwicklungsweg anwenden kann. Beim Drei-Ebenen-Schema werden nun die Elemente Luft, Wasser und Erde auf Schöpfungs- und Erkenntnisprozesse angewendet, wobei einige Details sehr ähnlich wie beim Entwicklungsweg sind. Dieses Kapitel ist von ganz zentraler Bedeutung, weil nahezu alles, was später kommt, direkt auf diesem Drei-Ebenen-Schema aufbaut:

Luft	Bei Schöpfungsprozessen steht am Anfang eine geistige, abstrakte und immaterielle Idee bzw. ein zeitloses Prinzip. Diese Ebene der Schöpfung wird durch **„Luft"** symbolisiert, da das Geistige ebenso wie die Luft nicht „greifbar" ist.
Wasser	**„Wasser"** ist schon etwas „dichter" als Luft. Der Weg in die materielle Welt führt durch die Ebene des „Wassers". Die Ideen entwickeln sich ebenso wie ein Same, der mit Wasser begossen wird. Eine solche Entwicklung ist natürlich auch ein zeitlicher Ablauf. Darüber hinaus wirkt Wasser auch wie ein Spiegel. („Wasserspiegel"). Die Idee spiegelt sich in der Schöpfung – wie oben, so unten.
Erde	In der materiellen Welt wird schließlich die Idee realisiert. Nun ist sie greifbar und erlebbar. Diese Ebene der materiellen Schöpfung wird durch **„Erde"** symbolisiert. An der Erde zeigt sich, was die Ideen taugen und wo die Fehler liegen. So wird die Materie zum „Prüfer" für unsere Ideen. Satan als personifizierter Herr der Materie ist der „Prüfer" der Menschen. Er deckt unsere Schwächen auf.

Die Ideen steigen in diesem Schema von der Luft hinab zur Erde, die Erkenntnisse werden in der Materie gewonnen und steigen wieder von der Erde hinauf zur Luft. Das ist ein Prinzip wie Aussaat und Ernte. Beide Richtungen haben ihre Berechtigung. Man kann also nicht sagen, dass die eine Richtung gut wäre und die andere böse. Der Abstieg in die materielle Welt ist genauso wichtig wie der spätere Aufstieg. Es sind zwei Phasen eines Zyklus.

Auch die Seelen vollziehen diesen Kreislauf. Sie steigen hinab, um Erfahrungen zu sammeln, und sie steigen später wieder auf und bringen diese Erfahrungen mit. Der Kreislauf der Seelen ist vergleichbar mit dem Kreislauf des Wassers, das als Regen aus der Luft zur Erde fällt, in der Erde versickert, in Quellen wieder hervorkommt, in Bächen und Flüssen sich sammelt und vereinigt, schließlich im Meer wieder verdunstet und von der Luft wieder aufgenommen wird. So, wie der Zyklus des Wassers über die Luft und die Erde geht, so geht auch der Zyklus der Seele über die geistige und die materielle Welt.

Im Kapitel „Die wichtigsten Werkzeuge auf dem Weg zum inneren Wissen" finden wir übrigens in jeder der vier Hauptgruppen diese Dreiteilung wieder. Wir haben also vier Hauptgruppen, die den vier Elementen entsprechen, und in jeder der Hauptgruppen gibt es drei Stufen, die diesem Drei-Ebenen-Schema entsprechen, das ebenfalls einen Bezug zur Vier-Elemente-Lehre hat. Ein ziemlich ähnliches System mit vier Dreiergruppen finden wir auch im astrologischen Tierkreis.

Der Weg von der Luft zur Erde und umgekehrt führt im Drei-Ebenen-Schema immer durch das Wasser. Wenn also in mythischen Texten ein Fluss, Meer oder Brunnen durchquert wird oder eine Welt im Meer versinkt, kann das ein Hinweis auf diesen Gang durch das Wasser sein, z. B.:

- Atlantis-Sage
- Sintflut
- Moses wird im Nil ausgesetzt.
- Moses durchquert das Meer.
- die Taufe im Jordan
- der Fährmann, der die Seelen über den Fluss Styx in die Unterwelt bringt
- der Brunnen der Frau Holle
- der Brunnen im Märchen vom Froschkönig
- Quellen als Zugänge zur Anderswelt
- die Insel Avalon, die im Meer liegt

Das Wort „Pontifex" bedeutet wörtlich übersetzt „Brückenbauer" (bzw. Brückenmacher, lat. pons = Brücke, facere = machen), und damit wird auch seine Aufgabe beschrieben. Mit der Hilfe von religiösen Symbolen und symbolischen Auslegungen kann er uns eine Brücke über dieses Wasser bauen, sodass wir über diese Brücke in die andere, geistige Wirklichkeit vordringen können. Genau genommen ist jedes religiöse Symbol eine kleine Brücke. Es verbindet zwei Seiten miteinander: ein irdisches Ding auf der einen Seite mit einer geistigen Bedeutung auf der anderen Seite. Über ein einzelnes Symbol kann man natürlich nur sehr wenig Information transportieren. Aber mit einer umfangreichen Symbolik lässt sich eine breite und stabile Brücke in die andere Wirklichkeit errichten.

Wenn jedoch die Symbolik verdreht wird, dann führt die Brücke nicht mehr über das Wasser, sondern steht quer und wird zu einer weiteren Barriere.

In meinen inneren Bildern sah ich oft „Überschwemmungen". Mich wunderte jedoch, dass dieses Wasser manchmal so extrem klar war – fast unsichtbar. Bei realen Überschwemmungen würde man doch eher eine bräunliche Dreckbrühe erwarten. Und was mich noch mehr verblüffte: In diesem Wasser konnte man leben und sogar atmen. Es waren manchmal solche absurd wirkenden Details, die mich dazu brachten, diese Bilder anders zu interpretieren – nicht als Visionen zukünftiger Naturkatastrophen, sondern im übertragenen Sinn als Blicke in eine andere Wirklichkeit.

Einmal gelang es mir, aus dem Wasser aufzutauchen und eine Welt oberhalb des Wassers zu sehen. Dort standen verglaste Häuser, die wie riesige Bergkristalle aussahen. Es waren, wenn man die Symbolik übersetzt, „begehbare" und „erlebbare" Gedankengebäude, die absolut klar und rein waren.

Symbolische Analogien zum Drei-Ebenen-Schema

Das Drei-Ebenen-Schema Luft-Wasser-Erde begegnet uns immer wieder in ganz unterschiedlichen symbolischen Analogien. In einigen Fällen fehlt die mittlere Ebene, wodurch das Drei-Ebenen-Schema auf eine reine Polarität reduziert wird.

Ebenen	obere Ebene	mittlere Ebene	untere Ebene
Vier-Elemente-Lehre	Luft	Wasser	Erde
Bedeutung von Luft, Wasser, Erde	geistig, spirituell, abstrakt	seelisch, emotional, moralisch, sozial	körperlich, materiell, konkret
Struktur des Menschen	Geist (Vater)	Bewusstsein / Seele (das Kind von Geist und Materie)	Körper / Materie (Mutter)
Schöpfungsprozesse in der Genesis	Gott sagte … (Idee)	Gott schuf … (Entwicklung)	Gott sah, dass es gut war. (Beurteilung)
Gleichnis vom Spiegelmosaik	Dinge hinter dem Spiegel	Spiegelbild des Zimmers	Zimmer des Betrachters
Gottesnamen in der Genesis	Elohim	JHVH Elohim	JHVH
Teufelsnamen	Luzifer		Satan
die drei Wege	Weltflucht (geistiges „Abheben")	mittlerer Weg zwischen Weltflucht und Weltsucht	Weltsucht (Materieverhaftung)
Bäume im Paradies	Baum des Lebens	Paradies	Baum der Erkenntnis
Baum	Krone	Stamm	Wurzel
Schöpfung (moderne Begriffe 1)	abstrakte Idee	Konkretisierung	materielle Realisierung
Schöpfung (moderne Begriffe 2)	Gedanken	Worte	Taten
Struktur der Schöpfung	Welt des Geistes	Paradies	Erde
griechische Mythologie	Olymp (Zeus)	Meer (Poseidon)	Unterwelt (Hades)
Tiere	Vögel	Fische, Meerestiere	Landtiere
mythische Wesen	Flügel (Engel)	Fischschwanz (Nixe)	Hufe (Zentaur)

Ebenen	obere Ebene	mittlere Ebene	untere Ebene
germanische Mythologie	Asgard	Midgard	Utgard
Runen	Eh-Rune	Hagal-Rune	Not-Rune
ägyptische Mythologie	Re im Osten	Nil	Osiris im Westen
Struktur des Körpers	Kopf	Herz / Lunge	Bauch
Körper	Atem	Blut	Fleisch
Struktur des Gesichts	Stirn	Auge / Nase	Mund
Struktur der Familie	Vater	Mutter	Nährmutter
Landschaften	Berg	Wiese / Hochalm	finsterer Wald / Tal
Märchen von Rapunzel	Haus der Eltern	Garten	Turm im Wald
Leben und Tod	Leben	Weg durchs Wasser	Tod
die zwei Schwerter	flammendes Schwert		Schwert im Stein
Evangelium des Johannes	Am Anfang war das Wort.		Das Wort ist Fleisch geworden.
Logos und Mythos	Logos		Mythos
geometrische Figur	Dreieck	Kreis / Kugel	Quadrat/Würfel, „Kubus"
Zahl	3, aber auch 1	2, aber auch 5	4
Farben	Weiß	Rot	Schwarz
alchemistische Prozesse	Weißfärbung (albedo)	Rötung (rubedo)	Schwärzung (nigredo)
Gewänder in der katholischen Kirchenhierarchie	Papst: weiß	Kardinal: rot	Priester: schwarz
Metalle	Gold	Silber	unedle Metalle (z. B. Blei)
Symbolik von Sonne, Mond und Erde	Sonne	Mond	Erde
Einweihungsgrade	Meister	Geselle	Lehrling
Textverständnis	esoterisch	psychologisch / moralisch	wörtlich
Einteilung der Gnostiker	Pneumatiker	Psychiker	Hyliker

Ebenen	obere Ebene	mittlere Ebene	untere Ebene
Platons Ideenlehre	Welt der Ideen		Welt der Dinge
Platons Höhlen-Gleichnis	die Dinge hinter der Mauer	die Bilder der Menschen und der andern Dinge im Wasser	die Schatten an der Höhlenwand
objektorientierte Analyse	abstrakte Klassen	abgeleitete Klassen	reale Objekte
Quantenfeldtheorie nach Heim	G4 – Hintergrundraum	latente Ereignisse	R4 – manifeste Ereignisse
Bedürfnispyramide nach Maslow	Bedürfnis nach Entfaltung des eigenen Potenzials	soziale Bedürfnisse und Geltung	physiologische Bedürfnisse und Sicherheit
höheres Selbst, Selbst, Ich	höheres Selbst	Selbst / wahres Ich	Ich / falsches Ich

Anmerkungen zum Analogie-Schema:

1.) Ebenso wie beim Vier-Elemente-Schema kann man auch hier die verschiedenen Zeilen nicht immer beliebig in Beziehung zueinander setzen. Symbolische Entsprechungen sind nicht immer transitiv. Das Prinzip der drei Ebenen offenbart sich in sehr vielen Situationen, auch wenn die verschiedenen Situationen nicht unmittelbar etwas miteinander zu tun haben. In Einzelfällen kann man zwar durchaus sinnvolle Zusammenhänge erkennen, aber das kann man nicht verallgemeinern.

2.) Mitunter können aber auch ungewohnte Entsprechungen durchaus ihre Berechtigung haben. Wenn man die Tabelle betrachtet, dann fällt beispielsweise Folgendes auf: Unsere materielle Welt, der Hades (das „Totenreich") und das Reich der Schatten in Platons Höhlen-Gleichnis sind Analogien innerhalb der gleichen Spalte. Dieser ungewohnte Zusammenhang hat folgende Bewandtnis: In den Mythen werden oft Bilder und Situationen aus unserer Wirklichkeit genommen, um damit eine höhere Wirklichkeit zu umschreiben. Man sollte sich in diesen Fällen also bewusst sein: Wir reden hier nicht über unsere materielle Ebene, sondern die Welt der Mythen ist eine höhere Wirklichkeit. **Wenn nun in einer mythischen Geschichte beschrieben wird, wie jemand in eine Unterwelt absteigt, so kann man das in vielen Fällen als einen Abstieg interpretieren, der von einer höheren Wirklichkeit aus passiert. Und wenn man von einer höheren Welt absteigt, dann landet man in unserer materiellen Welt. Wir leben hier in der Unterwelt!**

3.) Wenn man die drei Ebenen als spirituelle Entwicklungsstufen deutet, so gibt es zwei unterschiedliche Entwicklungen: Manche Entwicklungen verlaufen – so, wie man es erwartet – von der unteren Ebene über die mittlere zur oberen. Das gilt beispielsweise für die Erkenntnis des dreifachen Schriftsinns: Zunächst erkennt man die wörtliche Bedeutung, später interpretiert man die Texte psychologisch bzw. moralisch und am Ende findet man schließlich den verborgenen spirituellen Sinn. Aber es gibt auch Entwicklungen, die **von der unteren Ebene über die obere zur mittleren** verlaufen. Ganz typisch ist z. B. eine Entwicklung, die von der Weltverhaftung über die spirituelle Weltflucht schließlich zum „mittleren Weg" führt (ein Begriff, der aus dem Buddhismus stammt). Es gibt also Fälle, in denen die obere Stufe das Ziel ist, und es gibt andere Fälle, in denen die mittlere Stufe das Ziel ist.

4.) Die Zuordnung eines Symbols zu einer Ebene hängt teilweise davon ab, welche anderen Symbole im Kontext erwähnt werden. Gold steht in Zusammenhang mit Silber und einem unedlen Metall für die obere/geistige Ebene. Im Zusammenhang mit Weihrauch und Myrrhe kann man es hingegen der unteren/materiellen Ebene zuordnen, da der Weihrauch die „Luft" erfüllt.

5.) Manche Symbole sind ganz bewusst so gewählt, dass man sie mehreren Spalten zuordnen kann. So ist beispielsweise Pegasus ein Pferd mit Flügeln, und somit verbindet er das Materielle mit dem Geistigen. Auch eine Pyramide verbindet mehrere Ebenen miteinander: Spontan erkennt man ein Dreieck als Seitenansicht und ein Quadrat als Grundriss. Bei der Cheops-Pyramide in Gizeh gibt es darüber hinaus auch eine verborgene Beziehung zur Kreiszahl Pi. Die Seitenlänge betrug ursprünglich 230,36 Meter und die Höhe 146,59 Meter. Wenn man zweimal Seitenlänge geteilt durch Höhe rechnet, so ergibt das einen Wert von 3,14291561, was immerhin ein ganz passabler Näherungswert von Pi ist (Pi = 3,14159265...). Auf diese Weise vereinigt die Pyramide auf symbolische Weise Quadrat, Dreieck und Kreis. (Die exakten Zahlenangaben für Seitenlänge und Höhe variieren in der Literatur etwas, sodass der Wert mal mehr und mal weniger präzise ist.)

6.) Im Kapitel „Über den Autor und die Entstehung des Buches" habe ich ein inneres Bild dargestellt, bei dem es darum ging, dass ich in einem „finstern Würfel" festhing. Wenn wir diese Symbolik in der obigen Tabelle suchen, dann sind sowohl „schwarz" als auch „Würfel" in der Erde-Spalte zu finden, und somit sind beide Hinweise ganz typische Materie-Analogien. Damit können wir also das „Festhängen im finstern Würfel" übersetzen als ein „Festhängen in der Materie", und das passt wiederum zu meinem Eindruck, dass wir uns von dort in die materielle Welt „hineinträumen". Es gibt übrigens absolut keinen Grund, traurig zu sein, wenn das eigene Festhängen in der Materie auf diese Weise symbolisiert wird. Und es muss einem auch nicht peinlich sein. Wir alle, die wir hier leben, hängen gewissermaßen in der Materie fest. Das ist auch kein Hinweis auf eine mangelnde spirituelle Entwicklung, sondern diese Erkenntnis ist der notwendige Ausgangspunkt für eine erweiterte Sichtweise. Immerhin war das ja im konkreten Fall die Grundlage, um die nachfolgende Außenperspektive auf der Hochebene zu verstehen.

Das Dreifachkreuz

Die Dreifachkreuz-Symbolik beschreibt so viele esoterische Zusammenhänge und Aspekte, dass damit nahezu die komplette Esoterik in einem einzigen Symbol vereinigt wird. Dadurch ist das Dreifachkreuz auch als ein **Universalschlüssel** anwendbar, um das esoterische Wissen zu erschließen, das in vielen Texten verborgen ist. Es spielt in diesem Buch eine ähnlich zentrale Rolle wie der Lebensbaum innerhalb der Kabbala. Beide Strukturen sind sogar ganz eng miteinander verwandt. In diesem Kapitel wird später noch gezeigt, wie man den **kabbalistischen Lebensbaum** direkt aus dem Dreifachkreuz herleiten kann. Im dritten Teil des Buches wird darüber hinaus Schritt für Schritt nachgewiesen, dass auch der **biblische Schöpfungsbericht** nach einer vergleichbaren Struktur aufgebaut ist.

Damit das Gesamtbild von Anfang an erkennbar ist und später bei den Details der Überblick nicht verloren geht, möchte ich zunächst eine deutlich vereinfachte und verkürzte Herleitung des Dreifachkreuzes darstellen.

Eine vereinfachte Herleitung

Alle notwendigen Grundlagen für die Dreifachkreuz-Symbolik wurden in den vorangegangenen Kapiteln bereits aufgebaut:

1.) das Drei-Ebenen-Schema
2.) die Vier-Elemente-Lehre
3.) die symbolischen Entsprechungen und Analogien

4.) die Polarität von Empfindungsseele und Vernunftsseele auf der seelischen Ebene
5.) die Rolle des Vorhangs (bzw. der Decke, Hülle)

Hier werden nun all diese Teile zu einer Gesamtstruktur verknüpft, und somit enthält diese Gesamtstruktur natürlich alle diese Teile. Es ist die Grundstruktur des Menschen, die Grundstruktur der Schöpfung und die Grundstruktur des Einweihungsweges.

Schritt 1: Das Drei-Ebenen-Schema

Ausgangspunkt ist das Drei-Ebenen-Schema:

geistige Ebene
seelische Ebene
materielle Ebene

Schritt 2: Die Strukturierung der drei Ebenen

Die geistige Ebene bzw. das Göttliche wird durch die Zahl „drei" bzw. durch ein „Dreieck" symbolisiert. So gibt es beispielsweise im Christentum die „Dreifaltigkeitslehre". Gelegentlich findet man auch Darstellungen von Gott als Dreieck mit einem Auge in der Mitte.
Das Bewusstsein auf der seelischen Ebene ist geprägt durch die Polarität von Fühlen und Denken (Empfindungsseele und Vernunftsseele).
Auf der materiellen Ebene finden wir die vier Elemente der Alchemie: Feuer, Luft, Wasser, Erde. Die Zahl „vier" und das Viereck symbolisieren das Materielle.

Um diese Details erweitere ich nun das Drei-Ebenen-Schema:

	1. Aspekt des Geistes		geistige Ebene
2. Aspekt des Geistes		3. Aspekt des Geistes	
Empfindungsseele		Vernunftsseele	seelische Ebene
	Erde		
Wasser		Feuer	materielle Ebene
	Luft		

Schritt 3: Die symbolischen Entsprechungen

Im nächsten Schritt werden die symbolischen Entsprechungen ergänzt:

1.) Die Empfindungsseele wird durch Wasser symbolisiert und die Vernunftsseele durch Luft.

2.) Auch für die drei geistigen Aspekte kann man Entsprechungen zu den Elementen finden.

3.) Auf der materiellen Welt gibt es folgende Entsprechungen:

- Erde = körperliche/materielle Bedürfnisse
- Feuer = Antrieb/Trieb
- Wasser = körperliche Empfindungen/Leid
- Luft = Materie-fixiertes Denken/Logik

	1. Aspekt des Geistes (Luft)		geistige Ebene (Luft)
2. Aspekt des Geistes (Wasser)		3. Aspekt des Geistes (Erde)	
Empfindungsseele (Wasser)		Vernunftsseele (Luft)	seelische Ebene (Wasser)
	Erde (Körper)		
Wasser (Leid)		Feuer (Trieb)	materielle Ebene (Erde)
	Luft (Logik)		

Schritt 4: Die drei Arten von Bewusstsein

Nun sind noch drei Felder leer. Es sind die drei Arten von Bewusstsein:

- das göttliche Bewusstsein auf der geistigen Ebene
- das voll entwickelte menschliche Bewusstsein auf der seelischen Ebene
- das unfreie/gefangene menschliche Bewusstsein auf der materiellen Ebene

Solange das Handeln primär von den Trieben und von leidvollen Erfahrungen gelenkt wird – von Zuckerbrot und Peitsche, von Verführung und Strafe, von Lust und Leid –, solange ist man als Mensch unfrei und kann keine bewussten Entscheidungen treffen. Es ist ein weitgehend unbewusstes Leben.

Wenn wir nun diese drei Bewusstseinsebenen in die Felder einsetzen, dann erhalten wir folgendes Bild:

	1. Aspekt des Geistes (Luft)		geistige Ebene (Luft)
2. Aspekt des Geistes (Wasser)	**göttliches Bewusstsein (Feuer)**	3. Aspekt des Geistes (Erde)	
Empfindungsseele (Wasser)	**Bewusstsein**	Vernunftsseele (Luft)	seelische Ebene (Wasser)
	Erde (Körper)		materielle Ebene (Erde)
Wasser (Leid)	**gefangenes Bewusstsein**	Feuer (Trieb)	
	Luft (Logik)		

Schritt 5: Der Vorhang

Von der geistigen Ebene geht eine Kraft aus, die auf unser Bewusstsein einwirkt: der Funke der Inspiration. Diese Kraft wird durch Feuer symbolisiert. Aber dieses göttliche Feuer erreicht unser Bewusstsein nur in „gedämpfter" Form, denn zwischen ihm und unserem Bewusstsein befindet sich der „Vorhang". Somit schiebe ich in der folgenden Grafik zwischen den beiden zusammenhängenden „Wassern" eine Zeile ein (zwischen Wasser 1 und Wasser 2).

7		1. Aspekt des Geistes (Luft)			geistige Ebene (Luft)
6	2. Aspekt des Geistes (Wasser 1)	göttliches Bewusstsein (Feuer)	3. Aspekt des Geistes (Erde)		
5		**Vorhang**			
4	Empfindungsseele (Wasser 2)	Bewusstsein	Vernunftsseele (Luft)		seelische Ebene (Wasser)
3		Erde (Körper)			
2	Wasser (Leid)	gefangenes Bewussten	Feuer (Trieb)		materielle Ebene (Erde)
1		Luft (Logik)			

Damit ist die komplette Struktur hergeleitet. Oft begegnen uns aber auch deutlich reduzierte und vereinfachte Strukturen, beispielsweise das bereits aus vorrömischer Zeit stammende Hüpfspiel „Himmel und Hölle", das in manchen Regionen auch als „Tempelhüpfen" bezeichnet wird.

Damit ist die vereinfachte Herleitung des Dreifachkreuzes abgeschlossen. Sie war natürlich nur deshalb möglich, weil ich die Gesamtstruktur schon kannte. Und dadurch konnte ich bei dieser Herleitung von Anfang an auf das Ziel hinarbeiten. Wie ich tatsächlich auf diese Struktur kam, das war jedoch ein ganz anderer Weg. Diesen werde ich anschließend darstellen, um das Thema zu vertiefen und noch einige Aspekte darzustellen, die ich bei der vereinfachten Herleitung weggelassen habe.

Die unterschiedlichen Polaritätenpaare

Oftmals werden die vier Elemente Feuer, Luft, Wasser und Erde als Polaritäten in Form von Kreuzstrukturen dargestellt. Doch in der Literatur treten alle auch nur vorstellbaren Kombinationen auf. Einige Darstellungen orientieren sich am Aufbau des astrologischen Tierkreises, und dort stehen sich immer folgende Elemente gegenüber: Feuer – Luft, Wasser – Erde:

Widder (Feuer)	Waage (Luft)
Stier (Erde)	Skorpion (Wasser)
Zwilling (Luft)	Schütze (Feuer)
Krebs (Wasser)	Steinbock (Erde)
Löwe (Feuer)	Wassermann (Luft)
Jungfrau (Erde)	Fische (Wasser)

Andere orientieren sich an der Alchemie:

kalt	Erde	trocken
Wasser		Feuer
feucht	Luft	warm

Wieder andere stellen den Menschen mit den Seelenkräften Vernunft und Gefühl auf die Erde und lassen von oben den Funken der göttlichen Inspiration auf ihn einwirken:

	Feuer (Inspiration)	
Wasser (Gefühl)	Mensch	Luft (Vernunft)
	Erde	

Die drei Kreuze

Sofern man spiegelsymmetrische und gedrehte Varianten weglässt, gibt es also drei unterschiedliche Strukturen:

1. Die Kreuzstruktur aus der Astrologie (Himmel): Polarität Feuer-Luft, Wasser-Erde

	Luft	
Wasser		Erde
	Feuer	

Diese Polarität ist ganz typisch für die Entwicklung und die Abwägung von Ideen. Die Luft-Feuer-Polarität kann man auf zwei Arten deuten:

1.) Von den Gedanken (Symbol Luft) geht eine Kraft (Symbol Feuer) aus. Das wäre die Wirkung der Gedanken auf die Kraft.
2.) Die Gedanken (Symbol Luft) werden durch eine Kraft (Symbol Feuer) verstärkt. Das ist die Wirkung der Kraft auf die Gedanken.

So, wie eine Pflanze sich entwickeln kann, wenn man sie bewässert, so unterstützt auch das Wasser-Prinzip die Entwicklung einer Idee. So, wie uns die materielle Welt Grenzen und Konsequenzen aufzeigt, so gibt es auch bei der Entwicklung einer Idee begrenzende Faktoren.

Die Wasser-Erde-Polarität steht in diesem Sinne für entwicklungsfördernde und begrenzende Einflüsse und für eine Ausgewogenheit beider Prinzipien.

2. Die Kreuzstruktur der Seele: Polarität Feuer-Erde, Wasser-Luft

	Feuer	
Wasser		Luft
	Erde	

In dieser Polarität steht ein Mensch, der zwischen Gefühl (= Wasser) und Vernunft (= Luft) abwägt und das Feuer der Inspiration in der materiellen Welt (= Erde) umsetzt. Diese Struktur beschreibt den handelnden und erkennenden Menschen, also Künstler, Entwickler, Erfinder, Tüftler, Forscher.

3. Die Kreuzstruktur aus der Alchemie (Materie): Polarität Feuer-Wasser, Luft-Erde

	Erde	
Wasser		Feuer
	Luft	

Diese Polaritäten zeigen den Zustand des „erdgebundenen" Menschen. Sein Denken (= Luft) ist auf das Materielle (= Erde) ausgerichtet. Die Begierde (= Feuer) nach Sex, Geld, Revier, Status ... treibt ihn an, und das Leid (= Wasser) ist die natürliche Bremse. Es ist ein Reagieren auf Zuckerbrot und Peitsche. Diese Struktur beschreibt den unfreien Menschen, der ein Sklave der Notwendigkeiten und Begierden ist.

Die drei Querbalken

Die drei Querbalken beschreiben drei unterschiedliche Arten der Ausgewogenheit:

Ebene	Polarität	Ausgewogenheit bei	Ausgewogenheit durch
geistig	Wasser-Erde	Planung und Steuerung	fördern (Schaffung von Entwicklungsmöglichkeiten) und begrenzen (Erkennen der Konsequenzen)
seelisch	Wasser-Luft	Wahrnehmung	Emotion und Vernunft
körperlich	Wasser-Feuer	Handlung	Leid und Trieb

Wenn wir selbst aktiv planen und steuern, dann liegt es an uns, bestimmte Entwicklungen zu fördern und andere zu begrenzen. Aber in vielen Fällen spüren wir nur, dass es eine höhere Instanz gibt, die unser Schicksal plant und steuert. Doch die Ziele und Ideen dieser Instanz sind für uns oft nicht direkt erkennbar. Wir spüren nur die fördernden und begrenzenden Effekte in unserem Leben und empfinden diese aus unserer Perspektive als **Gnade und Strenge**.

Die Rohform des Dreifachkreuzes

Alle drei Ebenen sind in jedem von uns wirksam: die geistige, die seelische und die körperliche Ebene. So bietet es sich an, alle drei Kreuze wie ein Puzzle zu einem Dreifachkreuz zusammenzusetzen. Aus drei Ebenen mit jeweils vier Elementen entsteht das Dreifachkreuz:

	Luft (auf der geistigen Ebene)	
Wasser (auf der geistigen Ebene)		Erde (auf der geistigen Ebene)
	Feuer	
Wasser (auf der seelischen Ebene)		Luft (auf der seelischen Ebene)
	Erde	
Wasser (auf der materiellen Ebene)		Feuer (auf der materiellen Ebene)
	Luft (auf der materiellen Ebene)	

Ich habe jeweils die „emotionale" Seite des Wassers nach links sortiert, weil diese Seite der linken Körperhälfte (= rechte Hirnhälfte) entspricht.

Der Vorhang und die korrigierte Form des Dreifachkreuzes

Nachdem ich diese Dreifachkreuzstruktur gefunden hatte, fielen mir in der Literatur und in der Kunst sehr viele ähnliche Strukturen auf, die sich aber alle etwas unterschieden: Hierophantenstab (Papststab), Kreuzdarstellungen im orthodoxen Christentum, Lebensbaum der Kabbalisten, biblische Schöpfungsgeschichte, die wundersame Brotvermehrung, die Struktur der „zehn" Gebote, Platons Höhlengleichnis, das Rätsel der Sphinx, der siebenarmige Leuchter, die Weltenesche Yggdrasil, das System der sieben Chakren usw. In gewisser Weise war das „Dreifachkreuz der vier Elemente" wie ein Verbindungsstück zwischen all diesen unterschiedlichen Strukturen – so etwas wie ein allgemeines und gemeinsames Urbild, das in all diesen Strukturen erkennbar war. Man könnte es auch als eine „esoterische Weltformel" bezeichnen, die sehr vielen esoterischen Systemen zugrunde liegt. Während ich die Prinzipien des Dreifachkreuzes relativ leicht in den verschiedenen Strukturen wiedererkennen konnte, waren die **direkten** Analogien zwischen den unterschiedlichen Strukturen für mich nicht so offensichtlich.

In diesem Zusammenhang erkannte ich, dass eine kleine Korrektur bei der Position Feuer notwendig war, um das „Urbild" noch etwas zu optimieren. Ich musste beim Feuer die Ebene des Vorhangs einfügen, ohne die Gesamtstufenzahl zu verändern.

So habe ich das Feuer auseinander gezogen (zu Feuer und Licht) und durch den Vorhang getrennt:

	Luft (auf der geistigen Ebene)	
Wasser (auf der geistigen Ebene)	Feuer	Erde (auf der geistigen Ebene)
	Vorhang	
Wasser (auf der seelischen Ebene)	Licht	Luft (auf der seelischen Ebene)
	Erde	
Wasser (auf der materiellen Ebene)	Finsternis	Feuer (auf der materiellen Ebene)
	Luft (auf der materiellen Ebene)	

Der „Vorhang" trennt das Bewusstsein im Menschen (Symbol Licht) von der Gesamtheit des göttlichen Bewusstseins (Symbol Feuer). In der esoterischen und religiösen Literatur bekommen dieser Vorhang und die damit verbundene Trennung oftmals zu Unrecht einen negativen Beigeschmack. Aber gäbe es diese Trennung nicht, so hätte der Mensch keine Individualität, kein eigenes Bewusstsein, keine eigenen Gedanken und keine eigenen Erfahrungen. Ohne den Vorhang wäre der Mensch nur Teil des göttlichen Bewusstseins. Eine Entwicklung bzw. ein Wachstum des eigenen Bewusstseins wäre nicht möglich.

Jetzt ist auf den unterschiedlichen Ebenen nur noch eine Ersetzung der Elemente durch jeweils passende Begriffe notwendig, um endgültig die Struktur vom Dreifachkreuz zu erhalten:

Ebene	Feuer	Luft	Wasser	Erde
geistig (Luft)	Inspiration	Ur-Idee (Logos)	Möglichkeit (Gnade)	Konsequenz (Strenge)
seelisch (Wasser)	Bewusstsein	höhere Vernunft (Vernunftsseele)	feine Empfindungen (Empfindungsseele)	Körper
körperlich/ materiell (Erde)	Trieb und Gier (Leidenschaft)	Logik und analytischer Verstand	Leid und Schmerz	Körper

Damit ist die Struktur vom Dreifachkreuz komplett. Aus den vier Elementen und den drei Ebenen der Schöpfung sind auf diese Weise sieben Stufen und zwölf Positionen entstanden mit dem Vorhang als 13. Position, wobei diese Position bei der Zählung immer eine gewisse Sonderrolle spielt. Man könnte es mit dem Märchen von Dornröschen vergleichen: Wir haben zwar 13 Prinzipien, zählen aber nur zwölf Positionen. Und diese 13. Position hat etwas damit zu tun, dass wir einen Teil unseres Bewusstseins verloren haben. Dieser Teil „schläft" in uns. Die Position des Vorhangs wird erst besetzt und mitgezählt, wenn man das Bewusstsein um eine Position nach oben verschiebt und wenn man es schafft, den Vorhang (bzw. die Dornenhecke) zu durchbrechen. Dann beginnt das Feuer wieder zu flackern.

Die folgende Grafik stellt die Dreifachkreuzstruktur als Ganzes dar. Die Ziffern am rechten Rand beziehen sich jeweils auf die Nummer der Ebene.

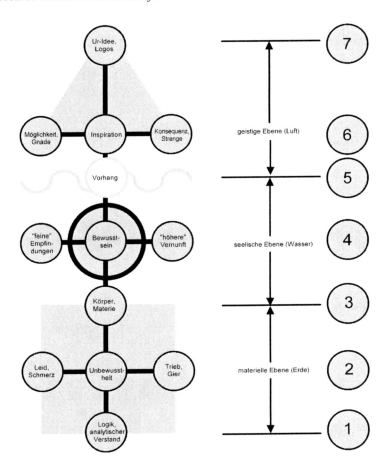

Die Bedeutungen der verschiedenen Positionen in der Dreifachkreuzstruktur – eine Zusammenfassung

Der Bereich des Geistes

Die Ur-Idee (Logos)

Am Anfang jeder Entwicklung steht eine abstrakte und zeitlose Idee. Die Idee ist in dieser Phase noch nicht konkretisiert. So weiß man auch nicht wirklich, ob sie jemals funktionieren würde. Ideen gehören als Gedanken zum Element Luft. Sie sind wie Luft nicht wirklich greifbar.

Möglichkeit (Gnade)
Wenn eine Idee „Gnade" findet, wenn man sie „zulässt" und „unterstützt", dann wird sie konkreter und bekommt die Möglichkeit zur Entwicklung und Entfaltung – dann kann sie auch zeigen, welche Möglichkeiten in ihr stecken. Mit dieser Entwicklung beginnt auf der geistigen Ebene ein erster zeitlicher Ablauf.

Konsequenz (Strenge)
Jede Idee, die man zulässt, hat natürlich auch mögliche Konsequenzen. Viele Konsequenzen werden sich erst später zeigen, wenn die Idee wirklich materiell realisiert ist. Aber manche Konsequenzen und Probleme sind auch jetzt schon auf der geistigen Ebene zu erkennen. Im Prinzip werden hier schon einige Probleme der späteren Realisierung vorweggenommen. Gleichzeitig fließen natürlich auch die Konsequenzen mit ein, die man bei der Realisierung anderer Ideen schon erlebt hat. Die Konsequenzen begrenzen die Möglichkeiten und werden daher als Strenge empfunden.

Feuer / Inspiration
Wenn eine Idee auf der höheren, geistigen Ebene in ihren Möglichkeiten und Konsequenzen erkennbar wird, kann sie durch den Funken der Inspiration ins menschliche Bewusstsein dringen. Dieser Funke ist quasi das Resultat aus den verborgenen geistigen Prozessen.

Vorhang
Wenn man eine Idee realisiert und sehen will, ob sie auch wirklich funktioniert, dann muss man sie auch alleine laufen lassen. Würde man ständig eingreifen, dann wüsste man nie, ob und wie es alleine funktionieren würde, ob z. B. die geplanten

Konsequenzen auch wirklich so einträten, wie man sich das vorher überlegt hat. Deshalb ruht Gott am siebten Tag und lässt die Schöpfung laufen. Der Vorhang symbolisiert die notwendige Trennung des Schöpfers, damit das Geschöpf Eigenständigkeit gewinnt.

Der Bereich der Seele bzw. des voll entwickelten menschlichen Bewusstseins

Das voll entwickelte menschliche Bewusstsein entsteht an der Grenze zwischen Geist und Materie. Es erkennt in den materiellen Dingen die geistigen Prinzipien. Somit stellt dieses Bewusstsein die Verbindung zwischen Geist und Materie her.

Licht / Bewusstsein

Das Bewusstsein wird symbolisiert durch das Licht. So sagen wir auch rein umgangssprachlich, wenn jemandem etwas bewusst wird, dass ihm ein Licht aufgeht. Im Bewusstsein des Menschen spiegelt sich das Feuer des Geistes, aber nur in deutlich abgeschwächter Form – eben nur so viel, wie durch den Vorhang fallen kann.

Luft / Vernunftsseele

Luft steht auf dieser Ebene für die höhere Vernunft. Das Denken auf dieser Ebene unterscheidet sich ganz erheblich von der rein „Materie-fixierten" Logik auf der materiellen Ebene. Es geht z. B. auch darum, geistige und seelisch-moralische Themen zu beurteilen – also Dinge, die über das rein Materielle hinausgehen.

Wasser / Empfindungsseele

Wasser symbolisiert die Emotionalität des Menschen. Das Fühlen auf dieser Ebene unterscheidet sich aber ebenfalls ganz deutlich von dem rein körperlichen Empfinden. Hier geht es auch um Harmonie, Ästhetik, Mitgefühl, Euphorie usw.

Der Bereich der Materie

Erde / Materie / Körper

Mit unserem Körper setzen wir die Ideen in der Materie um, und so können die Ideen unter den Bedingungen der materiellen Welt erprobt werden.

Logik / Materie-fixiertes Denken

Auf der materiellen Ebene gibt es ganz typische Sachzwänge und Wenn-Dann-Beziehungen: „Wenn wir uns stoßen, dann tut es weh." Diese logischen und kausalen Beziehungen zu erfassen und zu nutzen, ist die typische Art des Materie-fixierten Denkens. Es ist die kalte Rationalität der Technokraten und Bürokraten.

Trieb
Das „Feuer", das alle Lebewesen auf der körperlichen Ebene primär antreibt, sind ihre Triebe und Bedürfnisse. Dazu gehören Nahrung, Fortpflanzung, Revier, Besitz …

Schmerz (Leid)
So, wie es einen antreibenden Aspekt des Handelns gibt, gibt es auch einen begrenzenden. Das ist im normalen Leben meistens Leid und Schmerz.

Finsternis / Unbewusstheit
Man ist unfrei, solange das Leben in erster Linie durch Sachzwänge, Triebe und Leid bestimmt wird. Ein bewusstes und eigenständiges Handeln ist in diesem Zustand nicht möglich. Es ist mehr ein unbewusstes und mechanisches Re-agieren als ein eigenständiges Agieren.

Das Dreifachkreuz und der kabbalistische Lebensbaum

Die Kabbala ist eine esoterische Geheimlehre, die auf dem Judentum basiert. Aber man könnte auch sagen: Das Judentum ist eine exoterische Tradition, die auf der Kabbala basiert. Die Kabbala in der heutigen Form lässt sich historisch nur bis ins Mittelalter zurückverfolgen. Wichtige Teile des Hauptwerks „Sefer ha-Zohar" stammen von Moses de Leon, einem spanischen Juden, der zwischen 1240 und 1305 lebte. Aber es spricht tatsächlich einiges dafür, dass damals Ideen aufgegriffen oder wiederentdeckt wurden, die deutlich älter sind. Innerhalb der Kabbala gibt es verschiedene Themengebiete. Eines davon ist der Lebensbaum mit seinen zehn Sephiroth. Und auf diesem Lebensbaum basiert wiederum das neuzeitliche Tarotspiel, das oft zum „Kartenlegen" verwendet wird. Auch die moderne „Numerologie" hat ihre Wurzeln in der Kabbala. Der Urahn der Numerologie wird dort als „Gematria" bezeichnet.

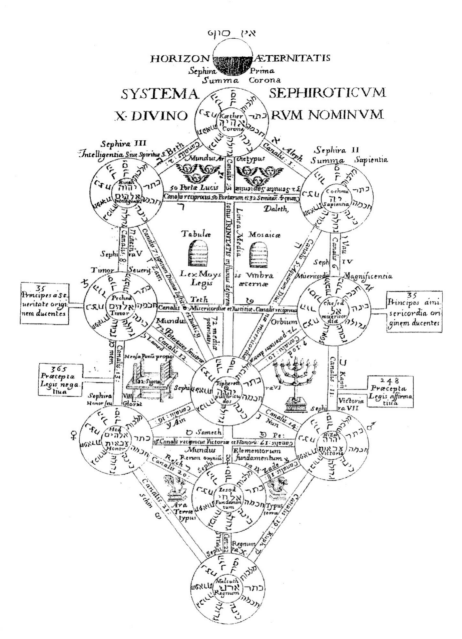

Athanasius Kircher - Oedipus Aegypiacus, 1653

In diesem Buch wird der Beweis erbracht, dass es strukturelle Ähnlichkeiten gibt zwischen

1.) dem Dreifachkreuz und dem Lebensbaum (in diesem Kapitel),
2.) dem Dreifachkreuz und der biblischen Schöpfungsgeschichte (im dritten Teil).

Somit können wir zweifelsfrei davon ausgehen, dass auch die Autoren der Thora eine vergleichbare Struktur kannten.

Das Dreifachkreuz ähnelt in vielerlei Hinsicht dem Lebensbaum der Kabbalisten:

		Kether = Krone	
	Binah = Intelligenz		Chokhmah = Weisheit
		(Daath = Abgrund)	
	Geburah = Stärke		Hesod = Güte
		Tiferet = Schönheit	
	Hod = Herrlichkeit		Nezach = Ewigkeit
		Jesod = Fundament	
		Malkuth = Königreich	

Die elfte und verborgene Sefirah „Daath = Abgrund" steht für jenes „Wissen", das von Gott verboten war und entspricht damit dem Vorhang.
Wenn man das Dreifachkreuz spiegelbildlich darstellt und darüber hinaus die beiden oberen Querbalken austauscht, dann sähe das Ergebnis so aus (ich habe jeweils in Klammern die entsprechenden Positionen des Lebensbaums hinzugefügt):

	Ur-Idee (Krone)	
Vernunftsseele (Intelligenz)	Feuer	Empfindungsseele (Weisheit)
	Vorhang (Abgrund)	
Strenge (Stärke)	Bewusstsein (Schönheit)	Gnade (Güte)
	Erde (Fundament)	
Feuer (Herrlichkeit)	unbewusstes Leben	Wasser (Ewigkeit)
	Logik (Königreich)	

Einige Positionen passen exakt (z. B. Denken = Intelligenz), manche kann man gelten lassen (z. B. Wasser = Ewigkeit, immerhin steht Wasser auch für Zeit) und manches ist im ersten Moment nicht so ganz intuitiv (z. B. Logik = Königreich). Die folgende Tabelle zeigt mögliche Assoziationsketten zwischen dem Lebensbaum und dem Dreifachkreuz, wobei manche Zusammenhänge so offensichtlich sind, dass man auf das Bindestück in der Assoziationskette verzichten kann:

Lebensbaum	Bindestück in der Assoziationskette	Dreifachkreuz
Krone	Initiator	Ur-Idee
Intelligenz		Vernunftsseele
Weisheit	„emotionale Intelligenz"	Empfindungsseele
Abgrund	trennende Funktion	Vorhang
Stärke		Strenge
Güte		Gnade
Schönheit	Klarheit	Bewusstsein
Herrlichkeit	Glanz, Diamant (kaltes Feuer)	Feuer
Ewigkeit	Zeit	Wasser
Fundament		Erde
Königreich	Bereich, den wir beherrschen	Logik

Zum „Königreich" ist noch anzumerken, dass das spanische Wort „real" neben „tatsächlich" auch „königlich" bedeutet. Auch das bei uns gebräuchliche Wort „royal" ist damit verwandt. In dem Sinne ist die physische Realität unser Königreich. Als ich mit den Polaritätenpaaren bei den vier Elementen angefangen hatte, war es nicht mein Ziel gewesen, den Lebensbaum der Kabbalisten herzuleiten, aber nachdem ich dieses Ergebnis sah, war ich wegen der strukturellen Ähnlichkeit schon etwas verblüfft.

Die Spiegelbildlichkeit bzw. die Links-Rechts-Orientierung ist mir bei diesem Thema nicht so wichtig. Einerseits schreiben die Juden im Gegensatz zu uns von rechts nach links, und andererseits ist die linke Seite von jemandem, der uns gegenübersteht, für uns rechts. Für diese Abweichung kann es also unterschiedliche Gründe geben. Aber gerade der Unterschied bei den beiden oberen Querbalken lässt sich nicht so einfach ignorieren, sondern verlangt nach einer Erklärung. Die Menschen, die den kabbalistischen Lebensbaum schufen, können wir nicht mehr fragen, aber es ist durchaus möglich, dass im Lebensbaum zwei Dreiecke überlappend dargestellt werden, die ich beim Dreifachkreuz nicht überlappend dargestellt habe:

Dreieck 1 = Krone (Ur-Idee), Stärke (Strenge), Güte (Gnade)
Dreieck 2 = Fundament (Erde), Intelligenz (Denken), Weisheit (Fühlen)

Dreifachkreuz		
nicht überlappende Dreiecke		
	Krone	
Stärke	(Feuer)	Güte
	Vorhang	
Intelligenz	(Bewusst-sein)	Weisheit
	Fundament	

Lebensbaum		
überlappende Dreiecke (Feuer und Bewusstsein ist zusätzlich zu einer Position zusammengefasst worden)		
	Krone	
Intelligenz		Weisheit
	(Schönheit)	
Stärke		Güte
	Fundament	

Durch die Überlappung der beiden Dreiecke entsteht ein Muster, durchaus vergleichbar mit einem Davidstern. Solche Darstellungen des Lebensbaums mit Davidstern sind mir schon mehrfach aufgefallen, und ich kann mir vorstellen, dass die Schöpfer des Lebensbaums diese Überlappung ganz bewusst vorgenommen haben, um die Überwindung des Abgrunds zu unterstreichen. Und damit haben sie möglicherweise in Kauf genommen, dass der Lebensbaum nun für manche anderen Deutungen nicht mehr anwendbar ist.

Ein weiterer Unterschied zwischen beiden Strukturen liegt in der Anzahl der Positionen: Während es beim Lebensbaum zehn Sephiroth gibt und Daath als verborgene elfte, gibt es beim Dreifachkreuz zwölf Positionen und den Vorhang. Vermutlich sind beim Lebensbaum die beiden Positionen Bewusstsein/Licht und Feuer zu einer Position zusammengefasst worden, und die Unbewusstheit ist komplett gestrichen worden. Dadurch kann – jedenfalls rein theoretisch – die Anzahl von zwölf auf zehn reduziert werden.

Das Überlappen der Dreiecke hätte die gleiche Bedeutung wie die Überwindung des Vorhangs. Die Verschmelzung von Bewusstsein und Feuer und die Streichung der Unbewusstheit würden ebenfalls zu dieser Interpretation passen. So habe ich den Eindruck, dass der Lebensbaum auf dem Dreifachkreuz aufbaut. Aber während das Dreifachkreuz die Trennung ganz deutlich darstellt, versinnbildlicht der Lebensbaum die Überwindung der Trennung – den Zustand der Verschmelzung mit dem höheren/göttlichen Seelenanteil.

In diesem Sinne stellt das Dreifachkreuz den aktuellen „Ist-Zustand" dar, der durchaus seinen Sinn und seine Notwendigkeit hat. Der Lebensbaum versinnbildlicht hingegen einen zukünftigen „Soll-Zustand", bei dem das Problem der Trennung nicht mehr existiert.

Wenn ein Mensch seine aktuelle Situation verstehen will, dann halte ich das Dreifachkreuz für das besser geeignete „Modell". Mir persönlich ging es jedenfalls so, dass ich den Lebensbaum erst verstehen konnte, nachdem ich das Dreifachkreuz komplett verstanden hatte. Vorher empfand ich den Lebensbaum immer als etwas Abstraktes und Theoretisches, das mit meinem Leben und mit meinen Erfahrungen nichts zu tun hatte. Dazu haben natürlich auch die vielen hebräischen Begriffe beigetragen, die nicht meinen Sprachgewohnheiten entsprechen und zu denen ich nie einen intuitiven Zugang finden konnte.

Das Modell der sieben Bewusstseinsstufen

Stufe 7	abstrakte Ur-Idee		Ur-Idee / Logos	
Stufe 6	göttliches Bewusstsein	Realisierung / Gnade / Schöpfung	göttliches Bewusstsein	Konsequenzen / Strenge / Erkenntnis
Stufe 5	erhöhtes Bewusstsein (Christus-Bewusstsein)		Vorhang	
Stufe 4	menschliches Bewusstsein	Empfinden	Bewusstsein	Vernunft
Stufe 3	Körper beherrschen und bewusst einsetzen		Körper	
Stufe 2	Instinkte (Tier)	Schmerz	Unbewusstsein	Trieb
Stufe 1	Maschinen		Logik / Kausalität	

Mechanische Apparaturen, Maschinen, Urwerke, Lichtschalter, Computer usw. haben zwar noch kein Bewusstsein, so wie wir diesen Begriff umgangssprachlich verstehen. Sie haben jedoch etwas, was man durchaus als eine primitive Vorstufe von Bewusstsein bezeichnen könnte. Immerhin gibt es bereits so etwas wie Reaktion und Gedächtnis. Sie können sich logisch und kausal verhalten. Aber sie haben noch keinen eigenen Antrieb (Feuer) und kein Empfinden (Wasser).
Einfache Tiere sind gesteuert durch Trieb (Feuer) und Schmerz (Wasser) und handeln noch nicht bewusst. Auch neugeborene Kinder sind auf diesem Niveau. Höher entwickelte Tiere fangen an, die Fähigkeiten ihres Körpers zu erkunden und bewusst zu handeln. Das entspricht in etwa der Kleinkindphase. Spieltrieb kennzeichnet diese Entwicklungsstufe. Der erwachsene Mensch hat schließlich ein komplexes Spektrum von Emotionen und ist in der Lage, vernünftig und vorausschauend zu handeln. Das entspricht der Stufe 4 der Bewusstseinsentwicklung.
Ab der Stufe 5 beginnt die spirituelle Entwicklung, und man löst sich langsam von

der rein materiellen Sichtweise. Man fängt an, über den Vorhang hinüberzuschauen und bekommt einen ersten Eindruck von der höheren Wirklichkeit. So erkennt man im Laufe der Entwicklung die Kräfte, die in der Schöpfung wirken und ihre Konsequenzen. In der höchsten Entwicklungsstufe erkennt man schließlich die Ur-Idee, die hinter allem steckt.

Der „höhere Seelenanteil"

Eine ganz zentrale Rolle in der Symbolsprache spielt der „höhere Seelenanteil", der uns in ganz unterschiedlichen Umschreibungen begegnet:

- das „höhere Selbst"
- das Göttliche in uns
- das Christusbewusstsein
- das Überbewusstsein

Es ist ein Anteil von uns, der quasi als Vermittler zwischen unserem Bewusstsein und dem Göttlichen steht. Wenn Jesus in Joh. 14,6 sagt: *„Niemand kommt zum Vater denn durch mich",* dann bezieht sich das ganz konkret auf diese vermittelnde Rolle des „Christusbewusstseins".

Die wundersame Brotvermehrung

Der „höhere Seelenanteil" liegt bei der Dreifachkreuzstruktur auf Ebene 5. Es ist der Teil unseres Bewusstseins, der über den Vorhang blicken kann und über den wir mit der geistigen Ebene in Kontakt stehen. Aus dieser Position lassen sich alle zwölf Positionen überblicken, während man vom Bewusstsein auf Ebene 4 nur sieben andere Positionen erkennen kann.
Exakt dieses Zahlenverhältnis finden wir auch bei den Brotkörben im Zusammenhang mit den beiden „wundersamen" Brotvermehrungen, wobei hier statt Ebene 4 und Ebene 5 die Zahlen 4000 und 5000 stehen.

Mt. 15,34: Die Speisung der viertausend
Und Jesus sprach zu ihnen: Wie viele Brote habt ihr? Sie antworteten: **Sieben** *und ein* **paar** *Fische. Und er ließ das Volk sich auf die Erde lagern [...] Und sie aßen*

alle und wurden satt; und sie sammelten auf, was an Brocken übrigblieb, **sieben Körbe** voll. Und die gegessen hatten, waren **viertausend** Mann, ausgenommen Frauen und Kinder.

Mt. 14,17: Die Speisung der fünftausend
*Sie sprachen zu ihm: Wir haben hier nichts als **fünf Brote** und **zwei Fische**. [...] Und sie aßen alle und wurden satt und sammelten auf, was an Brocken übrigblieb, **zwölf Körbe voll**.*

Fassen wir die beiden Aussagen tabellarisch zusammen:

Anzahl der Personen	Anzahl der Brote	Anzahl der Fische	Anzahl der Körbe
4000	7	ein paar	7
5000	5	2	12

Brote sind aus Getreide gemacht, das auf der „Erde" wächst. Fische stammen aus dem „Wasser". Wir haben hier also einen Hinweis auf die materielle und auf die seelische Ebene.

Bewusstsein auf Ebene 4				Bewusstsein auf Ebene 5			
		7				12	
		6		9	10	11	
	Vorhang 8	5			Bewusst-sein 8		
6 (Brot)	Bewusst-sein	7 (Brot)	4	6 (Fisch)		7 (Fisch)	
		5 (Brot)	3		5 (Brot)		
2 (Brot)	3 (Brot)	4 (Brot)	2	2 (Brot)	3 (Brot)	4 (Brot)	
	1 (Brot)		1		1 (Brot)		

Beim Bewusstsein auf Stufe 4 ist das Seelenleben noch stark vom materiellen Denken geprägt. So haben wir hier sieben Brote. Natürlich ist das Seelenleben auch in diesem Fall nicht ausschließlich materiell orientiert. Etwas „Fisch" gibt es hier also auch, aber er wird nicht mit einem konkreten Zahlenwert bezeichnet. Wenn das Bewusstsein hingegen „angehoben" ist, wenn es die Ebene 5 erreicht hat und durch den Vorhang blickt, dann kann man die beiden Ebenen klar unterscheiden. Es gibt hier eindeutig fünf „irdische" Positionen (1 bis 5) und zwei seelische (6 und 7). Das Bewusstsein wird bei dieser Darstellung gewissermaßen wie eine Spielfigur um ein Feld nach oben gerückt.

Das andere Zeitempfinden des höheren Seelenanteils

Unser „höherer Seelenanteil" plant deutlich weiter voraus, als es uns bewusst ist. Wenn so ein Plan ins Tagesbewusstsein gelangt und bildhaft ausgestaltet wird, dann hat man mitunter den Eindruck, als hätte man tatsächlich in die Zukunft geschaut. Aber es ist eben nicht die tatsächliche Zukunft, sondern nur ein bildhaft ausgestalteter Plan für die Zukunft, der auf dieser Ebene übrigens durchaus „begehbar" und erlebbar ist.

Der „höhere Seelenanteil" verfügt aber auch über Erinnerungen an unsere früheren Leben. Somit überschaut er einen Teil der geplanten Zukunft und gleichzeitig auch enorme Epochen, die inzwischen vergangen sind. Sein zeitlicher Horizont ist also deutlich größer, und somit erscheint er uns aus unserer engen zeitlichen Perspektive als „zeitlos", auch wenn er nicht wirklich zeitlos ist.

Wenn der „höhere Seelenanteil" zukünftige und potenzielle Entwicklungen planen und auch erleben kann, dann ist das natürlich ein ganz anderer Umgang mit der Zeit. Man kann es bestenfalls vergleichen mit einem Architekten, der neue Bauwerke im Computer simulieren und schon vorab erleben kann. In dieser Simulation ist der Architekt nicht an den tatsächlichen Fluss der Zeit gebunden, sondern kann beliebig zwischen den verschiedenen Bauphasen hin und her springen und auch verschiedene Varianten der Zukunft durchspielen.

Wirklich zeitlos ist erst die geistige Ebene – die Ebene der allgemeinen Prinzipien. Zwei und zwei ist vier, war vier und wird immer vier sein. Die Erkenntnis eines solchen Prinzips ist der Zeit unterworfen – aber das Prinzip selbst nicht. Auf dieser Ebene gibt es tatsächlich die „Ewigkeit".

Diese Zeitlosigkeit gibt es auch bei der folgenden Aussage, in der sich Gott gegenüber Moses offenbart:

2. Mose 3,14: Ich werde sein, der ich sein werde.

Diesen Satz „eheje ascher eheje" kann man jedoch auf ganz unterschiedliche Weisen übersetzen: „Ich bin, der ich bin. Ich war, der ich war. Ich werde sein, der ich sein werde." Der Satz selbst ist zeitlich unbestimmt – ewig.

Die unterschiedlichen Personifikationen des höheren Seelenanteils

Der „höhere Seelenanteil" wird in unterschiedlichen Geschichten sehr uneinheitlich personifiziert. In den Evangelien ist es Jesus – also ein Mann. Aber gerade in den deutschen Volksmärchen finden wir sehr häufig Frauen, die diesen „höheren Seelenanteil" verkörpern: Schneewittchen, Dornröschen, Aschenputtel, Rapunzel ... Für diese Unterschiedlichkeit kann es mehrere Gründe geben:

1. Da der Mensch eine Vereinigung mit diesem höheren Anteil anstrebt, wird dieser häufig **gegengeschlechtlich** dargestellt. Daher kann es manchmal auch passieren, dass sich der Wunsch nach Vereinigung mit unserem höheren Seelenanteil auf symbolische Weise in unseren sexuellen Wünschen, Fantasien und Träumen widerspiegelt.

2. Der „höhere Seelenanteil" ist quasi ein „Stellvertreter" des geistigen bzw. zeugenden Prinzips. Deshalb wird er ebenso wie das geistige Prinzip auch **männlich** dargestellt.

3. Aus der Perspektive des Tagesbewusstseins ist die aktive Rolle des „höheren Seelenanteils" kaum zu erkennen. Dieser Anteil scheint zu schlafen bzw. gestorben zu sein. So erscheint es dem Tagesbewusstsein, als ob das aktive Streben nach der Vereinigung ausschließlich vom Tagesbewusstsein ausginge. Das Werben des Mannes um die Gunst der Frau wird hier als ein Gleichnis für dieses spirituelle Streben verwendet. In früheren Zeiten wäre es unschicklich gewesen, wenn das aktive Streben zu deutlich von der Frau ausgegangen wäre. Die Frau war hier – wie auch bei der Sexualität – auf eine eher passive Rolle festgelegt.

4. Auch die weibliche Zartheit und Feinfühligkeit mag ein Grund sein, weshalb dieser „feinere" Anteil häufig **weiblich** versinnbildlicht wird.

Was ich hier über den höheren Seelenanteil geschrieben habe, der in uns begraben liegt, gilt in ähnlicher Weise auch für das verborgene Wissen in den Märchen, Mythen und esoterischen Texten. Letztendlich hängt beides miteinander zusammen, denn der höhere Seelenanteil sensibilisiert uns für das verborgene Wissen der Märchen und auch umgekehrt.
Dazu möchte ich eine Begebenheit schildern, die ich erlebt habe. Nachdem es mir im Sommer 2002 gelungen war, das Märchen von König Drosselbart symbolisch zu entschlüsseln, und nachdem ich diese Deutung ins Internet gestellt hatte, erlebte ich plötzlich ein ganz intensives Gefühl, das mich schlagartig überkam und ein paar Tage anhielt. Mir war, als hätte ich gerade eben einer jungen und schüchternen Frau in aller Öffentlichkeit die Kleider vom Leib gerissen und als würde diese mich nun

traurig, hilflos und verstört anblicken. Ich hatte regelrecht ein schlechtes Gewissen, weil ich das Geheimnis des Märchens/Mädchens in der Öffentlichkeit enthüllt hatte. Mit der Zeit veränderte sich dieses Gefühl – so, als ob diese „innere Frau" mir sagen wollte: „Es war schon richtig so – es musste sein – aber ich war noch nicht dazu bereit." Inzwischen hat sie sich übrigens an ihre neue Rolle gewöhnt und genießt sogar regelrecht ihre Befreiung vom „Schleier".

Jungfrau und Hure

Mit dem Motiv der „inneren Frau" aus dem vorigen Kapitel können wir uns direkt der Symbolik von Jungfrau und Hure zuwenden. Während die Jungfrau verhüllt bleibt und ihr Geheimnis bewahrt, offenbart sich eine Hure gegenüber jedem. Es geht also bei dieser Symbolik um zwei unterschiedliche Arten, wie man mit dem verborgenen Wissen umgehen kann: Man kann es geheim halten oder offenbaren. Die Esoteriker des Alten Bundes bemühten sich, das esoterische Wissen so weit wie möglich zu verhüllen. Doch in den Evangelien wird zum Teil eine ganz andere Richtung eingeschlagen. So sagt Jesus beispielsweise zu den Hohepriestern:

Mt. 21,31: Wahrlich, ich sage euch: Die Zöllner und Huren kommen eher ins Reich Gottes als ihr. Denn Johannes kam zu euch und lehrte euch den rechten Weg, und ihr glaubtet ihm nicht; aber die Zöllner und Huren glaubten ihm.

Was soll man machen, wenn man esoterische Geheimnisse erkannt hat, aber feststellen muss, dass deren offizielle Bewahrer

- ihrer Aufgabe nicht mehr gerecht werden,
- das esoterische Geheimnis nicht mehr kennen,
- den esoterischen Weg blockieren,
- nur noch Äußerlichkeiten und sinnentleerte Rituale bewahren?

Hier liegen vermutlich die Gründe, warum das Urchristentum eine andere Richtung einschlagen musste – warum sich also Jesus bildlich gesprochen mit Huren und Zöllnern abgab – mit Leuten, die das Geheimnis preisgaben und verschacherten. In dieser Hinsicht stehen wir heute übrigens vor ziemlich ähnlichen Problemen. Und daraus ergeben sich auch ähnliche Konsequenzen. Wenn man heute die esoterischen Geheimnisse des Christentums erkannt hat, dann kann man sich in dieser Angelegenheit nicht an einen Pfarrer wenden, denn dieser würde einen vermutlich nur ziemlich verständnislos und kopfschüttelnd anblicken, sobald man ihn auf das esoterische Christentum anspräche. So kann die esoterische Entwicklung heute wie damals nur außerhalb der Tempel bzw. Kirchen stattfinden – in der Öffentlichkeit. Und damit wird das esoterische Wissen zwangsläufig an Außenstehende weitergegeben – in Büchern, Zeitschriften, Vorträgen, Seminaren, Workshops ...; es wird (bildlich gesprochen) von den „Huren und Zöllnern" preisgegeben und verschachert.

Geboren von einer Jungfrau

Mit diesen Grundlagen lässt sich nun auch die Aussage interpretieren, dass der heilige Geist mit einer „Jungfrau" ein Kind gezeugt hat: Die Jungfrau steht für das verhüllte Wissen, das uns in unseren inneren Bildern, in den Mythen und in der materiellen Schöpfung begegnet. Das verhüllte Wissen offenbart sich nicht sofort jedem, sondern es ist scheu wie eine „Jungfrau" und verbirgt sich vor unseren Blicken. Das gilt übrigens auch für die Naturgesetze. Auch diese offenbaren sich in der materiellen Welt nicht im Klartext, sondern in verhüllter Form. Durch Inspiration kann es uns gelingen, dieses verhüllte Wissen zu erkennen. Wenn die Inspiration IN UNS auf diese „Jungfrau" trifft, dann wird bildlich gesprochen die Fähigkeit „geboren", das verborgene Wissen enthüllen zu können (bzw. es wird ein Seelenanteil „geboren", der diese Fähigkeit besitzt). Und diese Fähigkeit hat im übertragenen Sinne zwei Eltern:

1.) das verhüllte Wissen (= die Jungfrau)
2.) die Inspiration (= der heilige Geist)

Die Inspiration zeugt also mit der Jungfrau ein Kind, das die Fähigkeit besitzt, das verborgene Wissen zu offenbaren. Und wenn dieses Kind seine Fähigkeit benutzt, dann wächst es daran und kann sich weiterentwickeln. Mit jedem Detail, das es offenbart, vergrößern sich seine Kenntnis der Symbolsprache und seine Fähigkeit, weitere Details zu offenbaren. Und gleichzeitig öffnet es sich natürlich auch für weitere Inspirationen.
Ganz grundsätzlich ist dazu noch anzumerken, dass die Inspiration natürlich aus einer Quelle stammt, die diese Geburt schon vor sehr langer Zeit erlebt hat. In diesem Sinne wird die Fähigkeit nicht wirklich neu geboren, sondern diese „innere Quelle" wird IN UNS nur wiedergeboren.

Die allzeit Jungfräuliche

Das Enthüllen der „Jungfrau" ist eine sehr subjektive Angelegenheit, denn es ist ein innerer Prozess. Wenn es einem gelungen ist, sie zu enthüllen, so mag sie dennoch einem anderen weiterhin verhüllt erscheinen. Jeder hat gewissermaßen seine eigene innere Jungfrau, die erobert und enthüllt werden will. In diesem Sinne ist sie „allzeit jungfräulich". Das Problem mit den Schriftgelehrten ist nun heute genauso wie damals, dass sie uns im übertragenen Sinne den Schlüssel zum Keuschheitsgürtel dieser Jungfrau weggenommen haben. Sie benutzen ihn selbst nicht mehr und verwehren es auch den Gläubigen, dass diese ihn benutzen (vgl. Lk. 11,52). So wurde im Laufe der Jahrhunderte aus der „allzeit Jungfräulichen" eine alte Jungfer, die nun schon seit langer Zeit vergeblich darauf wartet, erobert und enthüllt zu werden.

Enthüllung und sexuelle Symbolik

Wenn sich der Prozess der Enthüllung und Vereinigung in unseren sexuellen Wünschen, Fantasien und Träumen widerspiegelt, dann kann man mitunter auch manche Details und Rahmenbedingungen dieser Motive interpretieren, also die Art und Weise, wie diese Enthüllung und Vereinigung angestrebt wird bzw. wie sie stattfindet. Eine „Enthüllung in der Öffentlichkeit" kann für den Wunsch stehen, dass das Geheime endlich öffentlich enthüllt werden soll. Sexualität in der freien Natur kann dem Wunsch entsprechen, das Göttliche in der Natur bzw. in der Materie erkennen zu können, usw. In diesem Bewusstsein kann selbst der Blick in ein Pornoheftchen zur Offenbarung werden, wenn man die Motive erkennen und deuten kann, die einen bei der Betrachtung der Bilder besonders ansprechen. Das ist übrigens ein praktisches Beispiel dafür, wie man das Höhere im Niederen erkennen kann. Menschen, die sich hingegen vor dem höheren Seelenanteil verschließen und mit ihrem Tagesbewusstsein selbst die Kontrolle behalten wollen, die werden sicherlich in ihren sexuellen Fantasien ganz andere Motive erkennen und sie werden vermutlich auch von anderen Motiven angesprochen.
Im Zusammenhang mit dieser sexuellen Symbolik für den „inneren Vereinigungsprozess" lohnt sich ein kleiner Seitenblick auf die katholische Sexuallehre. Die Aussage „Kein Sex außerhalb der Ehe" ist das symbolische Äquivalent zu „Kein Heil außerhalb der Kirche". In beiden Aussagen wird letztendlich die gleiche Botschaft transportiert: Der Vereinigungsprozess soll nach dem Willen der Kirche nur innerhalb des Rahmens stattfinden, der von der Kirche vorgegeben und abgesegnet ist. Im ersten Fall wird diese Aussage dem Fleische nach interpretiert

(für die fleischliche Vereinigung von Mann und Frau), im zweiten Fall dem Geiste nach (für die spirituelle Vereinigung mit dem Göttlichen in uns) – und die Kirche hat sich in beide Beziehungen hineingedrängt.

Mann und Frau

Wenn uns in esoterischen Texten die **Polarität von Mann und Frau** begegnet, so kann das abhängig vom Kontext ganz unterschiedliche Bedeutung haben. Da wäre zunächst die Geist-Materie-Polarität. Das **geistige und zeugende Prinzip** wird männlich symbolisiert, das **materielle und nährende Prinzip** weiblich. Umgangssprachlich begegnet uns der Zusammenhang von Mutter und Materie immer wieder, z. B. bei Mutterboden oder bei „Mutter Natur". Das Wort Materie enthält sogar das Wort „Mater" (lat. mater = Mutter). Wenn von **Vater und Mutter** die Rede ist, so können wir zumeist davon ausgehen, dass wir die Mann-Frau-Polarität in dieser Weise deuten können.
Manchmal wird eine **Witwe** erwähnt, um die Trennung von der geistigen Ebene besonders zu betonen. Der Mensch kennt zwar seine „Mutter" – seine materielle Herkunft. Aber die geistige Abstammung ist ihm zumeist verborgen – so als sei der Vater „gestorben". So empfinden sich manche Menschen als „Kind einer Witwe" bzw. „Sohn einer Witwe".
Zum Teil finden wir in der Symbolik auch eine Unterscheidung von Mutter und **Stiefmutter/Nährmutter**, da sowohl das Seelische als auch das Materielle weiblich symbolisiert wird. So gibt es neben dem Vater (= Geist) mitunter zwei Frauen (= Seele und Materie).

In den Smaragdtafeln des Hermes Trismegistos (die im dritten Teil des Buches komplett gedeutet werden) finden wir beispielsweise folgende Zeilen:

Sein Vater ist die Sonne, seine Mutter der Mond. [...] Seine Nährmutter ist die Erde.

Wenn die Frau in der Symbolik für die Materie steht, so soll das KEINE Abwertung der Frauen sein. Das soll auch nicht bedeuten, dass Frauen keinen Geist hätten. In unserer kirchlich geprägten Kultur- und Religionsgeschichte ist diese Abwertung des Materiellen und des Weiblichen so tief verwurzelt, dass diese Symbolik leider immer wieder in diesem Sinne missverstanden und teilweise auch missbraucht wird.

Nach meiner Erfahrung neigen Männer tatsächlich etwas mehr zum abstrakten Denken, und Frauen sind oftmals tatsächlich etwas mehr praktisch orientiert. Aber das bedeutet nicht, dass abstraktes Denken besser wäre. Es gibt sogar ein Sprichwort, das gerade von Frauen oft verwendet wird und diese Polarität auf selbstbewusste Weise unterstreicht:

Wenn du willst, dass etwas gesagt wird, frage einen Mann.
Wenn du willst, dass etwas getan wird, frage eine Frau.

Und natürlich stellt sich in diesem Zusammenhang auch die Frage, welche Erfahrung letztendlich wertvoller ist:

1. eine Erfahrung, die auf abstrakten Überlegungen basiert oder
2. eine Erfahrung, die sich in der Praxis bewährt hat?

Ganz sicher würden wir nicht in die materielle Welt geschickt, um hier zu lernen und zu reifen, wenn man ausschließlich über den Weg des Geistes zu besseren Ergebnissen käme. Wir gehen in die Materie, um hier Weisheit zu erlangen, und die **Weisheit (= Sophia)** ist weiblich. Die negative Sicht auf die Materie konnte nur entstehen, weil dieses Prinzip nicht erkannt wurde.
Männlich und weiblich kann aber auch für **Vernunftsseele** und **Empfindungsseele** stehen bzw. für die beiden Seelenkräfte „Denken und Fühlen", besonders dann, wenn von **Bruder und Schwester** die Rede ist. Auch die Polarität von **Strenge und Gnade** wird mitunter durch eine Männlich-Weiblich-Polarität versinnbildlicht, z. B. durch **König und Königin**. Generell entspricht die **rechte Seite des Dreifachkreuzes** eher dem männlichen Prinzip, während **die linke Seite** eher dem weiblichen entspricht.
Was die Elemente betrifft, so sind **Feuer und Luft** männliche Prinzipien. **Wasser und Erde** stehen hingegen für das Weibliche. Da uns die vier Elemente jedoch auf verschiedenen Ebenen begegnen, können manchmal Doppeldeutigkeiten entstehen. (Das Thema hatten wir bereits im Kapitel „Die drei Ebenen des Empfindes und Denkens": „Sind nun Empfindungsseele und Vernunftsseele zwei Seelenanteile und somit zwei Schwestern, oder sind sie Bruder und Schwester?")
Wenn im Märchen der **Königssohn** das schlafende Dornröschen erweckt, so steht der Königssohn für den Menschen, der sich seiner geistigen Herkunft bewusst ist und sich mit seinem „höheren Seelenanteil" verbindet. Diese Vereinigung mit dem höheren Seelenanteil ist ein ganz zentrales Thema in der esoterischen Symbolik, und gerade hier kann ein Psychologe, der diese Vereinigung vermutlich rein sexuell interpretieren wird, zu einem ganz anderen Ergebnis kommen als ein Esoteriker.

Verschiedene Zuordnungsmöglichkeiten zum Dreifachkreuz:

Vater	weibliche Seite		männliche Seite	
	Mutter 2 / Königin	Vater 1	Vater 2 / König	
		der höhere Seelenanteil (weiblich oder männlich)		
Mutter, die erste Frau	Frau / Schwester (die lebhafte Schwester)	Königssohn	Mann / Bruder (die ruhige Schwester)	
Stiefmutter, die zweite Frau		Mutter 1		

Nachdem wir die Symbolik von Mann und Frau besprochen haben, lohnt sich auch ein Blick auf die folgende Bibelstelle, bei der es auf der wörtlichen Ebene um **Homosexualität** geht:

3. Mose 20,13: Wenn jemand bei einem Manne liegt wie bei einer Frau, so haben sie getan, was ein Gräuel ist, und sollen beide des Todes sterben.

Auch bei dieser Bibelstelle ist eine geistige bzw. esoterische Interpretation möglich. Geistige Ideen können sich nämlich auf zwei Arten vermehren:

1.) indem man die Ideen in der materiellen Welt erprobt und indem man in der materiellen Welt neue Erkenntnisse gewinnt, die wiederum zu neuen Ideen führen. Die geistige Idee wird männlich symbolisiert und die materielle Welt weiblich. An dieser Art der Vermehrung sind also ein männliches und ein weibliches Prinzip beteiligt.

2.) indem man verschiedene Ideen miteinander verknüpft – also zwei männliche Prinzipien. Natürlich entstehen auch auf diese Weise neue Ideen. Aber wenn man diese Ideen nicht an der Realität überprüft (also am weiblichen Prinzip), dann verliert man mit der Zeit immer mehr die „Bodenhaftung" und begibt sich in einen spekulativen Bereich. Die Erkenntnis „stirbt" und wird von der Spekulation verdrängt.

Wenn Kleriker hochkomplexe theologische Luftschlösser errichten, dann entspricht das genau diesem zweiten Weg. Dann werden geistige Ideen miteinander verbunden, ohne dass diesen Gedankengebäuden irgendwelche reale Erfahrungen zugrunde liegen.

Die Probleme der katholischen Kirche im Umgang mit der Homosexualität sind ein praktisches Beispiel dafür, wie ein Gebot nur noch dem Fleische nach verstanden wird und nicht mehr dem Geiste nach. Auf der einen Seite wird die fleischliche Homosexualität in der katholischen Kirche verurteilt und bekämpft, aber auf der anderen Seite wird sie in einem übertragenen, geistigen Sinne tagtäglich praktiziert – immer dann, wenn geistige Prinzipen direkt miteinander verbunden werden. Vermutlich würde sich beides ändern, wenn die geistige Bedeutung dieses Gebots verstanden würde.

Eine ganz ähnliche Problematik besteht beim Thema „Empfängnisverhütung". Es ist sicherlich richtig, dass man für das Göttliche „empfänglich" bleiben soll. Aber das bedeutet nicht, dass man dieses Gebot auch dem Fleische nach interpretieren muss, denn beide Arten der Empfängnis hängen nicht direkt miteinander zusammen. Man kann sehr wohl in einem spirituellen Sinne empfänglich sein und trotzdem eine ungewollte Schwangerschaft verhüten. Und ebenso gibt es auch Menschen, die öffentlich gegen die Empfängnisverhütung wettern, die aber gleichzeitig auch bemüht sind, eine weitere spirituelle Empfängnis zu verhüten. Der Geist kann nur dort wehen, wo man ihn wehen lässt. Wo man ihn durch Dogmen und Katechismusparagraphen einsperrt, da kann er nicht mehr wehen. Die Dogmen und Katechismusparagraphen wirken oftmals wie ein „Kondom des Glaubens", das alles das von der katholischen Kirche abhält, was nicht zu den bisherigen Vorstellungen passt, und der auf diese Weise auch eine Befruchtung mit neuen Ideen verhütet.

Die Symbolik des Todes

Im Matthäus-Evangelium finden wir folgende Aufforderung:

Mt. 8,22: Aber Jesus spricht zu ihm: Folge du mir, und lass die Toten ihre Toten begraben!

Jemand, der im medizinischen Sinne tot ist, wird wohl kaum in der Lage sein, einen anderen Toten zu begraben. Wir können also davon ausgehen, dass der Begriff „Tote" hier nicht in seiner allgemein üblichen und umgangssprachlichen Bedeutung verwendet wird. Ähnlich ist es beim Gleichnis vom verlorenen Sohn. Dort heißt es:

Lk. 15,24: Denn dieser mein Sohn war tot und ist wieder lebendig geworden;

Auch hier ist wohl kaum ein Tod im üblichen Sinne gemeint, denn der Sohn hat in dieser Geschichte durchaus gelebt.
Gerade was die Symbolik des Todes betrifft, unterscheidet sich die Symbolsprache am deutlichsten von unserem alltäglichen Sprachgebrauch. Es geht dabei zumeist **nicht** um den Tod unseres Körpers im medizinischen Sinne, sondern darum, dass unser höherer Seelenanteil in uns begraben ist. Entsprechend geht es bei der Auferstehung auch **nicht** darum, dass irgendwann eine Leiche aus dem Grab steigt, sondern um ein Wiedererwachen des höheren Seelenanteils IN UNS. Für dieses Erwachen ist es notwendig, sich von einigen Verhaltensmustern, Vorurteilen und Konditionierungen zu lösen. Doch das sind oftmals genau die Eigenschaften, über die wir unsere Persönlichkeit definieren. Und in diesem Sinne gibt es noch einen anderen Tod – den Tod des „falschen Ichs", damit unser „wahres Ich" wieder leben kann.
Konrad Dietzfelbinger drückt das in seinem Buch über „Mysterienschulen" im Kapitel „Symbolik von Leben und Tod" so aus:

Wenn der Geist im Menschen unbewusst und unwirksam ist, so ist der wahre Mensch „tot", wie sich die Mysterienschulen ausdrücken. Es kommt darauf an, ihn wieder zum Leben zu erwecken. Das ist nur durch den Mysterienweg möglich: Einerseits muss die Kraft des Geistes auf diesen „innerlich Toten" einwirken. Das Licht des Geistes muss einströmen und den inneren Menschen „erleuchten". Dadurch wird das Programm des Geistes bewusst und wirksam, und der wahre Mensch „ersteht auf". Andererseits muss der „unwahre" Mensch, der an der Sinnen- und Schattenwelt orientierte, ichbezogene Mensch weichen, damit der wahre Mensch „auferstehen" kann.

(Konrad Dietzfelbinger, Mysterienschulen, Eugen Diederichs Verlag, München, 1998, 2. Auflage, Seite 17)

Wenn uns der „Tod" in der Symbolsprache begegnet, so steht er häufig für den „Tod des wahren Ichs", der dann eintritt, wenn wir „inkarnieren" – wenn wir unsere Heimat in der geistigen Welt verlassen, wenn wir in die materielle Welt hinabsteigen und wenn wir uns an die materielle Welt anpassen. Indem wir uns der materiellen Welt zuwenden, verlieren wir die Verbindung zu unserer wahren Heimat und zu unserem wahren Ich, das in dieser Heimat lebt.
In diesem Sinne ist auch der „Tod" in der Schöpfungsgeschichte zu interpretieren:

1. Mose 2,17: ... aber von dem Baum der Erkenntnis des Guten und Bösen sollst du nicht essen; denn an dem Tage, da du von ihm issest, musst du des Todes sterben.

Die spätere Vertreibung aus dem Paradies ist eine Umschreibung für den Abstieg in die Materie. Der symbolische „Tod" fand also in der Schöpfungsgeschichte tatsächlich statt. Aber es wäre vollkommen falsch, diesen Abstieg als eine Strafe zu interpretieren. Es ist eine Konsequenz bzw. eine Notwendigkeit. Um Erkenntnis zu gewinnen, war der Abstieg in die materielle Welt notwendig.

Es gibt übrigens in der nordischen Mythologie eine äquivalente Symbolik: Wenn Odin auf der Suche nach Weisheit ein Auge als Pfand zurück lässt, um einen Schluck aus Mimirs Brunnen zu nehmen, dann ist das die gleiche Aussage, nur in einem anderen Kleid.

Wir müssen zunächst etwas Bewusstsein verlieren, um eigene Erkenntnis finden zu können. Ob nun dieser Verlust mit einem Tod verglichen wird oder mit einem Auge, das als Pfand zurückgelassen wird, das ist letztendlich egal. Beides sind unterschiedliche Verbildlichungen der gleichen Botschaft. Aus esoterischer Sicht sind sich übrigens die nordische und die biblische Mythologie sehr viel ähnlicher, als es zunächst den Eindruck hat. Auch die Motive von Odin am Weltenbaum und Jesus am Kreuz sind ein weiteres Beispiel für eine äquivalente Symbolik.

Diese andere Todessymbolik führt auch bei einigen bekannten Bibelstellen und bei einigen typisch christlichen Begriffen zu einer vollkommen anderen Sichtweise. So ist mit dem „ewigen Leben" ganz sicher nicht gemeint, dass unser „irdisches Leben" ewig dauert. Auch die Aussage, dass Jesus für unsere Sünden „gestorben" sei, erscheint plötzlich in einem ganz anderen Licht. Sterben bedeutet in diesem Fall, dass er hinabgestiegen ist ins Fleisch – wobei das aber nicht historisch zu interpretieren ist. In jedem von uns gibt es einen höheren Seelenanteil, der ins Fleisch hinabgestiegen ist und den „Tod" auf sich genommen hat.

„Wer aber sein Leben verliert um meinetwillen ..."

Lk. 9,23: Da sprach er zu ihnen allen: Wer mir folgen will, der verleugne sich selbst und nehme sein Kreuz auf sich täglich und folge mir nach. Denn wer sein Leben erhalten will, der wird es verlieren; wer aber sein Leben verliert um meinetwillen, der wird's erhalten. Denn welchen Nutzen hätte der Mensch, wenn er die ganze Welt gewönne und verlöre sich selbst oder nähme Schaden an sich selbst?

Das klingt zunächst fast so, als ob damit ein Märtyrertod gemeint sei – als stünde dort: „Wer bereit ist, für seinen Glauben zu sterben …"

Viele Autoren interpretieren die Symbolik auch dahingehend, dass mit diesem symbolischen Tod die Überwindung des Egos gemeint sei. Das Ego bzw. das falsche Ich müsse sterben, damit das wahre Ich leben kann.

Die andere Todessymbolik lässt aber auch noch eine ganz andere Deutung zu. Und diese halte ich im konkreten Fall für die am besten passende. Wenn man das Leben in der Materie als einen „Tod" bezeichnet, weil unser wahres Selbst für diese Zeit IN UNS begraben ist, dann haben wir eigentlich alle diesen Tod schon auf uns genommen.

Wenn man inkarniert und die materielle Welt betritt, um dort geistig zu wachsen, dann ist das in der Symbolsprache ein „Tod um des Geistes willen". Die Formulierung „der nehme sein Kreuz auf sich" ist eine weitere Umschreibung für die Bereitschaft, die Probleme der Welt auf sich zu nehmen. Dadurch wird dieser Interpretationsansatz nochmals ganz deutlich unterstrichen.

Wir alle, die wir hier in der Materie leben, haben für eine gewisse Zeit den Zugang zu unserem wahren Selbst verloren. Wir haben unser Selbst verleugnet. Manche Menschen haben es sogar so weit verleugnet, dass sie noch nicht einmal mehr wissen, dass es dieses wahre Selbst überhaupt gibt. Wir haben die Last der Materie mit all ihren Konflikten auf uns genommen.

Diese Deutung mag zunächst wie eine bequeme Ausrede erscheinen: Wir haben es schon gemacht, also brauchen wir nichts mehr zu machen. Doch so „bequem" ist diese Deutung gar nicht. Wir haben uns zwar vor dieser Inkarnation entschieden, die Last des Lebens in der materiellen Welt auf uns zu nehmen, aber viele Menschen würden nun am liebsten wieder von dieser Last „erlöst" werden, um endlich wieder zum bequemen Leben ins Paradies zurückkehren zu können. Speziell an die Adresse dieser Weltflüchtigen geht hier der Aufruf: „Nimm diese Aufgabe an und drück' dich nicht davor!"

Wenn man in der Materie lebt, dann gibt es zwei unterschiedliche Arten, wie man mit der Materie umgehen kann:

1.) Man häuft sie an und strebt nach Besitz oder
2.) man lernt an ihr und strebt nach Erkenntnis.

Der Tod um des Geistes willen steht für die Materiezuwendung, um an ihr zu lernen. Die Frage *„Denn welchen Nutzen hätte der Mensch, wenn er die ganze Welt gewönne?"* bezieht sich auf den anderen Fall – auf die Materiezuwendung um der Materie willen. Die Seele hat nichts davon.

Bei diesem Kapitel sind uns zwei Aussagen begegnet, bei denen es zunächst so erscheint, als ob sie zueinander im Widerspruch stünden: *„Folge du mir, und lass die Toten ihre Toten begraben!"* und *„Wer aber sein Leben verliert um meinetwillen ..."*. Im Prinzip wird uns einmal gesagt: **„Löse dich von den Toten"** und das andere Mal: **„Nimm diesen Tod auf dich."** Im Kapitel „Wie solche Widersprüche entstehen" wird später noch genauer auf diese Problematik eingegangen. An dieser Stelle soll der kurze Hinweis genügen, dass Materiezuwendung und Vergeistigung zwei Phasen sind, die zu einem Zyklus gehören – ähnlich wie Ausatmen und Einatmen. Es ist nicht so, dass eine Richtung richtig wäre und die andere falsch. Der Zyklus von Materiezuwendung und Vergeistigung ist wie eine Pumpe, die jedes Mal etwas geistige Erkenntnis aus der Materie fördert.

Würde man sagen: „Bei einer Pumpe ist es gut, wenn der Kolben oben ist – also bewegen wir den Kolben nur nach oben", dann könnte man auf diese Weise nicht pumpen.

Der zweifache Tod

Im Zusammenhang mit der Symbolik des Todes stößt man gelegentlich auf den Begriff des „zweiten Todes" bzw. „zweifachen Todes". Dieser „zweite Tod" kann auf zweierlei Arten interpretiert werden:

1) als eine Umkehrung des ersten Todes bzw. als der Tod des falschen Ichs
2) als ein weiterer Abstieg

Während uns der erste Fall wieder mit unserer geistigen Heimat verbindet, führt uns der zweite noch weiter von unserer Heimat weg. Welche dieser beiden Deutungen in einer konkreten Situation anzuwenden ist, kann man jeweils nur über den Zusammenhang erkennen.

Deutungsansatz 1

Es gibt zunächst den „Tod" des wahren Ichs, wenn sich der Mensch bei der Inkarnation von der geistigen Heimat löst und der „Sinnen- und Schattenwelt" zuwendet. In dieser Phase entwickelt der Mensch seine Maske – sein falsches Ich. Und dann gibt es später den „Tod" des falschen Ichs und das Wiedererwachen des wahren Ichs. So, wie die Zuwendung zur materiellen Welt den „Tod" des wahren Ichs zur Folge hat, so ist die Rückverbindung mit der geistigen Welt mit dem Tod des „falschen Ichs" verbunden.

Deutungsansatz 2

Die zweite Deutung basiert auf dem Drei-Ebenen-Schema (Luft, Wasser, Erde). Dabei gibt es zwei Stufen des Abstiegs:

1.) von der Luft-Ebene zur Wasser-Ebene
2.) von der Wasser-Ebene zur Erd-Ebene

Jeder Abstieg wird mit einem Tod verglichen, weil wir jeweils etwas von unserem ursprünglichen Bewusstsein verlieren. Und so haben wir auf unserem Weg in die materielle Welt (= Erd-Ebene) bereits zwei Tode erlebt.

Das angeblich Böse: Teufel, Satan, Schlange, Sünde, Magie

Die Begriffe Teufel, Satan, Drache und Schlange sind für die meisten Menschen untrennbar mit dem Bösen verbunden. Wenn ich dieses heikle Thema anpacke, so ist es nicht meine Absicht, den Satanismus zu rechtfertigen oder gar zu beschönigen, sondern es soll aufgezeigt werden, dass Teufel, Satan, Drache und Schlange im heutigen Volksglauben zu Unrecht verurteilt werden. Es ist ein enormer Unterschied, ob man einen Angeklagten für unschuldig hält oder ob man die vorgeworfene Tat rechtfertigt. Im kirchlichen Volksglauben hat sich im Laufe der Zeit ein Zerrbild entwickelt, das absolut nichts mit der ursprünglichen Bedeutung zu tun hat. Während sich ein Satanist in dieses Zerrbild verliebt hat, soll dieses Kapitel das Zerrbild korrigieren.

Satan, der Prüfer der Menschen

Satan war in seiner ursprünglichen Bedeutung nicht der „Widersacher" Gottes, sondern jemand, **der die Menschen in der materiellen Welt im Auftrag Gottes prüft (bzw. verführt) und die Schwächen der Menschen aufzeigt.** Er ist quasi der göttliche Staatsanwalt, der die Menschen vor Gott anklagt, wobei Gott die Rolle des Richters hat. Aber diese Rolle des Staatsanwalts bzw. Prüfers sollten wir uns nicht zu menschlich vorstellen. **Satan ist kein reales Wesen, sondern die Personifikation eines abstrakten, geistigen Prinzips.** Genau genommen ist es die materielle Welt, an der unsere Ideen und charakterliche Eigenschaften geprüft werden. Und Satan personifiziert diese Eigenschaft der materiellen Welt.

In der Offenbarung des Johannes findet sich folgende Aussage, aus der wir die Rolle des „Verklägers" ableiten können:

*Offb. 12,9: Und es wurde hinausgeworfen der große Drache, die alte Schlange, die da heißt: Teufel und Satan, der die ganze Welt verführt, und er wurde auf die Erde geworfen, und seine Engel wurden mit ihm dahin geworfen. Und ich hörte eine große Stimme, die sprach im Himmel: Nun ist das Heil und die Kraft und das Reich unseres Gottes geworden und die Macht seines Christus; denn der **Verkläger** unserer Brüder ist verworfen, der sie verklagte Tag und Nacht vor unserm Gott.*

Hier werden einerseits Satan, Drache, Schlange und Teufel gleichgesetzt, und über Satan wird gesagt: „der sie verklagte Tag und Nacht vor unserm Gott". Um Ruhe vor dem Verkläger zu haben, wurde er vom Himmel „auf die Erde geworfen". **Auf der Erde – also in der Materie – begegnet uns das Prinzip, das durch Satan personifiziert wird.**

In der Schöpfungsgeschichte finden wir übrigens ein nahezu identisches Motiv:

1. Mose 3,14: Da sprach Gott der HERR zu der Schlange: Weil du das getan hast, seist du verflucht, verstoßen aus allem Vieh und allen Tieren auf dem Felde. Auf deinem Bauche sollst du kriechen und Erde fressen dein Leben lang.

Auch hier wird die Schlange verstoßen und muss „Erde fressen".

An anderen Stellen wird Satan als „Fürst der Welt" (Joh. 14,30) oder als „Gott dieser Welt" (2. Kor. 4,4) bezeichnet. Die Verbannung auf die Erde könnte man also wohl eher mit einer „Versetzung" vergleichen, denn Satan wird durchaus mit Vollmachten ausgestattet. Im Buch Hiob können wir sogar nachlesen, dass Satan seine Vollmachten direkt von Gott erhält:

Hiob 1,12: Der HERR sprach zum Satan: Siehe, alles, was er hat, sei in deiner Hand; nur an ihn selbst lege deine Hand nicht. Da ging der Satan hinaus von dem HERRN.

Und daraufhin beginnt Satan, Hiob im Auftrag Gottes zu prüfen. Satan ist also keine Kraft, die sich gegen Gott richtet, sondern eine Kraft, die von Gott ausgeht. Ein eigenmächtiges und gegen Gott gerichtetes Handeln von Satan wäre ohnehin nicht mit der Allmacht Gottes vereinbar. Die Rolle des Prüfers wird auch im Neuen Testament unterstrichen:

Lk. 22,31: Simon, Simon, siehe, der Satan hat begehrt, euch zu sieben wie den Weizen.

Die materielle Welt – ein Praxistest für Ideen

In der materiellen Welt – im täglichen Praxistest – zeigt es sich, was unsere Ideen wirklich taugen. **Im Praxistest werden die Fehler und Schwächen schonungslos aufgezeigt. Satan können wir als eine Personifikation dieses Prinzips verstehen.** Und wir können dieses Prinzip überall in der materiellen Welt erkennen: Die Evolution basiert auf Mutation und Selektion, und wir Menschen lernen durch Versuch und Irrtum. Es überlebt das, was sich in der Praxis bewährt.
Etwas kann zwar noch so gut gedacht sein, aber in der Praxis versagen. Es kann unter Umständen sogar schlimme Konsequenzen haben. Ohne den Praxistest könnten wir diese Konsequenzen nicht erkennen. Ohne den Praxistest könnten wir Gut und Böse nicht unterscheiden.
Ein Praxistest funktioniert jedoch nur, wenn es zwei Dinge gibt: **Freiheit und Konsequenz.** Ohne eine gewisse Freiheit hätten wir nicht die Möglichkeit, neue Ideen zu realisieren und auszuprobieren. Und ohne Konsequenz könnten wir die Folgen nicht erkennen. Es sind die beiden Aspekte Gottes **„Gnade und Strenge"**, die uns bereits im Zusammenhang mit dem Dreifachkreuz begegnet sind. Wir können nur dann durch Versuch und Irrtum lernen, wenn wir einerseits genügend Freiheit haben, um den Versuch zu unternehmen, und wenn wir andererseits einen Irrtum erkennen und erleben können. Für den Praxistest brauchen wir darüber hinaus auch noch solche **Situationen, in denen die Ideen tatsächlich getestet werden**, in denen sie sich bewähren können und in denen sie ihre Schwächen zeigen. Wir brauchen ein **Schicksal**, das uns in solche Situationen bringt bzw. das solche Situationen herbeiführt.
Schon viele Christen sind an dieser Frage verzweifelt: Warum lässt Gott all das Leid zu? Das passt nämlich so gar nicht zu dem „lieben Gott", der angeblich unsere Gebete erhört. **Leid ist jedoch eine Folge von Freiheit und Konsequenz.** Wenn wir die Freiheit haben, Fehler zu machen, und wenn dieses Handeln Konsequenzen hat, dann tut es halt weh. Das Leid wäre nur dann zu vermeiden, wenn wir entweder nicht diese Freiheit hätten oder wenn unser Handeln keine Konsequenzen für uns hätte. **Ein paradiesisches Leben ohne Leid ist nur möglich, wenn wir auf Erkenntnis verzichten.** Das wäre der Preis für ein paradiesisches Leben ohne Leid. Die Vertreibung aus dem Paradies ist also keine Strafe für das Streben nach Erkenntnis, sondern es ist eine zwangsläufige Konsequenz, die sich aus dieser Argumentation ergibt. Das Streben nach Erkenntnis ist im Paradies nicht

möglich. Die Erkenntnis des Guten und des Bösen ist nur dann möglich, wenn wir das Leben in der Materie und das Leid auf uns nehmen – wenn wir bereit sind, das Kreuz zu tragen.

Nun könnte man argumentieren, dass es Situationen gibt, in denen das eigene Leid durch andere verursacht wird. Wie soll jemand aus den Fehlern lernen, wenn es ein anderer ist, der die Konsequenzen zu spüren bekommt? Es gibt jedoch einen Mechanismus im Schicksalsplan, durch den wir letztendlich und langfristig immer beide Perspektiven kennenlernen: das **Karma-Prinzip**. Es geht dabei nicht um Strafe. Wir werden nicht in einem Leben zum Opfer, um uns dafür zu bestrafen, dass wir im vorigen Leben Täter waren, sondern es geht darum, dass wir beide Perspektiven kennenlernen. Das bedeutet übrigens nicht, dass man notwendigerweise in diesem Leben zum Opfer werden muss, wenn man in einem früheren Leben Täter war. Es gibt auch ganz andere Situationen, in denen man die gleiche Erfahrung sammeln kann, beispielsweise wenn man anderen Opfern hilft.

Was würde nun passieren, wenn wir beim Praxistest wüssten, dass es eben nur ein Test ist – wenn wir wüssten, dass wir eigentlich unsterbliche Wesen sind, die nur mal kurz für ein paar Jahrzehnte im irdischen Rollenspiel mitmischen, um einige Situationen durchzuspielen. Wir würden dann vermutlich unseren Körper etwa so betrachten, wie ein Telespieler das Männchen betrachtet, das er über den Bildschirm laufen lässt: Wenn es umkommt – was soll's? Die Fehler hätten nur für das Männchen auf dem Bildschirm Konsequenzen, aber nicht für uns. Wir würden das Ganze aus einer gelassenen und distanzierten Position betrachten und die Konsequenzen nicht in der vollen Härte erleben. Die Lernbedingungen wären verfälscht.

Ein Pilot kann in einem Flugsimulator lernen, wie er mit diversen technischen Problemen umgehen kann. Aber er kann in einem Flugsimulator nicht lernen, wie er mit seinen Emotionen umgehen kann, wenn er wirklich mal technische Probleme hat, denn er weiß bei der Simulation, dass es eine Simulation ist. Es kann ihm also nicht wirklich etwas passieren. Und dieses Wissen gibt ihm eine Sicherheit, die er unter Realbedingungen nie hat.

Ein Praxistest unter Realbedingungen ist nur dann möglich, wenn dieses Wissen in uns ausgeschaltet ist. Dieses Wissen muss in uns für eine gewisse Zeit „sterben", wie es in der Symbolsprache der Bibel ausgedrückt wird. (Das ist der Grund für den „Vorhang".)

1. Mose 2,16: Und Gott der HERR gebot dem Menschen und sprach: Du darfst essen von allen Bäumen im Garten, aber von dem Baum der Erkenntnis des Guten und Bösen sollst du nicht essen; denn an dem Tage, da du von ihm issest, musst du des Todes sterben.

In diesem Zitat ist beides zusammengefasst:

1.) die Unmöglichkeit, im Paradies das Gute und Böse erkennen zu können (diese Unmöglichkeit wird hier als ein Verbot versinnbildlicht)
2.) die Konsequenz, dass man „sterben" muss, wenn man Gut und Böse erkennen will

Es wäre absurd, daraus ein generellen „Erkenntnisverbot" ableiten zu wollen, zumal die Erkenntnis und die Unterscheidung der Geister im weiteren Verlauf der Bibel doch eher positiv dargestellt werden. Dieses Verbot können wir eher so interpretieren: **Im Paradies ist uns die Erkenntnis verboten bzw. unmöglich. Die Konsequenz ist: Um Erkenntnis zu gewinnen, müssen wir das Paradies verlassen und das Leben in der materiellen Welt auf uns nehmen.**
Letztendlich basiert die ganze kirchliche Theologie darauf, dass der Mensch an dieser Stelle ein Gebot überschritten hat, indem er sich verführen ließ und nach Erkenntnis strebte. Dadurch wird die „Erbsünde" begründet. Mit der Erkenntnis, dass der Sündenfall Teil des Schöpfungsplans ist und dass dieser Schritt notwendig und sogar vorgeplant war, bricht aber das ganze theologische Kartenhaus zusammen. Es enthielt ohnehin immer einen grundsätzlichen logischen Widerspruch: Es ist nicht möglich, dass der Mensch anfangs vollkommen war und dass er dann verführt wurde. **Wenn der Mensch verführbar war, dann war er nicht vollkommen.** Die Verführbarkeit ist ein Zeichen der Unvollkommenheit. Welchen Sinn macht es aber, den Menschen unvollkommen zu schaffen und ihn dann zu bestrafen, weil er unvollkommen ist?
Der Praxistest ist unser wichtigster Weisheitslehrer. Wenn unsere Ideen vor dem Praxistest bestehen, dann gewinnen wir Weisheit. In manchen Märchen und Mythen begegnet uns ein Drache, der einen Schatz bewacht. Und man muss zumeist den Drachen überwältigen, um zu dem Schatz zu gelangen. Wenn wir in diesem Satz die Symbolik übersetzen und statt Drachen Praxistest schreiben und statt Schatz Weisheit, dann steht da: **Man muss den Praxistest bewältigen, um zur Weisheit zu gelangen.** Im Praxistest begegnen uns natürlich auch all unsere verdrängten Probleme – all das, was uns unangenehm war und was wir nicht sehen wollten. Der Praxistest zwingt uns, dass wir uns damit auseinander setzen. Indem er uns das Schlechte zeigt, das in uns ist, erscheint er uns als schlecht.
Der „böse" Satan ist eine Projektion bzw. Spiegelung menschlicher „Bosheit". Satan hält uns einen Spiegel vor das Gesicht, und wir blicken in den Spiegel und sagen: „Schaut nur, wie böse Satan ist." Es ist die menschliche Bosheit, die wir Satan in die Schuhe schieben. Der Praxistest zeigt uns die unerwünschte Nebenwirkung – den Schuss, der nach hinten losgeht und der uns schließlich zum „Vorwurf" gemacht wird.

Diabolus

Wenn wir das Wort Diabolus betrachten, so steht die Vorsilbe „dia" für etwas, was entgegengesetzt ist. Bolus ist Wurfgeschoss, sprachlich verwandt mit Ball und Bowling. Dia-Bolus ist also ein Entgegen-Wurf. Das ist der Wurf, der nach hinten losgeht, bzw. der „Vorwurf", der uns deshalb später gemacht wird. Der Diabolus ist der „Vorwerfer" und hat damit die gleiche Bedeutung wie der „Ankläger".

Teufel und Zweifel

Der Teufel steckt bekanntlich im Detail. Vieles, was auf den ersten Blick funktioniert, hat seine Tücken, die man erst auf den **zwei**ten Blick erkennt – dann, wenn man die Details betrachtet.
Das deutsche Wort „Teufel" ist verwandt mit dem Wort „Zweifel". Im Duden-Herkunftswörterbuch finden wir den Hinweis, dass „Zweifel" ursprünglich mit „twi" geschrieben wurde, und im Plattdeutschen wird auch heute noch die Zwei als „twi" oder „twei" ausgesprochen. Auch die englischen Worte „twins" (= Zwillinge) und „two" (zwo/zwei) deuten auf diese Lautverschiebung hin.
Noch deutlicher ist der inhaltliche Zusammenhang. Der Zweifel steht für die „zweite Falte" (fel = Falte), wobei Falte so zu verstehen ist, wie wir heute das Wort „Saum" verwenden. Wir zweifeln, weil wir auch die zweite Seite sehen, also auch den sprichwörtlichen „Pferdefuß", den etwas hat. In diesem Zusammenhang ist es übrigens bemerkenswert, dass das lateinische Wort „religio" auch Zweifel und Gewissenhaftigkeit bedeutet. Wir sind gewissenhaft, wenn wir zweifeln und wenn wir auch die zweite Seite beachten. In diesem Sinne ist der blinde Glaube eigentlich das genaue Gegenteil von Religion und Gewissen.
Was nun wirklich verblüffend ist, das ist die sprachliche Verwandtschaft von Teufel und Diabolus. Das Wort „Diabolus" hat sich über mehrere Zwischenstufen zum deutschen „Teufel" entwickelt. In machen Gegenden Deutschlands wird beim Fluchen noch „Pfui Deibel" oder „Pfui Deivel" gesagt, womit man in der Aussprache etwa in der Mitte zwischen Diabolus und Teufel liegt. Es hat also bei dem Wandel von Diabolus zu Teufel gleichzeitig **eine klangliche und eine inhaltliche Anpassung** stattgefunden. Der ursprüngliche Begriff Diabolus (= Entgegen-Wurf) hat bei seinem Anpassungsprozess an die deutsche Sprache gleichzeitig auch zu einer neuen Bedeutung gefunden (= zweite Falte), die jedoch im übertragenen Sinne der ursprünglichen Bedeutung entspricht. Welche Mechanismen bei dieser doppelten Anpassung tatsächlich gewirkt haben, darüber können wir heute nur noch spekulieren. Es wäre denkbar, dass fremde Begriffe nach einer neuen Erklärung

verlangen, wenn sie ihre alte verloren haben, und dass sie sich dann ganz langsam auf eine neue Bedeutung zu entwickeln. So könnte es sein, dass in einem ersten Schritt das Wort Diabolus zu Deibel verwaschen wurde und dann in einem zweiten Schritt der „Zweifel" als neuer „Bedeutungs-Attraktor" zu wirken begann, sodass sich der Deibel Schritt für Schritt auf den Zweifel zubewegte.

Der hier dargestellte Mechanismus bei der Übernahme und Anpassung von fremden Begriffen kann übrigens in ähnlicher Weise auch bei der Übernahme von mythologischen Motiven funktionieren – also auch bei der Symbolsprache.

Zum Wort „Diabolus" ist noch anzumerken, dass es einen Zusammenhang mit dem Wort „Symbol" gibt. Es handelt sich um zwei unterschiedliche „Würfe". Beim Symbol werden Dinge **zusammengeworfen**, wobei das auf zwei Arten geschehen kann:

1.) Man verknüpft einen Gegenstand mit einer Bedeutung. Somit wirft man diese beiden Dinge zusammen.
2.) Man kann aber auch unterschiedliche Dinge zu einem Oberbegriff zusammenwerfen, wenn sie eine Gemeinsamkeit haben. Während die verschiedenen Dinge konkret und real sind, ist der Oberbegriff etwas Abstraktes. Ein Symbol kann verwendet werden, um dieses abstrakte/gemeinsame Prinzip zu versinnbildlichen.

Im Gegensatz dazu geht es beim Diabolus um Dinge, **die in entgegengesetzte Richtungen auseinander geworfen** werden. Auf der einen Seite erkennt man die Wirkung und auf der anderen Seite die Nebenwirkung. Wirkung und Nebenwirkung werden in diesem Beispiel auseinander geworfen.

Wenn man Dinge gedanklich zerlegt und analysiert, wenn man Vorteile und Nachteile abwägt, Wirkungen und Nebenwirkungen, die gute Idee und auch den Pferdefuß, dann ist das genau genommen „**diabolisches**" Denken. Wenn man hingegen Dinge zusammenfasst, abstrahiert und gemeinsame Prinzipien erkennt und wenn man dann konkrete Dinge verwendet, um symbolisch auf diese abstrakten Prinzipien zu verweisen, dann ist das „**symbolisches**" Denken. **Diabolisches Denken ist trennend – symbolisches Denken ist verbindend.** Beide Arten des Denkens haben jedoch ihren Sinn und ihre Berechtigung. Und sie sind sogar untrennbar miteinander verbunden.

Die Sünde

Auch der Sündenbegriff hat sich im Laufe der Zeit stark gewandelt, und so interpretieren wir modernen Menschen eine Bedeutung in diesen Begriff hinein, die er ursprünglich nicht hatte. Sünde ist das Hauptwort zum Tätigkeitswort „sondern" im Sinne von „absondern". Der Begriff Sünde bezeichnet eine Trennung und beinhaltet eigentlich keine moralische Wertung der Trennung. Im Deutschen bezeichnen wir eine Meerenge, durch die zwei Landteile getrennt sind, als „Sund", z. B. den Fehmarn-Sund. Die biblischen Begriffe „chatha" (im AT) und „hamartanno" bzw. „hamartia" (im NT) bedeuten „Verfehlung" in dem Sinne, wie man beim Bogenschießen ein Ziel verfehlt. Man entfernt sich von der Mitte.

Wir trennen und lösen uns von der geistigen Welt, um in der materiellen Welt zu lernen und zu reifen. Diese Trennung hat zur Konsequenz, dass das Wissen von dieser anderen Welt in uns „stirbt". Diese Trennung ist an sich nichts „Böses". Die heutigen Vorstellungen von Sünde, Strafe und Schuld sind hier vollkommen fehl am Platze. Der Zustand der Trennung wird schließlich überwunden, wenn das Göttliche wieder in uns „aufersteht". Es stimmt also tatsächlich: **Durch die Auferstehung ist die Sünde überwunden.**

Das hat aber eine ganz andere Bedeutung, die ganz erheblich von der allgemein üblichen, kirchlichen Interpretation abweicht. Die Trennung in uns ist nicht überwunden, weil jemand vor 2000 Jahren auferstanden ist. Und die Trennung ist auch nicht überwunden, wenn wir an diese angebliche Auferstehung glauben. Die Trennung ist erst dann überwunden, wenn die Auferstehung IN UNS stattgefunden hat.

Übrigens: Auch der Begriff „Buße" hat im Laufe der Zeit seine Bedeutung etwas verändert. Er hatte ursprünglich überhaupt nichts mit Strafe zu tun. Für die Buße braucht man keine Strafe auf sich zu nehmen. Im Neuen Testament wird das griechische Wort „metanoia" verwendet, und dieses bedeutet Umdenken (griech. meta = um, nach, später, hinter, darüber hinaus; noein = denken). Eine Meta-Morphose ist eine Um-Formung (griech. morphe = Form, Gestalt). Analog dazu können wir die Vorsilbe „meta" auch bei „metanoia" interpretieren. Metanoia ist ein Um-Denken bzw. ein Darüber-hinaus-Denken. Wenn also Johannes der Täufer die Menschen zur Buße auffordert, dann sagt er sinngemäß, dass ein Wandel im Denken stattfinden soll. Mit der „Sünde" haben wir uns vom Göttlichen getrennt und der materiellen Welt zugewandt. Nun gilt es umzudenken – über das rein Materielle hinauszudenken, um das Göttliche wieder zu erkennen. Auf diese Weise hängen die beiden Begriffe Sünde und Buße zusammen. Es sind zwei Phasen von einem Zyklus.

Wenn wir die Begriffe symbolisch übersetzen, so bietet sich folgende Deutung an:

Satan	= die Materie, an der wir erkennen, wo unsere Schwächen liegen
	= der Prüfer bzw. Ankläger der Menschen
Drache	= der Hüter der Weisheit/der Prüfer des Menschen

Schlange	= die Weisheit, die Enthüllerin der Weisheit
Diabolus	= der Ankläger/Vorwerfer
Teufel	= der Zweifel
Sünde	= Trennung, Loslösung

Die Magie

Die **Magie** hatte im Christentum ursprünglich eine positive Bedeutung und wurde erst später verteufelt. Wenn wir die griechischen Originaltexte der Evangelien nehmen (z. B. in einer Interlinear-Übersetzung, bei der die wörtliche, deutsche Übersetzung zwischen den Zeilen des Originaltextes eingefügt ist), dann können wir dort bei Mt. 2,1 nachlesen, dass drei „Magoi" von Sonnenaufgang kamen. Das Wort „Magoi" bedeutet in der wörtlichen Übersetzung „Magier", und die Elberfelder Bibel weist sogar in den Fußnoten auf genau diese Bedeutung hin. Diese drei „Magier" werden heute üblicherweise als die „drei Weisen aus dem Morgenland" bezeichnet bzw. als die „Heiligen drei Könige".

Der mittlere Weg zwischen Weltflucht und Weltverhaftung

Das tägliche Leben, Denken und Streben ist zumeist von materiellen Themen und Zielen geprägt. Das beginnt schon mit den materiellen Grundvoraussetzungen, die wir zum Leben brauchen: Nahrung, Land, Wohnung, Kleidung, Heizung ... Und das setzt sich auch bei den materiellen Gütern fort, die über das Lebensnotwendige hinausgehen und über die wir beispielsweise unseren Status oder unseren „Lifestyle" ausdrücken.
In vielen Religionen wird eine Gegenposition zum Materialismus eingenommen. Man wendet sich vom Materiellen ab, um sich dem Geistigen zuzuwenden. Das Materielle wird zum Teil sogar regelrecht verteufelt. So wird der Fall in die Materie als ein „Sündenfall" interpretiert. Satan, der Herr der Materie, wird zum Inbegriff des Bösen. Die Erlösung vom Leben in der Materie wird als das eigentliche Ziel angesehen. Und ein Leben ohne materiellen Besitz in Armut und Askese wird zum Ideal erhoben.
Beim Thema „Geist und Materie" ist das religiöse Denken in unserem Kulturraum oft in einem sich gegenseitig ausschließenden Entweder-oder-Dualismus gefangen: „Entweder wendet man sich dem Materiellen zu und damit vom Geistigen ab oder man wendet sich dem Geistigen zu und dafür muss man sich entsprechend vom Materiellen abwenden."

In diesem Buch wird ein mittlerer Weg beschrieben, der dieses Entweder-oder-Denken überwindet und zu einem Sowohl-als-auch-Denken hinführt.

spirituelle Weltflucht
der mittlere Weg zwischen Weltflucht und Weltverhaftung
Weltverhaftung

Den Begriff des „mittleren Weges" habe ich vom Buddhismus übernommen. Nachdem Buddha den Palast seiner Eltern verlassen hatte, lebte er einige Jahre als Asket, bis er schließlich erkannte, dass die Weltflucht nicht zum Ziel führt. Er verglich diesen Mittelweg mit einer Saite an einem Musikinstrument. Wenn die Saite zu schwach gespannt ist und durchhängt, dann kann sie nicht klingen. Und wenn sie zu fest gespannt ist, dann reißt sie. Es darf nicht zu viel und auch nicht zu wenig Zug auf der Saite sein. Nur richtig gespannt ergibt sie einen wohlklingenden Ton.

Die drei Versuchungen durch den Teufel

Auch im Christentum finden sich mehrere Hinweise auf den mittleren Weg zwischen Weltflucht und Weltverhaftung. Am deutlichsten wird das bei den drei Versuchungen durch den Teufel (Mt. 4,1). Die zweite Verführung bezieht sich konkret auf die Weltflucht – auf ein geistiges Abheben, sodass der „Fuß nicht an einen Stein stößt":

Da führte ihn der Teufel mit sich in die heilige Stadt und stellte ihn auf die Zinne des Tempels und sprach zu ihm: Bist du Gottes Sohn, so wirf dich hinab; denn es steht geschrieben (Psalm 91,11-12): „Er wird seinen Engeln deinetwegen Befehl geben; und sie werden dich auf den Händen tragen, damit du deinen Fuß nicht an einen Stein stößt." Da sprach Jesus zu ihm: Wiederum steht auch geschrieben (5. Mose 6,16): „Du sollst den Herrn, deinen Gott, nicht versuchen."

Bei der dritten Verführung geht es um das Streben nach Besitz, wenn der Teufel „alle Reiche der Welt und ihre Herrlichkeit" anbietet:

Darauf führte ihn der Teufel mit sich auf einen sehr hohen Berg und zeigte ihm alle Reiche der Welt und ihre Herrlichkeit und sprach zu ihm: Das alles will ich dir geben, wenn du niederfällst und mich anbetest. Da sprach Jesus zu ihm: Weg mit dir, Satan! Denn es steht geschrieben (5. Mose 6,13): „Du sollst anbeten den Herrn, deinen Gott, und ihm allein dienen."

Beide Irrwege (der zweite und der dritte) werden ganz deutlich verworfen. Bei der ersten Verführung gibt es jedoch eine etwas andere Reaktion. Jesus wird bei dieser Versuchung aufgefordert, Steine in Brot zu verwandeln. Es geht also darum, geistige Nahrung aus der Materie zu ziehen. Dieser Weg wird nicht verworfen, sondern nur durch folgende Aussage ergänzt: „Der Mensch lebt nicht vom Brot allein, sondern von einem jeden Wort, das aus dem Mund Gottes geht." Ohne Inspiration wäre auch dieser Weg unvollständig.

Und der Versucher trat zu ihm und sprach: Bist du Gottes Sohn, so sprich, dass diese Steine Brot werden. Er aber antwortete und sprach: Es steht geschrieben (5. Mose 8,3): „Der Mensch lebt nicht vom Brot allein, sondern von einem jeden Wort, das aus dem Mund Gottes geht."

Das Göttliche offenbart sich zum Teil über die materielle Welt und zum Teil über die innere Stimme.

Das Ideal wäre demnach

- **eine Mischung aus materiellen und spirituellen Erfahrungen (= erste Versuchung),**

- **wobei man einerseits nicht geistig abhebt (= zweite Versuchung) und**

- **andererseits auch nicht dem Weg des Materialismus folgt (= dritte Versuchung).**

Das Prinzip der Materiezuwendung und der anschließenden Abstraktion

Die Gesetze der Mathematik sind geistiger Natur. Aber wie können wir einem Kind diese abstrakten Gesetze vermitteln? Weil man das abstrakte Wissen nicht auf direktem Weg vermitteln kann, müssen wir einen Umweg über das Materielle machen, indem wir an materiellen Dingen das Zählen üben. Aber indem ein Kind Bauklötzchen, Gummitierchen, Spielzeugautos und viele andere Dinge zählt, merkt es, dass das Zählen nichts ist, was nur mit diesen konkreten Dingen funktioniert, sondern dass man dieses allgemeine Prinzip auf unterschiedliche Situationen anwenden kann. Man kann das Prinzip des Zählens von diesen konkreten Dingen lösen bzw. abstrahieren. Abstrahieren bedeutet wörtlich „wegziehen" (lat. ab = von, trahere = ziehen).

Das Prinzip des Zählens lernen wir also, indem wir zwei Schritte machen:

1.) Im ersten Schritt wenden wir uns den materiellen Dingen zu – den Bauklötzchen, Gummitierchen, Spielzeugautos – und an diesen konkreten materiellen Dingen lernen wir das Zählen.
2.) Und im zweiten Schritt lösen wir die Erfahrung von diesen konkreten Dingen und übertragen sie auf andere Dinge.

Beide Schritte sind notwendig: das Zuwenden zur Materie und das Lösen von der konkreten materiellen Situation. Es wäre also vollkommen absurd, sich nur für einen der beiden Schritte zu entscheiden – und damit automatisch gegen den anderen. Die Zuwendung zur Materie ist für den Erkenntnisprozess genauso wichtig wie das Loslösen der Erkenntnis von der konkreten Situation. Mit diesen beiden Schritten wird ein ganz allgemeines Grundprinzip beschrieben, das uns im religiösen Bereich immer wieder begegnet. Dieser Zyklus von Materiezuwendung und Abstraktion ist geradezu das Grundprinzip der Schöpfung: Sündenfall und Aufstieg, Tod und Auferstehung, Fleischwerdung und Vergeistigung (Abendmahl), Aussaat und Ernte ... all das sind Gleichnisse für diesen Zyklus.

Das Zählenlernen war natürlich nur ein absolutes Trivialbeispiel. Das Grundprinzip kann man jedoch auch davon abstrahieren, denn es gilt in gleicher Weise für jede Art von Naturbeobachtung und Lebenserfahrung.

Die Notwendigkeit einer Erfahrungswelt und der Sinn des Lebens

Reiner Geist ohne eine Erfahrungswelt bliebe „unfruchtbar". Er könnte so gut wie nichts hervorbringen. Über was könnten wir nachdenken, wenn es absolut nichts gäbe, was wir hören, sehen und anfassen könnten? Unser Geist würde verkümmern. Wir könnten uns etwas ausdenken, aber das Ausgedachte bliebe theoretisch. Ohne eine Erfahrungswelt gäbe es keine Möglichkeit, die Ideen zu überprüfen und die Konsequenzen zu erkennen. Auch reine Materie bliebe „unfruchtbar", wenn es keinen handelnden und erkennenden Geist gäbe.

Erst durch die Kombination von Geist und Materie ist eine geistige Entwicklung überhaupt möglich. Der Geist kann sich nur vermehren, wenn er den Weg durch die Materie antritt und in der materiellen Welt Erfahrung sammelt. Das Eindringen des Geistes in die materielle Welt wird häufig mit einem „Zeugungsakt" verglichen. Die irdische Mutter, die vom heiligen Geist empfängt, ist eine bildhafte Umschreibung für diesen Zeugungsprozess, der überall dort stattfindet, wo der Geist in die Materie eindringt, um sich zu entwickeln. Bei dieser Verbildlichung wird ein ganz allgemeines Prinzip dargestellt, und es geht nicht darum, dass eine konkrete Frau vor 2000 Jahre vom heiligen Geist ein Kind bekam.

Selbst dann, wenn ein Kleinkind zwei Holzklötzchen aufeinander stapelt, verwirklicht es eine Idee und überprüft diese Idee an den Holzklötzchen. Auch hier fließt eine Idee in das Materielle ein, und das Ergebnis ist eine neue Erfahrung. Dieser Zeugungsakt ist also etwas ganz Alltägliches – etwas, das wir ständig und überall erleben. Aber es ist ein Zeugungsakt, der in den meisten Fällen nicht in diesem Bewusstsein vollzogen wird.

Die Frage „Was ist der Sinn des Lebens?" lässt sich basierend auf diesen Überlegungen ganz einfach beantworten: **Auf diese Weise vermehrt sich der Geist – der Geist, der in uns ist, und auch der alles umfassende Geist, von dem wir nur ein ganz kleiner Teil sind.**

In der Bibel gibt es das Gleichnis von den anvertrauten Talenten (Mt. 25,14), das diese Vermehrung des Geistes versinnbildlicht. In diesem Gleichnis geht es darum, die anvertrauten Geldstücke zu vermehren. Während die Elberfelder Bibel hier den Begriff „Talente" verwendet, finden wir in der revidierten Luther-Bibel leider nur den Begriff „Zentner Silber", und dadurch ist der übertragene Sinn bei der Luther-Bibel nicht ganz so intuitiv und eindeutig zu erkennen. Die Aussage von diesem Gleichnis kann man in einem Satz zusammenfassen: **Wir sind hier, um unsere „Talente" zu vermehren – um das zu vermehren, was uns an geistigen und seelischen Fähigkeiten mitgegeben wurde.** Die materielle Welt ist ein Ort zum Lernen, wo wir als Mensch ganz bestimmte Erfahrungen machen können. Und natürlich machen andere Lebensformen auch andere Erfahrungen als wir.

Den symbolischen Zusammenhang zwischen Erkenntnis und Sexualität finden wir übrigens auch in der Bibel, wenn das „Erkennen" als eine Umschreibung für den Geschlechtsverkehr verwendet wird:

*1. Mose 4,1: Und Adam **erkannte** sein Weib Eva, und sie ward schwanger ...*

Der Autor Stephan von Jankovich, der infolge eines Unfalls ein Todesnäheerlebnis hatte, fasste den Sinn der materiellen Welt so zusammen:

Deshalb betrachte ich die Erde nicht als Hölle, als Strafkolonie für gefallene Seelen, sondern eher als einen Kurort, ein Trainingslager, eine Erziehungsanstalt, einen Ort, wo fegefeuerähnliche Zustände für den Einzelnen möglich sind. Falls wir die Prüfungen des jetzigen Lebens nicht bestehen, ist es selbstverständlich, dass wir diese wiederholen müssen. Dies kann nur unter den gleichen Umständen, d. h. in der gleichen Zeit-Raum-Dimension der materiellen Welt, hier auf dieser Erde geschehen. Wir werden reinkarniert, um etwas besser zu machen als zuvor. Hier manifestiert sich die unendliche Güte Gottes.

(Stephan von Jankovich, Ich war klinisch tot, Drei Eichen Verlag, Ergolding, 1991, 5.Auflage, Seite 106)

Ohne die materielle Welt würde uns dieses „Trainingslager" fehlen.

Warum lernen wir, wenn wir doch wieder alles vergessen?

Im Zusammenhang mit dem Lernauftrag und mit der Reinkarnationslehre taucht immer wieder eine Frage auf: „Was haben wir davon, wenn wir all das lernen, wenn wir uns im nächsten Leben doch nicht daran erinnern können? Dann lernen wir doch vollkommen umsonst."

Diese Frage basiert auf einem Missverständnis. Das Tagesbewusstsein kann in den meisten Fällen tatsächlich nur das Wissen erkennen, das es in diesem Leben gesammelt hat. Das andere Wissen bleibt ihm verborgen. Aber aus der Perspektive des höheren Seelenanteils ist das Wissen aus den früheren Inkarnationen durchaus verfügbar.

Wir können das Tagesbewusstsein mit einem Bauern vergleichen, der zur Ernte auf das Feld hinausfährt. Während er auf dieser Fahrt ist, kann er nichts von all dem sehen, was er in all den anderen Jahren geerntet hat, was er damit verdient hat und was er sich davon anschaffen konnte. Der Bauer muss sich zeitweise von all dem trennen, wenn er auf das Feld hinausfährt. Würde er all das mit auf seine Fahrt nehmen, so könnte er nichts Neues ernten.

Wenn soziales Unrecht durch das Karma-Prinzip gerechtfertigt wird

Manche Menschen interpretieren das Karma-Prinzip dahingehend, dass die aktuellen Lebensbedingungen der Lohn oder die Strafe für die Taten in unseren früheren Leben sind. Und mitunter werden Armut und Leid auf diese Weise durch das Karma-Prinzip gerechtfertigt – nach der Devise „Wenn es jemandem schlecht geht oder wenn jemand benachteiligt wird, dann wird das schon seine Gründe haben. Dann ist er selbst daran schuld."

Aber die aktuellen Lebensbedingungen sind nicht nur die Konsequenz aus früheren Handlungen, sondern die Art und Weise, wie wir mit diesem Problem umgehen, ist wiederum die Ursache für zukünftige Konsequenzen. Das Karma-Prinzip endet nicht schlagartig am heutigen Tag bei der Begründung der heutigen Lebensumstände, sondern es setzt sich fort. Das Leid des einen ist gleichzeitig auch ein Praxistest für einen anderen. An diesem Praxistest zeigt sich, wie man mit dem Leid anderer Menschen umgehen kann. Und auch das müssen wir aus verschiedenen Perspektiven lernen. Es mag sein, dass mancher das Leid sogar „schuldlos" auf sich nimmt – nur deshalb, um unser Lehrer und Prüfer zu sein. Auch die Fähigkeit, eine solche leidvolle Aufgabe annehmen und durchstehen zu können, kann man sich in einem früheren Leben erarbeitet haben.

Der Umgang mit dem Leid anderer Menschen ist übrigens ein hochkomplexes Thema, bei dem es keine einfache Lösung gibt. Es ist vielleicht sogar das schwierigste Thema überhaupt. Man kann nicht allen Menschen helfen, denn die eigenen Möglichkeiten sind begrenzt. Manche Menschen nehmen die Hilfe nicht an. Manche halten stur an den Verhaltensweisen fest, durch die das eigene Leid entsteht. Manche Hilfe wäre nutzlos. Manche gut gemeinten Hilfsmaßnahmen können sogar dazu führen, dass das Leid zunimmt, usw.

Weitere Symbole

Die Rose

Die Rose ist nicht nur ein Symbol für die Liebe, sondern auch für das Geistige und für das Geheime. Bei den Römern gab es den Brauch, bei manchen Zusammenkünften eine Rose an die Decke zu hängen. Sie sollte die Anwesenden daran erinnern, dass alles, was sie hier hörten, nach außen hin geheim bleiben sollte. Was unter der Rose gesagt wurde (sub rosa dictum), das unterlag der Geheimhaltung und durfte nicht weitererzählt werden. Dieser Brauch hat seine Wurzeln in der Mythologie: Cupido versuchte, eine Liebesaffäre seiner Mutter Venus geheim zu halten, und schickte zu diesem Zweck Rosen an Harpokrates, den Gott des Schweigens.

Bei der Esoterik bezieht sich dieses Geheimnis auf den verborgenen geistigen Sinn. In diesem Zusammenhang lässt sich auch der Begriff „Rosenkreuzer" interpretieren. Das Rosenkreuzertum ist ein esoterisches Christentum, das an gnostische, platonische, hermetische und kabbalistische Lehren anknüpfte. Vermutlich soll die Kombination von Kreuz und Rose auch auf die Vereinigung von Geist und Materie hinweisen.

Salz

Mt. 5,13: Ihr seid das Salz der Erde. [...] Ihr seid das Licht der Welt.

Was auf den ersten Blick wie zwei Gleichnisse aussieht, ist eigentlich eine versteckte Andeutung zur Symbolik des Salzes. Salz ist eine symbolische Entsprechung für Licht auf der materiellen Ebene. Zunächst einmal ist Salz ein helles Gestein. Ein Salzkristall ist lichtdurchlässig, und wenn er angestrahlt wird, kann er das Licht reflektieren und funkeln. Das Salz und die Wärme des (Sonnen-)Lichts können einem Material Wasser entziehen. Bei der Wärme des (Sonnen-)Lichts geschieht das durch Verdunstung, beim Salz durch Osmose. Durch Wasserentzug und durch Salzen kann man Fleisch konservieren. Und durch die Konservierung wird etwas Vergängliches in etwas Dauerhaftes verwandelt. Auch bei der Mumifizierung wurde Salz verwendet, um dem Körper Wasser zu entziehen und um ihn zu konservieren.
Im Lateinischen erkennt man eine sprachliche Verwandtschaft von sal (Salz) und sol (Sonne), und in der deutschen Sprache gibt es eine vergleichbare Ähnlichkeit zwischen Hall (Salz) und hell (Gegensatz von dunkel). Das Wort Hall kommt in einigen Ortsnamen vor, wo früher Salz abgebaut wurde. Auch das deutsche Wort „Sole" weist auf diesen Zusammenhang von Salz und Sonne hin. Das Wort Alchemie stammt vom griechischen „hals chymeia" (= Salzschmelzung, Salzkochung). Im Salz ist symbolisch das Licht gebunden. Die Aufgabe der Alchemie ist es, dieses Licht wieder daraus zu lösen – das Geistige zu erkennen, das im Materiellen verborgen ist.
Das obige Bibelzitat weist also ganz eindeutig auf die enge Verwandtschaft von Christentum und Alchemie hin – eine Verwandtschaft, die im heutigen „Christentum" nicht mehr zu erkennen ist.

Häuser und Gebäude

Häuser stehen häufig für Gedankengebäude bzw. für geistige Strukturen. In unserer Sprache gibt es vielfältige Beziehungen zwischen dem Bauen und dem Errichten eines Weltbilds. Man spricht z. B. von einem Fundament, auf dem ein Weltbild errichtet ist, oder von den Säulen bzw. Pfeilern, auf denen es ruht. Gedankengebäude können Risse bekommen oder einstürzen.

4. Mose 12,5: Da kam der HERR hernieder in der Wolkensäule und trat in die Tür der Stiftshütte und rief Aaron und Mirjam, und die gingen beide hin. Und er sprach: Hört meine Worte: Ist jemand unter euch ein Prophet des HERRN, dem will ich mich kundmachen in Gesichten oder will mit ihm reden in Träumen. Aber so steht es nicht mit meinem Knecht Mose; **ihm ist mein ganzes Haus anvertraut.** *Von Mund zu Mund rede ich mit ihm, nicht durch dunkle Worte oder Gleichnisse, und er sieht den HERRN in seiner Gestalt.*

Bei diesem Zitat wird übrigens ganz nebenbei auch die Art und Weise beschrieben, wie sich das Göttliche üblicherweise kundtut:

1. in Gesichten und Träumen
2. in dunklen Worten und Gleichnissen

Wenn wir uns in diesem Buch mit der Symbolsprache der inneren Bilder beschäftigen, dann beinhaltet das genau diese beiden Aspekte. Die „Gesichte und Träume" sind innere Bilder und die „dunklen Worte und Gleichnisse" bedürfen einer symbolischen Deutung.
Es kann aber auch Fälle geben, wo das Haus gleichnishaft für den Körper steht, den wir bewohnen.

Das Dach

Das **Dach** trennt uns von einer höheren Sphäre. Über das Dach können wir in eine höhere Sphäre vordringen.
In vielen Träumen sah ich mich, wie ich auf unserem Hausdach am arbeiten war. Ein Loch war im Dach. Ich saß bei diesem Loch, und meine Beine baumelten von dort in das Treppenhaus. Anfangs interpretierte ich das als einen Hinweis auf zukünftige Zerstörungen am Haus – beispielsweise durch kriegerische Konflikte oder

Naturkatastrophen. Aber mit der Zeit erkannte ich immer deutlicher, dass mit dieser Symbolik ein Vordringen in eine höhere, geistige Wirklichkeit gemeint war.

Der Turm

Ein Turm ist ein Bauwerk, das uns in einen höheren Bereich führt. Dabei kann man manche Dinge der niederen Welt unten zurücklassen. Man löst sich etwas von den Dingen und gewinnt dadurch einen gewissen Überblick. Mitunter kann es aber auch passieren, dass man sich einen Elfenbeinturm schafft – eine heile und theoretische Welt, die jedoch nur wenig mit der praktischen Realität zu tun hat.

Bäume

Bäume sind einerseits in der Erde verwurzelt und andererseits in der Luft verzweigt. Sie verbinden beide Welten – ebenso wie auch der Mensch, der mit seinem Körper in der materiellen Welt verwurzelt ist und der mit seinem Geist in höhere Bereiche vordringt. Bäume symbolisieren darüber hinaus auch Entwicklungen und Wachstum. Ihre Zweige und Äste erinnern an die vielen Wege im Leben, an die AbZWEIGungen und Entscheidungen.

Der Wald

Der finstere Wald steht hingegen für die materielle Welt, zumal auch Holz bzw. Bauholz im lateinischen „materia" heißt. Es ist der gleiche sprachliche Zusammenhang von Wald und Materie, den wir auch schon vom griechischen „hyle" kennen. Ein wichtiger Aspekt bei dieser Symbolik ist auch, dass im Wald die Sicht eingeschränkt ist. Während man im Hochgebirge hunderte von Kilometern weit blicken kann, wird uns gerade im Wald durch all die Bäume und Sträucher die Sicht versperrt. Man sieht nur das, was unmittelbar vor einem ist. Vieles ist für uns unsichtbar in der Tiefe des Waldes verborgen. Damit wird unser Bewusstsein eingeschränkt, und so kann der Wald auch ein Symbol für das Unbewusste sein.

Die widersprüchliche Symbolik des Winters

Durch seine weiße Farbe und durch seine feinen, sternförmigen Kristallstrukturen ist der Schnee ein eindeutiges Symbol für das Reine, Astrale und Feinstoffliche (lat. astrum = Gestirn). Darüber hinaus ist der Winter auch eine besinnliche Zeit – eine Zeit, in der man sich etwas von der äußeren Welt zurückzieht und in sich geht.
Andererseits ist der Winter aber auch die dunkle Jahreszeit, in der die Kraft der Sonne deutlich schwächer ist. Das „Ruhen" der Natur kann negativ empfunden werden – als ein „Tod", der erst mit dem nächsten Frühjahr wieder überwunden wird. Die Kälte des Winters ist ein Sinnbild für die Kälte der Herzen. Und gerade in früheren Jahrhunderten war der Winter für viele Menschen eine harte Zeit der Entbehrungen, weil die Vorräte nicht immer bis ins Frühjahr reichten.

Somit kann der Winter auf zwei gegensätzliche Weisen gedeutet werden:

- als ein Symbol für das Reine und Geistige
- als ein Symbol für das Tote, Materielle und Geistferne

Es hängt jeweils vom Kontext ab, wie der Winter in einer konkreten Situation gedeutet werden kann.
In meinen Träumen sah ich ziemlich oft Ski-Lifte und Ski-Gebiete in extremer Höhe an erloschenen Vulkankratern. Anfangs interpretierte ich diese Bilder so, dass irgendwann nach einer gigantischen Naturkatastrophe wieder Normalität einkehren würde. Später, als ich die Symbolsprache deuten konnte, erkannte ich jedoch, dass die hohen Landschaften für eine höhere Wirklichkeit standen, der weiße Schnee für das Reine und Geistige und der erloschene Vulkan für die Kraft des Feuers, das damals noch nicht den Durchbruch bzw. Ausbruch geschafft hatte. Die Ski-Lifte waren gewissermaßen Hilfestellungen, die mich in diesen höheren Bereich führen.

Die Aggregatzustände des Wassers: Gasförmig, flüssig, gefroren

Es gibt eine Analogie zwischen dem Drei-Ebenen-Schema (Luft, Wasser, Erde) und den drei Aggregatzuständen des Wassers (gasförmig, flüssig, gefroren). In diesem Sinne sind das Seelische „kondensierter" Geist und das Materielle „gefrorener" Geist. Der Abstieg in die materielle Welt wird hier mit einem Abkühlungsprozess verglichen.

gasförmig	Atem	Geist
feucht	kondensierter Atem = Wasser	Seele
fest	gefrorenes Wasser = Eis	Materie

Mit diesem Wissen können wir einen kurzen Seitenblick auf die so genannte Welteislehre werfen, die um 1913 von Hanns Hörbiger entwickelt wurde und in der NS-Zeit eine gewisse Berühmtheit erlangte, da Heinrich Himmler ein Anhänger dieser Theorie war. Nach dieser Lehre bestehen die meisten Körper des Weltalls aus Eis. Hörbiger berichtet, dass ihm der Gedanke einer Eiswelt intuitiv, blitzartig und wie eine Eingebung gekommen sei, als er den Mond mit einem Teleskop betrachtete. Einige Nächte später hatte er seine zweite Eingebung: In einem Traum sah er ein hin und her schwingendes Pendel, das immer größer wurde, bis es schließlich zerbrach.

Im materiellen und wissenschaftlichen Sinne ist Hörbigers Welteislehre natürlich absolut unhaltbar. Trotzdem kann ich die „Eingebung" von Hörbiger sehr gut nachvollziehen, und die Symbolik ist in diesem Fall sogar überdeutlich. Dieses Motiv des „Mondes aus Eis" hat etwas in ihm angesprochen, und sein „inneres Wissen" hat in diesem Moment ganz laut „Bingo!" gerufen, auch wenn sein Tagesbewusstsein die Symbolik nicht im Geringsten verstanden hatte.

Der Mond ist ein Symbol für das Seelische, und das Eis steht in diesem Fall für das Materielle. Isoliert betrachtet könnte man dieses Motiv auch psychologisch deuten, z. B. als ein „Erkalten der Seele" bzw. als „seelische Kälte". Aber das zerbrochene Pendel in der zweiten Eingebung unterstreicht den spirituellen Zusammenhang. Ein Pendel schwingt hin und her. Es umfasst beide Seiten der Polarität und steht dadurch in diesem Zusammenhang für die Einheit, die beide Pole umfasst – für eine Einheit, die jedoch zerbrochen ist. Das Zerbrechen dieser Einheit ist gleichbedeutend mit dem Gang in die Polarität und in die Materie (= Eiswelt). Es handelt sich also bei Hörbigers Eingebung um einen ganz typischen Fall, dass eine spirituelle Symbolik in einem materiellen Sinne missverstanden wurde.

Der „Osten"

Heute richten wir unsere Landkarten allgemein nach Norden aus. Das liegt wohl hauptsächlich daran, dass sich die Seefahrer am Polarstern orientierten. In der Antike und auch noch bis ins Mittelalter hinein waren die Karten jedoch „geostet". Osten war oben und Westen unten. So spricht man auch heute noch davon, dass man sich „orientiert", worin das Wort „Orient" steckt (lat. oriens = Osten). Somit steht der Osten in der Symbolik häufig für eine höhere, geistige Welt. Im Osten wird jeden Morgen das Licht geboren und im Westen geht es unter. Wenn es in der Bibel heißt: *„Und Gott der HERR pflanzte einen Garten in Eden gegen Osten hin"* *(1. Mose 2,8)*, dann ist diese Richtungsangabe ein Hinweis, dass dieser Bereich nach „oben" orientiert ist.

Wenn man diese andere Orientierung der Karten berücksichtigt, kann man erkennen, dass sowohl der Nil als auch der Jordan waagerechte Wasserlinien sind, die jeweils einen oberen und einen unteren Bereich trennen.

der obere Bereich im Osten
Nil bzw. Jordan
der untere Bereich im Westen

Der Mondzyklus – Ein Gleichnis für den Zyklus der Seele

Die Sonne symbolisiert üblicherweise den Geist, der Mond die Seele und die Erde den Körper bzw. die Materie.

Bei Neumond steht der Mond zwischen Erde und Sonne:

Sonne (Geist)
Mond (Seele)
Erde (Körper/Materie)

Aus der irdischen (geozentrischen) Perspektive steht der Mond bei Neumond annähernd vor der Sonne und leuchtet selbst nicht. Dieser Zustand ist ein Gleichnis für die Seele, die sich noch nicht von Gott gelöst hat und auch noch keine eigene Individualität entwickelt hat. Je mehr sich der Mond von der Sonne löst, umso mehr beginnt er selbst zu leuchten. Dieses entspricht der Seele, die nach der Trennung langsam Eigenständigkeit entwickelt. Bei Vollmond, im Zustand der maximalen Trennung, leuchtet der Mond schließlich am stärksten.

Nun haben wir folgende Reigenfolge:

Sonne (Geist)
Erde (Körper/Materie)
Mond (Seele)

Die Seele ist nun in einem Bereich UNTER der Erde – also in der „Unterwelt". Nach dem Vollmond nähert sich der Mond wieder der Sonne an. Die ursprüngliche Festlegung des Osterfestes auf den ersten Sonntag nach dem ersten Frühlingsvollmond bezieht sich konkret auf diese Symbolik. Mit der Auferstehung beginnt die Rückverbindung zur Sonne.

Venus

An manchen Tagen steht die **Venus** noch vor Sonnenaufgang als **Morgenstern** im Osten am Himmel und kündigt den kommenden Tag an. Sie trägt uns das erste Licht entgegen und wird daher mit „**Luzifer**" gleichgesetzt, dem Licht-Träger. Ursprünglich war Luzifer eine Personifikation, die durchaus positiv besetzt war.

Die sieben Planetensphären

Im geozentrischen Weltbild der Antike gab es die Vorstellung von „Planetensphären", wobei man die bekannten Himmelskörper nach der Geschwindigkeit anordnete, in der sie den Tierkreis durchlaufen: 1 = Mond, 2 = Merkur, 3 = Venus, 4 = Sonne, 5 = Mars, 6 = Jupiter, 7 = Saturn. In dieser Liste fehlt die Erde, weil wir von der Erde aus nicht sehen können, wie sich die Erde über den Tierkreis bewegt. Weiterhin fehlen die äußeren Planeten Uranus und Neptun, weil diese Planeten in der Antike noch nicht bekannt waren. Man nahm damals an, dass es sieben Planetensphären gäbe, und wenn man heute sagt, dass jemand „im siebten Himmel" ist, bezieht sich das noch immer auf dieses uralte Sphären-Modell. Jenseits der sieben Sphären wurde noch eine achte Fixsternsphäre angenommen, die nicht der Zeit unterworfen war. Hinter diesem Sternenzelt der Fixsternsphäre gab es schließlich noch einen neunten göttlichen Bereich, der für uns Menschen verborgen war.

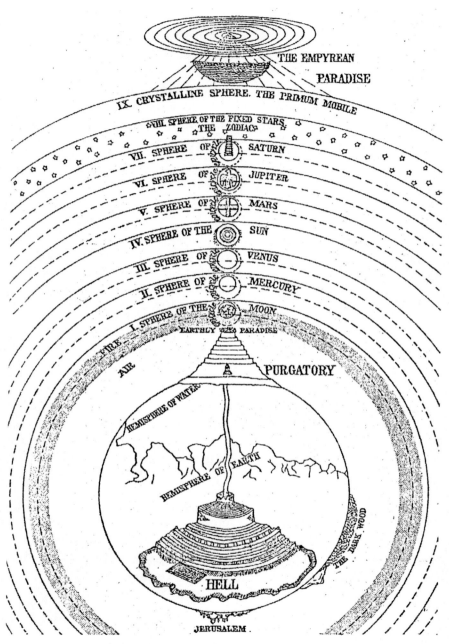

Michelangelo Cactani - La Materia della Divina, 1855

Hier wird also eine astronomische Vorstellung aus der Antike verwendet, um im übertragenen Sinne ein spirituelles Sphärenmodell zu versinnbildlichen. Unser astronomisches Weltbild hat sich natürlich seit der Antike verändert, und es wäre vollkommen absurd, am alten geozentrischen Weltbild festhalten zu wollen. Wenn man jedoch das alte Weltbild in einem übertragenen Sinn betrachtet, dann ist es auch weiterhin geeignet, um das spirituelle Sphärenmodell zu veranschaulichen. Und in diesem Sinne hat es weiterhin seine Berechtigung.

verborgener, göttlicher Bereich	göttliche Ebene	
Fixsternhimmel / Himmelszelt	Vorhang	
Saturn	7. Sphäre	
Jupiter	6. Sphäre	
Mars	5. Sphäre	
Sonne	4. Sphäre	Aufstieg der Seele
Venus	3. Sphäre	
Merkur	2. Sphäre	
Mond	1. Sphäre	
Erde	materielle Ebene	

In dieser Darstellung haben wir sieben Stufen auf der seelischen Ebene zwischen Materie und Vorhang. Im Gegensatz dazu umfasst das Sieben-Stufen-Schema beim Dreifachkreuz alle Ebenen, also auch die göttliche und die materielle Ebene. Im Kleinen wiederholt sich das Große.

Die sieben Wochentage

Die sieben Tage unserer Woche verdanken wir auch dem Sieben-Sphären-Modell. Drei Himmelskörper durchlaufen den Tierkreis schneller als die Sonne (Gruppe 1: Mond, Merkur, Venus), drei sind in dieser Hinsicht langsamer als die Sonne (Gruppe 2: Mars, Jupiter, Saturn). Die Wochenaufteilung ist so gewählt, dass sich die Himmelskörper aus beiden Gruppen abwechseln:

Tag	Planet	Gruppe	griechischer Gott	germanischer Gott
Sonntag	Sonne		Helios	
Montag	Mond	1	Selene	
Dienstag	Mars (frz. mardi)	2	Ares	Tiu / Ziu (engl. tuesday)
Mittwoch	Merkur (frz. mercredi)	1	Hermes	Wotan (engl. wednesday)
Donnerstag	Jupiter (frz. jeudi)	2	Zeus	Donar / Thor
Freitag	Venus (frz. vendredi)	1	Aphrodite	Frija
Samstag	Saturn (engl. saturday)	2	Kronos	

Zahlensymbolik

Die Zahlen von null bis dreizehn

Die **Null** symbolisiert das „Unerschaffene" bzw. den Urgrund allen Seins. Alles was existiert, ist aus diesem Urgrund herausgetreten (lat. ex-sistere = heraustreten).

Die **Eins** verweist auf das EINE allumfassende Urprinzip, das hinter der Vielfalt der Erscheinungen steckt. Damit ist sie auch ein Symbol für das Göttliche. Es kann nur **ein** Prinzip geben, das alles umfasst, denn wenn es neben diesem einen ein zweites gäbe, dann wäre das eine nicht allumfassend.

Die **Zwei** steht für die Polarität. Wir können Dinge nur wahrnehmen, wenn sie sich von etwas anderem unterscheiden. Wir können das Hohe nur erkennen, wenn es sich vom Tiefen unterscheidet – das Helle nur, wenn es sich vom Dunklen unterscheidet. Darüber hinaus steht die Zwei auch für den **Zwei**fel, der einen überkommt, wenn man sich der zweiten Seite bewusst wird.

Die **Drei** ist ein typisches Symbol für Gott bzw. für den Geist. Manchmal wird Gott als ein Dreieck dargestellt mit einem Auge in der Mitte. Auch die Dreifaltigkeitslehre hat hier ihren Ursprung. In der Drei vereinigt sich die Polarität (2) mit der Einheit (1). Es versöhnen sich die Gegensätze. Über den Dualismus von These und Antithese findet man zur Synthese. So wird die Drei auch zu einer Zahl der Weisheit. Die Drei steht darüber hinaus auch für die drei Ebenen der Schöpfung, für die Dreiheit von Geist, Seele und Körper und für den dreifachen Schriftsinn.

Die **Vier** ist die Zahl der Materie. Es gibt die vier Elemente der Alchemie (Feuer, Luft, Wasser, Erde), die vier Himmelsrichtungen usw. Auch das Kreuz, das Quadrat und der Würfel (Kubus) haben einen Bezug zur Vierheit und sind daher typische Symbole für das Materielle.

Die **Fünf** steht für das Bewusstsein. Man spricht von den fünf Sinnen (Sehen, Hören, Tasten, Schmecken, Riechen), obwohl das eigentlich nicht so richtig stimmt. Immerhin haben wir auch noch einen Gleichgewichtssinn. Die Fünf begegnet uns auch als die „Quintessenz" (lat. quintus = der Fünfte), die wir aus einer Sache ziehen.

Die **Sechs** symbolisiert Ehe und Harmonie. In einigen Sprachen gibt es einen Zusammenhang zwischen der Zahl Sechs und der Sexualität. Das Hexagramm (Davidstern) besteht aus zwei Dreiecken, die zu einem Symbol vereinigt sind. Es geht dabei jedoch nicht nur um die Vereinigung zweier Menschen, sondern auch um die Vereinigung bzw. innere Hochzeit mit dem höheren/göttlichen Bewusstsein (siehe „Das Dreifachkreuz und der kabbalistische Lebensbaum").

Die **Sieben** steht für die Vereinigung von Geist (3) und Materie (4). Aber sie begegnet uns häufig auch als sieben Stufen oder als sieben Barrieren, die zu überwinden sind („Über sieben Brücken musst du geh'n ..."). Die Schöpfung – der Abstieg in die Materie – vollzieht sich in sieben Stufen, und entsprechend vollzieht sich auch der geistige Aufstieg in sieben Stufen. Im antiken Weltbild kannte man sieben Planetensphären. Die Zwerge im Märchen von Schneewittchen leben hinter den „sieben" Bergen. Der Mithras-Kult hatte sieben Einweihungsgrade: Corax (Rabe), Nymphus (Bräutigam), Miles (Soldat), Leo (Löwe), Perses (Perser), Heliodromus (Sonnenläufer), Pater (Vater). Auch eine katholische Messe ist laut Schott-Messbuch in sieben Abschnitte geteilt: 1. Vorbereitungsgebet, 2. Gebetsgottesdienst, 3. Lehrgottesdienst, 4. Opfervorbereitung, 5. Opferhandlung/Wandlung, 6. Opfermahl, 7. Entlassung. Die Sieben wird auch verwendet, um die Vollständigkeit zu betonen, z. B. wenn man seine „sieben Sachen" packt.

Nachdem mit der Sieben die Vollständigkeit erreicht ist, beginnt häufig mit der **Acht** eine neue Entwicklung. In der Musik wiederholen sich beispielsweise die

Notennamen nach einer „Oktave" (lat. octo = acht). An dieser Stelle ist anzumerken, dass auch die Notenleitern mit ihren Einteilungen auf Pythagoras zurückgehen. Weiterhin ist die Acht eine Zahl der Bewusstwerdung. Es ist kein Zufall, dass wir im Deutschen Wörter wie **Acht**ung oder **Acht**samkeit finden. Im Gegensatz dazu können wir in der N-acht viele Dinge nicht wahrnehmen. Das vorangestellte „N" wirkt wie eine Negation. Dieser Zusammenhang zwischen Nacht und Acht findet sich übrigens in vielen europäischen Sprachen: night – eight (engl.), nuit – huit (frz.; vgl. Hajo Banzhaf: Tarot und Astrologie, http://www.tarot.de/ – Tarotlexikon). Eine weitere Bedeutung der Acht ergibt sich daraus, dass der Fixsternhimmel hinter den sieben Planetensphären die achte Sphäre ist. Die Fixsterne bewegen sich nicht. Sie sind gewissermaßen nicht der Zeit unterworfen und damit zeitlos bzw. ewig. Auch das Unendliche wird durch eine liegende Acht dargestellt (∞).

Die Bedeutung der **Neun** ergibt sich indirekt aus der Multiplikation von drei mal drei. Wenn die drei göttlichen Kräfte auf drei Ebenen wirken, entstehen neun Bereiche. Weiterhin gibt es einen Bezug zu den Planetensphären, wo hinter dem Fixsternhimmel (= achte Sphäre) der neunte, göttliche Bereich beginnt.

Mit der **Zehn** beginnen in unserem Zahlensystem die zweistelligen Zahlen. Auch wenn es in der Antike noch kein Dezimalsystem im heutigen Sinne gab, so kannte man dennoch einen Zusammenhang zwischen 1 und 10, zwischen 2 und 20, zwischen 3 und 30 usw. Selbst ein Kind, das mit den Fingern zählt, zeigt uns die Zwanzig an, indem es uns zweimal die zehn Finger entgegenstreckt. Somit werden durch die Zehn die Zahlen auf eine neue Ebene gehoben.

Die **Elf** wird üblicherweise ziemlich negativ gedeutet. Zum Teil wird so argumentiert, dass es zehn Gebote gibt und dass man sich mit der Elf über diese Gebote hinwegsetze. Zum Teil wird auch angeführt, dass die Elf im Gegensatz zur Zwölf noch unvollkommen ist. Möglicherweise gibt es auch einen Bezug zur versteckten elften Sephira im kabbalistischen Lebensbaum.

Die **Zwölf** ist schließlich die absolute Zahl der Vollkommenheit: zwölf Tierkreiszeichen, zwölf Monate, zwölf Stämme Israels, zwölf Jünger, zwölf Apostel, zwölf Tagesstunden, zwölf Nachtstunden usw. Während sich die Sieben aus drei plus vier errechnen lässt, ergibt sich die Zwölf aus drei mal vier. Es ist nicht mehr ein Nebeneinander von Geist (Drei) und Materie (Vier), sondern beide sind miteinander verwoben.

Die **Dreizehn** gilt allgemein als Unglückszahl. In ähnlicher Weise, wie sich schon die Elf über die Zehn hinwegsetzt, durchbricht die Dreizehn die Vollkommenheit der Zwölf. Aber ebenso kann man natürlich dieses Durchbrechen auch als einen Neuanfang betrachten. So, wie es im Lebensbaum zehn Sephiroth und die verborgene elfte Sephira (Daath) gibt, so gibt es beim Dreifachkreuz zwölf Positionen und den Vorhang als dreizehnte Position.

Goethes Hexen-Einmaleins

Du musst versteh'n, aus Eins mach Zehn.
Die Zwei lass geh'n.
Die Drei mach gleich,
So bist du reich.
Verlier die Vier!
So sagt die Hex,
Aus Fünf und Sechs,
Mach Sieben und Acht,
So ist's vollbracht:
Und Neun ist Eins,
Und Zehn ist keins.
Das ist das Hexen-Einmaleins!

(Goethe: Faust I)

Mit dem Neun-Sphären-Modell (= sieben Planetensphären, Fixsternsphäre, göttlicher Bereich) und mit der Zahlensymbolik können wir diese Verse deuten:

Du musst versteh'n, aus Eins mach Zehn.	Gehe auf eine höhere Ebene.
Die Zwei lass geh'n.	Überwinde die Polarität des Denkens.
Die Drei mach gleich ...	Finde den Ausgleich.
Verlier die Vier!	Löse dich von der materiellen Ebene (= abstrahiere).
Aus Fünf und Sechs ...	Nutze das Bewusstsein und die Vereinigung mit dem höheren Bewusstsein ...
Mach Sieben und Acht	... um bis zur siebten und achten Stufe emporzusteigen (= um das Bewusstsein vollständig zu entwickeln und das Ewige zu erkennen).
Und Neun ist Eins	Auf der neunten Ebene kann man schließlich das EINE erkennen.
Und Zehn ist keins	Dahinter liegt nur noch der Urgrund des Seins, der durch die Null symbolisiert wird.

Gematria – kabbalistische Numerologie

Jeder Buchstabe des hebräischen Alphabets hat einen Zahlenwert, und somit ist jedes Wort gleichzeitig auch eine Zahl. Unterschiedliche Wörter können dabei durchaus den gleichen Zahlenwert haben, und wenn ein solcher Fall vorliegt, dann ist das für einen Kabbalisten ein deutlicher Hinweis, dass diese beiden Wörter in Beziehung zueinander stehen. Diese zahlenmäßige Gleichwertigkeit muss aber nicht unbedingt immer bedeuten, dass beide Wörter den gleichen Sinn haben.
Ein typisches Beispiel für eine Übereinstimmung zweier Zahlenwerte ist der Zusammenhang von Schlange und Messias. Die Schlange heißt auf Hebräisch „nachasch" und hat den Zahlenwert 358 = 50 (Nun) + 8 (Chet) + 300 (Schin). Der Messias heißt „maschiach" und hat den gleichen Zahlenwert: 358 = 40 (Mem) + 300 (Schin) + 10 (Jod) + 8 (Chet). Im konkreten Fall deutet einiges darauf hin, dass es hier tatsächlich auch um eine symbolische „Gleichwertigkeit" der Begriffe geht.

Wir finden z. B. in der religiösen Kunst symbolische Darstellungen

- von der Schlange am Baum,
- von der Schlange am Kreuz,
- von Christus am Baumkreuz,
- von Christus am Kreuz.

Darüber hinaus haben Christus und Schlange eine gemeinsame Eigenschaft: Sie können beide „enthüllen". Die Schlange kann sich häuten, und laut Paulus wird durch Christus die Decke abgetan, die über dem alten Testament hängt (vgl. 2. Kor. 3,12).

Die nachfolgende Tabelle enthält neben den hebräischen Buchstaben, ihren Bedeutungen und Zahlenwerten auch die Entsprechungen der Zahlenwerte im griechischen Alphabet. Zum Teil laufen beide Alphabete sogar synchron.

Innerhalb dieses Buches spielt die Gematria jedoch sonst keine weitere Rolle. Falls jemand tiefer in diese Thematik einsteigen möchte, dann kann man in der Literatur einiges zur Zahlensymbolik des Tarots und zur Gematria finden. Sehr interessant ist in dieser Hinsicht das Buch „Der Wahre und Unsichtbare Rosenkreuzer Orden" von Paul Foster Case. Und vor allem das Buch „Schöpfung im Wort" von Friedrich Weinreb möchte ich an dieser Stelle empfehlen. Es weicht zwar etwas von der üblichen Literatur zum Thema ab, zeigt aber sehr viele andere Zusammenhänge auf.

Die Buchstaben Digamma, Qoppa und Sampi werden im normalen griechischen Alphabet nicht zum normalen Schreiben verwendet, sondern nur zum Rechnen.

Buch-stabe	Hebr.	Bedeutung	Bedeutung	Zahlenwert	Name	Griech.	Buch-stabe
A	א	Ochse, Pflug	Aleph	1	Alpha	Αα	A
B	ב	Haus, Sprache	Beth	2	Beta	Ββ	B
G	ג	Kamel	Gimel	3	Gamma	Γγ	G
D	ד	Tür	Dalet	4	Delta	Δδ	D
E	ה	Fenster	He	5	Epsilon	Εε	E
W	ו	Haken, Nagel	Wav	6	(Digamma, Stigma)	Ϝς	F
Z	ז	Waffe, Schwert	Zajin, Sajin	7	Zeta	Ζξ	Z
C	ח	Zaun	Chet	8	Eta	Ηη	H
T	ט	Schlange	Tet	9	Theta	Θθ	T
I/J/Y	י	Hand	Jod	10	Jota	Ιι	I/J

Buch-stabe	Hebr.	Bedeutung	Bedeutung	Zahlen-wert	Name	Griech.	Buch-stabe
K	כַּ	Handfläche, Faust	Kaph	20	Kappa	Κκ	K
L	ל	Arm, Ochsentreiberstock	Lamed	30	Lambda	Λλ	L
M	מם	Wasser	Mem	40	My	Μμ	M
N	נן	Fisch	Nun	50	Ny	Νν	N
S	ס	Zeltpflock, Pfahl	Samech	60	Xi	Ξξ	X
O	ע	Auge	Ajin	70	Omikron	Οο	O
P	פף	Mund	Pe	80	Pi	Ππ	P
S	צ	Angelhaken	Zade, Sade	90	(Qoppa)		(Q)
Q	ק	Hinterkopf, Nadelöhr	Koph, Qoph	100	Rho	Ρρ	R
R	ר	Kopf, Antlitz	Resch	200	Sigma	Σσ	S
S	שׁ	Zahn	Sin, Schin	300	Tau	Ττ	T
T	ת	Kreuz, Zeichen	Taw	400	Ypsilon	Υυ	Y
				500	Phi	Φφ	F
				600	Chi	Χχ	CH
				700	Psi	Ψψ	P
				800	Omega	Ωω	O
				900	(Sampi)		(S)

666

Offb. 13,18: Hier ist Weisheit! Wer Verstand hat, der überlege die Zahl des Tieres; denn es ist die Zahl eines Menschen, und seine Zahl ist sechshundertundsechsundsechzig.

Die Zahl 666 hat im heutigen „Christentum" zumeist einen ausgesprochen schlechten Ruf, obwohl es sich eigentlich um eine Zahl mit einer ausgesprochen positiven Bedeutung handelt – um eine Zahl der Weisheit (die übrigens nicht nur in der Offenbarung vorkommt, sondern auch bei 1. Kön. 10,14 und 2. Chr. 9,13 im Zusammenhang mit Salomos „Reichtum").
Die Zahl sechs steht für Ehe und Harmonie. Wenn drei Ebenen bzw. drei Polaritäten in Harmonie sind, dann wird dies durch eine dreifache Sechs symbolisiert.
Auf der geistigen/planerischen Ebene ist es eine Harmonie von **Fördern und Begrenzen** bzw. von **Gnade und Strenge**. Auf der seelischen Ebene ist es eine Harmonie von **Emotion und Vernunft**. Auf der körperlichen Ebene ist es eine Harmonie von **Trieb und Leid**. Es geht darum, die **Leidenschaft** so weit zu begrenzen, dass sie kein **Leiden schafft** – aber eben auch **nur** so weit. Es kann nicht das Ziel sein, die Leidenschaft vollständig zu bekämpfen, denn auch das wäre ein Ungleichgewicht. (Bei der Herleitung der Dreifachkreuzstruktur wurden im Kapitel „Die drei Querbalken" diese drei Grundpolaritäten bereits vorgestellt.)
Dieser Teil der Deutung bezieht sich nur auf die Grundzahlen drei und sechs. Aber die Aussage in der Offenbarung bezieht sich auch auf die kabbalistische Gematria, indem ein Tier und ein Mensch erwähnt werden, die den gleichen Zahlenwert haben. Durch die Vermischung der beiden Systeme wird man natürlich bei der Deutung ziemlich aufs Glatteis geführt. Die Offenbarung des Johannes ist bekanntlich ein Buch mit „sieben Siegeln", und so ist es nicht verwunderlich, wenn an dieser Stelle zwei unterschiedliche „Versiegelungen" verwendet werden:

1. Im jüdischen Alphabet haben die Schlange und der Messias den gleichen Zahlenwert (358).

2. Die zentrale Botschaft des esoterischen Christentums ist die Harmonie (sechs) auf den drei Hauptebenen.

Letztendlich geht es auch in diesem Buch immer nur um **die drei Hauptebenen** und um **die Harmonie** von

- Mythos und Logos,
- inneren Bildern und innerem Wissen,
- symbolischen Motiven und Strukturen,
- linker und rechter Gehirnhälfte,
- verstärkenden und begrenzenden Faktoren,
- Inspiration und Rationalismus.

Später, im Kapitel „Der friedfertige und der aggressive Jesus" wird diese Harmonie von linker und rechter Seite an einem konkreten Beispiel aufgezeigt werden. Und im dritten Teil des Buches wird dargestellt werden, dass sogar die Evangelien als Ganzes nach diesem Prinzip aufgebaut sind.

Der Hinweis, „dass sie allesamt, die **Kleinen und Großen**, die **Reichen und Armen**, die **Freien und Sklaven**, sich ein Zeichen machen an ihre rechte Hand oder an ihre Stirn" (Offb. 13,16), enthält „ganz zufällig" drei Polaritäten und unterstreicht damit diesen Deutungsansatz. Darüber hinaus ist das Zeichen an Stirn und Hand ein deutlicher Hinweis auf Christus. Noch heute gibt es im „Christentum" den Brauch, ein Kreuz auf die Stirn und auf den Handrücken zu zeichnen. Bei der Taufe wird beispielsweise vom Pfarrer ein Kreuz auf die Stirn des Täuflings gezeichnet. Dieser Brauch ist keine neuzeitliche Erfindung, sondern er steht im Zusammenhang mit der folgenden Stelle im Alten Testament:

Hesekiel/Ezechiel 9,4: Schreite in Mitte (= mitten durch) die Stadt, in Mitte Jerusalem, und (du) zeichnest (= zeichne) (ein) Tau (= Zeichen) auf (die) Stirnen der Männer ...

(zitiert nach Rita Maria Steurer, Das Alte Testament – Interlinearübersetzung Hebräisch-Deutsch – Band 3, Hänssler Verlag, Neuhausen-Stuttgart, 1997, 2. Auflage, Seite 832).

Das Taw ist der letzte Buchstabe des hebräischen Alphabets, und es ist verwandt mit dem griechischen Tau, das wie ein großes T aussieht. Dieses „Tau-Kreuz" steht wiederum im Zusammenhang mit der christlichen Kreuzsymbolik. Mitunter findet man in der Kunst und in der Symbolik Darstellungen von Jesus am Tau-Kreuz und auch von der Schlange am Tau-Kreuz.

Wir haben also:

1.) den zahlenmäßigen Zusammenhang von Schlange und Messias
2.) die symbolische Analogie von Schlange und Messias
3.) den Hinweis auf die drei Polaritäten
4.) die Bedeutungen der Grundzahlen drei und sechs

5.) den Hinweis auf das Zeichen an Stirn und Hand
6.) den Brauch, ein Kreuz auf die Stirn und die Hand zu machen

Alles das lässt nur eine Schlussfolgerung zu:
- Mit dem „Menschen" ist der „Messias" gemeint,
- mit dem „Tier" die Schlange
- und mit dem „Zeichen" das Kreuz.

Es geht also bei Offb. 13,15 um die „Kreuzanbeter" – um jene, die dieses Zeichen anbeten und all jene ausgrenzen und verfolgen, die dies nicht tun, so „dass niemand kaufen oder verkaufen kann, wenn er nicht das Zeichen hat [...]". Das ist sicherlich nicht das, was die meisten „Christen" erwartet hätten.

Das Problem mit den Widersprüchen

Viele Menschen betrachten die Bibel als eine „moralische Richtschnur". Dabei beziehen sie sich zumeist auf die „zehn Gebote" aus dem Alten Testament und auf die Liebesbotschaft von Jesus. Aber die Bibel besteht nicht nur aus diesen beiden Teilen, sondern enthält noch sehr viel mehr, was bei einer wörtlichen Interpretation teilweise sogar im krassen Widerspruch zu dieser Ethik steht. Wenn wir die Bibel wirklich wörtlich nehmen, dann können wir feststellen, dass sie selbst bei scheinbaren Selbstverständlichkeiten ausgesprochen widersprüchlich ist. Nahezu für jedes Gebot lässt sich irgendwo in der Bibel eine Stelle finden, wo exakt das Gegenteil steht oder wo Gott zumindest ein gegenteiliges Handeln veranlasst.

Mit der gewaltsamen Landnahme in Israel wird beispielsweise dem Gebot widersprochen, dass man nicht töten solle. Weiterhin heißt es in den zehn Geboten: „*Du sollst Vater und Mutter ehren*", aber in den Evangelien lesen wir:

Lk. 14,26: Wenn jemand zu mir kommt und hasst nicht seinen Vater, Mutter, Frau, Kinder, Brüder, Schwestern und dazu sich selbst, der kann nicht mein Jünger sein.

Diese Aufzählung könnte man noch um etliche Beispiele erweitern. So basiert die übliche „christliche Ethik" in den meisten Fällen nicht wirklich auf der Bibel, sondern umgekehrt: Das übliche „christliche Bibelverständnis" basiert auf der allgemeinen Ethik. Zumeist werden nur ganz selektiv die „schönen" Stellen gelesen und zitiert, die bei einem wörtlichen Verständnis der eigenen Ethik entsprechen. Und über das andere wird einfach geschwiegen.

Die gleiche Widersprüchlichkeit erleben wir auch bei den folgenden Zitaten:

*2. Mose 24,9: Da stiegen Mose und Aaron, Nadab und Abihu und siebzig von den Ältesten Israels hinauf und **sahen den Gott Israels**.*

*Joh. 1,18: **Niemand hat Gott je gesehen**; der Eingeborene, der Gott ist und in des Vaters Schoß ist, der hat ihn uns verkündigt.*

Kann man Gott denn nun sehen oder nicht?

Wie solche Widersprüche entstehen

Wie kann es passieren, dass die Bibel solche extremen Widersprüche enthält? Die folgende Zusammenstellung zeigt verschiedene Erklärungsansätze, wobei sich diese zum Teil auch etwas überschneiden.

1. Vermischung unterschiedlicher Ansichten und Meinungen

Die Bibel ist das Werk unterschiedlicher Autoren aus unterschiedlichen Epochen. Und jeder dieser Autoren hat ganz selbstverständlich und zum Teil auch unbewusst seine eigenen Ansichten und Erkenntnisse mit eingebracht:

- seine Art, wie er mit der Symbolik umgeht und wie er sie interpretiert
- seine Art, wie er die Themen strukturiert und systematisiert
- seine Art, wie er bestimmte Begriffe verwendet
- usw.

2. Unterschiedliche Strukturierungen

Wenn man einen irdischen Weg beschreibt, der von einem Ort zu einem anderen führt, dann kann man dabei mehr oder weniger Details erwähnen. Man kann nur die Großstätte nennen, an denen man vorbeikommt. Aber ebenso kann man jedes kleine Dorf aufzählen. Man kann den Weg in zwei Abschnitte unterteilen, aber ebenso auch in drei, in vier, in sieben oder auch in 42. Die exakte Zahl hängt letztendlich davon ab, wie wir diesen Weg gedanklich strukturieren, welche Details wir betrachten und welche Themen wir zusammenfassen. Und deshalb ist es auch nicht gesagt, dass der Weg mit sieben Positionen länger ist als ein Weg mit drei Positionen. Das kann sein, muss aber nicht.

Jeder Mensch hat unterschiedliche Probleme auf seinem Weg. Ein Problem kann den einen Wanderer lange aufhalten, während ein anderer locker darüber hinweggeht. Wenn nun verschiedene Menschen den Weg individuell nach den Problemen strukturieren, die sie selbst erlebt haben, dann werden sie bei ihren Beschreibungen zwangsläufig zu unterschiedlichen Abschnitten und Aufteilungen kommen.

Ein ähnliches Problem ergibt sich auch bei der Strukturierung der göttlichen Aspekte: Wenn man sehr viele unterschiedliche Aspekte erkennt und wenn man diese vielen Aspekte einzeln personifiziert, dann erhält man ein polytheistisches Weltbild mit vielen Göttern. Wenn man hingegen die EINE Kraft erkennt, die sich in der Vielfalt der Erscheinungen offenbart, dann erhält man ein monotheistisches Weltbild mit nur einem Gott. Ein Gott mit vielen Namen wäre ein Kompromiss zwischen beiden Sichtweisen. Und wenn man erkennt, dass sich diese eine Kraft immer in Polaritäten offenbart, dann führt dies zu einem dualistischen Weltbild.

Der Unterschied entsteht im Auge des Betrachters – er entsteht, weil unterschiedliche Menschen die Themen unterschiedlich strukturieren.

3. Unterschiedliche Erfahrungen und Interpretationen

Wenn man die spirituelle Kraft das erste Mal bewusst wahrnimmt, dann ist das zunächst eine vollkommen neue Erfahrung, und man hat den Eindruck, als ob diese Kraft gerade eben neu entstanden sei – als ob sie neu in uns „geboren" wurde. Entsprechend wird man diesen Prozess mit einer „Geburt" vergleichen, weil nun etwas da ist, was vorher noch nicht da war. Manche Erkenntnis oder Einsicht wird man vielleicht sogar als eigene Leistung ansehen – als etwas, was man selbst „geboren" hat.

Wenn man diese Kraft etwas besser kennenlernt, dann wird man feststellen, dass sie nicht erst jetzt entstanden ist. Diese Kraft ist ein Anteil von uns, der sogar sehr viel älter ist als unser physischer Körper, und dieser Anteil bringt Erfahrungen mit, die er in anderen Inkarnationen gewonnen hat. Weil man ihn vorher nicht wahrgenommen hat, entsteht der Eindruck, dieser Anteil hätte bislang geschlafen und sei nun aufgewacht. Oder er sei tot gewesen und nun auferstanden.

Wenn man diesen Anteil noch besser kennenlernt, wird man schließlich feststellen, dass er gar nicht geschlafen hat bzw. dass er gar nicht tot war. Er hat immer zu uns gesprochen, aber wir haben ihn nicht erkannt und wir haben ihn nicht verstanden. Es war nicht so, dass ER tot war, sondern es lag an UNS, dass wir ihn nicht wahrnehmen konnten.

So kann man dasselbe Ereignis ganz unterschiedlich interpretieren und umschreiben:

- als eine Geburt
- als eine Wiedergeburt
- als eine Auferstehung
- als ein Wiedererwachen
- als einen alten Bekannten, den wir vergessen hatten

4. Vermischung von wörtlicher und allegorischer Rede

Manchmal gilt eine Aussage oder ein Gebot nicht in einem wörtlichen Sinne, sondern nur in einem übertragenen Sinne. Und so kann es passieren, dass an einer Stelle die Aussage in einem übertragenen Sinne gemeint ist und dass an einer anderen Stelle der wörtlichen Interpretation ausdrücklich widersprochen wird. Die folgende Aussage ist beispielsweise wörtlich gemeint.

Joh. 1,18: Niemand hat Gott je gesehen.

Die folgende Stelle bei Moses ist hingegen allegorisch zu interpretieren:

2. Mose 24,9: Da stiegen Mose und Aaron, Nadab und Abihu und siebzig von den Ältesten Israels hinauf und sahen den Gott Israels.

Damit ist kein Bergsteigen gemeint und auch kein Sehen mit den Augen, sondern man kann das Göttliche erkennen, wenn man gedanklich in höhere geistige Ebenen aufsteigt – wenn man also die geistigen Prinzipien erkennt, die sich in der Schöpfung offenbaren.

5. Unterschiedliche Bedeutungen und Interpretationen der gleichen Symbolik

Die Symbolik ist nicht immer eindeutig. Manche Stellen lassen unterschiedliche Deutungen zu, und manche Symbole haben in einem anderen Kontext eine andere Bedeutung. So kann es passieren, dass sich eine Stelle auf eine Bedeutung eines Symbols bezieht, aber eine andere Stelle auf eine andere Bedeutung.
Aus diesem Grund ist es übrigens auch sehr problematisch, wenn man symbolische

Motive direkt miteinander verknüpft und wenn man dann aus dieser Verknüpfung irgendwelche weitergehenden Schlussfolgerungen zieht.

Symbolische Motive verknüpft man bei der Interpretation nicht so:

Bedeutung (Motiv$_1$ + Motiv$_2$)

sondern so:

Bedeutung (Motiv$_1$) + Bedeutung (Motiv$_2$)

Die direkte Verknüpfung der Motive kann im Einzelfall zufällig gut gehen, muss das aber nicht. Mitunter führen diese direkten Verknüpfungen auch zu Widersprüchen. Im Kapitel „Der friedfertige und der aggressive Jesus" wird später noch ein konkretes Beispiel für dieses Problem dargestellt werden. Eine Bibelstelle zeigt einen extrem friedfertigen Jesus und eine andere einen aggressiven Jesus. Wenn man beide Motive bzw. Bibelstellen direkt miteinander verknüpft, dann erscheint das zunächst wie ein Widerspruch. Wenn man hingegen jedes der beiden Motive einzeln deutet, dann existiert dieser Widerspruch nicht mehr, denn es geht in beiden Fällen auf der symbolischen Ebene um ganz unterschiedliche Themen.

Man kann übrigens sehr viele der Aussagen in diesem Buch in einer solchen „quasi-mathematischen" Schreibweise darstellen. Ich selbst empfand diese Denkweise immer als sehr hilfreich für den Bewusstwerdungsprozess, weil es dadurch gelingt, die Aussagen und Prinzipien sehr präzise auf den Punkt zu bringen. Falls ein Leser mit dieser mathematischen Schreib- und Denkweise vertraut ist, dann kann er einfach mal versuchen, die verschiedenen Aussagen dieses Buches in eine solche Schreibweise zu übersetzen – sie also auf diese Weise zu abstrahieren.

6. Mehrdeutigkeiten, die sich aus dem Ebenenschema und den Selbstähnlichkeiten ergeben

Beispiel aus dem Kapitel „Die drei Ebenen des Empfindes und Denkens": *„Sind nun Empfindungsseele und Vernunftsseele zwei Seelenanteile und somit zwei Schwestern, oder sind sie Bruder und Schwester?"*

7. Unterschiedliche Umschreibungen für das Gleiche

Dieses Buch begann mit zwei widersprüchlichen Gleichnissen: mit der Symbolik von „Tod und Auferstehung" und mit dem Gleichnis vom „alten Bekannten", der eigentlich nicht wirklich tot ist. Es sind zwei unterschiedliche Versuche, den gleichen Sachverhalt zu umschreiben. Je wörtlicher wir diese beiden Umschreibungen interpretieren, umso deutlicher wird der scheinbare Widerspruch: Ist das innere Wissen denn nun tot, oder ist es nicht tot? Je mehr wir hingegen den gleichnishaften Charakter erkennen, umso mehr kann man auch erkennen, dass es in beiden Umschreibungen letztendlich um das Gleiche geht.

8. Ungenauigkeiten in der sprachlichen Umschreibung

Hat sich der Mensch von Gott getrennt, oder ist es gar nicht möglich, dass man sich von Gott trennen kann, weil Gott in allem ist, alles durchdringt und sich in allem offenbart? Beides stimmt. Der scheinbare Widerspruch entsteht, weil der Begriff „trennen" zu ungenau verwendet wird. In einem räumlichen Sinne kann man sich nicht von Gott trennen. Aber es gibt eine Trennung im Bewusstsein. Das menschliche Bewusstsein hat eine gewisse Eigenständigkeit gewonnen, und damit hat es gleichzeitig auch seinen Zugang zum göttlichen Bewusstsein verloren. In diesem Sinne ist es von Gott getrennt.

9. Logische Brüche durch die Übersetzung geistiger Zusammenhänge in irdische Begriffe

Wenn man geistige Zusammenhänge gleichnishaft in irdische Begriffe übersetzt, kann es passieren, dass die „irdischen" Geschichten hinterher nicht so richtig zur irdischen Logik passen. Es entstehen mitunter logische Brüche und Inkonsistenzen. Es entstehen Geschichten, die zum Teil in der materiellen Welt gar nicht möglich sind.
Zum Teil nehmen die Erzähler solche Fehler in Kauf. Manchmal betonen sie diese Motive sogar, um den irrealen und wundersamen Charakter der Geschichte zu unterstreichen. Aber manchmal versuchen die Erzähler auch, solche Widersprüchlichkeiten zu bereinigen und rational zu erklären, um eine Geschichte zu erzählen, die in sich schlüssig ist. So entstehen mitunter Einschübe, die sehr real und historisch wirken, die aber nur als Kitt gedacht sind, um die symbolischen Motive zusammenzuhalten. (Bei der symbolischen Interpretation sollte man solche Einschübe ausblenden.)

Einen ähnlichen Mechanismus gibt es übrigens auch bei unseren Träumen. Auch da springt im Schlaf manchmal die Logik unseres Tagesbewusstseins an und stolpert über Dinge, die keinen Sinn machen. Und nun versucht unsere Logik, diese Geschichten irgendwie „geradezubiegen" und diese Fehler zu bereinigen.

10. Unterschiedliche Ziele in unterschiedlichen Phasen

Die Widersprüche können auch dadurch entstehen, weil manche Regeln und Ziele nur für eine bestimmte Phase oder für eine bestimmte Situation gelten. Beim Zyklus der Seele gibt es beispielsweise eine Phase, in der sich die Seele vom Göttlichen trennt, und später gibt es eine andere Phase, in der sich die Seele wieder mit ihrem Ursprung vereinigt. Es ist wie beim Zyklus von Aussaat und Ernte. Beide Entwicklungen sind notwendig und richtig, auch wenn beide Entwicklungen entgegengesetzt sind. Wir können nicht säen, ohne zu ernten, und wir können nicht ernten, ohne zu säen.

Hass und Liebe sind bekannte Situationen aus unserer alltäglichen Erfahrungswelt, in denen wir dieses Prinzip von Trennung und Vereinigung erleben können. Diese bekannten Situationen werden in der Symbolsprache der Bibel als Gleichnisse verwendet, um diese beiden Phasen aus dem Zyklus der Seele gleichnishaft zu umschreiben.

Weder das biblische Liebesgebot noch das biblische Hassgebot (*Lk. 14,26: Wenn jemand zu mir kommt und hasst nicht seinen Vater, Mutter, Frau, Kinder, Brüder, Schwestern und dazu sich selbst, der kann nicht mein Jünger sein*) sind wörtlich zu interpretieren. Natürlich ist es schön und erstrebenswert, wenn Menschen sich lieben, aber es ist wohl kaum möglich, jemanden auf Befehl zu lieben. Wo Liebe ist, da wäre das Liebesgebot unnötig. Wo keine Liebe ist, da wäre es nutzlos. Auf Befehl kann man strammstehen oder marschieren, aber kein Mensch kann auf Befehl lieben, nur weil dies von einem Gebot gefordert wird. Lieben auf Befehl wäre Heuchelei. Wo die Bibel die Symbolik der Liebe verwendet, geht es nicht nur um die Einheit zweier Personen, sondern um sehr viel mehr. Es geht letztendlich um die Einheit der Schöpfung. Die Liebe zwischen zwei Menschen ist nur eine sehr unvollkommene Umschreibung für diesen Zustand der allumfassenden Einheit. Durch unser analytisches Denken zerteilen wir die Welt in immer kleinere Teile. Und indem wir die Zusammenhänge erkennen, vereinigen wir die Teile wieder zu einem Ganzen. Auch das ist ein Beispiel für Teilung und Vereinigung.

In der Alchemie gibt es übrigens den Grundsatz „solve et coagula" (= trenne und binde). Hier wird also die Notwendigkeit der beiden Richtungen betont.

11. Unterschiedliche Perspektiven auf eine Wahrheit

Wenn wir etwas fotografieren, dann reduzieren wir eine dreidimensionale Wirklichkeit auf ein zweidimensionales Abbild. Dieses Abbild gibt die Wirklichkeit nur unvollkommen wieder. Es zeigt uns nur einen Teil der Wirklichkeit. Und durch diese Unvollkommenheit können Widersprüche erscheinen, wo eigentlich keine sind. Fotografieren wir eine Pyramide von oben, so zeigt das Bild ein Quadrat. Betrachten wir sie von der Seite, so sehen wir ein Dreieck. Würden wir nun sagen: „Eine Pyramide ist ein Dreieck" oder „Eine Pyramide ist ein Quadrat", so wären diese beiden Aussagen zwei widersprüchliche und unvereinbare Gegensätze. Solange wir nur die zweidimensionalen Abbilder betrachten und solange wir nur zweidimensional denken, werden wir einen unvereinbaren Dreieck-Viereck-Dualismus erleben. Es steht Aussage gegen Aussage, und weil Dreiecke nun mal keine Vierecke sind, hat man das Gefühl, dass man sich für eine dieser beiden Sichtweisen entscheiden muss, um diesen Widerspruch zu lösen. Doch damit wird man dem Dualismus nicht gerecht. Man erkennt auf diese Weise nicht die EINE Pyramide, die sich in ZWEI Perspektiven offenbart, sondern man reduziert den Dreieck-Viereck-Dualismus auf nur eine Perspektive. Aber das ist nur eine Scheinlösung.

Wenn man sich hingegen vom zweidimensionalen Denken löst und erkennt, dass die Abbilder zwei Perspektiven auf ein dreidimensionales Objekt sind, dann löst sich dieser Widerspruch ganz von selbst auf. Nun kann man das EINE Objekt erkennen, dass sich im Dualismus offenbart. Nun werden die Teilansichten zu einem Gesamtbild vereinigt. Es ist wieder das gleiche Prinzip von Teilung und Vereinigung, das uns hier begegnet.

Bei Gleichnissen, Symbolen und Allegorien liegt der Sachverhalt sehr ähnlich. Auch sie geben die geistige Wirklichkeit nur unvollkommen wieder. Sie umschreiben jeweils einen Aspekt – eine Perspektive auf das Geistige – eine Teilansicht. Aus einer anderen Perspektive mag es anders aussehen.

Wenn man sagt: „Das Geistige gleicht einem irdischen Ding", dann umschreibt man damit eine Eigenschaft des Geistigen. Das ist etwa so, als ob man sagt: „Die Pyramide gleicht einem Viereck." Ein anderer mag das Geistige mit einem anderen Ding vergleichen, weil er eine andere Eigenschaft gleichnishaft umschreiben will.

Solange wir uns nicht von der Bilderwelt der Gleichnisse lösen, solange wir die Gleichnisse selbst für Realitäten halten und solange wir sie wörtlich interpretieren, werden wir immer auf solche Widersprüche stoßen.

Wenn man sich hingegen von den Gleichnissen löst und erkennt, dass alle Gleichnisse unterschiedliche Perspektiven auf EINE geistige Wirklichkeit sind, dann lösen sich die Widersprüche ganz von selbst auf. Dann kann man die EINE Wahrheit erkennen, die sich in der widersprüchlichen Vielfalt bzw. in der Polarität offenbart.

In diesem Sinne ist das Prinzip zu verstehen: **Erkenne das Eine in der Vielfalt!**

Auch die beiden Phasen im Zyklus der Seele (Trennung und Vereinigung) sind genau genommen zwei Teilaspekte eines Ganzen. So, wie sich die Pyramide als Viereck UND Dreieck offenbart, so erkennen wir den Kreislauf der Seele im scheinbaren Dualismus von Trennung (Materiezuwendung) UND Vereinigung (Geistzuwendung).

12. Das „Umklappen" der höheren Dimensionen

Wir Menschen sind es gewohnt, in vier Dimensionen zu denken. Das sind zunächst die drei Raum-Dimension unserer materiellen Welt (x, y, z):

1. links – rechts
2. unten – oben
3. vorne – hinten

Hinzu kommt die Zeit-Dimension (t):

4. vergangen – zukünftig

Mit einer fünften, „spirituellen" Dimension haben wir jedoch in den meisten Fällen nur sehr wenig Erfahrung:

5. abstrakt / geistig – real / materiell

(So, wie wir in der Dreifachkreuz-Symbolik über die fünfte Stufe zur geistigen Ebene gelangen, so kommen wir auch in diesem Schema über die fünfte Dimension in einen abstrakten, geistigen Bereich. Diese beiden Themen hängen also ganz eng miteinander zusammen. Mit der Zeit-Dimension auf Stufe 4 haben wir darüber hinaus auch eine Analogie zur Ebene des Wassers.)

Das Abstrakte – also die allgemeinen Prinzipien – können wir nicht direkt mit unseren Augen sehen und auch nicht mit unseren Händen greifen. Diese Dimension können wir nur indirekt und gedanklich erfassen – ähnlich, wie es uns auch mit der Zeit ergeht. Über die Veränderungen in der dreidimensionalen Welt schließen wir indirekt auf die Existenz der Zeit als vierte Dimension. (Wenn wir Zeit messen, dann zählen wir genau genommen die Zustandsänderungen eines Pendels, einer Unruh …) Über die Analogien in der vierdimensionalen Welt können wir in ähnlicher Weise auf die allgemeinen Prinzipien schließen. Das Denken in Analogien und Symbolen führt uns in diese fünfte Dimension – in die Dimension der abstrakten geistigen Prinzipien.

Eine AnaLOGIE ist nach dem gleichen LOGos geschaffen. Und so erkennen wir indirekt auch den Logos, wenn wir die Analogie erkennen. Wir erkennen auf diese Weise die allgemeinen Prinzipien in den realen Dingen – also das Geistige im Materiellen, das Urbild im Abbild …

Nehmen wir beispielsweise an, zwei Leute treffen sich, und der eine erzählt, was ihm passiert ist. Darauf antwortet der andere, dass es ihm in einer anderen Situation ganz ähnlich ergangen sei. Es geht also um unterschiedliche Personen und um unterschiedliche Situationen. Trotzdem erkennt man eine Analogie zwischen den beiden Geschichten – ein gemeinsames Grundprinzip, das in beiden Geschichten vorkommt und das man auch auf andere Situationen übertragen kann. Der Mensch ist also in der Lage, von konkreten und realen Ereignissen auf die abstrakten Prinzipien zu schließen. Er ist in der Lage, das Konkrete zu abstrahieren.

Wir sind in der Lage, diese abstrakten Prinzipien zu erkennen. Aber sind wir auch in der Lage, diese abstakten Erkenntnisse in ihrer allgemeingültigen Form zu beschreiben – also völlig unabhängig von den konkreten Situationen? Das klappt nur, wenn wir uns ein geeignetes Beschreibungssystem schaffen.

Die Mathematiker beispielsweise haben zu diesem Zweck ihre eigene Formelsprache entwickelt. Damit können sie „$2 + 2 = 4$" ausdrücken – völlig unabhängig davon, ob es sich um vier Äpfel oder vier Birnen handelt. Und die Esoteriker haben aus den gleichen Gründen ihre ganz spezielle Symbolsprache geschaffen, um die abstrakten spirituellen Prinzipien zu beschreiben – also die geistigen Naturgesetze. Bei den Pythagoräern gehörte beides noch zusammen: die Mathematik und die Esoterik. Und damals legte die Esoterik die Grundlagen für das wissenschaftliche Denken.

Wenn man diese abstrakte fünfte Dimension in einer Sprache beschreiben will, die sich an unserer realen vierdimensionalen Erfahrungswelt orientiert, dann ist diese Problemstellung so ähnlich, als ob man ein dreidimensionales Objekt auf einem zweidimensionalen Blatt Papier darstellen wollte (vgl. das Beispiel mit der Pyramide). Man muss gewisse Kompromisse eingehen. Bei einer Zeichnung kann die Perspektive ein solcher Kompromiss sein. Dinge, die weiter weg sind, zeichnet man etwas kleiner – auch wenn sie in Wirklichkeit nicht kleiner sind. Aber durch die Funktionsweise unseres Auges ist diese Verzerrung der Realität ein Kompromiss, mit dem wir vertraut sind und mit dem wir umgehen können. Oder man zeichnet verschiedene Ansichten nebeneinander, wie z. B. bei einem Bauplan oder einer technischen Zeichnung, obwohl diese Ansichten in der Realität nicht wirklich nebeneinander liegen. Manchmal zeichnet man auch Objekte, die sich weiter hinten befinden, auf dem Bild etwas weiter nach oben – so, wie es unseren Sehgewohnheiten entspricht (weil wir von schräg oben auf die Erde schauen). Dabei klappt man gewissermaßen die Vorne-hinten-Dimension auf die Unten-oben-Dimension um.

In ähnlicher Weise wird bei Mythen auch die spirituelle Dimension „umgeklappt". Manchmal klappt man sie auf die Unten-oben-Achse um, positioniert das Abstrakte bzw. Geistige weiter oben und das Materielle weiter nach unten. Manchmal klappt man aber auch die spirituelle Dimension gedanklich auf die Zeitachse um. So wird der Abstieg vom Geistigen zum Materiellen in der Schöpfungsgeschichte als ein „zeitlicher Ablauf" dargestellt, auch wenn man diese „sieben Tage" nicht wirklich in einem physikalischen Sinn messen oder datieren kann. Die biblische Schöpfung und die biologische Evolution laufen nicht wirklich in der gleichen Zeitachse ab. Es sind zwei Achsen, die gewissermaßen senkrecht zueinander stehen, und so kann man sich den Schöpfungsprozess als eine „imaginäre Zeitachse" vorstellen – als eine „Traumzeit".

Auf einer Zeichnung kann das Hintere kleiner sein, obwohl es in der Wirklichkeit nicht kleiner ist. Das Hintere kann höher eingezeichnet sein, obwohl es in der Wirklichkeit nicht höher ist. Die zweite Ansicht kann daneben gezeichnet sein, obwohl sie in Wirklichkeit nicht daneben liegt. Alles das sind Kompromisse, die notwendig sind, sofern man eine dreidimensionale Wirklichkeit auf einem zweidimensionalen Blatt Papier abbilden will.

In den Mythen wird manches in der Vergangenheit dargestellt, auch wenn es in der realen Vergangenheit nicht wirklich stattgefunden hat. Es wird manches oben dargestellt, auch wenn diese Dinge in einem räumlichen Sinne nicht wirklich über uns sind. Auch das sind Kompromisse, die notwendig sind, um eine fünfte Dimension in unsere Begriffe und Denkstrukturen abzubilden.

Beide Situationen sind analog zueinander. Beide Situationen ergeben sich, wenn man eine höherdimensionale Wirklichkeit in ein System abbilden will, das weniger Dimensionen enthält. Die Reduktion einer Dimension funktioniert nur, wenn man gewisse Kompromisse eingeht. Diese Kompromisse verzerren natürlich die Realität, und dadurch können Widersprüche entstehen, wo eigentlich keine sind.

Letztendlich geht es bei einer esoterisch-symbolischen Deutung darum, diese fünfte Dimension zu erkennen und die mythischen Geschichten gedanklich wieder in diese Dimension zurückzuklappen. Dies tut man, indem man die Mythen aufbricht, vergeistigt und in einem esoterischen Sinne interpretiert. Das ist der gedankliche **„Sprung in die fünfte Dimension"**. Indem man über die Methode des „dreifachen

Schriftsinns" in den höheren/geistigen Bereich vordringt, lernt man diese „fünfte Dimension" kennen.

Wir haben uns daran gewöhnt, dass unser Auge die Wirklichkeit verzerrt – dass es entfernte Dinge kleiner darstellt, obwohl diese eigentlich gar nicht kleiner sind. Wir nutzen im täglichen Leben sogar diese Verzerrung, um Entfernungen abzuschätzen. In ähnlicher Weise kann man sich auch daran gewöhnen, dass die mythische Darstellung manche Dinge etwas verzerrt. Und wenn man sich an diese Verzerrung gewöhnt hat, dann wird man erkennen, dass es in unserer Kultur hauptsächlich zwei Gruppen von Menschen gibt, die im übertragenen Sinne ein Foto betrachten: Die eine Gruppe glaubt, dass dieses Foto die Wahrheit darstelle und dass die hinteren Dinge tatsächlich kleiner seien, und die andere Gruppe meint, das Bild sei eine Fälschung, weil die hinteren Dinge in einer falschen Größe dargestellt werden. Keine der beiden Gruppen hat das Abbildungsprinzip des Fotos wirklich verstanden. Keine der beiden Gruppen hat das Prinzip des Mythos wirklich verstanden.

Noch ein Zusatz: Im Zusammenhang mit Channeling-Botschaften wird manchmal behauptet, Atlantis hätte in der fünften Dimension gelegen. Auch diese Aussage kann man in diesem Kontext interpretieren. Atlantis lag jenseits der Säulen des Herakles – jenseits der bekannten Welt. Auch das ist nicht in einem geografischen Sinne zu verstehen. Atlantis lag außerhalb der materiellen Realität. Es gehörte zum Reich des „Meeresgotts" Poseidon. Und auch die Art und Weise, wie es im „Wasser" versank, können wir aus dem Ebenenschema ableiten. Weiterhin gibt es in Platons „Kritias" einen eindeutigen Hinweis, dass Atlantis eine Barriere darstellt – dass es „für die Schiffer, die von hier in das große Meer hinausfahren wollen, eine undurchdringliche Schlammbank bildet". Diese Funktion als Barriere passt sehr gut zur Rolle der fünften Stufe beim Dreifachkreuz – aber sie passt zu keiner real existierenden, irdischen Gegend. Darüber hinaus gibt es in Platons Darstellung auch noch viele andere Details, die wir esoterisch-symbolisch deuten können: die dreifache Ringstruktur, die zwei Quellen, die weißen, roten und schwarzen Steine u. v. m.

Der friedfertige und der aggressive Jesus
Im heutigen „Christentum" wird zumeist der extrem friedfertige Jesus betont – jener Jesus, der zu uns sagt:

Mt. 5,39: Wenn dich jemand auf deine rechte Backe schlägt, dem biete die andere auch dar.

Doch diese Darstellung ist nur die halbe Wahrheit. Bei Mt. 21,12 erleben wir beispielsweise einen ganz anderen Jesus, der die Tische der Geldwechsler und Taubenhändler umstößt. Würden wir heute auf einem Weihnachtsmarkt dem Vorbild von Jesus folgen und die Stände der Händler umstoßen, dann würde uns sicherlich keiner als besonders friedfertig bezeichnen.

Um diesen Widerspruch aufzulösen, lohnt es sich, das Zitat mit der „rechten Backe" etwas genauer zu untersuchen. Dieses enthält nämlich reinste Esoterik in absolut hoch komprimierter Form:

Mt. 5,38: Ihr habt gehört, dass gesagt ist (2. Mose 21,24): „Auge um Auge, Zahn um Zahn." Ich aber sage euch, dass ihr nicht widerstreben sollt dem Übel, sondern: wenn dich jemand auf deine rechte Backe schlägt, dem biete die andere auch dar. Und wenn jemand mit dir rechten will und dir deinen Rock nehmen, dem lass auch den Mantel. Und wenn dich jemand nötigt, eine Meile mitzugehen, so geh mit ihm zwei. Gib dem, der dich bittet, und wende dich nicht ab von dem, der etwas von dir borgen will.

Dieses Zitat bezieht sich auf:

2. Mose 21,23: Entsteht ein dauernder Schaden, so sollst du geben Leben um Leben, Auge um Auge, Zahn um Zahn, Hand um Hand, Fuß um Fuß, Brandmal um Brandmal, Beule um Beule, Wunde um Wunde.

Bei solchen Listen kann man manchmal gewisse Strukturen erkennen. Das gilt insbesondere auch für Ahnenlisten in der Bibel (die Nachkommenliste von Kain wird in Teil III noch genauer untersucht werden). Im konkreten Fall sind die symbolischen Entsprechungen zu den vier Elementen ziemlich offensichtlich:

Leben	Wasser	Wasser gibt Leben.
Auge	Feuer	Licht lässt uns sehen.
Zahn	Luft	Wir kauen ein Thema durch. Das ist eine Analogie für das verstandesmäßige Analysieren eines Themas.
Hand	Erde	Mit der Hand begreifen wird das Materielle.
Fuß	Erde	Mit den Füßen stehen wir auf der Erde.
Brandmal	Feuer	direkt
Beule	Luft	Beulen hat man üblicherweise am Kopf (Denken → Luft).
Wunde	Wasser	Eine Wunde blutet.

Wenn wir die Elemente jeweils paarweise als Polaritätenpaare zusammenfassen, dann erhalten wir folgende Liste:

Wasser-Feuer, Luft-Erde (entspricht dem materiellen Polaritätenschema)
Erde-Feuer, Luft-Wasser (entspricht dem seelischen Polaritätenschema)

Durch dieses Schema können wir die Symbolik von Auge und Zahn eindeutig zuordnen. Das Auge steht für die „inneren Bilder" (die wir sehen können) und der Zahn für die „Analysen" (wenn wir die Thematik durchkauen). Hier begegnet uns wieder das Schema der beiden Hirnhälften – das intuitive und bildhafte Denken der rechten Hirnhälfte und das analytische Denken der linken Hirnhälfte. Ohne dieses Schema wäre es durchaus auch möglich gewesen, den Zahn als ein Symbol für etwas Hartes und Materielles zu interpretieren. So steht der Zahn jedoch ganz eindeutig für ein geistiges Prinzip.
Wenn jemand sagt: „Auge um Auge, Zahn um Zahn", dann hält er beide Themen getrennt. Im Gegensatz dazu steht das Prinzip *Wenn dich jemand auf deine rechte Backe schlägt, dem biete die andere auch dar*. Es geht hier also nicht um eine Friedfertigkeit bis zur Selbstaufgabe, sondern um eine Verknüpfung von analytischem und bildhaftem Denken. Wenn die eine Seite auftaucht, dann berücksichtige auch die andere Seite. In der Symbolsprache ist die Links-Rechts-Symbolik üblicherweise entgegengesetzt zu den Hirnhälften. Rechts ist also in der Symbolik die rationale und analytische Seite, während links für das Bildhafte und Emotionale steht. Das Herz schlägt links, und mit rechts handelt man (sofern man Rechtshänder ist). Aber dieser Unterschied ist in diesem konkreten Fall nicht so wichtig.
Sowohl Rock als auch Mantel sind „Verhüllungen", und das Ablegen von Verhüllungen ist eine Enthüllung. Wenn jemand nach der ersten Enthüllung fragt, dem gib auch die zweite. Das kann man direkt auf den dreifachen Schriftsinn beziehen und in diesem Sinne kann man auch den nächsten Satz deuten: *Und wenn dich jemand nötigt, eine Meile mitzugehen, so geh mit ihm zwei*.
Wenn jemand nach der seelischen bzw. moralischen Deutung fragt, dem gib auch die geistige Deutung.
So, wie der friedfertige Jesus eine verborgene Botschaft enthält, so gibt es auch bei der aggressiven Tempelreinigung einen verborgenen Sinn. Die Händler stehen symbolisch für unsere faulen Kompromisse, die wir immer wieder eingehen. Hier wird also eine „innere Reinigung" versinnbildlicht.
Der Widerspruch zwischen dem radikal friedfertigen Jesus und dem aggressiven Jesus ist eigentlich gar keiner. Es sind zwei unterschiedliche Verbildlichungen, die nur dann als Widerspruch erscheinen, wenn man ihren gleichnishaften Charakter nicht erkennt.

Das Problem der scheinbaren Zukunftsvisionen

Es gibt tatsächlich Zukunftsvisionen und Wahrträume, die ganz „unsymbolisch" eintreffen. Das will ich gar nicht in Abrede stellen. Ganz im Gegenteil: Ich kann sogar die Existenz von Wahrträumen aus eigener Erfahrung bestätigen. (Einen konkreten Fall habe ich ja bereits dargestellt.)
Aber es wäre vollkommen falsch, wenn man daraus nun schlussfolgern würde, dass auch alle anderen „inneren Bilder" Zukunftsvisionen seien. Ich war anfangs selbst in diese Falle hineineingetreten, weil ich einerseits erlebt hatte, wie sich ein Wahrtraum erfüllt hatte, und weil andererseits viele meiner „inneren Bilder" ziemlich gut zu den prophezeiten Naturkatastrophen passten. Aber wenn verschiedene Menschen das gleiche „innere Bild" haben, bedeutet das nicht zwangsläufig, dass dieses tatsächlich eintreffen wird, sondern es kann eben auch bedeuten, dass verschiedene Menschen unbewusst die gleiche Symbolsprache verwenden.

Ein ganz typisches Motiv ist die „große Flut". Diese kann zunächst einmal psychologisch gedeutet werden – beispielsweise als eine Flut von Problemen, die einen regelrecht überschwemmen. Und auch starke Emotionen können als Flut symbolisiert werden. Über das esoterische Drei-Ebenen-Modell Erde-Wasser-Luft kann man das Wasser aber auch als eine „seelische Welt" interpretieren, in die man eintaucht. Wenn wir also in unseren inneren Bildern eine große Flut sehen, so muss das nicht notwendigerweise bedeuten, dass wir irgendwann in der Zukunft tatsächlich eine reale Flut erleben werden.
Ähnliches gilt auch für die vielfach prophezeite dreitägige Finsternis. Da wird in der üblichen Prophezeiungsliteratur viel darüber spekuliert, ob es denn vielleicht ein Himmelskörper sein könnte, der sich vor die Sonne schiebt, oder ob es eine kosmische Staubwolke sei. Auch über Vulkanausbrüche als eine mögliche Ursache wird gelegentlich nachgedacht. Aber bislang ist mir noch kein Prophezeiungsbuch in die Hände gefallen, in dem die naheliegendste Möglichkeit berücksichtigt wurde, nämlich dass die „Finsternis" im übertragenen Sinne einen geistigen Zustand beschreiben könnte. Immerhin steht die Drei symbolisch für das Geistige. So kann man die „dreitägige Finsternis" als eine Finsternis im geistigen Sinne interpretieren oder als eine Finsternis, die der geistigen Entwicklung dienen soll, oder auch als beides. Die „Grammatik" der Symbolsprache ist an dieser Stelle nicht ganz eindeutig.

Das Symbol der drei finsteren Tage begegnet uns übrigens mehrfach in der Bibel:

- bei den zehn Plagen (2. Mose 10,22)
- als die drei Tage, die Jona im Bauch des Fisches bzw. des Wals ist
- als die Auferstehung von Jesus am dritten Tage

Auf den symbolischen Zusammenhang von Jona und Auferstehung wird sogar ausdrücklich hingewiesen:

Mt. 12,40: Denn wie Jona drei Tage und drei Nächte im Bauch des Fisches war, so wird der Menschensohn drei Tage und drei Nächte im Schoß der Erde sein.

Am Rande sei hier noch erwähnt, dass zwischen Karfreitag und Ostersonntag eigentlich nur zwei Nächte liegen: die Nacht von Freitag auf Samstag und die Nacht von Samstag auf Sonntag.

Ein anderes typisches Motiv ist der Sternenfall bzw. Funkenregen. Es wäre zwar durchaus möglich, dass es irgendwann einmal tatsächlich einen Meteoritenschauer geben könnte, aber auch hier ist es wahrscheinlicher, dass wir dieses Ereignis im übertragenen Sinne deuten sollten – als die Funken der Inspiration, die auf die Erde fallen.

Aber ebenso, wie es falsch wäre, all diese visionären Motive als tatsächliche Zukunftsvisionen zu interpretieren, so wäre es auch nicht richtig, wenn man alle Prophezeiungen ausschließlich und grundsätzlich nur als symbolisch verfremdete und „missverstandene Offenbarungen" interpretieren würde. Beides gibt es, aber darüber hinaus gibt es natürlich auch noch andere Möglichkeiten:

- Visualisierungen von Ängsten, Gefahren und Hoffungen
- Warnungen vor Gefahren, die glücklicherweise nicht eingetroffen sind
- Rückkopplungseffekte und Übernahmen von älteren Motiven
- eine Evolution der Angstmotive

So, wie wir ein starkes Bingo-Gefühl erleben, wenn ein mythisches Motiv unser inneres Wissen anspricht, und so, wie es bei der mündlichen Weitergabe der Mythen und Märchen eine regelrechte Evolution der mythischen Motive gibt, bis schließlich diese Motive optimal unserer „inneren Bilderwelt" entsprechen, so findet natürlich auch eine Evolution der Angstmotive statt, bis sich schließlich ein Katastrophenszenario entwickelt hat, das optimal an unsere Ängste angepasst ist.

All das gilt es zu berücksichtigen, wenn man potenzielle Zukunftsvisionen analysiert und vergleicht. Doch leider gibt es bislang kein sicheres Kriterium, um eine tatsächliche Zukunftsvision im Voraus zu identifizieren. Hinterher kann man natürlich sagen: „Diese eine Vision ist tatsächlich eingetroffen." Aber hinterher ist man bekanntlich immer klüger.

Wenn ich hier nun einige typische Katastrophenmotive esoterisch-symbolisch deute, so will ich damit keinesfalls behaupten, dass wir in den nächsten Jahren nur schöne und bequeme Jahre erleben werden. Ganz im Gegenteil: Überalterung, Überschuldung, Globalisierung, Rohstoffverknappung, Umweltzerstörung und die ständige Verkomplizierung von Arbeitsabläufen werden ganz sicher irgendwelche unangenehmen Konsequenzen mit sich bringen. Aber die Zukunft hält nicht nur eine enorme Menge an Problemen für uns bereit, sondern auch eine enorme Menge an Möglichkeiten.

Das Problem der scheinbaren Erinnerungen an frühere Leben

Das Problem ist sehr ähnlich gelagert wie bei den scheinbaren Zukunftsvisionen. Es gibt in manchen Fällen tatsächlich Erinnerungsfragmente an frühere Leben. Aber oft passiert es eben auch, dass historische Motive verwendet werden, um damit im übertragenen Sinne etwas zu versinnbildlichen, was möglicherweise überhaupt nichts mit unseren früheren Leben zu tun hat.

Ich bin z. B. bei meinen esoterischen Forschungen im Laufe der Jahre mehrfach in die verwinkelten Gedankengebäude vergangener Zeiten eingestiegen. Und das spiegelte sich natürlich auch in meinen „inneren Bilder" wieder. Ich sah mich beispielsweise immer wieder, wie ich in Gebäuden aus vergangenen Zeiten unterwegs war und dort etwas suchte. Aber das bedeutet nicht automatisch, dass ich auch tatsächlich in diesen Zeiten gelebt hätte.

Teil III – Esoterisch-symbolische Deutungen

Nachdem im Teil II die wichtigsten Symbole, Motive, Grundstrukturen, Zusammenhänge und Probleme dargestellt wurden, geht es nun im dritten Teil darum, die Symbolsprache an konkreten Beispielen zu belegen, zu vertiefen, zu erweitern und einzuüben. Und so ist der dritte Teil auch nicht mehr nach Themen und Motiven geordnet, sondern nach den Quellen. Darüber hinaus unterscheidet er sich auch darin vom zweiten Teil, dass die Kapitel hier nicht mehr direkt aufeinander aufbauen. Im dritten Teil kann man also auch mal ein Kapitel überspringen, falls man ein anderes Thema vorziehen möchte.

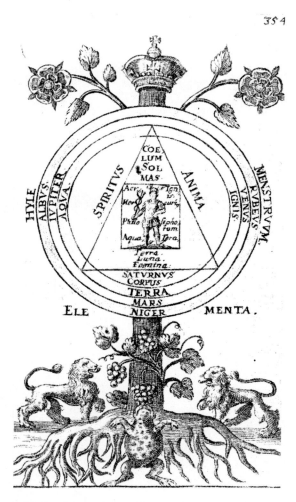

Philosophischer Baum - Samuel Norton, Mercurius Redivivus, 1667

Die Smaragdtafeln des Hermes Trismegistos

Die Smaragdtafeln des Hermes Trismegistos (griech. = dreimalgrößter Hermes) sind quasi „die Grundlage" der Hermetik. Hermes Trismegistos gilt als Erfinder der Magie und Alchemie, die auch als „hermetische Kunst" bezeichnet wird. Der Begriff, dass etwas „hermetisch" verschlossen ist, geht auch auf den Namen Hermes zurück, da ja auch die hermetische Lehre durch ihre komplexe Symbolik vor Uneingeweihten „verschlossen" ist.
Über die Lebensdaten von Hermes Trismegistos wissen wir absolut nichts. Wir wissen noch nicht einmal, ob er überhaupt gelebt hat oder ob er eventuell eine rein mythische Gestalt ist. In manchen Schriften wird er mit dem ägyptischen Gott Thoth gleichgesetzt, in anderen wird er als alter Weiser oder ägyptischer König bezeichnet.

Es ist auch unklar, ob der Text tatsächlich aus der Antike stammt oder ob er erst im Mittelalter verfasst wurde. Angeblich soll der Text der Smaragdtafeln um 1150 durch Gerhard von Cremona aus dem Arabischen ins Lateinische übersetzt worden sein.

Der komplette Text der Smaragdtafeln

Die vorliegende Textfassung entstand durch den Vergleich unterschiedlicher Übersetzungen mit dem lateinischen Text.

1. *Wahr, ohne Lüge, sicher und vollkommen wahrhaftig.*
2. *Was unten ist, ist wie das, was oben ist. Und was oben ist, ist wie das, was unten ist, um das Wunder eines einzigartigen Dinges zu Stande zu bringen.*
3. *So, wie alle Dinge von dem Einzigen und durch seinen Plan gemacht sind, so entstammen alle geschaffenen Dinge von diesem Einzigen durch Adaption.*
4. *Sein Vater ist die Sonne, seine Mutter der Mond.*
5. *Der Wind hat es in seinem Bauch getragen.*
6. *Seine Nährmutter ist die Erde.*
7. *Hier ist der Vater aller Vollendung der ganzen Welt.*
8. *Seine Kraft ist beisammen, wenn es in Erde verwandelt worden ist.*
9. *Trenne die Erde vom Feuer, das Subtile vom Dichten, schrittweise und mit großem Verstand.*

10. Es steigt von der Erde zum Himmel und wieder zur Erde hinab und empfängt dabei die Kraft des Oberen und des Unteren.
11. So erhältst du die Herrlichkeit der ganzen Welt. Darum wird alle Dunkelheit vor dir fliehen. Dies ist die starke Kraft aller Kraft, denn sie wird alles Feine besiegen und alles Feste durchdringen.
12. Auf diese Weise ist die Welt geschaffen.
13. Von da stammen die wunderbaren Nachahmungen, deren Art und Weise hier beschrieben ist.
14. Deswegen heiße ich der dreimalgrößte Hermes, denn ich habe die drei Teile der Weisheit der ganzen Welt.
15. Was ich von dem Wirken der Sonne gesagt habe, ist vollständig.

Die Smaragdtafeln des **drei**malgrößten Hermes enthalten, wie es in Spruch 14 heißt, „**drei** Teile der Weisheit". Deshalb wird die nachfolgende Interpretation in drei Themenbereiche aufgeteilt:

1.) die materielle Welt als Abbild einer höheren Wirklichkeit (Sprüche 2 und 3)
2.) die drei Welten: Vater, Mutter, Nährmutter (Sprüche 4 bis 8)
3.) der Kreislauf bzw. der Auf- und Abstieg der Seele über die vier Elemente (Sprüche 9 bis 11)

Die Interpretation

1. Wahr, ohne Lüge, sicher und vollkommen wahrhaftig.

Der erste Teil der Weisheit

2. Was unten ist, ist wie das, was oben ist. Und was oben ist, ist wie das, was unten ist, um das Wunder eines einzigartigen Dinges zu Stande zu bringen.
3. So, wie alle Dinge von dem Einzigen und durch seinen Plan gemacht sind, so entstammen alle geschaffenen Dinge von diesem Einzigen durch Adaption.

Sicherlich ist diese Passage der bekannteste Teil der Smaragdtafeln. In der Esoterik-Literatur wird diese Aussage oftmals in einer verkürzten Form wiedergegeben: „Wie oben, so unten." Mitunter findet man auch die Formulierung „Makrokosmos gleich Mikrokosmos", wobei diese Aussage zumeist astrologisch interpretiert wird – in dem Sinne, dass sich die Sternenbewegungen am Firmament (= Makrokosmos) im Schicksal des Menschen (= Mikrokosmos) widerspiegeln. Dieser populären Deutung kann ich mich jedoch nicht anschließen – jedenfalls nicht bei dieser Textstelle. Dass sich große Strukturen und Prinzipien in ähnlicher Weise im Kleinen wiederholen, möchte ich damit keinesfalls in Abrede stellen. Spruch 13 nennt sogar ausdrücklich „Nachahmungen" des Schöpfungsprinzips.

Stattdessen würde ich die Textstelle so interpretieren: **Es gibt für alle Dinge der unteren, materiellen Welt einen Plan bzw. eine Idee in der höheren Wirklichkeit. Die materiellen Dinge ähneln dieser abstrakten Idee, durch die sie geschaffen sind.**

Diese Interpretation basiert auf der Ideenlehre von Platon. Danach gibt es folgende zwei Welten:

a) die Welt der Ideen, Formen, Urbilder
b) die Welt der sinnlich erfahrbaren Dinge

Auf einer „oberen", geistigen Ebene gibt es die abstrakten Urbilder aller Dinge. Dort sind sie aber noch nicht „realisiert" und daher auch noch nicht erfahrbar. Weiterhin gibt es eine „untere", materielle Ebene, in der die realisierten „Abbilder" dieser Ideen erfahrbar sind.

Wenn man einen Plan von etwas hat, z. B. eine technische Zeichnung, so entsprechen die danach gefertigten realen Objekte diesem Plan. Die technische Zeichnung ist quasi das abstrakte Urbild der danach gefertigten realen Objekte.

Es geht hier also darum, dass sich das EINE Schöpfungsprinzip in der Vielfalt der Schöpfung offenbart.

Der zweite Teil der Weisheit

4. *Sein Vater ist die Sonne, seine Mutter der Mond.*
5. *Der Wind hat es in seinem Bauch getragen.*
6. *Seine Nährmutter ist die Erde.*
7. *Hier ist der Vater aller Vollendung der ganzen Welt.*
8. *Seine Kraft ist beisammen, wenn es in Erde verwandelt worden ist.*

Hier werden die drei Welten bzw. die drei Ebenen der Schöpfung beschrieben. Die folgende Darstellung zeigt den Zusammenhang zwischen den drei Welten (Vater, Mutter, Nährmutter) und den vier Elementen (Feuer, Luft, Wasser, Erde):

die geistige Welt	Vater / Sonne / Feuer
	Luft
die seelische Welt als Entwicklungsbereich	Mutter / Mond / Wasser
die materielle Welt als Ort der Realisierung	Nährmutter / Erde

So, wie die Sonne am Himmel steht, so ist das Feuer bei dieser Darstellung in der Luft. Es ist tatsächlich „im Bauch" der Luft. Möglicherweise ist der spätere Hinweis „mit großem Verstand" noch ein weiterer versteckter Hinweis, dass der geistige Bereich in dieser Darstellung etwas „größer" ist, weil er den Bereich des Feuers umfasst.

Die drei Ebenen werden hier symbolisiert durch Sonne-Mond-Erde. Im Menschen entspricht dies der Dreiteilung Geist-Seele-Körper. In der Schöpfung findet sich wiederum eine analoge Dreiteilung: geistige Welt – Paradies – materielle Welt.

Elemente	Luft/Feuer	Wasser	Erde
Mensch	Geist	Seele	Körper
Familienstruktur	Vater	Mutter	Nährmutter
Schöpfung	geistige Welt	seelische Welt, Paradies	materielle Welt
Himmelskörper	Sonne	Mond	Erde

DER Geist ist in der Symbolik männlich. DIE Seele und DIE Materie sind weiblich. So haben wir hier einen Vater, eine Mutter und eine Nährmutter (Amme). Der Vater entspricht der geistigen Idee, die durch die Mutter (= Seele) entwickelt wird und schließlich durch die materielle Ausgestaltung bzw. Ernährung erfahrbar wird. So wird die geistige Idee in Materie verwandelt. Wirken können Ideen erst durch die Realisierung. Erst die materielle Realisierung gibt den Ideen Kraft. Der hier beschriebene Ablauf ist das allgemeine Schöpfungsprinzip, das dazu führt, dass alles zur Vollkommenheit geführt wird.

Der dritte Teil der Weisheit

9. *Trenne die Erde vom Feuer, das Subtile vom Dichten, schrittweise und mit großem Verstand.*

10. *Es steigt von der Erde zum Himmel und wieder zur Erde hinab und empfängt dabei die Kraft des Oberen und des Unteren.*
11. *So erhältst du die Herrlichkeit der ganzen Welt. Darum wird alle Dunkelheit vor dir fliehen. Dies ist die starke Kraft aller Kraft, denn sie wird alles Feine besiegen und alles Feste durchdringen.*

Hier wird beschrieben, wie die Seele innerhalb der Schichten der Schöpfung auf- und absteigt.
Die vier Schritte/Stufen hierbei sind:

Feuer	göttliches Bewusstsein / Schöpferkraft
Luft	geistige Welt
Wasser	Paradies / seelische Welt
Erde	materielle Welt

Oben sind die „subtileren" bzw. „feineren" Schichten und unten die „festen".

Die Seele kreist nun in ihren Inkarnationen über diese vier Stufen, löst sich von der höchsten ab, durchwandert die Stufen nach unten, macht dort Erfahrungen und steigt wieder hoch, um schließlich einen neuen Kreislauf zu beginnen. Auf allen Stufen – auf den oberen UND den unteren – sammelt die Seele wichtige Erfahrungen, die sie stark machen. Mit der hier gewonnenen Kraft kann sie nun im oberen und im unteren Bereich, also in der geistigen wie auch in der materiellen Welt, die Probleme bewältigen.
Aber nicht nur die Seele steigt auf diese Weise auf und ab: Die Schöpfung selbst vollzieht sich in solchen Zyklen. Die Ideen steigen hinab in die materielle Welt und werden dort materiell erfahrbar. Und die Seele steigt hinab in die materielle Welt, um dort die Ideen erfahren zu können.
Hier wird gewissermaßen die Evolutionslehre vorweggenommen – jedoch als ein sehr viel allgemeineres Prinzip. Nicht nur die Arten entwickeln sich in der materiellen Welt, sondern auch die Seele und die geistigen Ideen entwickeln sich in der Auseinandersetzung mit der Materie und mit dem Geistigen.

Schlussbemerkung

12. *Auf diese Weise ist die Welt geschaffen.*
13. *Von da stammen die wunderbaren Nachahmungen, deren Art und Weise hier beschrieben ist.*

Dieses Grundprinzip wiederholt sich in der Schöpfung in immer wieder neuen Nachahmungen.

> 14. Deswegen heiße ich der dreimalgrößte Hermes, denn ich habe die drei Teile der Weisheit der ganzen Welt.
> 15. Was ich von dem Wirken der Sonne gesagt habe, ist vollständig.

Am Ende der Smaragdtafeln wird darauf hingewiesen, dass die Weisheit des dreimalgrößten Hermes aus drei Teilen besteht. Dabei fällt auf, dass es sich bei den drei Teilen um eine Zweiheit, eine Dreiheit und eine Vierheit handelt:

- Die Oben-Unten-Polarität ist eine Zweiheit.
- Vater, Mutter, Nährmutter bzw. Sonne, Mond, Erde sind Dreiheiten.
- Die vier Elemente sind eine Vierheit.

Das „Wirken der Sonne" würde ich mit dem „Wirken der Schöpfungskraft" übersetzen.

Die Smaragdtafeln in heutigen Worten

> 1. Wahr, ohne Lüge, sicher und vollkommen wahrhaftig.

Der erste Teil der Weisheit

> 2. Die Dinge der materiellen Welt sind Abbilder von Ideen der geistigen Welt. Und die Ideen der geistigen Welt sind die Urbilder von dem, was in der materiellen Welt ist. An den materiellen Dingen zeigen sich die vielfältigen Möglichkeiten einer Idee.
> 3. So, wie alle Dinge von dem Urbild und durch seinen Plan gemacht sind, so stammen alle geschaffenen Dinge von diesem Urbild ab durch die Übernahme seiner Eigenschaften.

Der zweite Teil der Weisheit

> 4. Der Schöpfungsimpuls geht von der geistigen Ebene aus, die Entwicklung und Ausgestaltung geschieht auf der seelischen Ebene.

5. Die Schöpfung entwickelt sich zunächst in der geistigen Welt.
6. Auf der materiellen Ebene werden die Dinge real.
7. Der hier beschriebene Ablauf ist das allgemeine Schöpfungsprinzip, das bewirkt, dass alles zur Vollkommenheit geführt wird.
8. Erst wenn der Schöpfungsimpuls materiell realisiert wurde, kann er seine volle Kraft entfalten.

Der dritte Teil der Weisheit

9. Wenn man die Realitätsebenen anordnet und unterscheidet, die feinstofflichen, geistigen Welten und die grobstofflich materiellen Welten,
10. so steigt in diesem Schema die Seele in einem großen Kreislauf von der materiellen Ebene zur geistigen Ebene auf und wieder zur materiellen hinab und empfängt dabei die Erfahrungen der oberen und der unteren Ebenen.
11. So erfährt die Seele die Herrlichkeit der ganzen Welt, und so wird von der Seele aller Unverstand weichen. Auf diese Weise entwickelt die Seele die stärkste Kraft, denn sie wird alle Probleme der geistigen und der materiellen Welt bewältigen.

Schlussbemerkung

12. Auf diese Weise ist der Kosmos geschaffen.
13. Dieses Grundprinzip wiederholt sich in der Schöpfung in immer wieder neuen Nachahmungen.
14. Deswegen heiße ich der dreimalgrößte Hermes, denn ich habe die drei Teile der Weisheit der ganzen Welt.
15. Was ich vom Wirken der Schöpfungskraft gesagt habe, ist vollständig.

Und was hat das nun mit dem Stein der Weisen zu tun?

Es wird gesagt, die Smaragdtafeln seien eine Anleitung, wie man den Stein der Weisen herstellen könne, mit dem man Blei zu Gold wandeln kann. Das stimmt tatsächlich, aber in einem übertragenen Sinn. Es geht darum, wie man aus der Materie Geist gewinnt. Die Verwandlung von Blei zu Gold ist eine Allegorie für diesen Prozess. Viele Menschen, die nach geistiger Erkenntnis streben, glauben, man müsse sich vom Materiellen abwenden, um sich dem Geistigen zuwenden zu können. Das Materielle wird dabei häufig als störend und hinderlich empfunden, manchmal sogar als böse. Der Weg in die Materie wird entsprechend als ein Sündenfall interpretiert – als etwas Falsches, das man korrigieren muss.

Die Denkweise, die hinter den Smaragdtafeln steht, ist genau entgegengesetzt. Sie ist keine Abwendung vom Materiellen, um das Geistige zu finden, sondern eine Zuwendung zur materiellen Welt, denn das Materielle ist das Spiegelbild des geistigen Urbilds. Die materielle Welt ist der Ort, wo die geistige Welt für uns gleichnishaft erfahrbar wird. Wenn wir in die materielle Welt hinabsteigen, um dort unsere Ideen umzusetzen und im Praxistest zu erproben, dann gewinnen wir dadurch tatsächlich geistige Erkenntnis.

Wir müssen nur lernen, das Geistige im Materiellen zu erkennen, das Obere im Unteren, das Abstrakte im Konkreten, das Ewige im Vergänglichen, das EINE in der Vielfalt ...

Und mit dieser anderen Sichtweise können wir das Niedere verwandeln, sodass wir das Höhere erkennen.

Das Höhlengleichnis von Platon

Platon beschreibt in seinem Werk „Politeia" („Der Staat") seine Vorstellung von der höheren Wirklichkeit anhand des Höhlengleichnisses.

(Die hier verwendeten Zitate aus „Politeia" stammen aus der Übersetzung von Friedrich Schleiermacher; Quelle: http://gutenberg.spiegel.de/platon/politeia/politeia.htm.)

Das Höhlengleichnis wird häufig herangezogen, um die Grundlage der „Erkenntnistheorie" darzustellen. Im Gegensatz dazu soll die nachfolgende Deutung Platons Gleichnis und die darin verwendete Symbolik aus der Perspektive der antiken Mysterientraditionen beleuchten.

Bei der Erkenntnistheorie geht es um die Frage: Was wissen wir wirklich von der Welt? Ist sie wirklich so, wie sie uns erscheint? Schließlich kennen wir sie nur durch unsere Sinnesorgane, aber diese können uns immer nur ein reduziertes Abbild der Wirklichkeit vermitteln und nicht die volle Wirklichkeit selbst. In der Erkenntnistheorie geht es also vor allem darum, welche prinzipiellen Grenzen unser Wissen hat und wie wahre Erkenntnisse zu begründen sind.

Platon geht in diesem Gleichnis aber tatsächlich einen Schritt weiter als die heutigen Philosophen, die sich zumeist weniger für die esoterischen Aspekte des Gleichnisses

interessieren. Es geht nicht nur um die Frage „Was wissen wir wirklich von der realen, äußeren Welt?" sondern darum: „Was wissen wir über die **höhere** Wirklichkeit (über die Welt der Ideen), da wir in der materiellen Welt nur die Abbilder dieser Ideen sehen können?"
Eigentlich handelt es sich beim Höhlengleichnis und bei der Erkenntnistheorie um zwei unterschiedliche Abbildungsprozesse:

a) Höhlengleichnis: die materielle Wirklichkeit als Abbild einer höheren Wirklichkeit
b) Erkenntnistheorie: unsere Wahrnehmung als Abbild der äußeren, materiellen Wirklichkeit

Im folgenden Zitat ist der Grundaufbau des Höhlengleichnisses komplett beschrieben: Der gefesselte Mensch sieht auf der Höhlenwand die projizierten Schatten der Objekte, die auf dem Weg hinter der Barriere umhergetragen werden. Ein direkter Blick auf die Objekte ist dem Menschen nicht möglich.

Sieh nämlich Menschen wie in einer unterirdischen, höhlenartigen Wohnung, die einen gegen das Licht geöffneten Zugang längs der ganzen Höhle hat. In dieser seien sie von Kindheit an gefesselt an Hals und Schenkeln, sodass sie auf demselben Fleck bleiben und auch nur nach vorne hin sehen, den Kopf aber herumzudrehen der Fessel wegen nicht vermögend sind.

Licht aber haben sie von einem Feuer, welches von oben und von ferne her hinter ihnen brennt. Zwischen dem Feuer und den Gefangenen geht obenher ein Weg, längs diesem sieh eine Mauer aufgeführt wie die Schranken, welche die Gaukler vor den Zuschauern sich erbauen, über welche herüber sie ihre Kunststücke zeigen.
... Sieh nun längs dieser Mauer Menschen allerlei Geräte tragen, die über die Mauer herüberragen, und Bildsäulen und andere steinerne und hölzerne Bilder und von allerlei Arbeit; einige, wie natürlich, reden dabei, andere schweigen.
... Denn zuerst, meinst du wohl, dass dergleichen Menschen von sich selbst und voneinander je etwas anderes gesehen haben als die Schatten, welche das Feuer auf die ihnen gegenüberstehende Wand der Höhle wirft?

Die Dinge sind die Schatten der Ideen

Die Beschreibung enthält einige interessante Details, die aus der Perspektive der Erkenntnistheoretiker eigentlich irrelevant wären:

- die **Mauer**
- der **Weg** hinter der Mauer
- die Gegenstände aus **Holz und Stein**
- **redende** und **schweigende** Träger
- der breite Eingang „**längs**" der Höhle

Später werden von Platon ganz beiläufig auch noch Bilder im **Wasser** erwähnt.

Wenn man nur von der erkenntnistheoretischen Betrachtungsweise an dieses Höhlengleichnis herangehe, dann wären die vom Feuer geworfenen Schatten an der Wand bereits absolut ausreichend und all die anderen Details wären nur unnötiger Ballast. Diese Details sind aber deutliche Hinweise auf das zugrunde liegende esoterische Mysterienwissen.

Wenn man mit der Symbolik vom Dreifachkreuz vertraut ist, kann man große Teile davon deutlich in diesem Text vom Höhlengleichnis wiedererkennen. Im Gegensatz zum Dreifachkreuz ist aber hier das Feuer etwas oberhalb des oberen Querbalkens, denn der Weg mit den Urbildern/Ideen ist zwischen der Mauer und dem Feuer. Damit ist das Feuer etwas **über** dieser Ebene. Bis auf diesen kleinen Unterschied ist aber das Grundschema gleich.

Das Ebenenschema und die Vier-Elemente-Lehre im Höhlengleichnis

Mit der Höhle haben wir einen klaren Bezug zum Element Erde und mit dem Feuer „von oben und von ferne" haben wir sogar eine direkte Nennung und Positionierung dieses Elements. Es ist also durchaus begründbar, die Vier-Elemente-Lehre auf dieses Schema anzuwenden. Auch die spätere Erwähnung der „Bilder im Wasser" legt die Anwendung dieses Ebenenschemas nahe.

	Feuer / Sonne		die Ebene der Ideen (Luft)
Bilder aus Holz	der Weg	Bilder aus Stein	
	Die Mauer		**Barriere**
	Bilder im Wasser		Wasser
	der Gefangene (Blickrichtung)		am Eingang der Höhle
	die Schatten der Geräte an der Höhlenwand		die Ebene der Dinge (Erde)

Die Ebene der Urbilder (Ideen)

Im Gleichnis wird von einem „Weg" gesprochen, der hinter der Mauer verläuft. Es ist also eine Linie parallel zu der Mauer. Bemerkenswert ist, dass Platon hier redende und schweigende Träger erwähnt. Ganz offensichtlich will er eine Aktiv-passiv-Polarität auf dieser Ebene andeuten, die darüber hinaus auch durch die Gegenstände aus Holz und Stein unterstrichen wird. Holz ist aus lebendigem Material gemacht, Stein ist ein totes Material. Diese Polarität entspricht der Wasser-Erde-Polarität im Dreifachkreuz:

aktiv	passiv
redende Träger	schweigende Träger
Holz	Stein
Wasser (fließt, ist aktiv)	Erde (ist passiv)

Die Mauer

Die Mauer entspricht dem „Vorhang" in der Symbolik vom Dreifachkreuz, und sie versperrt den direkten Einblick in die Welt des Geistes bzw. in die Ebene der Ideen. Nur das, was von dieser Ebene über die Mauer gehoben wird, wirft in der Welt der Dinge einen Schatten.

Die Ebene des Höhleneingangs

Bei der Beschreibung der Höhle haben wir einen Hinweis, dass sie „einen gegen das Licht geöffneten Zugang längs der ganzen Höhle hat". Warum ein so großer Eingang? Es ist ja nicht typisch, dass Höhlen einen Eingang haben, der längs zur Höhle verläuft. Dies weist darauf hin, dass diese Grenze zwischen Höhle und Außenwelt ebenfalls eine parallele Linie im Schema ist. Die Mauer, der Weg hinter der Mauer, der Eingang und die Höhlenwand sind also vier parallele Linien.

Der Aufstieg aus der Gefangenschaft der Materie

Auf keine Weise also können diese irgend etwas anderes für das Wahre halten als die Schatten jener Kunstwerke?

Wer nur die „Welt der Dinge" kennt, hält diese für die einzig mögliche Realität.

Wenn einer entfesselt wäre und gezwungen würde, sogleich aufzustehen, den Hals herumzudrehen, zu gehen und gegen das Licht zu sehn, und, indem er das täte, immer Schmerzen hätte und wegen des flimmernden Glanzes nicht recht vermöchte, jene Dinge zu erkennen, wovon er vorher die Schatten sah: Was, meinst du wohl, würde er sagen, wenn ihm einer versicherte, damals habe er lauter Nichtiges gesehen, jetzt aber, dem Seienden näher und zu dem mehr Seienden gewendet, sähe er richtiger, und, ihm jedes Vorübergehende zeigend, ihn fragte und zu antworten zwänge, was es sei? Meinst du nicht, er werde ganz verwirrt sein und glauben, was er damals gesehen, sei doch wirklicher als was ihm jetzt gezeigt werde?

Der Durchschnittsmensch hat keine Erfahrung mit dieser höheren Welt der Ideen;, so hält er sie für weniger real als die Welt der Dinge, an die er sich schon gewöhnt hat.

Gewöhnung also, meine ich, wird er nötig haben, um das Obere zu sehen. Und zuerst würde er Schatten am leichtesten erkennen, hernach die Bilder der Menschen und der andern Dinge im Wasser, und dann erst sie selbst.

Im Gegensatz zu manchen anderen esoterischen Traditionen geht Platon davon aus, dass sich die Erkenntnisfähigkeit des Menschen auch an diese höheren Wirklichkeiten anpassen kann. Zunächst erkennt man dort die bereits bekannten Dinge – die Schatten – mit denen man bereits auf der materiellen Ebene Erfahrung sammeln konnte. Beinahe beiläufig wird hier von den Bildern der Menschen und der anderen Dinge „im Wasser" gesprochen, obwohl diese Ebene des Wassers bislang noch gar nicht erwähnt wurde. So, wie es also Projektionen der Ideen auf die Höhlenwand gibt – also auf die Erde –, so gibt es auch Bilder im Wasser. Das sind die Wahrnehmungen auf der seelischen Ebene.

Zuletzt aber, denke ich, wird er auch die Sonne selbst, nicht Bilder von ihr im Wasser oder anderwärts, sondern sie als sie selbst an ihrer eigenen Stelle anzusehen und zu betrachten imstande sein.

Wo vorher noch vom Feuer vor der Höhle die Rede war, wird hier plötzlich das gleichwertige Symbol „Sonne" verwendet. Das Bild der Sonne im Wasser ist ein Gleichnis für den Funken des Geistes in der Seele. Zuletzt also kann der Mensch den Geist direkt wahrnehmen und nicht nur den Funken des Geistes in der Seele.

Und dann wird er schon herausbringen von ihr, dass sie es ist, die alle Zeiten und Jahre schafft und alles ordnet in dem sichtbaren Raume und auch von dem, was sie dort sahen, gewissermaßen die Ursache ist.

Nicht der astronomische Himmelskörper Sonne ist hier gemeint, der alles hervorbringt, sondern die Sonne ist in diesem Zusammenhang ein Gleichnis für den Geist, der alles lenkt.

Dieses ganze Bild nun, sagte ich, lieber Glaukon, musst du mit dem früher Gesagten verbinden, die durch das Gesicht uns erscheinende Region der Wohnung im Gefängnisse gleichsetzen und den Schein von dem Feuer darin der Kraft der Sonne; und wenn du nun das Hinaufsteigen und die Beschauung der oberen Dinge setzt als den Aufschwung der Seele in die Region der Erkenntnis, so wird dir nicht entgehen, was mein Glaube ist, da du doch dieses zu wissen begehrst.

Dieses Höhlengleichnis und das darin enthaltene Mysterienwissen ist also der „Glaube" des „Philosophen" Platon.

Gott mag wissen, ob er richtig ist ...

Aber Platon stellt klar, dass es ein Glaube ist und kein gesichertes Wissen und dass er als Mensch irren kann. Aber es ist ein Glaube, der auf Erkenntnis beruht.

... was ich wenigstens sehe, das sehe ich so, dass zuletzt unter allem Erkennbaren und nur mit Mühe die Idee des Guten erblickt wird, wenn man sie aber erblickt hat, sie auch gleich dafür anerkannt wird, dass sie für alle die Ursache alles Richtigen und Schönen ist, im Sichtbaren das Licht und die Sonne, von der dieses abhängt, erzeugend, im Erkennbaren aber sie allein als Herrscherin Wahrheit und Vernunft hervorbringend, und dass also diese sehen muss, wer vernünftig handeln will, es sei nun in eigenen oder in öffentlichen Angelegenheiten.

Das Rätsel der Sphinx

In der antiken Tragödie von Ödipus stellt die Sphinx folgendes Rätsel:

*Was hat eine Stimme, aber geht auf vier Füßen,
dann auf zwei und dann auf drei.*

Es gibt für dieses Rätsel eine Triviallösung: Es ist der Mensch, denn er krabbelt als Kind zuerst auf allen Vieren, geht dann aufrecht auf zwei Beinen und er hat schließlich im Alter einen Stock als drittes Bein. Das Ergebnis „der Mensch" ist zwar richtig, doch die richtige Begründung bezieht sich auf das folgende Analogie-Schema:

Geist	3	Idee, Möglichkeit, Konsequenz	Dreiheit des Geistes
Seele	2	Fühlen und Denken	Polarität auf der seelischen Ebene
Materie	4	Erde, Wasser, Luft, Feuer	Vierheit der Materie

Es ist der Entwicklungsweg des Menschen

- von der materiellen Ebene (Stufe 1)
- über die seelische Ebene (Stufe 2)
- zur geistigen Ebene (Stufe 3).

Am Dreifachkreuz können wir direkt erkennen:

- die Dreiheit des Geistes (G1, G2, G3)
- die zwei Seiten der Polarität (P1, P2)
- die vier Elemente der Materie (M1, M2, M3, M4)

7		Idee (G1)		
6	Möglichkeit (G2)	Dreiheit des Geistes (Stufe 3)	Konsequenz (G3)	geistige Ebene (Luft)
5				
4	Fühlen (P1)	Polarität (Stufe 2)	Denken (P2)	seelische Ebene (Wasser)
3		Erde (M1)		
2	Wasser (M2)	die vier Elemente der Materie (Stufe 1)	Feuer (M3)	materielle Ebene (Erde)
1		Luft (M4)		

Die Polarität bezieht sich aber nicht nur auf Fühlen und Denken, sondern auch auf die dualistische Unterscheidungsfähigkeit unseres Bewusstseins, welche die Welt immer nur in Gegensätzen erkennen kann – in heiß und kalt, in hell und dunkel, in gut und böse ...

Dieses abstrakte Prinzip **"von der Vierheit über die Zweiheit zur Dreiheit"** möchte ich an einem praktischen Beispiel verdeutlichen: Im ersten Teil des Buches hatte ich meinen eigenen Entwicklungsweg dargestellt. Dabei gab es eine Phase, in der ich sehr viel **Material** durchgearbeitet habe (= Stufe 1). Dabei ist mir das Prinzip der **Vierheit** in einer ungewöhnlich deutlichen Form begegnet – als die „**vier Säulen**", auf denen ich mein Weltbild aufgebaut habe. Dabei habe ich

- die wörtlich-historische Sichtweise (a)
- mit der esoterisch-symbolischen Sichtweise (b) verglichen

und

- die alten esoterischen/religiösen Traditionen (c)
- mit den neuen Erkenntnissen der Grenzwissenschaften (d).

Diese Grundlagen führten in einer zweiten Phase (= Stufe 2) zu den **kontroversen und emotionalen Diskussionen** im Internet und damit zu einer bewussten Auseinandersetzung. In dieser Polarität konnte ich das Prinzip der **Zweiheit** erleben – immer dann, wenn zwei Meinungen aufeinander prallten, z. B. bei dem Thema „historische contra symbolische Sichtweise".

Später (in Stufe 3) begegnete mir die **Dreiheit** in Form des **Dreifachkreuzes**.

Stufe 3	Dreiheit	Dreifachkreuz
Stufe 2	Zweiheit	kontroverse Diskussionen
Stufe 1	Vierheit	vier Säulen bzw. Grundlagen

Natürlich hätte es in der ersten Stufe auch weitere Grundlagen geben können. Man könnte diese Themen beispielsweise noch weiter unterteilen oder auch ergänzen. Deshalb ist die Vierzahl in diesem Fall auch nicht als eine exakte Mengenangabe zu interpretieren, sondern als eine ganz bestimmte strukturelle Eigenschaft dieser Grundlagen: **Solange man in Polaritäten denkt, ist die „doppelte Polarität" eine (minimale) Voraussetzung für ein stabiles Fundament.** Aus diesem Grund haben übrigens auch viele Möbelstücke (Tische, Stühle …) vier Beine. (Man kann natürlich auch einen stabilen Tisch mit drei Beinen konstruieren, aber damit verlässt man den polaren Aufbau.)

Wenn man nur eine Sichtweise kennt (a), dann kann keine Entwicklung stattfinden. Dann dreht sich das ganze Weltbild immer nur um diesen einen Punkt. Dann gibt es keine Widersprüche, keine Konflikte, keine Alternativen, keine Gegenargumente, keinen Handlungsbedarf … All das ist nur möglich, wenn eine zweite Sichtweise hinzukommt (b), sodass die erste in Frage gestellt wird. Damit haben wir die

erste Polarität (a-b). Nun brauchen wir ein Kriterium (c), um diesen Konflikt zu entscheiden. Aber dieses Kriterium sollte natürlich auch hinterfragt werden (d), wodurch die zweite Polarität entsteht (c-d).
Dieses allgemeine Prinzip kann man auch auf der materiellen Ebene des Dreifachkreuzes erkennen. Die eine Sichtweise (a) kann sein, dass wir etwas wollen (Trieb). Die andere Sichtweise (b) kann sein, dass dieses Ziel gewisse Probleme mit sich bringt (Leid). Dieses Problem können wir mit unserer Logik entscheiden (c). Aber nur durch die praktischen Erfahrung (d, Erde) können wir prüfen, ob sich diese Entscheidung auch wirklich bewährt.

Esoterische Märcheninterpretationen

Einige deutsche Volksmärchen haben einen verborgenen bzw. esoterischen Sinn, den man durch eine symbolische Interpretation freilegen kann. Es überrascht dabei, wie deutlich die Symbolsprache mitunter zu erkennen ist, gerade weil man das bei einer mündlichen Erzähltradition zunächst kaum erwarten würde. Bei jeder Weitergabe müssten sich rein theoretisch einige Fehler einschleichen. Und wenn ein Erzähler nicht weiß, auf welche esoterischen Inhalte er zu achten hat, so müsste er eigentlich auch die Fehler weitergeben. So wäre zu erwarten, dass sich die esoterische Botschaft ähnlich wie beim Stille-Post-Spiel mit der Zeit immer mehr verfälscht und nach wenigen Generationen kaum noch vorhanden ist.
Wenn einige Motive dennoch sehr deutlich zu erkennen sind, dann muss es ganz offensichtlich andere Mechanismen geben und gegeben haben, die dem entgegenwirken.
Ganz sicher hat hierbei die Redaktionsarbeit der Brüder Grimm eine wichtige Rolle gespielt. Die Brüder Grimm sahen nämlich in den Märchen spätere Überbleibsel älterer Mythen und hatten das Ziel, die „Trümmer des Mythos" aus den verschiedenen Fassungen zusammenzusuchen, um eine Art Urform zu rekonstruieren (vgl. Max Lüthi: Märchen).

Eine Evolution der Märchenmotive

Es gibt jedoch noch einen anderen Effekt, der zur Folge hat, dass die esoterischen Grundmotive nicht nur erhalten bleiben, sondern sich mit der Zeit sogar weiterentwickeln und immer deutlicher herausbilden.

Diesen Effekt könnte man als **„evolutionäre Märchenentwicklung"** bezeichnen. So, wie sich die Lebensformen durch Mutation und Selektion mit der Zeit immer besser an die natürlichen Bedingungen anpassen, so gibt es auch eine evolutionäre Entwicklung der Märchenmotive. Jeder Erzähler mutiert den Stoff etwas und selektiert das, was ihn besonders stark anspricht. Es überleben dabei die Motive, die am besten mit unserem inneren Wissen und inneren Bildern in Resonanz treten. Je mehr uns ein Motiv anspricht, umso häufiger und umso präziser werden wir genau dieses Motiv weitererzählen – auch dann, wenn wir die Symbolik mit unserem Tagesbewusstsein nicht deuten können.

Es reicht dafür aus, dass es in uns eine unbewusste Schicht gibt, die diese Symbolik intuitiv erfassen kann und darauf anspringt. Erich Fromm schildert in seinem Buch „Märchen, Mythen, Träume – Eine Einführung in das Verständnis einer vergessenen Sprache" (Rowohlt Taschenbuch Verlag, Reinbek bei Hamburg, 1981, Seite 87), dass es in uns genauso eine Bewusstseinsschicht gibt, die im konkreten Fall zumindest die Symbolsprache der Träume interpretieren kann:

Als man Versuchspersonen unter Hypnose aufforderte, verschiedene Träume zu deuten, lieferten sie ohne Zögern eine sinnvolle Interpretation der im Traum verwendeten symbolischen Sprache. Als sie nicht mehr unter Hypnose standen, erschienen ihnen dieselben Träume völlig sinnlos. Diese Experimente deuten darauf hin, dass wir alle die Gabe besitzen, die symbolische Sprache zu verstehen, dass aber dieses Wissen nur in jenem unkontrollierten Zustand wirksam wird.

Je mehr sich die Symbolsprache der Mythen und Märchen an die Symbolsprache der Träume annähert, um so mehr ist zu erwarten, dass diese unbewusste Schicht auch die Symbolsprache der Märchen und Mythen interpretieren kann.

Ein weiteres Evolutionskriterium ist die „religiöse Unauffälligkeit" der Motive. Wäre die esoterische Symbolik in den Märchen zu offensichtlich gewesen, dann hätten die Märchen wohl kaum die Zeit der gewaltsamen Christianisierung überstanden. Nur weil sie als harmlos und unverdächtig eingestuft wurden, konnten sie überhaupt überleben. So wurden von der Evolution gezielt die Motive verstärkt, die uns einerseits ganz tief ansprechen, die aber andererseits so weit symbolisch verklausuliert sind, dass wir sie nicht spontan erkennen. Und damit sind die esoterischen Motive gleich zweimal der Zensur entgangen:

1.) der inneren Zensur durch das Tagesbewusstsein
2.) der äußeren Zensur durch die Kirche

Es gibt also bei der mündlichen Weitergabe von Märchen zwei entgegengesetzte Effekte: Einerseits gibt es Degenerationserscheinungen, wenn die Märchenmotive verstümmelt oder vermischt werden. Und andererseits gibt es Phasen, in denen sich die Motive wieder entwickeln können. Daher ist auch nicht gesagt, dass die ältere Version eines Märchens automatisch mehr esoterisches Wissen enthält als die jüngere. Das kann sein, muss aber nicht. Es kann durchaus auch passieren, dass ein Künstler ein „verstümmeltes" Märchen aufgreift und gerade durch seine Neuinterpretation die Symbolik wieder restauriert und zu neuem Leben erweckt. Diese Restaurierung kann auf zwei Arten passieren: bewusst oder unbewusst. (Natürlich gibt es auch Mischformen.)

Wenn jemand das notwenige esoterische Wissen hat und wenn er die Symbolik eines Märchens interpretieren kann, dann wird er die Geschichte so weitergeben, dass die erkannte Symbolik selektiv verstärkt, betont und an seine Interpretation angepasst wird. In diesem Fall fließt das „esoterische Wissen" bei der Weitergabe mit ein.

Aber ebenso kann es auch passieren, dass jemand bei der Weitergabe einfach nur das verstärkt und betont, was ihn „irgendwie" angesprochen hat, als er die Geschichte hörte. In diesem Fall kann ganz unbewusst etwas von unserem „inneren Wissen" in die Geschichte mit einfließen.

Eine Anmerkung zu den nachfolgenden Märcheninterpretationen

Die nachfolgenden Märchen habe ich so ausgewählt, dass sie sich komplett symbolisch interpretieren lassen. Das funktioniert nicht bei allen Märchen. In vielen Fällen sind es nur einzelne Grundmotive, die eine esoterisch-symbolische Deutung zulassen und in eine mehr oder weniger umfangreiche Rahmenhandlung eingebettet sind.

Weiterhin sind die nachfolgenden Märchen aus didaktischen Gründen von der Symbolik her aufeinander abgestimmt, sodass die gleichen Grundmotive und Themen immer wieder aufgegriffen werden:

- Bei „Rapunzel", „Hänsel und Gretel" und „Schneewittchen" werden die Kinder in den Wald geführt.
- Bei „Rapunzel" und „Dornröschen" gibt es Analogien zur biblischen Schöpfungsgeschichte.
- Bei „Schneewittchen" und „Schneeweißchen" fällt die Namensähnlichkeit auf, und beide verwenden das gleiche Farbschema: Weiß-Rot-Schwarz.

- Bei „Rapunzel", „Dornröschen" und „Schneewittchen" begegnet uns ein suchender Königssohn.
- Bei „Schneewittchen" und „Dornröschen" geht es um die Erweckung einer schlafenden Prinzessin. Bei „Rapunzel" ist das Mädchen zwar nicht gestorben, aber sie ist auf eine andere Weise unerreichbar, denn sie ist in einen Turm eingesperrt, der weder Treppe noch Tür hat.
- usw.

Grundsätzlich kann man alle diese Märchen noch sehr viel detailreicher interpretieren, als ich es in diesem Buch gemacht habe. Aber bei zu vielen Details und Querverweisen besteht immer die Gefahr, dass man irgendwann den Wald vor lauter Bäumen nicht mehr sieht. Und deshalb habe ich mich bei den folgenden Deutungen ganz bewusst nur auf die wichtigsten Grundmotive und Grundstrukturen beschränkt, sodass der Leser auch noch genügend Raum für weitergehende Interpretationen hat.

Rapunzel

Es war einmal ein Mann und eine Frau, die wünschten sich schon lange vergeblich ein Kind. Endlich machte sich die Frau Hoffnung, der liebe Gott werde ihren Wunsch erfüllen. Die Leute hatten in ihrem Hinterhaus ein kleines Fenster, daraus konnte man in einen prächtigen Garten sehen, der voll der schönsten Blumen und Kräuter stand; er war aber von einer hohen Mauer umgeben, und niemand wagte hineinzugehen, weil er einer Zauberin gehörte, die große Macht hatte und von aller Welt gefürchtet ward.

Spontan möchte man annehmen, dass das **Haus** des kinderlosen Ehepaars für die Welt der Menschen steht. Doch wie in vielen anderen mythischen Geschichten beginnt das Märchen auch hier in unserer „geistigen Heimat" – in der Ebene, aus der wir alle kommen. Das Haus des kinderlosen Ehepaars steht also für die höhere, geistige Wirklichkeit. Die geistige Ebene alleine ist „unfruchtbar", solange sie keinen Kontakt mit einer erfahrbaren und wahrnehmbaren Welt hat. Geist kann sich nur durch Entwicklungen und Erfahrungen vermehren.

Entsprechend steht der **Garten** der Zauberin für eine Welt, die eine Stufe tiefer liegt und die schon gewisse Entwicklungen und Erfahrungen ermöglicht: die seelische Ebene. Im Vergleich zur Schöpfungsgeschichte entspricht dieser Garten dem „Paradies". Sowohl das hebräische Wort „pardes" als auch das griechische „paradeisos" bedeuten eigentlich Garten.

Eines Tags stand die Frau an diesem Fenster und sah in den Garten hinab. Da erblickte sie ein Beet, das mit den schönsten Rapunzeln bepflanzt war, und sie sahen so frisch und grün aus, dass sie lüstern ward und das größte Verlangen empfand, von den Rapunzeln zu essen. Das Verlangen nahm jeden Tag zu, und da sie wusste, dass sie keine davon bekommen konnte, so fiel sie ganz ab, sah blass und elend aus.

Pflanzen stehen in der Symbolik häufig für Entwicklungen und für Wachstum. Und so steht das Bedürfnis nach den Pflanzen hier symbolisch für den Wunsch nach geistiger Entwicklung. Der Geist hat das Bedürfnis, sich zu entwickeln, zu wachsen und Früchte zu tragen. Und dafür benötigt er eine Erfahrungswelt.
Es stellt sich die Frage, welche besondere Eigenschaft Rapunzeln haben, dass sie hier erwähnt werden. Warum keine Kirschen oder Rüben? („Rübchen, Rübchen, lass dein Haar herunter" ;-))
Für heutige Menschen klingt es nicht besonders ungewöhnlich, dass man Rapunzeln bzw. Feldsalat im Garten hat. Aber in der Zeit, aus der dieses Märchen stammt, war das anders. Rapunzel bzw. Feldsalat war damals ein Wildkraut, das auf Äckern und Wiesen wuchs. Es wird hier also aus der damaligen Perspektive keinesfalls eine besonders typische Gartenpflanze erwähnt. Möglicherweise ist es der Aspekt der Freiheit, der durch eine Wildpflanze betont werden soll – jene Freiheit, die wir für die geistige Entwicklung brauchen. Diese Freiheit, nach der unsere Seele strebt, steht in besonderem Kontrast zu der Gefangenschaft im Turm, den sie später erlebt.
Dass die Begierde von der Frau ausgeht, ist eine deutliche Analogie zur Schöpfungsgeschichte. Dort ist es Eva, die das Bedürfnis hat, die Frucht des Baumes zu essen. Hier ist es ebenfalls die Frau, die den Wunsch nach den Rapunzeln äußert. Beides hat seinen Preis. In der Schöpfungsgeschichte ist es die Vertreibung aus dem Paradies. Im Märchen von Rapunzel wird die Tochter von ihren Eltern getrennt. In beiden Fällen geht es also um eine Trennung von der Ebene, aus der wir kommen.

Das Märchen entspricht jedoch nicht ganz exakt der Schöpfungsgeschichte. Hier im Märchen wird der Abstieg IN den Garten von der Frau verursacht. In der Schöpfungsgeschichte ist es die Vertreibung aus dem Paradies und damit der Abstieg VON dem Garten in eine tiefere Ebene.

Da erschrak der Mann und fragte: „Was fehlt dir, liebe Frau?" „Ach", antwortete sie, „wenn ich keine Rapunzeln aus dem Garten hinter unserm Hause zu essen kriege, so sterbe ich." Der Mann, der sie lieb hatte, dachte: „Eh du deine Frau sterben lässest, holst du ihr von den Rapunzeln, es mag kosten, was es will."

Das mit dem Sterben der Frau ist natürlich bei einer wörtlichen Interpretation des Märchens maßlos übertrieben. Aber bei einer esoterischen Interpretation entspricht diese Aussage tatsächlich der Realität: Wenn das Geistige keine Möglichkeit zur Entwicklung hätte, dann würde es tatsächlich mit der Zeit verkümmern und absterben.

In der Abenddämmerung stieg er also über die Mauer in den Garten der Zauberin, stach in aller Eile eine Handvoll Rapunzeln und brachte sie seiner Frau. Sie machte sich sogleich Salat daraus und aß sie in voller Begierde auf. Sie hatten ihr aber so gut geschmeckt, dass sie den andern Tag noch dreimal soviel Lust bekam. Sollte sie Ruhe haben, so musste der Mann noch einmal in den Garten steigen. Er machte sich also in der Abenddämmerung wieder hinab. Als er aber die Mauer herabgeklettert war, erschrak er gewaltig, denn er sah die Zauberin vor sich stehen. „Wie kannst du es wagen", sprach sie mit zornigem Blick, „in meinen Garten zu steigen und wie ein Dieb mir meine Rapunzeln zu stehlen? Das soll dir schlecht bekommen!" „Ach", antwortete er, „lasst Gnade für Recht ergehen, ich habe mich nur aus Not dazu entschlossen. Meine Frau hat Eure Rapunzeln aus dem Fenster erblickt und empfindet ein so großes Gelüsten, dass sie sterben würde, wenn sie nicht davon zu essen bekommt." Da ließ die Zauberin in ihrem Zorne nach und sprach zu ihm: „Verhält es sich so, wie du sagst, so will ich dir gestatten, Rapunzeln mitzunehmen, soviel du willst; allein ich mache eine Bedingung: Du musst mir das Kind geben, das deine Frau zur Welt bringen wird. Es soll ihm gut gehen, und ich will für es sorgen wie eine Mutter." Der Mann sagte in der Angst alles zu, und als die Frau in Wochen kam, so erschien sogleich die Zauberin, gab dem Kinde den Namen R a p u n z e l und nahm es mit sich fort.

Die Frau (= der seelische Anteil auf der geistigen Ebene) hatte weiter vorn im übertragenen Sinn folgendes gesagt: „Ich brauche diese Möglichkeit zu einer freien Entwicklung, die es auf der seelischen Ebene gibt." Das funktioniert natürlich nur, wenn ein Teil von ihr auch wirklich in diese Erfahrungswelt geht. Und deshalb muss ein Teil von ihr (= ihre Tochter) der Zauberin folgen. Diese Tochter versinnbildlicht den höheren Seelenanteil des Menschen. Dieser liegt im Schichtenmodell zwischen der geistigen und der seelischen bzw. paradiesischen Ebene. Rapunzel entstammt der geistigen Ebene, aber sie konnte erst geboren werden, nachdem der Vater mit der Welt der Zauberin in Kontakt kam.

	geistige Ebene (Haus der Eltern)	
	Rapunzel	
	seelische Ebene (Garten der Zauberin)	
	materielle Ebene	

Wenn Rapunzel der Zauberin folgt – wenn also unserer höherer Seelenanteil auf die seelische Ebene absteigt –, dann muss er bzw. sie natürlich diese Position verlassen. Wir haben also aktuell den folgenden Zustand:

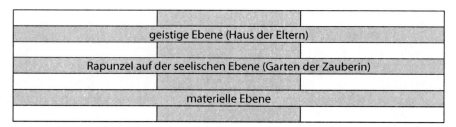

Rapunzel ward das schönste Kind unter der Sonne. Als es zwölf Jahre alt war, schloss es die Zauberin in einen Turm, der in einem Walde lag und weder Treppe noch Türe hatte; nur ganz oben war ein kleines Fensterchen.

Der Wald steht hier – wie auch bei den anderen Märchen – für die materielle Welt. Damit haben wir den folgenden Zustand:

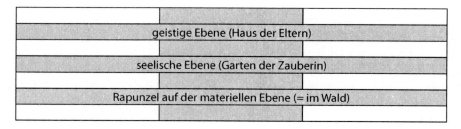

Im Märchen wird insgesamt ein zweistufiger Abstieg beschrieben:

    1.) in den Garten der Zauberin (= auf die seelische Ebene)
    2.) in den Wald (= auf die materielle Ebene)

Rapunzel lebt zwar nun im Wald, also in der materiellen Welt, aber gleichzeitig ist sie auch von dieser Welt getrennt, denn sie wird in einen Turm gesperrt, der „weder Treppe noch Türe" hat. Wenn wir mit unserer Geburt die materielle Welt betreten, dann passiert etwas ganz Ähnliches. Wir wenden uns der Materie zu, beginnen in materiellen Begriffen zu denken und verlernen immer mehr die Sprache, in der unser höherer Seelenanteil zu uns spricht. Wir mit unseren Vorstellungen und Denkstrukturen sind es eigentlich selbst, die unseren höheren Seelenanteil in einen Bereich verbannen, der für uns unzugänglich ist. Das passiert, weil wir seine Sprache verlernt haben (eine Analogie zum Gleichnis mit dem alten Bekannten). In diesem Fall symbolisiert die Zauberin eine Konsequenz, die sich aus der Materiezuwendung ergibt.

Wenn die Zauberin hinein wollte, so stellte sie sich unten hin und rief: „Rapunzel, Rapunzel, lass mir dein Haar herunter!" Rapunzel hatte lange, prächtige Haare, fein wie gesponnen Gold. Wenn sie nun die Stimme der Zauberin vernahm, so band sie ihre Zöpfe los, wickelte sie oben um einen Fensterhaken, und dann fielen die Haare zwanzig Ellen tief herunter, und die Zauberin stieg daran hinauf.

Haare stehen symbolisch für die seelischen Kräfte. Man rauft sich bei Sorgen die Haare, man bekommt bei Kummer sprichwörtlich „graue Haare" und bei Entsetzen stehen einem die Haare zu Berge. Manchmal passiert es auch, dass sich bei bestimmten Themen die Haare der Unterarme aufstellen, wenn diese Themen etwas ganz tief in unserer Seele ansprechen. Wenn man also über die Haare zu Rapunzel gelangt, so bedeutet dieses in der symbolischen Übersetzung, dass man über die emotionalen Kräfte das höhere Bewusstsein erreichen kann. In diesem Fall zeigt die Zauberin eine Möglichkeit auf, die wir haben.

Nach ein paar Jahren trug es sich zu, dass der Sohn des Königs durch den Wald ritt und an dem Turm vorüberkam. Da hörte er einen Gesang, der war so lieblich, dass er stillhielt und horchte. Das war Rapunzel, die in ihrer Einsamkeit sich die Zeit damit vertrieb, ihre süße Stimme erschallen zu lassen. Der Königssohn wollte zu ihr hinaufsteigen und suchte nach einer Türe des Turms, aber es war keine zu finden. Er ritt heim. Doch der Gesang hatte ihm so sehr das Herz gerührt, dass er jeden Tag hinaus in den Wald ging und zuhörte.

Der Königssohn versinnbildlicht den Sucher, der in sich die Stimme des höheren Seelenanteils vernommen hat. Er hat etwas Wunderschönes erfahren, und nun ist in ihm eine Sehnsucht erwacht und er sucht nach dem Ursprung dieser spirituellen

Erfahrung. Aber er kann nicht zum Ursprung dieser Stimme gelangen, solange er den Weg nicht kennt, der zum höheren Seelenanteil führt.

Als er einmal so hinter einem Baum stand, sah er, dass eine Zauberin herankam, und hörte, wie sie hinaufrief: „Rapunzel, Rapunzel, lass mir dein Haar herunter!" Da ließ Rapunzel die Haarflechten herab, und die Zauberin stieg zu ihr hinauf. „Ist das die Leiter, auf welcher man hinaufkommt, so will ich auch einmal mein Glück versuchen." Und den folgenden Tag, als es anfing dunkel zu werden, ging er zu dem Turme und rief: „Rapunzel, Rapunzel, lass mir dein Haar herunter!" Alsbald fielen die Haare herab, und der Königssohn stieg hinauf.

Durch einen Zufall entdeckt der Sucher bzw. der Königssohn einen Weg zum höheren Bewusstsein. Er nutzt ihn und hat Erfolg. Der Königssohn findet den Zugang abends, als es „dunkel" wird, wenn also der Tag zu Ende ist und das Tagesbewusstsein ruhig wird. (Eine Analogie zum Gleichnis mit dem Spiegelmosaik: Wenn man das Licht abschaltet, kann man besser durch den halbdurchlässigen Spiegel schauen.)

Anfangs erschrak Rapunzel gewaltig, als ein Mann zu ihr hereinkam, wie ihre Augen noch nie einen erblickt hatten. Doch der Königssohn fing an, ganz freundlich mit ihr zu reden, und erzählte ihr, dass von ihrem Gesang sein Herz so sehr sei bewegt worden, dass es ihm keine Ruhe gelassen und er sie selbst habe sehen müssen. Da verlor Rapunzel ihre Angst, und als er sie fragte, ob sie ihn zum Manne nehmen wollte, und sie sah, dass er jung und schön war, so dachte sie: Der wird mich lieber haben als die alte Frau Gotel, und sagte „Ja", und legte ihre Hand in seine Hand.

„Frau Gotel" ist ein heute nicht mehr gebräuchliches Wort für eine „Patin". Dieses Wort begegnet uns heutzutage nur noch in einigen Dialekten, jedoch in einer etwas abgewandelten Form – als Göde bzw. als Göte. Während also bei Schneewittchen und bei Aschenputtel von einer zweiten Frau des Vaters bzw. von einer Stiefmutter die Rede ist, wird diese Rolle im konkreten Fall bei Rapunzel von der Patin übernommen.

Sie sprach: „Ich will gerne mit dir gehen, aber ich weiß nicht, wie ich herabkommen kann.

„… aber ich weiß nicht, wie ich herabkommen kann." Was hier beschrieben wird, ist das typische Problem von Meditationserfahrungen. Man bekommt zwar kurzfristig einen Zugang zum höheren Seelenanteil. Aber man kann diesen Zustand nicht mitnehmen. Wenn man wieder ins Tagesbewusstsein zurückgekehrt ist, dann hat man den Kontakt zum höheren Seelenanteil wieder verloren.

Wenn du kommst, so bring jedesmal einen Strang Seide mit, daraus will ich eine Leiter flechten, und wenn die fertig ist, so steige ich herunter, und du nimmst mich auf dein Pferd." Sie verabredeten, dass er bis dahin alle Abende zu ihr kommen sollte: Denn bei Tag kam die Alte.

Der Königssohn bringt jedesmal etwas mit, womit der höhere Seelenanteil eine Verbindung flechten kann. Auch wir Menschen bringen etwas mit, womit wir eine Verbindung zum höheren Seelenanteil herstellen können: unsere irdischen Erfahrungen. Und auch aus diesen Erfahrungen kann man eine Leiter bauen, über die der höhere Seelenanteil in unsere Welt und in unsere Denkstrukturen hinabsteigen kann. Das geschieht, indem unsere Erfahrungen als Gleichnisse und Symbole verwendet werden, um die höhere Wirklichkeit beschreibbar zu machen. Auf diese Weise wird ein Band geschaffen, um beide Ebenen miteinander zu verknüpfen.

Die Zauberin merkte auch nichts davon, bis einmal Rapunzel anfing und zu ihr sagte: „Sag Sie mir doch, Frau Gotel, wie kommt es nur, sie wird mir viel schwerer heraufzuziehen als den jungen Königssohn, der ist in einem Augenblick bei mir?" „Ach du gottloses Kind!" rief die Zauberin, „was muss ich von dir hören; ich dachte, ich hatte dich von aller Welt geschieden, und du hast mich doch betrogen!" In ihrem Zorn packte sie die schönen Haare der Rapunzel, schlug sie ein paarmal um ihre linke Hand, griff eine Schere mit der rechten, und, ritsch, ratsch, waren sie abgeschnitten, und die schönen Flechten lagen auf der Erde. Und sie war so unbarmherzig, dass sie die arme Rapunzel in eine Wüstenei brachte, wo sie in großem Jammer und Elend leben musste.

Denselben Tag aber, wo sie Rapunzel verstoßen hatte, machte abends die Zauberin die abgeschnittenen Flechten oben am Fensterhaken fest, und als der Königssohn kam und rief: „Rapunzel, Rapunzel, lass mir dein Haar herunter!" so ließ sie die Haare hinab. Der Königssohn stieg hinauf, aber er fand oben nicht seine liebste Rapunzel, sondern die Zauberin, die ihn mit bösen und giftigen Blicken ansah. „Aha", rief sie höhnisch, „du willst die Frau Liebste holen, aber der schöne Vogel sitzt nicht mehr im Nest und singt nicht mehr, die Katze hat ihn geholt und wird dir auch noch die Augen auskratzen. Für dich ist Rapunzel verloren, du wirst sie nie wieder erblicken!" Der Königssohn geriet außer sich vor Schmerzen, und in der Verzweiflung sprang er den Turm herab. Das Leben brachte er davon, aber die Dornen, in die er fiel, zerstachen ihm die Augen.

Der Versuch, einen Zugang zum höheren Seelenanteil zu bekommen, scheitert in vielen Fällen. Der Königssohn glaubt, er würde zu Rapunzel aufsteigen, doch er landet bei der Zauberin. (Man glaubt, man würde durch das Spiegelmosaik in die andere Wirklichkeit blicken, aber man sieht nur das Spiegelbild der materiellen Welt.) Der Königssohn erblindet. Auch manche zweifelhaften Heilslehren können dazu beitragen, dass man im übertragenen Sinn „blind" wird für das Göttliche, das sich in uns offenbart.

In diesem Fall weist uns die Zauberin auf die typischen Probleme hin:

- Man sieht die Zauberin, nicht Rapunzel (man sieht die eigene Erfahrungswelt und nicht den höheren Seelenanteil).
- Man erblindet (falsche Vorstellungen verstellen die Sicht).

Die Symbolik nutzt das Materielle und Dingliche, um das Immaterielle und Geistige zu umschreiben. Auf diese Weise können wir über die Symbolik zum Geistigen gelangen. Wenn man aber die Symbolik nicht erkennt und wenn man im Materiellen nur das Materielle sieht, dann führt uns die Symbolik zum Materiellen. Man landet bei der Zauberin.

Da irrte er blind im Wald umher, aß nichts als Wurzeln und Beeren und tat nichts als jammern und weinen über den Verlust seiner liebsten Frau.

Der Wald ist hier wieder als Gleichnis für die materielle Welt zu interpretieren. Der von falschen Vorstellungen und trivialisierten Heilslehren verwirrte und „erblindete" Mensch irrt durch die materielle Welt.

So wanderte er einige Jahre im Elend umher und geriet endlich in die Wüstenei, wo Rapunzel mit den Zwillingen, die sie geboren hatte, einem Knaben und einem Mädchen, kümmerlich lebte. Er vernahm eine Stimme, und sie deuchte ihm so bekannt. Da ging er darauf zu und wie er herankam, erkannte ihn Rapunzel und fiel ihm um den Hals und weinte. Zwei von ihren Tränen aber benetzten seine Augen, da wurden sie wieder klar, und er konnte damit sehen wie sonst. Er führte sie in sein Reich, wo er mit Freude empfangen ward, und sie lebten noch lange glücklich und vergnügt.

Wenn man schließlich den Weg zum höheren Bewusstsein gefunden hat, dann kann man wieder klar sehen. Die Blindheit ist überwunden.

Hänsel und Gretel

Vor einem großen Walde wohnte ein armer Holzhacker mit seiner Frau und seinen zwei Kindern; das Bübchen hieß Hänsel und das Mädchen Gretel. Er hatte wenig zu beißen und zu brechen, und einmal, als große Teuerung ins Land kam, konnte er das tägliche Brot nicht mehr schaffen. Wie er sich nun abends im Bette Gedanken machte und sich vor Sorgen herumwälzte, seufzte er und sprach zu seiner Frau: „Was soll aus uns werden? Wie können wir unsere armen Kinder ernähren, da wir für uns selbst nichts mehr haben?" „Weißt du was, Mann", antwortete die Frau, „wir wollen morgen in aller Frühe die Kinder hinaus in den Wald führen, wo er am dicksten ist. Da machen wir ihnen ein Feuer an und geben jedem noch ein Stückchen Brot, dann gehen wir an unsere Arbeit und lassen sie allein. Sie finden den Weg nicht wieder nach Haus, und wir sind sie los."

In sehr vielen Märchen und Mythen geht es um eine Reise, die zunächst damit beginnt, dass man die Heimat bzw. das Elternhaus entweder freiwillig verlässt oder verlassen muss.

- Im Märchen von Rapunzel war es die Bedingung der Zauberin.
- Bei Schneewittchen war es die Stiefmutter, die das Kind in den Wald bringen ließ.
- Im biblischen Gleichnis vom verlorenen Sohn geht die Initiative vom Sohn aus.
- Im Perlenlied aus den apokryphen Thomas-Akten (das später im Kapitel „Das Perlenlied des Apostels Judas Thomas" noch behandelt wird) wird der Mensch mit einer Aufgabe in die Welt geschickt.
- In der biblischen Schöpfungsgeschichte werden Adam und Eva aus dem Paradies vertrieben, nachdem sie vom Baum der Erkenntnis gegessen haben.

Auch bei Hänsel und Gretel finden wir dieses uralte Grundmotiv wieder: Die Geschwister verlieren die Sicherheit und Geborgenheit des Elternhauses und werden in die Welt geschickt, weil sie aus Not im Wald ausgesetzt werden. Wir erleben hier in gleichnishafter Form den Zyklus der Seele, die ihre Heimat in der geistigen Welt verlässt (bzw. verlassen muss), um schließlich „bereichert" wieder in die Heimat zurückzukehren. Dieses Grundmotiv beschreibt in mythischen Symbolen die spirituelle Grunderfahrung jedes Menschen: Wir alle haben durch unsere Menschwerdung unsere wahre Heimat in der geistigen Welt verlassen müssen und wurden in die Welt geschickt, um dort zu lernen.
Die Seele des Menschen verfügt über zwei Seelenanteile: Die Vernunftsseele

wird in diesem Märchen durch Hänsel personifiziert, die Empfindungsseele durch Gretel.

Der Wald steht hier – wie auch bei den andern Märchen – für die materielle Welt. Der Holzhacker wohnte nicht im Wald, sondern „vor" dem Wald – also außerhalb der materiellen Welt. Dieses ist ein Gleichnis für unsere wahre Heimat in der geistigen Wirklichkeit. Die Erfahrungen in der materiellen Welt sind wichtig für unser geistiges Wachstum. Würden wir immer nur in der geistigen Welt bleiben, so würden wir regelrecht geistig „verhungern". Dieser Hunger trieb uns in die materielle Welt. Und so wird bei Hänsel und Gretel auch der „Hunger" als Grund genannt, warum die Kinder aus dem Haus getrieben werden.

Einige Motive dieses Märchens sind durchaus mit denen bei Rapunzel vergleichbar:

- Der Hunger ist der Grund für die Entwicklung.
- Die Initiative geht von der Mutter aus.
- Die Kinder kommen in den Wald.

„Nein, Frau", sagte der Mann, „das tue ich nicht; wie sollt ich's übers Herz bringen, meine Kinder im Walde allein zu lassen! Die wilden Tiere würden bald kommen und sie zerreißen." „Oh, du Narr", sagte sie, „dann müssen wir alle viere Hungers sterben, du kannst nur die Bretter für die Särge hobeln", und ließ ihm keine Ruhe, bis er einwilligte. „Aber die armen Kinder dauern mich doch", sagte der Mann.

Das Leben in der materiellen Welt ist nicht leicht, und es gibt viele Gefahren. Der Vater ist sich der Gefahren bewusst, hat aber keine wirkliche Alternative.

Die zwei Kinder hatten vor Hunger auch nicht einschlafen können und hatten gehört, was die Stiefmutter zum Vater gesagt hatte. Gretel weinte bittere Tränen und sprach zu Hänsel: „Nun ist's um uns geschehen." „Still, Gretel", sprach Hänsel, „gräme dich nicht, ich will uns schon helfen." Und als die Alten eingeschlafen waren, stand er auf, zog sein Röcklein an, machte die Untertüre auf und schlich sich hinaus. Da schien der Mond ganz hell, und die weißen Kieselsteine, die vor dem Haus lagen, glänzten wie lauter Batzen. Hänsel bückte sich und steckte so viele in sein Rocktäschlein, als nur hinein wollten. Dann ging er wieder zurück, sprach zu Gretel: „Sei getrost, liebes Schwesterchen, und schlaf nur ruhig ein, Gott wird uns nicht verlassen", und legte sich wieder in sein Bett.

Die Sonne steht üblicherweise für den Geist, der Mond für die Seele und die Erde für den Körper bzw. für die Materie. Im Licht des Mondes spiegelt sich das Sonnenlicht, und die Steine reflektieren hier wiederum das Mondlicht. Es ist zwar Nacht, aber die Kinder haben dennoch indirekt eine Verbindung zum Licht des Geistes. Und diese Verbindung zum Licht kann sie wieder zurückführen in die geistige Welt. Diese Verbindung zum Geist wird auch durch die Aussage „Gott wird uns nicht verlassen" bestätigt.

Als der Tag anbrach, noch ehe die Sonne aufgegangen war, kam schon die Frau und weckte die beiden Kinder: „Steht auf, ihr Faulenzer, wir wollen in den Wald gehen und Holz holen." Dann gab sie jedem ein Stückchen Brot und sprach: „Da habt ihr etwas für den Mittag, aber esst's nicht vorher auf, weiter kriegt ihr nichts." Gretel nahm das Brot unter die Schürze, weil Hänsel die Steine in der Tasche hatte. Danach machten sie sich alle zusammen auf den Weg nach dem Wald. Als sie ein Weilchen gegangen waren, stand Hänsel still und guckte nach dem Haus zurück und tat das wieder und immer wieder. Der Vater sprach: „Hänsel, was guckst du da und bleibst zurück, hab acht und vergiss deine Beine nicht!" „Ach, Vater", sagte Hänsel, „ich sehe nach meinem weißen Kätzchen, das sitzt oben auf dem Dach und will mir Ade sagen." Die Frau sprach: „Narr, das ist dein Kätzchen nicht, das ist die Morgensonne, die auf den Schornstein scheint." Hänsel aber hatte nicht nach dem Kätzchen gesehen, sondern immer einen von den blanken Kieselsteinen aus seiner Tasche auf den Weg geworfen.

Hier wird eine Katze erwähnt, zu der Hänsel angeblich zurückschaut. Die Augen von Katzen reflektieren das Licht und scheinen daher im Dunklen zu leuchten. Darin gleichen sie den Steinen, die Hänsel eingesammelt hatte und die ebenfalls das Licht reflektieren. In der ägyptischen Mythologie war die Katzengöttin Bastet eine Tochter des Sonnengottes Ra und ein Symbol für Licht, Sonne und Mond.

Als sie mitten in den Wald gekommen waren, sprach der Vater: „Nun sammelt Holz, ihr Kinder, ich will ein Feuer anmachen, damit ihr nicht friert." Hänsel und Gretel trugen Reisig zusammen, einen kleinen Berg hoch. Das Reisig ward angezündet, und als die Flamme recht hoch brannte, sagte die Frau: „Nun legt euch ans Feuer, ihr Kinder, und ruht euch aus, wir gehen in den Wald und hauen Holz. Wenn wir fertig sind, kommen wir wieder und holen euch ab."
Hänsel und Gretel saßen um das Feuer, und als der Mittag kam, aß jedes sein Stücklein Brot. Und weil sie die Schläge der Holzaxt hörten, so glaubten sie, ihr Vater wär' in der Nähe. Es war aber nicht die Holzaxt, es war ein Ast, den er an einen dürren Baum gebunden hatte und den der Wind hin und her schlug. Und

als sie so lange gesessen hatten, fielen ihnen die Augen vor Müdigkeit zu, und sie schliefen fest ein.

Der Schlaf steht für den Verlust des vollen Bewusstseins, den wir erleben, wenn wir in die materielle Welt kommen.

Als sie endlich erwachten, war es schon finstere Nacht. Gretel fing an zu weinen und sprach: „Wie sollen wir nun aus dem Wald kommen?" Hänsel aber tröstete sie: „Wart nur ein Weilchen, bis der Mond aufgegangen ist, dann wollen wir den Weg schon finden." Und als der volle Mond aufgestiegen war, so nahm Hänsel sein Schwesterchen an der Hand und ging den Kieselsteinen nach, die schimmerten wie neugeschlagene Batzen und zeigten ihnen den Weg. Sie gingen die ganze Nacht hindurch und kamen bei anbrechendem Tag wieder zu ihres Vaters Haus.

Das Licht führt die Kinder wieder zurück. Der erste Ausflug in die materielle Welt ist überstanden.

Sie klopften an die Tür, und als die Frau aufmachte und sah, dass es Hänsel und Gretel waren, sprach sie: „Ihr bösen Kinder, was habt ihr so lange im Walde geschlafen, wir haben geglaubt, ihr wollet gar nicht wiederkommen." Der Vater aber freute sich, denn es war ihm zu Herzen gegangen, dass er sie so allein zurückgelassen hatte.
Nicht lange danach war wieder Not in allen Ecken, und die Kinder hörten, wie die Mutter nachts im Bette zu dem Vater sprach: „Alles ist wieder aufgezehrt, wir haben noch einen halben Laib Brot, hernach hat das Lied ein Ende. Die Kinder müssen fort, wir wollen sie tiefer in den Wald hineinführen, damit sie den Weg nicht wieder herausfinden; es ist sonst keine Rettung für uns." Dem Mann fiel's schwer aufs Herz, und er dachte: Es wäre besser, dass du den letzten Bissen mit deinen Kindern teiltest. Aber die Frau hörte auf nichts, was er sagte, schalt ihn und machte ihm Vorwürfe. Wer A sagt, muss B sagen, und weil er das erstemal nachgegeben hatte, so musste er es auch zum zweitenmal.

Die Situation wiederholt sich. Die Kinder sollen wieder die Heimat verlassen. Der Abstieg in die materielle Welt ist mehrstufig. Wenn wir z. B. die biblische Schöpfungsgeschichte lesen, so gibt es dort auch zwei Vertreibungen – einerseits die Vertreibung von Adam und Eva aus dem Paradies und andererseits die Vertreibung von Kain. Auch im Märchen von Hänsel und Gretel wird die Vertreibung in zwei Stufen dargestellt, die nacheinander stattfinden. Beim zweiten Mal werden sie tiefer in den Wald geführt. Sie entfernen sich also quasi eine Stufe weiter von ihrer wahren Heimat.

Die Kinder waren aber noch wach gewesen und hatten das Gespräch mitangehört. Als die Alten schliefen, stand Hänsel wieder auf, wollte hinaus und die Kieselsteine auflesen, wie das vorigemal; aber die Frau hatte die Tür verschlossen, und Hänsel konnte nicht heraus. Aber er tröstete sein Schwesterchen und sprach: „Weine nicht, Gretel, und schlaf nur ruhig, der liebe Gott wird uns schon helfen."
Am frühen Morgen kam die Frau und holte die Kinder aus dem Bette. Sie erhielten ihr Stückchen Brot, das war aber noch kleiner als das vorigemal. Auf dem Wege nach dem Wald bröckelte es Hänsel in der Tasche, stand oft still und warf ein Bröcklein auf die Erde. „Hänsel, was stehst du und guckst dich um?" sagte der Vater, „geh deiner Wege!" „Ich sehe nach meinem Täubchen, das sitzt auf dem Dache und will mir Ade sagen", antwortete Hänsel. „Narr", sagte die Frau, „das ist dein Täubchen nicht, das ist die Morgensonne, die auf den Schornstein oben scheint." Hänsel aber warf nach und nach alle Bröcklein auf den Weg.

Beim ersten Weg in den Wald wurde das Licht thematisiert. Hänsel blickte angeblich zurück zu einer Katze, und Katzenaugen reflektieren das Licht. Und die Kinder wurden auch vom Licht wieder heim geleitet. Nun, beim zweten Weg, blickt Hänsel angeblich zurück zu einer Taube – einem Tier der Luft. Bei den beiden Wegen begegnen uns also die beiden unterschiedliche Geist-Begriffe: Feuer (Licht) und Luft.
Beim zweten Weg legt Hänsel Brot aus. Nahrung steht in der Symbolik üblicherweise für geistige Nahrung – für Information. Wenn man die Symbolik übersetzt, dann könnte man sagen:

- Auf dem ersten Weg wird die Seele von der Inspiration geleitet (= vom Feuer),
- beim zweten Weg von der Information (= von der Luft).

Wenn wir inkarnieren, dann bringen wir immer auch etwas Information über unsere geistige Heimat mit. Aber es sind nur kleine Bröckchen, und dieses Wissen geht leider auch großenteils verloren. Es reicht jedenfalls in den allermeisten Fällen nicht mehr aus, um gedanklich wieder den Weg zurück zu finden.
Hänsel wird bei beiden Wegen in gleicher Weise korrigiert: „... das ist die Morgensonne, die auf den Schornstein oben scheint." Ein Schornstein verbindet zwei Bereiche miteinander: einen Bereich unterhalb des Dachs mit einem Bereich oberhalb des Dachs. Der Schornstein ist üblicherweise oberhalb der Feuerstelle. Und nun scheint die Sonne von oben auf den Schornstein.

		Sonne	
Dach		Schornstein	
		Feuerstelle	

So wird bei diesem Bild der Schornstein zu einem Kanal, der das eigene/innere Feuer durch das Dach hindurch mit der Sonne verbindet – also mit einem Feuer, das uns allen Licht gibt. Beide Arten von Geist (Feuer und Luft) verbinden uns letztendlich mit dem gleichen allumfassenden Geist.

Die Frau führte die Kinder noch tiefer in den Wald, wo sie ihr Lebtag noch nicht gewesen waren. Da ward wieder ein großes Feuer angemacht, und die Mutter sagte: „Bleibt nur da sitzen, ihr Kinder, und wenn ihr müde seid, könnt ihr ein wenig schlafen. Wir gehen in den Wald und hauen Holz, und abends, wenn wir fertig sind, kommen wir und holen euch ab." Als es Mittag war, teilte Gretel ihr Brot mit Hänsel, der sein Stück auf den Weg gestreut hatte. Dann schliefen sie ein, und der Abend verging; aber niemand kam zu den armen Kindern. Sie erwachten erst in der finstern Nacht, und Hänsel tröstete sein Schwesterchen und sagte: „Wart nur, Gretel, bis der Mond aufgeht, dann werden wir die Brotbröcklein sehen, die ich ausgestreut habe, die zeigen uns den Weg nach Haus" Als der Mond kam, machten sie sich auf, aber sie fanden kein Bröcklein mehr, denn die viel tausend Vögel, die im Walde und im Felde umherfliegen, die hatten sie weggepickt. Hänsel sagte zu Gretel: „Wir werden den Weg schon finden." Aber sie fanden ihn nicht.

Die Menschen haben das Wissen verloren, das ihnen den Weg zurück in die geistige Welt weisen könnte, und so verirren sie sich in der materiellen Welt.

Sie gingen die ganze Nacht und noch einen Tag von Morgen bis Abend, aber sie kamen aus dem Wald nicht heraus und waren so hungrig, denn sie hatten nichts als die paar Beeren, die auf der Erde standen. Und weil sie so müde waren, dass die Beine sie nicht mehr tragen wollten, so legten sie sich unter einen Baum und schliefen ein. Nun war's schon der dritte Morgen, dass sie ihres Vaters Haus verlassen hatten. Sie fingen wieder an zu gehen, aber sie gerieten immer tiefer in den Wald, und wenn nicht bald Hilfe kam, mussten sie verschmachten. Als es Mittag war, sahen sie ein schönes, schneeweißes Vögelein auf einem Ast sitzen, das sang so schön, dass sie stehen blieben und ihm zuhörten. Und als es fertig war, schwang es seine Flügel und flog vor ihnen her, und sie gingen ihm nach, bis sie zu einem Häuschen gelangten, auf dessen Dach es sich setzte, und als sie ganz nahe herankamen, so sahen sie, dass das Häuslein aus Brot gebaut war und mit Kuchen gedeckt; aber die Fenster waren von hellem Zucker. „Da wollen wir uns dranmachen", sprach Hänsel, „und eine gesegnete Mahlzeit halten. Ich will ein Stück vom Dach essen, Gretel, du kannst vom Fenster essen, das schmeckt süß." Hänsel reichte in die Höhe und brach sich ein wenig vom Dach ab, um zu versuchen, wie es schmeckte, und Gretel stellte sich an die Scheiben und knupperte daran.

Der Vogel, der die Kinder leitet, ist wiederum ein Symbol für den Geist, und er führt sie in der materiellen Welt zu neuer geistiger Nahrung. Das Haus symbolisiert hier ein „Gedankengebäude" – also ein Weltbild.

Da rief eine feine Stimme aus der Stube heraus:
„Knupper, knupper, Kneischen,
Wer knuppert an meinem Häuschen?"
Die Kinder antworteten:
„Der Wind, der Wind,
das himmlische Kind",
und aßen weiter, ohne sich irre machen zu lassen.

Was hier bei der üblichen Sicht auf das Märchen wie ein Ulk klingen mag, ist sehr wörtlich zu verstehen. Hänsel und Gretel symbolisieren ein „himmlisches Kind", das von der geistigen Ebene in die materielle Welt gekommen ist, um hier nach geistiger Nahrung zu suchen. Indem sie am Haus knabbern, nehmen sie das Gedankengebäude in sich auf. Wir alle sind solche himmlischen Kinder, die mit einem solchen Auftrag in die Welt geschickt wurden. Der Wind seht symbolisch für die geistige Ebene – für Luft. Wir sind geistige Wesen – Wesen der Luft –, die auf die Erde gekommen sind.

Hänsel, dem das Dach sehr gut schmeckte, riss sich ein großes Stück davon herunter, und Gretel stieß eine ganze runde Fensterscheibe heraus, setzte sich nieder und tat sich wohl damit. Da ging auf einmal die Türe auf, und eine steinalte Frau, die sich auf eine Krücke stützte, kam herausgeschlichen. Hänsel und Gretel erschraken so gewaltig, dass sie fallen ließen, was sie in den Händen hielten. Die Alte aber wackelte mit dem Kopfe und sprach: „Ei, ihr lieben Kinder, wer hat euch hierher gebracht? Kommt nur herein und bleibt bei mir, es geschieht euch kein Leid." Sie fasste beide an der Hand und führte sie in ihr Häuschen. Da ward ein gutes Essen aufgetragen, Milch und Pfannkuchen mit Zucker, Äpfel und Nüsse. Hernach wurden zwei schöne Bettlein weiß gedeckt, und Hänsel und Gretel legten sich hinein und meinten, sie wären im Himmel.

Das ist das eine Bild der materiellen Welt. Sie nährt uns, gibt uns Geborgenheit und lässt uns Erfahrungen machen. Sie lockt uns mit allerlei schönen Dingen, sodass wir eigentlich ewig in ihr bleiben möchten, um all diese Dinge zu genießen.

Die Alte hatte sich nur freundlich angestellt, sie war aber eine böse Hexe, die den Kindern auflauerte, und hatte das Brothäuslein bloß gebaut, um sie herbeizulocken. Wenn eins in ihre Gewalt kam, so machte sie es tot, kochte es und aß es, und das war ihr ein Festtag.

Aber die materielle Welt hat auch ein anderes Gesicht: Leid, Gewalt und Tod.

Die Hexen haben rote Augen und können nicht weit sehen, aber sie haben eine feine Witterung wie die Tiere und merken's wenn Menschen herankommen. Als Hänsel und Gretel in ihre Nähe kamen, da lachte sie boshaft und sprach höhnisch: „Die habe ich, die sollen mir nicht wieder entwischen!" Früh morgens, ehe die Kinder erwacht waren, stand sie schon auf, und als sie beide so lieblich ruhen sah, mit den vollen roten Backen, so murmelte sie vor sich hin: „Das wird ein guter Bissen werden." Da packte sie Hänsel mit ihrer dürren Hand und trug ihn in einen kleinen Stall und sperrte ihn mit einer Gittertüre ein. Er mochte schrein, wie er wollte, es half ihm nichts.

Hänsel, der männliche Seelenanteil, steht für das Denken, und dieses wird von der materiellen Welt gefangen genommen. Das Denken orientiert sich nun nur noch an den Begriffen der materiellen Welt. Diese reduzierte Sichtweise wird durch den kleinen Stall symbolisiert, in dem Hänsel eingesperrt ist.

Dann ging sie zur Gretel, rüttelte sie wach und rief: „Steh auf, Faulenzerin, trag Wasser und koch deinem Bruder etwas Gutes, der sitzt draußen im Stall und soll fett werden. Wenn er fett ist, so will ich ihn essen." Gretel fing an bitterlich zu weinen; aber es war alles vergeblich, sie musste tun, was die böse Hexe verlangte.

Der weibliche Seelenanteil – die Psyche – behält eine gewisse Freiheit und ist nicht so stark an die Strukturen der materiellen Welt gebunden. In der Zeit der Gefangenschaft versorgt sie den Vernunftanteil – und erhält ihn damit am Leben.

Vor der Gefangennahme hatte der männliche Seelenanteil hauptsächlich die aktive Rolle. Hänsel hatte sich um die Kieselsteine und um die Brotkrümel gekümmert. Nun ist er aber gefangen, und der weibliche Anteil wird aktiv.

Nun ward dem armen Hänsel das beste Essen gekocht, aber Gretel bekam nichts als Krebsschalen. Jeden Morgen schlich die Alte zu dem Ställchen und rief: „Hänsel, streck deine Finger heraus, damit ich fühle, ob du bald fett bist." Hänsel streckte ihr aber ein Knöchlein heraus, und die Alte, die trübe Augen hatte, konnte es nicht sehen und meinte, es wären Hänsels Finger, und verwunderte sich, dass er gar nicht fett werden wollte. Als vier Wochen herum waren und Hänsel immer mager blieb, da überkam sie die Ungeduld, und sie wollte nicht länger warten.

Zahlenangaben sind häufig symbolisch zu verstehen, und konkret die Vier ist die Zahl der Materie. Die vier Wochen stehen also symbolisch für die Zeit in der Materie.

„Heda, Gretel", rief sie dem Mädchen zu, „sei flink und trag Wasser! Hänsel mag fett oder mager sein, morgen will ich ihn schlachten und kochen." Ach, wie jammerte das arme Schwesterchen, als es das Wasser tragen musste, und wie flossen ihm die Tränen über die Backen herunter!

Hier werden im Zusammenhang mit Gretel deutlich das Wasser und die Emotionalität angesprochen.

„Lieber Gott, hilf uns doch", rief sie aus, „hätten uns nur die wilden Tiere im Wald gefressen, so wären wir doch zusammen gestorben!" „Spar nur dein Geplärre", sagte die Alte, „es hilft dir alles nichts."

Früh morgens musste Gretel heraus, den Kessel mit Wasser aufhängen und Feuer anzünden. „Erst wollen wir backen" sagte die Alte, „ich habe den Backofen schon eingeheizt und den Teig geknetet." Sie stieß das arme Gretel hinaus zu dem Backofen, aus dem die Feuerflammen schon herausschlugen. „Kriech hinein", sagte die Hexe, „und sieh zu, ob recht eingeheizt ist, damit wir das Brot hineinschieben können" Und wenn Gretel darin war, wollte sie den Ofen zumachen und Gretel sollte darin braten, und dann wollte sie's aufessen. Aber Gretel merkte, was sie im Sinn hatte, und sprach „Ich weiß nicht, wie ich's machen soll; wie komm ich da hinein?" „Dumme Gans", sagte die Alte, „die Öffnung ist groß genug, siehst du wohl, ich könnte selbst hinein", krabbelte heran und steckte den Kopf in den Backofen. Da gab ihr Gretel einen Stoß, dass sie weit hineinfuhr, machte die eiserne

Tür zu und schob den Riegel vor. Hu! Da fing sie an zu heulen, ganz grauselich; aber Gretel lief fort, und die gottlose Hexe musste elendiglich verbrennen.

Gretel aber lief schnurstracks zum Hänsel, öffnete sein Ställchen und rief: „Hänsel, wir sind erlöst, die alte Hexe ist tot!"

Der Vernunftanteil ist bereits gefangen. Nun besteht die Gefahr, dass sich die Hexe beide Seelenanteile komplett einverleibt. Doch der weibliche Seelenanteil lässt sich nicht im Ofen gefangen nehmen, sondern nutzt selbst das Feuer der Inspiration, überlistet die Hexe und befreit damit sich und auch den männlichen Seelenanteil von der Gefangenschaft des materiellen Denkens. Es geht hier – ebenso wie auch in vielen Religionen – um die Erlösung des Denkens aus der Gefangenschaft der Materie.

Es gibt tatsächlich eine Methode, wie unser Wächter im Kopf von der Seele überlistet wird. Dieser Wächter lässt normalerweise nur das zu, was zu seiner Welterfahrung passt. Aber symbolisch verpackt in Träumen und Mythen lässt er die Inspiration aus den Tiefen der Seele sogar bis in unser Tagesbewusstsein vordringen. Mit jedem Traum und mit jedem mythischen Motiv wird dieser Wächter immer wieder von unserem weiblichen Seelenanteil – also von der Psyche – überlistet.

Da sprang Hänsel heraus wie ein Vogel aus dem Käfig, wenn ihm die Türe aufgemacht wird.

Der Geist – symbolisiert durch den Vogel – ist wieder frei.

Wie haben sie sich gefreut, sind sich um den Hals gefallen, sind herumgesprungen und haben sich geküsst! Und weil sie sich nicht mehr zu fürchten brauchten, so gingen sie in das Haus der Hexe hinein. Da standen in allen Ecken Kasten mit Perlen und Edelsteinen. „Die sind noch besser als Kieselsteine", sagte Hänsel und steckte in seine Taschen, was hinein wollte. Und Gretel sagte: „Ich will auch etwas mit nach Haus bringen", und füllte sein Schürzchen voll.

Perlen und Edelsteine symbolisieren die Erfahrungen, die wir aus der materiellen Welt mitbringen.

„Aber jetzt wollen wir fort", sagte Hänsel, „damit wir aus dem Hexenwald herauskommen." Als sie aber ein paar Stunden gegangen waren, gelangten sie an ein großes Wasser.

Der Weg von der materiellen Welt in die geistige Welt führt über das Wasser. Dieses Motiv finden wir z. B. auch bei Moses, der das Meer teilt.

geistige Welt = Luft = das Haus vor dem Wald
seelische Welt = Wasser
materielle Welt = Erde = Wald

„Wir können nicht hinüber", sprach Hänsel, „ich seh keinen Steg und keine Brücke." „Hier fährt auch kein Schiffchen", antwortete Gretel, „aber da schwimmt eine weiße Ente, wenn ich die bitte, so hilft sie uns hinüber." Da rief sie:
„Entchen, Entchen,
Da steht Gretel und Hänsel.
Kein Steg und keine Brücke,
nimm uns auf deinen weißen Rücken."

Keine Ente könnte wirklich ein Kind über einen See tragen. Aber der Geist, der durch einen Vogel symbolisiert wird, kann die Seele hinüber in die geistige Welt leiten.

Das Entchen kam auch heran, und Hänsel setzte sich auf und bat sein Schwesterchen, sich zu ihm zu setzen. „Nein", antwortete Gretel, „es wird dem Entchen zu schwer, es soll uns nacheinander hinüberbringen." Das tat das gute Tierchen, und als sie glücklich drüben waren und ein Weilchen fortgingen, da kam ihnen der Wald immer bekannter und immer bekannter vor, und endlich erblickten sie von weitem ihres Vaters Haus. Da fingen sie an zu laufen, stürzten in die Stube hinein und fielen ihrem Vater um den Hals. Der Mann hatte keine frohe Stunde gehabt, seitdem er die Kinder im Walde gelassen hatte, die Frau aber war gestorben. Gretel schüttelte sein Schürzchen aus, dass die Perlen und Edelsteine in der Stube herumsprangen, und Hänsel warf eine Handvoll nach der andern aus seiner Tasche dazu. Da hatten alle Sorgen ein Ende, und sie lebten in lauter Freude zusammen.
Mein Märchen ist aus, dort läuft eine Maus,
wer sie fängt, darf sich eine große Pelzkappe daraus machen.

In manch kleiner Geschichte steckt eine große Bedeutung, auch wenn sie schwer zu fangen ist.

Dornröschen

Vor Zeiten war ein König und eine Königin, die sprachen jeden Tag: „Ach, wenn wir doch ein Kind hätten!" und kriegten immer keins. Da trug es sich zu, als die Königin einmal im Bade saß, dass ein Frosch aus dem Wasser ans Land kroch und zu ihr sprach: „Dein Wunsch wird erfüllt werden, ehe ein Jahr vergeht, wirst du eine Tochter zur Welt bringen."

Manchmal begegnen uns der Frosch oder die Kröte als ein Symbol für den „erdgebundenen" Menschen. Darüber hinaus ist der Frosch aber auch ein Symboltier der Hebammen, denn auch Kinder kommen vom Wasser ans Land – und zwar in doppelter Hinsicht. Einerseits kommen sie aus dem Fruchtwasser, andererseits aber auch im übertragenen Sinne aus der Ebene des Wassers – aus der Welt des Paradieses.

Was der Frosch gesagt hatte, das geschah, und die Königin gebar ein Mädchen, das war so schön, dass der König vor Freude sich nicht zu fassen wusste und ein großes Fest anstellte. Er ladete nicht bloß seine Verwandten, Freunde und Bekannten, sondern auch die weisen Frauen dazu ein, damit sie dem Kind hold und gewogen wären. Es waren ihrer dreizehn in seinem Reiche, weil er aber nur zwölf goldene Teller hatte, von welchen sie essen sollten, so musste eine von ihnen daheim bleiben.

Dreizehn Frauen, aber nur zwölf Teller. Hier haben wir einen ganz klaren Hinweis auf die Struktur des Dreifachkreuzes, das auch dreizehn Positionen hat, wobei eine Position eine Sonderrolle hat. Der Vorhang bringt die Trennung von der Ebene des Geistes – den symbolischen „Tod".

Das Fest ward mit aller Pracht gefeiert, und als es zu Ende war, beschenkten die weisen Frauen das Kind mit ihren Wundergaben: die eine mit Tugend, die andere mit Schönheit, die dritte mit Reichtum und so mit allem, was auf der Welt zu wünschen ist. Als elfe ihre Sprüche eben getan hatten, trat plötzlich die dreizehnte herein. Sie wollte sich dafür rächen, dass sie nicht eingeladen war, und ohne jemand zu grüßen oder nur anzusehen, rief sie mit lauter Stimme: „Die Königstochter soll sich in ihrem fünfzehnten Jahr an einer Spindel stechen und tot hinfallen."

Wenn wir die Darstellung des Dreifachkreuzes betrachten, sehen wir schon rein optisch eine gewisse Ähnlichkeit mit einer Spindel. Durch das Dreieck oben haben wir sogar jene Spitze, an der sich Dornröschen stechen kann.

Stäbe sind seit den frühsten Kulturen Zeichen von Macht, Rang und Würde. Neben Krone und Reichsapfel gehört auch ein Stab – das Zepter – zu den Insignien eines Königs. Stäbe wurden aber auch immer wieder speziell als ein Symbol für „spirituelle Macht" verwendet, beispielsweise als Papststab oder Bischofsstab. Mitunter dienten sie sogar regelrecht als „Zauberstab". So nutzt Moses auch einen Stab, um die „Plagen und Wunder" zu vollbringen. Auch die Spindel ist so ein besonderer Stab.

Im Märchen „Frau Holle" begegnet uns die Spindel in einem ganz ähnlichen Zusammenhang: Die Spindel fällt durch einen Brunnen (Symbol Wasser) in eine andere Welt und die Goldmarie muss der Spindel hinterherspringen, um sie zu holen. Während also bei Dornröschen die Spindel zum hundertjährigen Schlaf führt, verursacht sie beim Märchen von Frau Holle den Abstieg. Beides sind Umschreibungen für den Abstieg der Seele in die untere, materielle Welt. Der Name „Frau Holle" ist übrigens ein Hinweis auf Hel, die Göttin der Unterwelt. Auch Begriffe wie Hölle oder Höhle sind damit verwandt. Doch während uns in der kirchlichen Tradition ein grauenvolles Bild der Hölle vermittelt wird, erleben wir im Märchen von Frau Holle eine Welt, in der es zwar einige Prüfungen gibt, in der man aber durchaus leben kann. Diese untere Welt der Frau Holle und die höhere Welt sind durch einen Brunnen verbunden. Einerseits erinnert der Brunnen an die Tunnelerlebnisse, die beispielsweise im Zusammenhang mit Todesnäheerlebnissen auftreten. Andererseits ist das Wasser das verbindende Element zwischen der Ebene des Geistes (Luft) und der Ebene der Erde.

Mit dem Spinnrad wird ein Faden gesponnen. Dieser Faden begegnet uns mehrfach in der Mythologie als ein Symbol für das Schicksal des Menschen. In Griechenland sind es die Moiren (griech. moira = Schicksal) und in der nordischen Mythologie die Nornen, die diesen Faden spinnen, an dem unser Leben hängt.

Und ohne ein Wort weiter zu sprechen, kehrte sie sich um und verließ den Saal. Alle waren erschrocken, da trat die zwölfte hervor, die ihren Wunsch noch übrig hatte, und weil sie den bösen Spruch nicht aufheben, sondern ihn nur mildern konnte, so sagte sie: „Es soll aber kein Tod sein, sondern ein hundertjähriger tiefer Schlaf, in welchen die Königstochter fällt."

Neben der optischen Ähnlichkeit zwischen Spindel und Dreifachkreuz und neben dem Hinweise auf die zwölf Teller und die dreizehn Positionen haben wir hier eine deutliche Analogie zur biblischen Schöpfungsgeschichte, wobei diese wiederum auf der Dreifachkreuzsymbolik basiert. In der Schöpfungsgeschichte heißt es, dass man sterben würde, wenn man vom Baum der Erkenntnis isst. Hier ist es nun das Stechen mit der Spindel, was zum Tod führt. Und in beiden Fällen ist es kein wirklicher Tod. Die Spindel entspricht also in ihrer symbolischen Bedeutung dem Baum der Erkenntnis.

Was die hundert Jahre betrifft, so sind mehrere Deutungen möglich: Hundert Jahre sind zunächst einmal eine Art „symbolische Obergrenze" für das Alter eines Menschen. Für diese maximal hundert Jahre, die wir hier auf der Erde sind, schläft in uns das Wissen um die höhere Wirklichkeit. Wenn es einem gelingt, schon vor dem Lebensende den schlafenden Seelenanteil zu wecken und sich mit ihm zu vereinen, dann sind diese symbolischen „hundert Jahre des Schlafs" schon vorher beendet. Es kommt auf den Stand der Entwicklung an und nicht auf die exakte Dauer.
Weiterhin kann die Hundert auch auf eine andere Ebene hinweisen. So, wie die Zehn einen Aufstieg um eine Ebene symbolisiert, kann man die Hundert als einen Aufstieg um zwei Ebenen interpretieren. Wenn man es schafft, diese zwei Stufen emporzusteigen, dann kann man Dornröschen erwecken.
Darüber hinaus finden wir die Hundert auch noch in einem anderen Zusammenhang: In der Fama Fraternitatis von 1614 – einer Art Satzung der Rosenkreuzer – heißt es: „Die Bruderschaft soll ein hundert Jahr verschwiegen bleiben." Es wäre also durchaus möglich, dass es einen Zusammenhang gibt zwischen dem hundertjährigen Schlaf von Dornröschen und den hundert verschwiegenen Jahren der Rosenkreuzer – dass also in beiden Fällen das Wissen hundert Jahre ruhte oder dass man den Zugang zu diesem Wissen in beiden Fällen erst dann findet, wenn man zwei Stufen aufsteigt.

Der König, der sein liebes Kind vor dem Unglück gern bewahren wollte, ließ den Befehl ausgehen, dass alle Spindeln im ganzen Königreiche sollten verbrannt werden.

Während bei der Schöpfungsgeschichte im Paradies verboten wird, vom Baum der Erkenntnis zu essen, werden bei Dornröschen im Königreich die Spindeln verboten. Dieser vergebliche Versuch, das drohende Schicksal zu vermeiden, unterstreicht umso stärker, dass dieser Weg letztendlich doch unvermeidlich ist. Man kann die Seele nicht vor dem Abstieg bewahren.

An dem Mädchen aber wurden die Gaben der weisen Frauen sämtlich erfüllt, denn es war so schön, sittsam, freundlich und verständig, dass es jedermann, der es ansah, liebhaben musste. Es geschah, dass an dem Tage, wo es gerade fünfzehn Jahre alt ward, der König und die Königin nicht zu Haus waren und das Mädchen ganz allein im Schloss zurückblieb. Da ging es allerorten herum, besah Stuben und Kammern, wie es Lust hatte, und kam endlich auch an einen alten Turm. Es stieg die enge Wendeltreppe hinauf und gelangte zu einer kleinen Türe. In dem Schloss steckte ein verrosteter Schlüssel, und als es ihn umdrehte, sprang die Türe auf, und da saß in einem kleinen Stübchen eine alte Frau mit einer Spindel und spann emsig ihren Flachs. „Guten Tag, du altes Mütterchen", sprach die Königstochter, „was machst du da?" „Ich spinne", sagte die Alte und nickte mit dem Kopf. „Was ist das für ein Ding, das so lustig herumspringt?" sprach das Mädchen, nahm die Spindel und wollte auch spinnen. Kaum hatte sie aber die Spindel angerührt, so ging der Zauberspruch in Erfüllung, und sie stach sich damit in den Finger.

Wieder erkennt man eine Übereinstimmung mit der Schöpfungsgeschichte. In beiden Fällen wird sogar ausdrücklich die „Lust" des Menschen als Auslöser erwähnt (vgl. 1. Mose 3,6). Die Situation ist verlockend, und das Schicksal erfüllt sich.

In dem Augenblick aber, wo sie den Stich empfand, fiel sie auf das Bett nieder, das da stand, und lag in einem tiefen Schlaf. Und dieser Schlaf verbreitete sich über das ganze Schloss, der König und die Königin, die eben heimgekommen waren und in den Saal getreten waren, fingen an einzuschlafen und der ganze Hofstaat mit ihnen. Da schliefen auch die Pferde im Stall, die Hunde im Hof, die Tauben auf dem Dache, die Fliegen an der Wand, ja, das Feuer, das auf dem Herde flackerte, ward still und schlief ein, und der Braten hörte auf zu brutzeln, und der Koch, der den Küchenjungen, weil er etwas versehen hatte, an den Haaren ziehen wollte, ließ ihn los und schlief. Und der Wind legte sich, und auf den Bäumen vor dem Schloss regte sich kein Blättchen mehr.

Sowohl Feuer als auch Luft stehen für geistige Kräfte: die Kraft der Inspiration (Feuer) und die höhere Vernunft (Luft). Beide Kräfte lassen jetzt nach. Das Feuer hört auf zu flackern, und der Wind legt sich.

Nun haben wir folgenden Zustand:

- Das Schicksal nimmt seinen Lauf.
- Das Feuer des Geistes ist im Menschen erloschen.
- Die geistigen Fähigkeiten sind reduziert.
- Das Wissen um die höhere Wirklichkeit ist ausgeblendet.
- Unser höherer Seelenanteil schläft.

Rings um das Schloss aber begann eine Dornenhecke zu wachsen, die jedes Jahr höher ward und endlich das ganze Schloss umzog und darüber hinauswuchs, dass gar nichts mehr davon zu sehen war, selbst nicht die Fahne auf dem Dach.

Es ging aber die Sage in dem Land von dem schönen, schlafenden Dornröschen, denn so ward die Königstochter genannt, also dass von Zeit zu Zeit Königssöhne kamen und durch die Hecke in das Schloss dringen wollten. Es war ihnen aber nicht möglich, denn die Dornen, als hätten sie Hände, hielten fest zusammen, und die Jünglinge blieben darin hängen, konnten sich nicht wieder losmachen und starben eines jämmerlichen Todes.

Das schlafende Dornröschen ist der Seelenanteil von uns, der in der höheren Wirklichkeit „schläft", während wir hier auf der Erde sind. Diese „höhere" Wirklichkeit wird durch den „Turm" unterstrichen, in dem sie schläft. Während also Rapunzel in einen Turm gesperrt ist, der weder Treppe noch Tür hat, schläft Dornröschen in einem Turm, der von einer Dornenhecke umgeben ist. Es sind also in beiden Fällen sehr ähnliche Motive, die verwendet werden, um die Unerreichbarkeit des höheren Seelenanteils zu versinnbildlichen.

Im Laufe der Menschheitsgeschichte wurden sehr viele unterschiedliche Ideen, Vorstellungen und Theorien über die höhere Wirklichkeit entwickelt. Es entstand ein hochkomplexes Gestrüpp aus Spekulationen, symbolischen Umschreibungen, Personifikationen usw. Aber alles das hat in vielen Fällen nicht dazu beigetragen, dass man den Zugang zu diesem „schlafenden Wissen" wiederherstellen konnte. Ganz im Gegenteil: Der Zugang zum „inneren Wissen" wurde von all dem regelrecht überwuchert. Und so haben sich im Laufe der Zeit sehr viele Sucher im Gestrüpp der Symbole verheddert.

Nach langen, langen Jahren kam wieder einmal ein Königssohn in das Land und hörte, wie ein alter Mann von der Dornenhecke erzählte, es sollte ein Schloss dahinter stehen, in welchem eine wunderschöne Königstochter, Dornröschen genannt, schon seit hundert Jahren schliefe, und mit ihr schliefe der König und die Königin und der ganze Hofstaat. Er wusste auch von seinem Großvater, dass schon viele Königssöhne gekommen wären und versucht hätten, durch die Dornenhecke zu dringen, aber sie wären darin hängen geblieben und eines traurigen Todes gestorben. Da sprach der Jüngling: „Ich fürchte mich nicht, ich will hinaus und das schöne Dornröschen sehen!" Der gute Alte mochte ihm abraten, wie er wollte, er hörte nicht auf seine Worte. Nun waren aber gerade die hundert Jahre verflossen, und der Tag war gekommen, wo Dornröschen wieder erwachen sollte.

Ohne die notwendige Reife wird der Versuch scheitern. Erst, wenn die Zeit dafür reif ist, kann man durch die Dornenhecke gelangen.

Als der Königssohn sich der Dornenhecke näherte, waren es lauter große, schöne Blumen, die taten sich von selbst auseinander und ließen ihn unbeschädigt hindurch, und hinter ihm taten sie sich wieder als eine Hecke zusammen.

Wenn die Zeit reif ist, dann ist der Weg durch die Dornenhecke ganz einfach. Aus dem undurchdringlichen Gestrüpp der religiösen Symbole werden plötzlich schöne Blumen.

Im Schlosshof sah er die Pferde und scheckigen Jagdhunde liegen und schlafen, auf dem Dache saßen die Tauben und hatten das Köpfchen unter den Flügel gesteckt. Und als er ins Haus kam, schliefen die Fliegen an der Wand, der Koch in der Küche hielt noch die Hand, als wollte er den Jungen anpacken, und die Magd saß vor dem schwarzen Huhn, das sollte gerupft werden. Da ging er weiter und sah im Saale den ganzen Hofstaat liegen und schlafen, und oben bei dem Throne lagen der König und die Königin. Da ging er noch weiter, und alles war so still, dass er seinen Atem hören konnte, und endlich kam er zu dem Turm und öffnete die Türe zu der kleinen Stube, in welcher Dornröschen schlief. Da lag es und war so schön, dass er die Augen nicht abwenden konnte, und er bückte sich und gab ihm einen Kuss. Wie er es mit dem Kuss berührt hatte, schlug Dornröschen die Augen auf, erwachte und blickte ihn ganz freundlich an. Da gingen sie zusammen herab, und der König erwachte und die Königin und der ganze Hofstaat und sahen einander mit großen Augen an. Und die Pferde im Hof standen auf und rüttelten sich, die Jagdhunde sprangen und wedelten, die Tauben auf dem Dache zogen das Köpfchen unterm Flügel hervor, sahen umher und flogen ins Feld, die Fliegen an den Wänden krochen weiter, das Feuer in der Küche erhob sich, flackerte und kochte das Essen, der Braten fing wieder an zu brutzeln, und der Koch gab dem Jungen eine Ohrfeige, dass er schrie, und die Magd rupfte das Huhn fertig.
Und da wurde die Hochzeit des Königssohns mit dem Dornröschen in aller Pracht gefeiert, und sie lebten vergnügt bis an ihr Ende.

Nachdem der irdische Seelenanteil (= Königssohn) den schlafenden höheren Seelenanteil (= Dornröschen) geweckt hat, beginnt auch wieder das Feuer des Geistes zu flackern.

Ich finde es übrigens sehr bemerkenswert, dass im Märchen der irdische Seelenanteil den höheren Seelenanteil weckt und damit vom Schlaf erlöst. Viele exoterische Christen hoffen darauf erlöst **zu werden**. Hier geht es stattdessen darum, dass der Mensch seinen höheren Seelenanteil selbst vom „Schlaf" erlösen kann, wenn die Zeit dafür reif ist.

Schneewittchen

Es war einmal mitten im Winter, und die Schneeflocken fielen wie Federn vom Himmel herab. Da saß eine Königin an einem Fenster, das einen Rahmen von schwarzem Ebenholz hatte, und nähte. Und wie sie so nähte und nach dem Schnee aufblickte, stach sie sich mit der Nadel in den Finger, und es fielen drei Tropfen Blut in den Schnee. Und weil das Rote im weißen Schnee so schön aussah, dachte sie bei sich: Hätt' ich ein Kind, so weiß wie Schnee, so rot wie Blut und so schwarz wie das Holz an dem Rahmen!

Das Nähen erinnert an den „Faden des Schicksals". Die Schneeflocke ist eine „feine weiße Struktur" und ist damit ein Gleichnis für das Reine, Geistige und „Feinstoffliche". Der dunkle Fensterrahmen symbolisiert den materiellen „Rahmen" für das Drama des Lebens. Blut ist eine Entsprechung für die Seele.
Mit dem Namen „Schneewittchen" wird die Betonung auf das Geistige gelegt. Schließlich heißt sie nicht „Blutrotchen" oder „Holzschwarzchen", obwohl sie doch auch rot wie Blut und schwarz wie Ebenholz ist.

Bald darauf bekam sie ein Töchterlein, das war so weiß wie Schnee, so rot wie Blut und so schwarzhaarig wie Ebenholz und ward darum Schneewittchen (Schneeweißchen) genannt. Und wie das Kind geboren war, starb die Königin. Über ein Jahr nahm sich der König eine andere Gemahlin. Es war eine schöne Frau, aber sie war stolz und übermütig und konnte nicht leiden, dass sie an Schönheit von jemand sollte übertroffen werden.
Sie hatte einen wunderbaren Spiegel. Wenn sie vor den trat und sich darin beschaute, sprach sie:
„Spieglein, Spieglein an der Wand,
wer ist die Schönste im ganzen Land?"
So antwortete der Spiegel: „Frau Königin, Ihr seid die Schönste im Land."

Bei der zweiten Frau des Königs wird die Eitelkeit thematisiert. Das ist eine typische Eigenschaft unseres materieorientierten Tagesbewusstseins (Ego). Es ist stolz auf die Dinge, die es kann, und es glaubt, es könne all diese Dinge aus eigener Kraft. Es strebt nach Macht und Anerkennung. Es treibt uns permanent dazu an, dass wir immer schöner, stärker, schneller, größer, reicher, klüger als die anderen sein wollen.

Da war sie zufrieden, denn sie wusste, dass der Spiegel die Wahrheit sagte. Schneewittchen aber wuchs heran und wurde immer schöner, und als es sieben Jahre alt war, war es so schön wie der klare Tag und schöner als die Königin selbst.

Die sieben Planetensphären sind ein Gleichnis für die sieben Stufen zwischen der materiellen und der geistigen Welt. Die innere Stimme des höheren Bewusstseins hat sich so weit entwickelt, dass sie für das Tagesbewusstsein wahrnehmbar wird. Man könnte diese Entwicklung mit einem Wachstumsprozess vergleichen, der auf der geistigen Ebene beginnt und nach sieben Stufen die materielle Ebene erreicht hat.

Als diese einmal ihren Spiegel fragte:
„Spieglein, Spieglein an der Wand,
wer ist die Schönste im ganzen Land?"
so antwortete er:
„Frau Königin, Ihr seid die Schönste hier,
aber Schneewittchen ist tausendmal schöner als Ihr."

Das Tagesbewusstsein wird nun mit der Tatsache konfrontiert, dass es noch ein ganz anderes Bewusstsein gibt, das ihm deutlich überlegen ist.

Da erschrak die Königin und ward gelb und grün vor Neid. Von Stund an, wenn sie Schneewittchen erblickte, kehrte sich ihr das Herz im Leibe herum. So hasste sie das Mädchen. Und der Neid und Hochmut wuchsen wie ein Unkraut in ihrem Herzen immer höher, dass sie Tag und Nacht keine Ruhe mehr hatte. Da rief sie einen Jäger und sprach: „Bring das Kind hinaus in den Wald, ich will's nicht mehr vor meinen Augen sehen."

Der innere Drang nach „schöner, stärker, schneller …" übertönt die „leisen Töne" des „höheren Bewusstseins". Hinzu kommt auch der „Selbsterhaltungstrieb" des Tagesbewusstseins. Es hat über Jahre hinweg seine eigenen Ziele entwickelt und es hat gelernt, wie man diese Ziele in der äußeren Welt erreichen kann. Wenn nun ein „neues Bewusstsein" erwacht, dann ist das Tagesbewusstsein bemüht, an seinen alten und eigenen Zielen festzuhalten. So verdrängt es die neuen, fremdartigen Ideen, mit denen es ohnehin nicht allzu viel anfangen kann. Auf der symbolischen Ebene haben wir es hier beim Kindesmord an Schneewittchen mit genau dem gleichen Thema zu tun wie beim biblischen Kindermord des Herodes. Und so, wie Schneewittchen mit der Dreiheit „weiß-rot-schwarz" ausgestattet wurde, so erhielt Jesus bei seiner Geburt die Dreiheit von Weihrauch, Myrrhe und Gold.
Der Wald ist ebenso wie bei Hänsel und Gretel auch hier ein Symbol für die materielle Welt. So wird also die „innere Stimme" auf die materielle Ebene ver-

drängt. Auf der materiellen Ebene kann die verdrängte innere Stimme auf ganz unterschiedliche Weise zu uns sprechen:

- durch das Schicksal
- durch Krankheiten
- durch Erfahrungen, die wir in der materiellen Welt machen
- durch Mythen, bei denen geistige Inhalte in irdische Begriffe übersetzt werden

Es fällt auf, dass die zweite Frau des Königs den ersten Mordversuch nicht selbst ausführt, sondern dass sie einen anderen beauftragt. Diese Verdrängung der „inneren Stimme" ist tatsächlich ein Prozess, den wir in den meisten Fällen gar nicht selbst betreiben. Dafür haben wir – wie auch die Königin im Märchen – unsere „Untergebenen". Das macht unser „Unterbewusstsein" für uns. Doch was wir IN UNS verdrängt haben, das begegnet uns später auf der materiellen Ebene wieder, und wenn wir diese Themen dort aktiv bekämpfen, dann sind wir es selbst, die diesen „äußeren Kampf" führen.

„Du sollst es töten und mir Lunge und Leber zum Wahrzeichen mitbringen."

Lunge und Leber symbolisieren zwei Seelenanteile. Heute gilt in der Symbolik üblicherweise das Herz als „Sitz der Seele", und so klingt es sicher etwas ungewohnt, dass hier nun auch die Leber mit der Seele assoziiert wird. Diesen Zusammenhang von Leber und Seele geht auf antike Vorstellungen zurück, und wir finden ihn auch noch heute in einigen Redewendungen wieder – wenn wir z. B. etwas „frei von der Leber weg" sagen oder wenn uns eine „Laus über die Leber läuft". Bei Galen (ca. 129 – 199), dessen medizinisches Werk bis ins Mittelalter hinein angewendet wurde, werden drei Organe als Sitz der Seele genannt:

- *Erstens das Gehirn, in dem die „Überlegende Seele" ist [...]*
- *Der zweite formal beseelte Teil ist das Herz, in dem die „Erzürnbare Seele" ist, wie Platon sagt, und die „Vitale Seele", die Galen hinzufügt.*
- *Der dritte Teil ist die Leber, in der die „Begehrende Seele" ist, die die körperlichen Dinge betrifft.*

(Quelle: http://www.phil-hum-ren.uni-muenchen.de/Versiones/CrAiiMores.htm)

Das Märchen unterscheidet sich insofern von dieser Lehre, als hier nicht das Gehirn, sondern die Lunge als Symbol für den geistigen Seelenanteil verwendet wird, wobei natürlich die Lunge in der Symbolik sehr gut zum Luft-Element passt (Pneuma = Spiritus = Ruach = Atem).

Der Jäger gehorchte und führte es hinaus, und als er den Hirschfänger gezogen hatte und Schneewittchens unschuldiges Herz durchbohren wollte, fing es an zu weinen und sprach: „Ach, lieber Jäger, lass mir mein Leben! Ich will in den wilden Wald laufen und nimmermehr wieder heimkommen." Und weil es gar so schön war, hatte der Jäger Mitleiden und sprach: „So lauf hin, du armes Kind!" Die wilden Tiere werden dich bald gefressen haben, dachte er, und doch war's ihm, als wäre ein Stein von seinem Herzen gewälzt, weil er es nicht zu töten brauchte.

Die „wilden Tiere" sind ein Gleichnis für das Tierhafte im Menschen, das oft über die innere Stimme des höheren Bewusstseins dominiert.

Und als gerade ein junger Frischling dahergesprungen kam, stach er ihn ab, nahm Lunge und Leber heraus und brachte sie als Wahrzeichen der Königin mit. Der Koch musste sie in Salz kochen, und das boshafte Weib aß sie auf und meinte, sie hätte Schneewittchens Lunge und Leber gegessen.

Es gibt einen symbolischen Zusammenhang von Salz und Licht. In diesem Sinne ist das Salzen eine symbolische „Aufhellung". Das Tagesbewusstsein versucht, das zu erhellen und zu vergeistigen, was es für das Wesen (bzw. für die Seele) der inneren Stimme hält. Und es versucht auch, diese Dinge für sich zu vereinnahmen. Doch dabei wird es oft getäuscht und erfasst nur das „Tierhafte". Es ist eine ganz typische Verwechselung, die man sehr häufig bei modernen Soft-Esoterikern findet: Man hält irrtümlich die niederen Emotionen für die Stimme der Inspiration und folgt dann auf dem Weg zur Erleuchtung dieser anderen „inneren Stimme".

Nun war das arme Kind in dem großen Wald mutterseelenallein, und ward ihm so Angst, dass es alle Blätter an den Bäumen ansah und nicht wusste, wie es sich helfen sollte. Da fing es an zu laufen und lief über die spitzen Steine und durch die Dornen, und die wilden Tiere sprangen an ihm vorbei, aber sie taten ihm nichts. Es lief, so lange nur die Füße noch fortkonnten, bis es bald Abend werden wollte.

Die innere Stimme des höheren Bewusstseins ist in der materiellen Welt von vielen Seiten „bedroht". Es besteht immer die Gefahr, dass irgendwann wieder das Tierhafte siegt oder dass es andere Entwicklungen gibt, die dazu beitragen, dass die innere Stimme verdrängt, verdeckt und überwuchert wird.

Da sah es ein kleines Häuschen und ging hinein, sich zu ruhen. In dem Häuschen war alles klein, aber so zierlich und reinlich, dass es nicht zu sagen ist. Da stand ein weißgedecktes Tischlein mit sieben kleinen Tellern, jedes Tellerlein mit seinem Löffelein, ferner sieben Messerlein und Gäbelein und sieben Becherlein. An der Wand waren sieben Bettlein nebeneinander aufgestellt und schneeweiße Laken darüber gedeckt. Schneewittchen, weil es so hungrig und durstig war, aß von jedem Tellerlein ein wenig Gemüs' und Brot und trank aus jedem Becherlein einen Tropfen Wein; denn es wollte nicht einem alles wegnehmen. Hernach, weil es so müde war, legte es sich in ein Bettchen, aber keins passte; das eine war zu lang, das andere zu kurz, bis endlich das siebente recht war; und darin blieb es liegen, befahl sich Gott und schlief ein. Als es ganz dunkel geworden war, kamen die Herren von dem Häuslein, das waren die sieben Zwerge, die in den Bergen nach Erz hackten und gruben. Sie zündeten ihre sieben Lichtlein an, und wie es nun hell im Häuslein ward, sahen sie, dass jemand darin gesessen war, denn es stand nicht alles so in der Ordnung, wie sie es verlassen hatten.

Die „innere Stimme" findet im Haus der Zwerge Unterschlupf. Die Zahl sieben weist auf die Erkenntnisstufen hin. Die Zwerge graben in der Erde nach Erz. Sie setzen sich mit der Materie auseinander. Es handelt sich also um Menschen, die hart an ihrer „Erkenntnis" arbeiten. Zwerge – gerade in Kombination mit der Zahl sieben – sind ein deutlicher Hinweis auf die antiken Einweihungskulte und auf die verschiedenen esoterischen Traditionen, die später diese Tradition fortsetzten. Dort findet die „innere Stimme" eine neue Heimat.

Sicherlich wird es manch einen überraschen, dass die „niedlichen" Zwerge hier nun ausgerechnet als „Eingeweihte" gedeutet werden, aber es gibt tatsächlich deutliche Hinweise für einen Zusammenhang zwischen den Zwergen und den Mysterienkulten. Im Online-Buch „Prometheus: Der Kampf zwischen Sohn und Vater" von Jörg Rasche finden wir im Kapitel: „3.3.1 Die Zwerge und das Feuer der Erde" folgende Aussage:

Wenig wissen wir über den „nächtlichen" Prometheus, der als Zwerg in den Kabirenheiligtümern von Athen oder Theben verehrt wurde. Es waren geheime und verschwiegene Mysterien, zu denen nur Eingeweihte Zutritt hatten. Sicher geht der Kult bis in älteste Zeiten zurück. Verwandt mit den Kabiren sind die Daktylen („Däumlinge"), die wir aus unseren Märchen ebenso kennen wie die Zwerge. In alten Zeiten waren sie sehr mächtig, „große Götter", die phallischen Begleiter und Gehilfen der Großen Muttergöttin. Demeter selbst lehrte sie die „Mysterien", weihte sie ein in das Wissen um die Wiedergeburt aus der Großen Mutter. Die Eingeweihten, ebenso wie die Kabiren selber, trugen die spitze oder beutlige Mütze

(die „phrygische Mütze" der Jakobiner), wie heute noch unsere Heinzelmännchen und Gartenzwerge, und einen eisernen Ring am Finger.
<small>(Quelle: http://www.opus-magnum.de/rasche/Prometheus/html/rasche_opus_magnum_kap_3.html)</small>

Sieben Zwerge, die Bergbau betreiben – wenn wir diese Hinweise mit dem römischen Mithras-Kult vergleichen, dann fallen drei Parallelen auf.

    1.) Die „phrygische Zipfelmütze" ist ein typisches Attribut von Mithras.
    2.) Im Mithras-Kult gab es sieben Einweihungsstufen.
    3.) Die Mithras-Heiligtümer waren oft unterirdisch.

Das muss nicht notwendigerweise bedeuten, dass es im Märchen tatsächlich genau um diesen speziellen Kult geht. Möglicherweise handelt es sich auch um einen anderen Kult, der ähnlich organisiert war.
Weiterhin ist in diesem Zusammenhang anzumerken, dass die Mütze ein typisches Zeichen für einen niederen Rang war – im Gegensatz zum Hut, der einen hohen Rang symbolisierte. Die Mütze war das Kennzeichen der „kleinen" und einfachen Leute.

Der erste sprach: „Wer hat auf meinem Stühlchen gesessen?" Der zweite: „Wer hat von meinem Tellerchen gegessen?" Der dritte: „Wer hat von meinem Brötchen genommen?" Der vierte: „Wer hat von meinem Gemüschen gegessen?" Der fünfte: „Wer hat mit meinem Gäbelchen gestochen?" Der sechste: „Wer hat mit meinem Messerchen geschnitten?" Der siebente: „Wer hat aus meinem Becherlein getrunken?" Dann sah sich der erste um und sah, dass auf seinem Bett eine kleine Delle war, da sprach er: „Wer hat in mein Bettchen getreten?" Die anderen kamen gelaufen und riefen: „In meinem hat auch jemand gelegen!" Der siebente aber, als er in sein Bett sah, erblickte Schneewittchen, das lag darin und schlief. Nun rief er die andern, die kamen herbeigelaufen und schrien vor Verwunderung, holten ihre sieben Lichtlein und beleuchteten Schneewittchen. „Ei, du mein Gott! Ei, du mein Gott!" riefen sie, „Was ist das Kind so schön!" Und hatten so große Freude, dass sie es nicht aufweckten, sondern im Bettlein fortschlafen ließen. Der siebente Zwerg aber schlief bei seinen Gesellen, bei jedem eine Stunde, da war die Nacht herum. Als es Morgen war, erwachte Schneewittchen, und wie es die sieben Zwerge sah, erschrak es. Sie waren aber freundlich und fragten: „Wie heißt du?" „Ich heiße Schneewittchen", antwortete es. „Wie bist du in unser Haus gekommen?" sprachen weiter die Zwerge. Da erzählte es ihnen, dass seine Stiefmutter es hätte wollen umbringen lassen, der Jäger hätte ihm aber das Leben geschenkt, und da wär' es gelaufen den ganzen Tag, bis es endlich ihr Häuslein gefunden hätte. Die Zwerge sprachen: „Willst du unsern Haushalt versehen, kochen, betten, waschen, nähen und stricken, und willst du alles ordentlich und reinlich halten, so kannst du bei uns bleiben, und es soll dir an nichts fehlen." „Ja", sagte Schneewittchen, „von Herzen gern!" und blieb bei ihnen. Es hielt ihnen das Haus in Ordnung. Morgens gingen sie in die Berge und suchten Erz und Gold, abends kamen sie wieder, und da musste ihr Essen bereit sein. Den ganzen Tag über war das Mädchen allein; da warnten es die guten Zwerglein und sprachen: „Hüte dich vor deiner Stiefmutter, die wird bald wissen, dass du hier bist; lass ja niemand herein!" Die Königin aber, nachdem sie Schneewittchens Lunge und Leber glaubte gegessen zu haben, dachte nicht anders, als sie wäre wieder die Erste und Allerschönste, trat vor ihren Spiegel und sprach:

„Spieglein, Spieglein an der Wand,
wer ist die Schönste im ganzen Land?"
Da antwortete der Spiegel:
„Frau Königin, Ihr seid die Schönste hier,
aber Schneewittchen über den Bergen
bei den sieben Zwergen
ist noch tausendmal schöner als Ihr."

Da erschrak sie, denn sie wusste, dass der Spiegel keine Unwahrheit sprach, und merkte, dass der Jäger sie betrogen hatte und Schneewittchen noch am Leben war. Und da sann und sann sie aufs neue, wie sie es umbringen wollte; denn so lange sie nicht die Schönste war im ganzen Land, ließ ihr der Neid keine Ruhe.

Die Königin hat versucht, Schneewittchen zu verdrängen, aber dieser Versuch ist fehlgeschlagen. So wird sie noch immer mit der Tatsache konfrontiert, dass sie nicht die „Schönste" ist. Übertragen auf das reale Leben bedeutet das: Solange die innere Stimme bei anderen Menschen überleben kann – solange sie dort eine Heimat findet, wird das Tagesbewusstsein immer wieder darauf hingewiesen, dass es einen höheren Anteil gibt, der ihm haushoch überlegen ist – und der damit die Überlegenheit des Tagesbewusstseins in Frage stellt.
Wenn man die eigene „innere Stimme" nicht zulässt, dann ist natürlich auch die Verdrängung ein „innerer Prozess", der in den meisten Fällen unbewusst abläuft. Wenn man aber in der äußeren Welt auf andere Menschen trifft, die von dieser „inneren Stimme" sprechen, dann kann man das nicht mehr so einfach verdrängen. Indem andere Menschen genau das aussprechen, was man selbst verdrängt hatte, wird das Thema auf die bewusste Ebene gehoben. Nun muss man sich ganz bewusst

damit auseinander setzen. Und das führt in vielen Fällen dazu, dass nun ein äußerer Kampf gegen die Menschen beginnt, die von dieser „inneren Stimme" sprechen. Nehmen wir als Beispiel einen streng gläubigen Menschen an. Dessen „innere Stimme" meldet sich irgendwann und weist ihn auf einen Fehler in seinem Weltbild hin. Doch weil er auf sein Weltbild so furchtbar stolz ist, wird er diese „innere Stimme" verdrängen. Seine Eitelkeit lässt diese „innere Stimme" nicht zu. Wenn nun aber andere Menschen diese „innere Stimme" nicht verdrängen und wenn sie über die Themen sprechen, dann funktioniert der innere Verdrängungsprozess nicht mehr. Viele streng gläubige Menschen entwickeln in dieser Situation einen Hass gegen diese Andersdenkenden und fangen an, sie zu bekämpfen. Der innere Kampf wird nun in der äußeren Welt fortgesetzt.

- Das kann ein geistiger Kampf sein mit Argumenten und Desinformation.
- Das kann ein seelischer Kampf sein, bei dem beispielsweise Ängste geschürt werden.
- Das kann aber auch ein körperlicher Kampf sein, bei dem die Andersdenkenden auf dem Scheiterhaufen landen.

Einen solchen dreifachen Kampf erleben wir nun auch im Märchen von Schneewittchen. Die Königen, die das eitle Tagesbewusstsein versinnbildlicht, versucht auf drei Arten, Schneewittchen zu ermorden.

Der erste eigenhändige Mordversuch:

Und als sie sich endlich etwas ausgedacht hatte, färbte sie sich das Gesicht und kleidete sich wie eine alte Krämerin und war ganz unkenntlich. In dieser Gestalt ging sie über die sieben Berge zu den sieben Zwergen, klopfte an die Türe und rief: „Schöne Ware feil!" Schneewittchen guckte zum Fenster hinaus und rief: „Guten Tag, liebe Frau! Was habt Ihr zu verkaufen?" „Gute Ware", antwortete sie, „Schnürriemen von allen Farben", und holte einen hervor, der aus bunter Seide geflochten war. Die ehrliche Frau kann ich hereinlassen, dachte Schneewittchen, riegelte die Türe auf und kaufte sich den hübschen Schnürriemen. „Kind", sprach die Alte, „wie du aussiehst! Komm, ich will dich einmal ordentlich schnüren." Schneewittchen hatte kein Arg, stellte sich vor sie und ließ sich mit dem neuen Schnürriemen schnüren. Aber die Alte schnürte geschwind und schnürte so fest, dass dem Schneewittchen der Atem verging und es für tot hinfiel. „Nun bist du die Schönste gewesen", sprach sie und eilte hinaus. Nicht lange darauf, zur Abendzeit, kamen die sieben Zwerge nach Haus; aber wie erschraken sie, als sie ihr liebes Schneewittchen auf der Erde liegen sahen, und es regte und bewegte sich nicht, als

wäre es tot. Sie hoben es in die Höhe, und weil sie sahen, dass es zu fest geschnürt war, schnitten sie den Schnürriemen entzwei; da fing es an ein wenig zu atmen und ward nach und nach wieder lebendig. Als die Zwerge hörten, was geschehen war, sprachen sie: „Die alte Krämerfrau war niemand als die gottlose Königin. Hüte dich und lass keinen Menschen herein, wenn wir nicht bei dir sind!"
Das böse Weib aber, als es nach Haus gekommen war, ging vor den Spiegel und fragte:
„Spieglein, Spieglein an der Wand,
wer ist die Schönste im ganzen Land?"
Da antwortete er wie sonst:
„Frau Königin, Ihr seid die Schönste hier,
aber Schneewittchen über den Bergen
bei den sieben Zwergen
ist noch tausendmal schöner als Ihr."
Als sie das hörte, lief ihr alles Blut zum Herzen, so erschrak sie, denn sie sah wohl, dass Schneewittchen wieder lebendig geworden war.

Was hier beschrieben wird, ist schon eine sehr seltsame Methode, um jemanden zu ermorden. Mit Bändern ist es zwar theoretisch möglich, den Brustkorb eines Menschen abzudrücken, so wie es auch manche Würgeschlangen machen. Aber vermutlich würde es niemand ernsthaft auf diese Weise versuchen, denn es gibt viele Methoden, die sehr viel einfacher, schneller und sicherer sind. Auf der symbolischen Ebene fällt jedoch ein bemerkenswertes Detail auf: Es heißt „dass dem Schneewittchen der **Atem** verging und es für tot hinfiel". Der Atem steht für den Geist. Der erste Mordversuch steht also für den Kampf auf der geistigen Ebene.

Der zweite eigenhändige Mordversuch:

„Nun aber", sprach sie, „will ich etwas aussinnen, das dich zugrunde richten soll", und mit Hexenkünsten, die sie verstand, machte sie einen giftigen Kamm. Dann verkleidete sie sich und nahm die Gestalt eines anderen alten Weibes an. So ging sie hin über die sieben Berge zu den sieben Zwergen, klopfte an die Türe und rief: „Gute Ware feil!" Schneewittchen schaute heraus und sprach: „Geht nur weiter, ich darf niemand hereinlassen!" „Das Ansehen wird dir doch erlaubt sein", sprach die Alte, zog den giftigen Kamm heraus und hielt ihn in die Höhe. Da gefiel er dem Kinde so gut, dass es sich betören ließ und die Türe öffnete. Als sie des Kaufs einig waren, sprach die Alte: „Nun will ich dich einmal ordentlich kämmen." Das arme Schneewittchen dachte an nichts, ließ die Alte gewähren, aber kaum hatte sie den Kamm in die Haare gesteckt, als das Gift darin wirkte und das Mädchen

ohne Besinnung niederfiel. „Du Ausbund von Schönheit", sprach das boshafte Weib, „jetzt ist's um dich geschehen", und ging fort. Zum Glück aber war es bald Abend, wo die sieben Zwerglein nach Haus kamen. Als sie Schneewittchen wie tot auf der Erde liegen sahen, hatten sie gleich die Stiefmutter in Verdacht, suchten nach und fanden den giftigen Kamm. Und kaum hatten sie ihn herausgezogen, so kam Schneewittchen wieder zu sich und erzählte, was vorgegangen war. Da warnten sie es noch einmal, auf seiner Hut zu sein und niemand die Türe zu öffnen. Die Königin stellte sich daheim vor den Spiegel und sprach:
„Spieglein, Spieglein an der Wand,
wer ist die Schönste im ganzen Land?"
Da antwortete er wie vorher:
„Frau Königin, Ihr seid die Schönste hier,
aber Schneewittchen über den Bergen
bei den sieben Zwergen
ist noch tausendmal schöner als Ihr."
Als sie den Spiegel so reden hörte, zitterte und bebte sie vor Zorn. „Schneewittchen soll sterben", rief sie, „und wenn es mein eigenes Leben kostet!"

Der zweite Mordversuch ist nicht weniger seltsam. Wie kann Gift über die Haare in den Blutkreislauf gelangen? Aber auch dieser Mordversuch lässt sich über die Symbolik erklären. Die Haare stehen für das Seelische (vgl. Rapunzel), und somit handelt es sich um einen Mord auf der seelischen Ebene.

Der dritte eigenhändige Mordversuch:

Darauf ging sie in eine ganz verborgene, einsame Kammer, wo niemand hinkam, und machte da einen giftigen Apfel. Äußerlich sah er schön aus, weiß mit roten Backen, dass jeder, der ihn erblickte, Lust danach bekam, aber wer ein Stückchen davon aß, der musste sterben. Als der Apfel fertig war, färbte sie sich das Gesicht und verkleidete sich in eine Bauersfrau, und so ging sie über die sieben Berge zu den sieben Zwergen. Sie klopfte an. Schneewittchen streckte den Kopf zum Fenster heraus und sprach: „Ich darf keinen Menschen einlassen, die sieben Zwerge haben mir's verboten!" „Mir auch recht", antwortete die Bäuerin, „meine Äpfel will ich schon loswerden. Da, einen will ich dir schenken." „Nein", sprach Schneewittchen, „ich darf nichts annehmen!" „Fürchtest du dich vor Gift?" sprach die Alte, „siehst du, da schneide ich den Apfel in zwei Teile; den roten Backen iss, den weißen will ich essen." Der Apfel war aber so künstlich gemacht, dass der rote Backen allein vergiftet war. Schneewittchen lusterte den schönen Apfel an, und als es sah, dass die Bäuerin davon aß, so konnte es nicht länger widerstehen, streckte die Hand

hinaus und nahm die giftige Hälfte. Kaum aber hatte es einen Bissen davon im Mund, so fiel es tot zur Erde nieder. Da betrachtete es die Königin mit grausigen Blicken und lachte überlaut und sprach: „Weiß wie Schnee, rot wie Blut, schwarz wie Ebenholz! Diesmal können dich die Zwerge nicht wieder erwecken." Und als sie daheim den Spiegel befragte:
„Spieglein, Spieglein an der Wand,
Wer ist die Schönste im ganzen Land?"
so antwortete er endlich:
„Frau Königin, Ihr seid die Schönste im Land."
Da hatte ihr neidisches Herz Ruhe, so gut ein neidisches Herz Ruhe haben kann.

Das Essen ist eine „körperliche Nahrungsaufnahme", und so symbolisiert dieser Mordversuch die körperliche Ebene. Nachdem der Kampf auf der geistigen und auf der seelischen Ebene nicht das gewünschte Ergebnis gebracht hatte, hat nun der Kampf auf der körperlichen Ebene zum Tod von Schneewittchen geführt.
Der Apfel erinnert an den Baum der Erkenntnis im Paradies, der oft als ein Apfelbaum dargestellt wird. Vermutlich geht jedoch dieser Zusammenhang vom dem Apfel und dem Baum der Erkenntnis auf eine zufällige Namensgleichheit zurück, denn „malus" kann auf Lateinisch „Apfelbaum" heißen, aber auch „böse". Und der Baum im Paradies heißt vollständig „Baum der Erkenntnis des Guten und Bösen" (1. Mose 2,17).

Die Zwerglein, wie sie abends nach Haus kamen, fanden Schneewittchen auf der Erde liegen, und es ging kein Atem mehr aus seinem Mund, und es war tot.

Dem Tagesbewusstsein ist es gelungen, das „höhere Bewusstsein" vollständig zu verdrängen. Das ist natürlich nur ein „Tod" auf Zeit, denn das „höhere Bewusstsein" schläft nur und wartet auf seine Auferstehung.

Sie hoben es auf, suchten, ob sie was Giftiges fänden, schnürten es auf, kämmten ihm die Haare, wuschen es mit Wasser und Wein, aber es half alles nichts; das liebe Kind war tot und blieb tot. Sie legten es auf eine Bahre und setzten sich alle siebene daran und beweinten es und weinten drei Tage lang. Da wollten sie es begraben, aber es sah noch so frisch aus wie ein lebender Mensch und hatte noch seine schönen, roten Backen. Sie sprachen: „Das können wir nicht in die schwarze Erde versenken", und ließen einen durchsichtigen Sarg von Glas machen, dass man es von allen Seiten sehen konnte, legten es hinein und schrieben mit goldenen Buchstaben seinen Namen darauf und dass es eine Königstochter wäre. Dann setzten sie den Sarg hinaus auf den Berg, und einer von ihnen blieb immer dabei und bewachte ihn.

Durch den dreifachen Kampf ist es im Laufe der Jahrhunderte letztendlich doch gelungen, dass die „innere Stimme" auch bei den Einweihungskulten verstummte. Entscheidend war dabei der Kampf auf der körperlichen Ebene – durch Scheiterhaufen und durch andere gewaltsame Maßnahmen (z. B. Albigenserkreuzzug). Aber das Wissen um diese „innere Stimme" konnte trotzdem bis heute in einer ziemlich klaren Form bewahrt werden. Und eigentlich ist es sogar für jeden ganz offen zu sehen. Diese Klarheit und die Tatsache, dass es ganz offen zu sehen ist, werden im Märchen durch einen gläsernen Sarg versinnbildlicht, der auf einem Berg liegt.

Das Wissen um diese „innere Stimme" schläft beispielsweise in den Märchen. Diese Märchen sind allgemein bekannt, und jeder kann sie sehen. **Das Wissen wurde also nicht irgendwo ganz tief in der Erde versteckt, sondern da, wo jeder es sehen kann.** Wir müssen nur das Wissen wieder wecken, das in den Märchen schläft. Damit erwecken wir indirekt auch unsere „innere Stimme".

Und die Tiere kamen auch und beweinten Schneewittchen, erst eine Eule, dann ein Rabe, zuletzt ein Täubchen. Nun lag Schneewittchen lange, lange Zeit in dem Sarg und verweste nicht, sondern sah aus, als wenn es schliefe, denn es war noch so weiß wie Schnee, so rot wie Blut und so schwarzhaarig wie Ebenholz. Es geschah aber, dass ein Königssohn in den Wald geriet und zu dem Zwergenhaus kam, da zu übernachten. Er sah auf dem Berg den Sarg und das schöne Schneewittchen darin und las, was mit goldenen Buchstaben darauf geschrieben war. Da sprach er zu den Zwergen: „Lasst mir den Sarg, ich will euch geben, was ihr dafür haben wollt." Aber die Zwerge antworteten: „Wir geben ihn nicht für alles Gold in der Welt." Da sprach er: „So schenkt mir ihn, denn ich kann nicht leben, ohne Schneewittchen zu sehen, ich will es ehren und hochachten wie mein Liebstes." Wie er so sprach, empfanden die guten Zwerglein Mitleid mit ihm und gaben ihm den Sarg.

Der Königssohn ist jemand, der in sich den Zugang zum „höheren Bewusstsein" sucht. Das, was die „Zwerge" haben, spricht ihn an, und deshalb will er es haben. Die Zwerge sind bereit, es ihm zu geben – aber nicht für Geld, sondern weil es ihm wichtig ist. Der Königssohn bittet also im übertragenen Sinne die „Zwerge" um Einweihung – dass die ihm das geben, was sie bewachen und bewahren.

Der Königssohn ließ ihn nun von seinen Dienern auf den Schultern forttragen. Da geschah es, dass sie über einen Strauch stolperten, und von dem Schüttern fuhr der giftige Apfelgrütz, den Schneewittchen abgebissen hatte, aus dem Hals. Und nicht lange, so öffnete es die Augen, hob den Deckel vom Sarg in die Höhe und richtete sich auf und war wieder lebendig.

Beim „Sucher" erwacht das „höhere Bewusstsein", das durch Schneewittchen symbolisiert wird.

„Ach Gott, wo bin ich?" rief es. Der Königssohn sagte voll Freude: „Du bist bei mir" und erzählte, was sich zugetragen hatte, und sprach: „Ich habe dich lieber als alles auf der Welt; komm mit mir in meines Vaters Schloss, du sollst meine Gemahlin werden." Da war ihm Schneewittchen gut und ging mit ihm, und ihre Hochzeit ward mit großer Pracht und Herrlichkeit angeordnet.

Es kommt zur Vereinigung vom Tagesbewusstsein des „Suchers" mit dem „höheren Bewusstsein".

Zu dem Feste wurde aber auch Schneewittchens gottlose Stiefmutter eingeladen. Wie sie sich nun mit schönen Kleidern angetan hatte, trat sie vor den Spiegel und sprach:

„Spieglein, Spieglein an der Wand,
wer ist die Schönste im ganzen Land?"
Der Spiegel antwortete:
„Frau Königin, Ihr seid die Schönste hier,
aber die junge Königin ist noch tausendmal schöner als ihr."

Da stieß das böse Weib einen Fluch aus, und ward ihr so angst, so angst, dass sie sich nicht zu lassen wusste. Sie wollte zuerst gar nicht auf die Hochzeit kommen, doch ließ es ihr keine Ruhe, sie musste fort und die junge Königin sehen. Und wie sie hineintrat, erkannte sie Schneewittchen und vor Angst und Schrecken stand sie da und konnte sich nicht regen. Aber es waren schon eiserne Pantoffel über Kohlenfeuer gestellt und wurden mit Zangen hereingetragen und vor sie hingestellt. Da musste sie in die rotglühenden Schuhe treten und so lange tanzen, bis sie tot zur Erde fiel.

Das alte, eitle und hasserfüllte Tagesbewusstsein ist untergegangen.

Zum Ende dieser Deutung möchte ich noch auf eine Besonderheit dieses Märchens hinweisen: Es gibt in der Geschichte einerseits sieben Dreiergruppen, und andererseits spielt auch die Sieben dreimal eine besondere Rolle.

Siebenmal drei

	Geist	Seele	Materie / Tagesbewusstsein
der König und seine zwei Frauen	der König	die erste Frau des Königs	die zweite Frau des Königs
die drei Blutstropfen im Schnee	keine direkte Zuordnung		
die Eigenschaften von Schneewittchen	weiß wie Schnee	rot wie Blut	schwarz wie Ebenholz
Organe	Lunge	Herz	Leber
drei eigenhändige Mordversuche durch die Königin	Riemen schnüren die Luft ab	giftiger Kamm im Haar	vergifteter Apfel
drei Tage weinen	keine direkte Zuordnung		
drei Vögel nehmen Abschied	Taube	Rabe	Eule

Die Dreiergruppe der Organe ist nicht so deutlich zu erkennen. Der Jäger soll nach der Tötung Lunge und Leber mitbringen. Das Herz wird erwähnt, als der Jäger „den Hirschfänger gezogen hatte und Schneewittchens unschuldiges Herz durchbohren wollte".

Bei den drei Vögeln ist es offensichtlich, dass die Taube für das Geistige steht. Das entspricht auch der üblichen christlichen Symbolik. Aber die Zuordnung von Rabe und Eule ist nicht ganz so eindeutig, denn beide gelten im traditionellen Volks(aber)glauben als „Totenvögel" – die Eule, weil sie ein Nachtvogel ist, und der Rabe wegen seiner schwarzen Farbe und weil er gelegentlich Aas frisst. Eine Zuordnung zur irdischen Ebene ließe sich also in beiden Fällen begründen. Nachdem sich das Märchen aber sonst sehr klar und deutlich an das Drei-Ebenen-Schema hält, können wir davon ausgehen, dass dieses Schema auch hier anzuwenden ist. Durch die Reihenfolge, in der die drei Vögel genannt werden, haben wir einen ersten Hinweis, dass der Rabe im konkreten Fall für die seelische Ebene steht. Raben haben darüber hinaus auch eine besondere Fähigkeit. Ähnlich wie Papageien können sie lernen, die menschliche Sprache zu imitieren. Diese Fähigkeit, „sprechen" zu können, macht sie gewissermaßen zu Vögeln mit Seele.

Dreimal sieben:

1.) ... und als es sieben Jahre alt war ...
2.) bei den sieben Zwergen (mit allem, was die Zwerge siebenmal haben)
3.) hinter den sieben Bergen

Es ist sehr unwahrscheinlich, dass eine solche Struktur durch Zufall entsteht. Das Märchen ist also in seiner Symbolik regelrecht durchkonstruiert.

Schneeweißchen und Rosenrot

Eine arme Witwe, die lebte einsam in einem Hüttchen, und vor dem Hüttchen war ein Garten, darin standen zwei Rosenbäumchen, davon trug das eine weiße, das andere rote Rosen; und sie hatte zwei Kinder, die glichen den beiden Rosenbäumchen, und das eine hieß Schneeweißchen, das andere Rosenrot.

Die Rose ist ein Symbol für das Geistige, Geheime und Esoterische. Wenn es heißt, dass die beiden Kinder den Rosenbäumchen gleichen, dann können wir die beiden als ein Gleichnis für zwei esoterischen Dinge interpretieren, die mit den Farben Rot und Weiß beschrieben werden.
Der Name Schneeweißchen erinnert ganz spontan an Schneewittchen. Dort begegnete uns bereits die Farbsymbolik „weiß wie Schnee, rot wie Blut, schwarz wie Ebenholz" (Weiß = Geist, Rot = Seele, Schwarz = Körper/Materie). Nach diesem Farbschema kann man Schneeweißchen als eine Allegorie für das Geistige interpretieren und Rosenrot entsprechend als eine Allegorie für das Seelische. Der Garten und die Mutter weisen symbolisch auf die mittlere/seelische Ebene hin. Auch die spätere Charakterisierung der beiden Mädchen bestätigt diese Annahme. Es handelt sich also bei Schneeweißchen und Rosenrot um den geistigen und seelischen Anteil auf der seelischen Ebene – um die Vernunftsseele und die Empfindungsseele.

Sie waren aber so fromm und gut, so arbeitsam und unverdrossen, als je zwei Kinder auf der Welt gewesen sind: Schneeweißchen war nur stiller und sanfter als Rosenrot. Rosenrot sprang lieber in den Wiesen und Feldern umher, suchte Blumen und fing Sommervögel;

Hier wird die Lebhaftigkeit der Empfindungsseele betont, wohingegen die Vernunftsseele deutlich „stiller" und „sanfter" ist.

Schneeweißchen aber saß daheim bei der Mutter, half ihr im Hauswesen oder las ihr vor, wenn nichts zu tun war. Die beiden Kinder hatten einander so lieb, dass sie sich immer an den Händen fassten, sooft sie zusammen ausgingen; und wenn Schneeweißchen sagte: „Wir wollen uns nicht verlassen", so antwortete Rosenrot: „Solange wir leben, nicht", und die Mutter setzte hinzu: „Was das eine hat, soll's mit dem andern teilen."

Vernunftsseele und Empfindungsseele bilden eine Einheit. Sie sind miteinander verbunden. Die Aussage „Wir werden uns nicht verlassen, solange wir leben" könnte man auch umstellen: „Solange wir uns nicht verlassen, werden wir leben." Genau darum geht es nämlich. Das bewusste Leben setzt voraus, dass diese Einheit der beiden Seelenanteile besteht und dass diese Einheit im Gleichgewicht ist.

Oft liefen sie im Walde allein umher und sammelten rote Beeren, aber kein Tier tat ihnen etwas zuleid, sondern sie kamen vertraulich herbei: das Häschen fraß ein Kohlblatt aus ihren Händen, das Reh graste an ihrer Seite, der Hirsch sprang ganz lustig vorbei, und die Vögel blieben auf den Ästen sitzen und sangen, was sie nur wussten.

Sie sammelten im Wald rote Beeren. Wenn man die Symbolik übersetzt, dann sammelten sie in der Materie (= im Wald) seelische (= rote) Nahrung.
Es geht bei diesem Absatz nicht nur um eine „paradiesische" Einheit mit den Tieren in der Natur, sondern die Tiere haben darüber hinaus auch eine symbolische Bedeutung:

- Der wehrlose Hase versinnbildlicht den nur auf Gott vertrauenden Menschen, und darüber hinaus ist er auch ein typisches Fruchtbarkeitssymbol.

- Das Reh gilt als scheues Tier.

- Das Geweih des Hirsches erneuert sich regelmäßig, und so steht der Hirsch für die Wiedergeburt und für das Leben, das sich immer wieder verjüngt. Bei den Kelten galten Hirsche als Mittler zwischen der Welt der Götter und der Welt der Menschen.

- Die Vögel als Tiere der Luft versinnbildlichen das „Geistige". Wenn es heißt, dass die Vögel sangen, was sie nur wussten, so bedeutet das, dass das Geistige in der Natur zu den beiden sprach.

Die scheuen Wesen der Natur entziehen sich den beiden Mädchen nicht, sondern zeigen sich und teilen sich mit. Wir können die Symbolik so interpretieren: Das Wesen der Natur offenbart sich in diesem Zustand, wenn Vernunftsseele und Empfindungsseele eine Einheit bilden und gemeinsam wirken.

Kein Unfall traf sie – wenn sie sich im Walde verspätet hatten und die Nacht sie überfiel, so legten sie sich nebeneinander auf das Moos und schliefen, bis der Morgen kam, und die Mutter wusste das und hatte ihretwegen keine Sorge. Einmal, als sie im Walde übernachtet hatten und das Morgenrot sie aufweckte, da sahen sie ein schönes Kind in einem weißen, glänzenden Kleidchen neben ihrem Lager sitzen. Es stand auf und blickte sie ganz freundlich an, sprach aber nichts und ging in den Wald hinein. Und als sie sich umsahen, so hatten sie ganz nahe bei einem Abgrunde geschlafen und wären gewiss hineingefallen, wenn sie in der Dunkelheit noch ein paar Schritte weitergegangen wären. Die Mutter aber sagte ihnen, das müsste der Engel gewesen sein, der gute Kinder bewache.

Dieser Teil versinnbildlicht das Gottvertrauen und die göttliche bzw. geistige Führung. Nachdem der vorangegangene Absatz die Verbindung zur Natur bzw. zur materiellen Welt beschrieben hatte, betont dieser Absatz die Verbindung zur geistigen Welt.

Schneeweißchen und Rosenrot hielten das Hüttchen der Mutter so reinlich, dass es eine Freude war hineinzuschauen. Im Sommer besorgte Rosenrot das Haus und stellte der Mutter jeden Morgen, ehe sie aufwachte, einen Blumenstrauß vors Bett, darin war von jedem Bäumchen eine Rose. Im Winter zündete Schneeweißchen das Feuer an und hing den Kessel an den Feuerhaken, und der Kessel war von Messing, glänzte aber wie Gold, so rein war er gescheuert.

Hier wird eine zyklische Aufgabenverteilung beschrieben. Es gibt Zeiten, zu denen die Empfindungsseele wirkt, und zu anderen Zeiten sorgt die Vernunftsseele für das „Feuer".
Im Sommer geht man hinaus in die Natur und im Winter zieht man sich zurück in die Wohnung. Über die Jahreszeiten wird hier angedeutet, dass die Empfindungsseele extrovertiert ist (= nach außen gerichtet) und die Vernunftsseele introvertiert (= nach innen gerichtet). Diese Außenorientierung ist auch beim Wort „Emotion" zu erkennen, denn es bedeutet in der wörtlichen Übersetzung „Herausbewegung". Die Innenorientierung wird hingegen betont, wenn man umgangssprachlich von jemandem sagt, dass er im „stillen Kämmerlein" nachdenkt. Und der „kühle Denker" passt wiederum zur Symbolik des Winters.

Die Polarität der beiden Mädchen:

Rosenrot	Schneeweißchen
Empfindungsseele	Vernunftsseele
rot	weiß
lebhaft	still
Sommer	Winter
nach außen gerichtet	nach innen gerichtet

Abends, wenn die Flocken fielen, sagte die Mutter: „Geh, Schneeweißchen, und schieb den Riegel vor", und dann setzten sie sich an den Herd, und die Mutter nahm die Brille und las aus einem großen Buche vor und die beiden Mädchen hörten zu, saßen und spannen; neben ihnen lag ein Lämmchen auf dem Boden, und hinter ihnen auf einer Stange saß ein weißes Täubchen und hatte seinen Kopf unter den Flügel gesteckt. Eines Abends, als sie so vertraulich beisammen saßen, klopfte jemand an die Türe, als wollte er eingelassen sein. Die Mutter sprach: „Geschwind, Rosenrot, mach auf, es wird ein Wanderer sein, der Obdach sucht."

Während Schneeweißchen den Riegel schließt, öffnet Rosenrot den Riegel. Es ist ein weiteres Beispiel für die Innen- und Außenorientierung der beiden Mädchen.

Rosenrot ging und schob den Riegel weg und dachte, es wäre ein armer Mann, aber der war es nicht, es war ein Bär, der seinen dicken schwarzen Kopf zur Türe hereinstreckte. Rosenrot schrie laut und sprang zurück: das Lämmchen blökte, das Täubchen flatterte auf, und Schneeweißchen versteckte sich hinter der Mutter Bett.

Die symbolische Bedeutung eines Bären kann sehr vielfältig sein, zumeist sind es jedoch die folgenden Eigenschaften, die durch den Bären versinnbildlicht werden: körperliche Masse, Kraft, Gemütlichkeit, Tapsigkeit und Instinkt. Aus dem Gesamtzusammenhang des Märchens könnte man seine Rolle so charakterisieren: Der Bär steht für einen Anteil des Bewusstseins, der über seine Intuition einerseits Zugang zur seelischen Ebene hat (also zu den beiden Schwestern), der aber andererseits auch Materie-orientiert ist. Er versinnbildlicht also ein „intuitives Körperbewusstsein".

Einige Wahrsage- und Aufspürtechniken basieren auf diesem „intuitiven Körperbewusstsein", z. B. das Auspendeln. Es sind Techniken, die das verstärken und sichtbar machen, was der Körper intuitiv weiß. Dieses „intuitive Körperbewusstsein" kann man auch in manchen Situationen spüren, wenn der Körper ganz deutlich und spontan auf ein Thema reagiert, beispielsweise

- durch ein Kribbeln auf der Haut, so als sei man elektrisiert,
- durch ein Aufstellen der Haare an den Unterarmen oder
- durch eine Welle, die den Körper regelrecht durchläuft.

Durch solche Reaktionen macht uns unser Körper auf etwas aufmerksam – auf etwas, das IN UNS verborgen ist und durch dieses Thema angesprochen wurde.

Der Bär aber fing an zu sprechen und sagte: „Fürchtet euch nicht, ich tue euch nichts zuleid, ich bin halb erfroren und will mich nur ein wenig bei euch wärmen." „Du armer Bär", sprach die Mutter, „leg dich ans Feuer und gib nur acht, dass dir dein Pelz nicht brennt." Dann rief sie: „Schneeweißchen, Rosenrot, kommt hervor, der Bär tut euch nichts, er meint's ehrlich." Da kamen sie beide heran, und nach und nach näherten sich auch das Lämmchen und Täubchen und hatten keine Furcht vor ihm. Der Bär sprach: „Ihr Kinder, klopft mir den Schnee ein wenig aus dem Pelzwerk", und sie holten den Besen und kehrten dem Bär das Fell rein; er aber streckte sich ans Feuer und brummte ganz vergnügt und behaglich. Nicht lange, so wurden sie ganz vertraut und trieben Mutwillen mit dem unbeholfenen Gast. Sie zausten ihm das Fell mit den Händen, setzten ihre Füßchen auf seinen Rücken und walgerten ihn hin und her, oder sie nahmen eine Haselrute und schlugen auf ihn los, und wenn er brummte, so lachten sie. Der Bär ließ sich's aber gerne gefallen, nur wenn sie's gar zu arg machten, rief er: „Lasst mich am Leben, ihr Kinder. Schneeweißchen, Rosenrot,
schlägst dir den Freier tot."

Nun bilden Schneeweißchen, Rosenrot und Bär eine Einheit mit drei Anteilen:

Schneeweißchen	Weiß	Element Luft	Vernunftsseele
Rosenrot	Rot	Element Wasser	Empfindungsseele
Bär	Schwarz	Element Erde	intuitives Körperbewusstsein

Die Art und Weise, wie die beiden Mädchen mit dem Bären umgehen, steht im übertragenen Sinne für den Umgang der Seele mit dem Körper. Die Seele kann sich an der Körperlichkeit erfreuen, aber zu viel Übermut kann dem Körper auch schaden.

Als Schlafenszeit war und die andern zu Bett gingen, sagte die Mutter zu dem Bär: „Du kannst in Gottes Namen da am Herde liegen bleiben, so bist du vor der Kälte und dem bösen Wetter geschützt." Sobald der Tag graute, ließen ihn die beiden Kinder hinaus, und er trabte über den Schnee in den Wald hinein. Von nun an kam der Bär jeden Abend zu der bestimmten Stunde, legte sich an den Herd und erlaubte den Kindern, Kurzweil mit ihm zu treiben, soviel sie wollten; und sie waren so gewöhnt an ihn, dass die Türe nicht eher zugeriegelt ward, als bis der schwarze Gesell angelangt war.

Als das Frühjahr herangekommen und draußen alles grün war, sagte der Bär eines Morgens zu Schneeweißchen: „Nun muss ich fort und darf den ganzen Sommer nicht wiederkommen." „Wo gehst du denn hin, lieber Bär?" fragte Schneeweißchen. „Ich muss in den Wald und meine Schätze vor den bösen Zwergen hüten: im Winter, wenn die Erde hartgefroren ist, müssen sie wohl unten bleiben und können sich nicht durcharbeiten, aber jetzt, wenn die Sonne die Erde aufgetaut und erwärmt hat, da brechen sie durch, steigen herauf, suchen und stehlen; was einmal in ihren Händen ist und in ihren Höhlen liegt, das kommt so leicht nicht wieder an des Tages Licht." Schneeweißchen war ganz traurig über den Abschied, und als es ihm die Türe aufriegelte und der Bär sich hinausdrängte, blieb er an dem Türhaken hängen, und ein Stück seiner Haut riss auf, und da war es Schneeweißchen, als hätte es Gold durchschimmern gesehen; aber es war seiner Sache nicht gewiss. Der Bär lief eilig fort und war bald hinter den Bäumen verschwunden.

Der Bär will zurück in den Wald, um seinen „Besitz" zu beschützen. Auf der materiellen Ebene gibt es noch ein anderes Bewusstsein – unser analytisch denkendes Tagesbewusstsein, das manche Ideen und Erkenntnisse gerne für sich vereinnahmt. Diese Eigenschaft wird hier im Märchen durch die bösen Zwerge versinnbildlicht. Diese Deutung der bösen Zwerge unterscheidet sich also ganz deutlich von den guten Zwergen, die uns bei Schneewittchen begegnen. Es sind zwei ganz unterschiedliche Arten, wie man mit der „inneren Stimme" umgehen kann: Die guten Zwerge geben der „inneren Stimme" eine Heimat, und die bösen Zwerge vereinnahmen die intuitiven Ideen und Erkenntnisse für sich.

Je **kühler** und analytischer unser Tagesbewusstsein denkt, umso weniger gelangt es an die Schätze der Intuition. Im Märchen wird das so versinnbildlicht, dass die Zwerge im Winter nicht an die Schätze des Bären gelangen. Das ändert sich jedoch, wenn die Sonne der Inspiration wieder stärker scheint. Dann kann das Tagesbewusstsein der Intuition etwas mehr abluchsen.

Das Gold, das beim Bären durch die aufgerissene Haut schimmert, deutet an, dass bei diesem Bewusstsein etwas „Edles" hinter der groben und tierhaften Fassade steckt. Im intuitiven Körperbewusstsein begegnet uns eine „höhere Kraft".

Nach einiger Zeit schickte die Mutter die Kinder in den Wald, Reisig zu sammeln. Da fanden sie draußen einen großen Baum, der lag gefällt auf dem Boden, und an dem Stamme sprang zwischen dem Gras etwas auf und ab, sie konnten aber nicht unterscheiden, was es war. Als sie näher kamen, sahen sie einen Zwerg mit einem alten, verwelkten Gesicht und einem ellenlangen, schneeweißen Bart. Das Ende des Bartes war in eine Spalte des Baums eingeklemmt, und der Kleine sprang hin und her wie ein Hündchen an einem Seil und wusste nicht, wie er sich helfen sollte. Er glotzte die Mädchen mit seinen roten feurigen Augen an und schrie. „Was steht ihr da! Könnt ihr nicht herbeigehen und mir Beistand leisten?" „Was hast du angefangen, kleines Männchen?" fragte Rosenrot. „Dumme, neugierige Gans", antwortete der Zwerg, „den Baum habe ich mir spalten wollen, um kleines Holz in der Küche zu haben; bei den dicken Klötzen verbrennt gleich das bisschen Speise, das unsereiner braucht, der nicht so viel hinunterschlingt als ihr grobes, gieriges Volk. Ich hatte den Keil schon glücklich hineingetrieben, und es wäre alles nach Wunsch gegangen, aber das verwünschte Holz war zu glatt und sprang unversehens heraus, und der Baum fuhr so geschwind zusammen, dass ich meinen schönen weißen Bart nicht mehr herausziehen konnte; nun steckt er drin, und ich kann nicht fort. Da lachen die albernen glatten Milchgesichter! Pfui, was seid ihr garstig!"

Der Zwerg im Wald steht hier für das „kleine", ausschließlich analytisch denkende Tagesbewusstsein des Menschen. Mit unserem analytischen Verstand untersuchen wir die Welt, indem wir sie in kleine Teile „zerlegen". Dieses wird versinnbildlicht durch den Zwerg, der „Holz" spalten will. Er zerlegt mit seinem „analytischen" Verstand die Materie. Und dabei ist er mit seinem Bart im Holz bzw. in der Materie hängen geblieben.

So, wie Schneeweißchen und Rosenrot eine Polarität darstellen, so sind auch Bär und Zwerg zwei polare Bewusstseinsanteile:

Bär	Zwerg
intuitives Körperbewusstsein	analytisch denkendes Tagesbewusstsein
gutmütig	zornig

Beide Anteile sind Materie-orientiert, jedoch auf eine unterschiedliche Weise. Der Bär ist eher der Empfindungsanteil auf der materiellen Ebene, während der Zwerg den Verstandesanteil symbolisiert. Es ist also eine ganz ähnliche Aufteilung wie bei den beiden Mädchen, doch während diese eine Einheit bilden, arbeiten Zwerg und Bär gegeneinander. Über die Mädchen hieß es: „*Was das eine hat, soll's mit* dem andern teilen." Genau das funktioniert zwischen Bär und Zwerg nicht: Der Zwerg vereinnahmt alles für sich.

Die Kinder gaben sich alle Mühe, aber sie konnten den Bart nicht herausziehen, er steckte zu fest. „Ich will laufen und Leute herbeiholen", sagte Rosenrot. „Wahnsinnige Schafsköpfe", schnarrte der Zwerg, „wer wird gleich Leute herbeirufen, ihr seid mir schon um zwei zu viel; fällt euch nicht Besseres ein?" „Sei nur nicht ungeduldig", sagte Schneeweißchen, „ich will schon Rat schaffen", holte sein Scherchen aus der Tasche und schnitt das Ende des Bartes ab. Sobald der Zwerg sich frei fühlte, griff er nach einem Sack, der zwischen den Wurzeln des Baums steckte und mit Gold gefüllt war, hob ihn heraus und brummte vor sich hin: „Ungehobeltes Volk, schneidet mir ein Stück von meinem stolzen Barte ab! Lohn's euch der Kuckuck!"

Der Bart ist ein Symbol für Würde und Stolz. Der Zwerg – unser analytisch denkendes Tagesbewusstsein – ist nun zwar befreit, aber sein Stolz wurde beschädigt. Der Zwerg gleicht einem Menschen, der auf der Suche nach Erkenntnis viel Material angesammelt hat. Er ist stolz auf all die Dinge, die er angesammelt hat, aber gleichzeitig steckt er auch in all den Dingen fest. Wenn er nun durch die seelische Kraft von dieser Fixierung gelöst wird, dann verliert er auch etwas von den Dingen, auf die er stolz ist. In gewisser Weise ist es ein „Gesichtsverlust".

Damit schwang er seinen Sack auf den Rücken und ging fort, ohne die Kinder nur noch einmal anzusehen. Einige Zeit danach wollten Schneeweißchen und Rosenrot ein Gericht Fische angeln. Als sie nahe bei dem Bach waren, sahen sie, dass etwas wie eine große Heuschrecke nach dem Wasser zuhüpfte, als wollte es hineinspringen. Sie liefen heran und erkannten den Zwerg. „Wo willst du hin?" sagte Rosenrot. „Du willst doch nicht ins Wasser?" „Solch ein Narr bin ich nicht", schrie der Zwerg. „Seht ihr nicht, der verwünschte Fisch will mich hineinziehen?" Der Kleine hatte dagesessen und geangelt, und unglücklicherweise hatte der Wind seinen Bart mit der Angelschnur verflochten; als gleich darauf ein großer Fisch anbiss, fehlten dem schwachen Geschöpf die Kräfte, ihn herauszuziehen: der Fisch behielt die Oberhand und riss den Zwerg zu sich hin. Zwar hielt er sich an allen Halmen und Binsen, aber das half nicht viel, er musste den Bewegungen des Fisches folgen und war in beständiger Gefahr, ins Wasser gezogen zu werden. Die Mädchen kamen zu rechter Zeit, hielten ihn fest und versuchten, den Bart von der Schnur loszumachen, aber vergebens, Bart und Schnur waren fest ineinander verwirrt. Es blieb nichts übrig, als das Scherchen hervorzuholen und den Bart abzuschneiden, wobei ein kleiner Teil desselben verlorenging. Als der Zwerg das sah, schrie er sie an: "Ist das Manier, ihr Lorche, einem das Gesicht zu schänden? Nicht genug, dass ihr mir den Bart unten abgestutzt habt, jetzt schneidet ihr mir den besten Teil davon ab: Ich darf mich vor den Meinigen gar nicht sehen lassen. Dass ihr laufen müsstet und die Schuhsohlen verloren hättet!" Dann holte er einen Sack Perlen, der im Schilfe lag, und ohne ein Wort weiter zu sagen, schleppte er ihn fort und verschwand hinter einem Stein.

Während es beim Holz um materielle Verstrickungen ging, steht das Wasser für das Seelische. Auch auf der seelischen Ebene ist der Zwerg gebunden. Es geht um emotionale Fixierungen. Und auch hier wird durch die Befreiung sein Stolz beschädigt.

Es trug sich zu, dass bald hernach die Mutter die beiden Mädchen nach der Stadt schickte, Zwirn, Nadeln, Schnüre und Bänder einzukaufen. Der Weg führte sie über eine Heide, auf der hier und da mächtige Felsenstücke zerstreut lagen. Da sahen sie einen großen Vogel in der Luft schweben, der langsam über ihnen kreiste, sich immer tiefer herabsenkte und endlich nicht weit bei einem Felsen niederstieß. Gleich darauf hörten sie einen durchdringenden, jämmerlichen Schrei. Sie liefen herzu und sahen mit Schrecken, dass der Adler ihren alten Bekannten, den Zwerg, gepackt hatte und ihn forttragen wollte. Die mitleidigen Kinder hielten gleich das Männchen fest und zerrten sich so lange mit dem Adler herum, bis er seine Beute fahren ließ. Als der Zwerg sich von dem ersten Schrecken erholt hatte, schrie er mit einer kreischenden Stimme: "Konntet ihr nicht säuberlicher mit mir umgehen? Gerissen habt ihr an meinem dünnen Röckchen, dass es überall zerfetzt und durchlöchert ist, unbeholfenes und läppisches Gesindel, das ihr seid!"
Dann nahm er einen Sack mit Edelsteinen und schlüpfte wieder unter den Felsen in seine Höhle. Die Mädchen waren an seinen Undank schon gewöhnt, setzten ihren Weg fort und verrichteten ihr Geschäft in der Stadt.

Der Vogel als ein Tier der Luft steht hier für das Geistige. Der Zwerg wird also diesmal auf einer geistigen Ebene befreit. Auf der geistigen Ebene können wir beispielsweise durch Vorurteile, Denkblockaden und Fremdbestimmungen gefangen sein.

Bei den drei Befreiungen kann man deutlich die drei Ebenen Materie-Seele-Geist erkennen:

1. Befreiung	Holz	Materie	Element Erde
2. Befreiung	Fisch	Seele	Element Wasser
3. Befreiung	Vogel	Geist	Element Luft

Der Zwerg ist nun auf dreifache Weise befreit:

1. von seiner Materie-Fixierung
2. von seinen seelischen Verstrickungen
3. von seinen Vorurteilen, Denkblockaden und Fremdbestimmungen

Aus all diesen Erfahrungen hat er etwas „Erkenntnis" mitgenommen:

1. ein Sack mit Gold
2. ein Sack mit Perlen
3. ein Sack mit Edelsteinen

Aber beim dritten Erlebnis hat er noch etwas mitgenommen: sein durchlöchertes Röckchen. So, wie die Kleidung Kälte und Regen abhält, so gibt es auch einen „Vorhang", der das Geistige von uns abhält. Wenn aber diese Schicht löchrig wird, kann das Geistige zu uns vordringen.

Als sie beim Heimweg wieder auf die Heide kamen, überraschten sie den Zwerg, der auf einem reinlichen Plätzchen seinen Sack mit Edelsteinen ausgeschüttet und nicht gedacht hatte, dass so spät noch jemand daherkommen würde. Die Abendsonne schien über die glänzenden Steine, sie schimmerten und leuchteten so prächtig in allen Farben, dass die Kinder stehenblieben und sie betrachteten. „Was steht ihr da und habt Maulaffen feil!" schrie der Zwerg, und sein aschgraues Gesicht ward zinnoberrot vor Zorn. Er wollte mit seinen Scheltworten fortfahren, als sich ein lautes Brummen hören ließ und ein schwarzer Bär aus dem Walde herbeitrabte. Erschrocken sprang der Zwerg auf, aber er konnte nicht mehr zu seinem Schlupfwinkel gelangen, der Bär war schon in seiner Nähe. Da rief er in Herzensangst: „Lieber Herr Bär, verschont mich, ich will Euch alle meine Schätze geben, sehet, die schönen Edelsteine, die da liegen. Schenkt mir das Leben, was habt Ihr an mir kleinen, schmächtigen Kerl? Ihr spürt mich nicht zwischen den Zähnen; da, die beiden gottlosen Mädchen packt, das sind für Euch zarte Bissen, fett wie junge Wachteln, die fresst in Gottes Namen."

Der analytisch denkende Verstand versucht sich zu behaupten, indem er seine Schätze bzw. Erkenntnisse anbietet.

Der Bär kümmerte sich um seine Worte nicht, gab dem boshaften Geschöpf einen einzigen Schlag mit der Tatze, und es regte sich nicht mehr. Die Mädchen waren fortgesprungen, aber der Bär rief ihnen nach: „Schneeweißchen und Rosenrot, fürchtet euch nicht, wartet, ich will mit euch gehen." Da erkannten sie seine Stimme und blieben stehen, und als der Bär bei ihnen war, fiel plötzlich die Bärenhaut ab, und er stand da als ein schöner Mann und war ganz in Gold gekleidet. *„Ich bin eines Königs Sohn",* sprach er, *„und war von dem gottlosen Zwerg, der mir meine Schätze gestohlen hatte, verwünscht, als ein wilder Bär in dem Walde zu laufen, bis ich durch seinen Tod erlöst würde. Jetzt hat er seine wohlverdiente Strafe empfangen."* Schneeweißchen ward mit ihm vermählt und Rosenrot mit seinem Bruder, und sie teilten die großen Schätze miteinander, die der Zwerg in seiner Höhle zusammengetragen hatte.

Nun sind Bär und Zwerg verschwunden. Übrig bleibt ein Königssohn, der von seinem Wesen dem Bären entspricht und der mit seiner Frau die Schätze des Zwergs nutzt.

Der Tod des Zwergs sollte nicht als ein vollständiges Absterben des analytischen Denkens verstanden werden. Das wäre sogar absolut kontraproduktiv. Was unser analytisch denkendes Tagesbewusstsein zusammenträgt, das hat durchaus seinen Sinn und seinen Wert. Und es wäre ziemlich tragisch, wenn wir auf diese Schätze verzichten müssten. Das Problem entsteht nur,

- wenn der Verstand diese Dinge für sich vereinnahmt,
- wenn er sie als sein Werk empfindet,
- wenn er sie für seinen Besitz hält,
- wenn er den intuitiven Anteil verdrängt, leugnet und ignoriert
- und wenn er die Intuition und Inspiration nicht mehr zulässt.

Was in uns absterben soll, das ist nicht das analytische Denken, sondern das sind diese Eigenschaften des Zwerges. Denn nicht das analytische Denken ist das eigentliche Problem, sondern diese **ausschließliche Fixierung** auf das analytische Denken und die materielle Sichtweise.

Im Kapitel „Über den Autor und die Entstehung des Buches" habe ich geschrieben: *„Wie man auf eine Idee kommt und wie man sie später rational begründen kann – das sind mitunter zwei ganz verschiedene Wege."* Das eine ist der Weg über die Intuition und die Inspiration – also der Weg des Bären. Und das andere ist der analytisch-rationale Weg – der Weg des Zwerges. Hätte ich dieses Kapitel weggelassen, dann hätte mein analytisches Denken in diesem Buch die Ergebnisse komplett für sich vereinnahmt. Dann hätte es die Ergebnisse als sein Werk präsentiert – so, als wären diese Ergebnisse einzig und allein durch rationale Überlegungen entstanden. Sicherlich hätte das Buch dann für einen rational denkenden Leser „seriöser" gewirkt. Aber es wäre auch unehrlicher gewesen.

Im Märchen wird der Bruder des Königs leider nicht näher beschrieben. So lassen sich seine Rolle und seine Symbolik auch nicht präzise deuten. Es fällt jedoch auf, dass der rückverwandelte intuitive „Bärenanteil" den vernünftigen Seelenanteil heiratet – also gewissermaßen über Kreuz. Dementsprechend würde ein rationaler und irdischer Bewusstseinsanteil gegenpolar zum emotionalen Seelenanteil passen. Das wäre ein Anteil, der in seiner Denkweise etwa dem Zwerg entspräche, der aber natürlich nicht mehr dessen vereinnahmendes und garstiges Wesen hätte.

Die alte Mutter lebte noch lange Jahre ruhig und glücklich bei ihren Kindern. Die zwei Rosenbäumchen aber nahm sie mit, und sie standen vor ihrem Fenster und trugen jedes Jahr die schönsten Rosen, weiß und rot.

Weitere Märchen und Fantasyfilme zum Üben der Symbolsprache

In den Märchen „Rapunzel", „Schneewittchen" und „Dornröschen" wurde unser höherer Seelenanteil jeweils als ein Mädchen personifiziert. In jedem von uns steckt so ein Dornröschen oder Schneewittchen, das darauf wartet, wieder aufgeweckt zu werden. In jedem von uns steckt so ein Rapunzel, das in einen Bereich verbannt wurde, der für uns fast unerreichbar ist. In jedem von uns liegt dieser höhere Seelenanteil begraben und wartet auf seine Auferstehung.
Und in jedem von uns steckt auch ein Aschenputtel, das kaum beachtet wird und das erkannt werden will. Das Märchen „Aschenputtel" verwendet sehr viele Motive, die wir bereits bei den anderen Märcheninterpretationen kennengelernt haben. Und deshalb ist es für den Leser besonders gut geeignet, um diesen esoterisch-symbolischen Deutungsansatz nun selbst einmal auszuprobieren – in der Art und Weise, wie ich es in den einleitenden Kapiteln dieses Buches beschrieben habe. Im konkreten Fall bei Aschenputtel ist es sehr wichtig, tatsächlich den Text der Brüder Grimm zu verwenden. In der populären Märchenverfilmung „Drei Nüsse für Aschenbrödel" fehlen nämlich einige ganz wichtige Details: Der Königssohn im Märchen muss das unscheinbare Aschenputtel selbst finden. Solange er darauf wartet, dass sein Vater für ihn das „Vogelhaus" und den „Baum" zerlegt, gelingt es ihm nicht.
Die typischen Motive der Symbolsprache sind aber auch in sehr vielen Fantasy- und Märchenfilmen enthalten. Die folgende Liste enthält einige Filme, die sich über weite Strecken der Symbolsprache bedienen und zum Einüben der Symbolsprache geeignet sind.

DEFA-Verfilmungen:

- Der Froschkönig (DDR 1987, Walter Beck)
- Das singende, klingende Bäumchen (DDR 1957, Francesco Stefani)
- Dornröschen (DDR 1971, Walter Beck)

Die DEFA-Verfilmung des „Froschkönigs" weicht in einigen Punkten ganz deutlich von der bekannten Fassung ab. Im Film gibt es beispielsweise noch einen ganz wichtigen und umfangreichen Teil zwischen der Rückwandlung des Froschkönigs und der Hochzeit, der in den üblichen Märchenbüchern fehlt. Interessanterweise kann man in einer älteren und kommentierten Fassung der Grimmschen Märchen tatsächlich Hinweise auf diesen Teil finden.

Andere Märchenfilme:

- Der Furchtlose (Tschechoslowakei 1988, Julius Matula)
- Die verzauberte Anicka (Tschechoslowakei 1993, Ales V. Horal)
- Der Salzprinz (Tschechoslowakei 1982, Martin Holly)
- Das Zauberbildnis (Russland/China 1997, Gennadi Wassilijew)
- Der Prinz und der Abendstern (Tschechoslowakei 1979, Vaclav Vorlicek)
- Vom tapferen Schmied (Tschechoslowakei 1983, Petr Sveda)
- Die Seekönigin (Deutschland/Tschechien 1997, Vaclav Vorlicek)
- Das Schloss hinterm Regenbogen (Rumänien 1970, Elisabeta Bostan)
- Das Zauberkorn (Sowjetunion 1946, Fyodor Filippov, Valentin Kadochnikov)
- Die Schneekönigin (unterschiedliche Verfilmungen nach Hans Christian Andersen)

Fantasyfilme:

- Der Tag des Falken (USA 1985, Richard Donner)
- Dinotopia (USA/Großbritannien/Deutschland 2002, Marco Brambilla)
- Hinter dem Horizont (USA 1998, Vincent Ward)
- Der dunkle Kristall (USA/Großbritannien 1982, Jim Henson, Frank Oz)
- Jagd auf den Schatz der Riesen (USA 2001, Brian Henson)
- Matrix (Teil 1) (USA 1999, Larry und Andy Wachowski)
- Momo (Bundesrepublik Deutschland 1986, Johannes Schaaf)

- Die unendliche Geschichte – Teil 1 (Bundesrepublik Deutschland 1984, Wolfgang Petersen)
- Die unendliche Geschichte – Teil 2 (Deutschland 1990, George Miller)
- Always (USA 1989, Steven Spielberg; wenig Symbolik, trotzdem sehr interessant)

Theater bzw. Oper:

- Faust I + II (Goethe)
- Die Zauberflöte (Mozart)

Im Zusammenhang mit der esoterischen Deutung von Märchen, Mythen und Fantasyfilmen wurde ich im Laufe der letzten Jahre immer wieder auf J. R. R. Tolkiens „Herrn der Ringe" angesprochen. Dessen Verfilmung ist ganz unbestritten ein beeindruckendes Meisterwerk, aber für eine esoterische Interpretation ist der Stoff leider ziemlich ungeeignet. Es gibt bestenfalls Einzelmotive, die man deuten oder wiedererkennen kann. Der Film und auch die Romanvorlage verwenden zwar etliche Motive aus der nordischen Mythologie und es gibt auch Anklänge an den „Ring der Nibelungen", aber auf der symbolischen Ebene transportiert der Film keinerlei esoterisches Wissen. Das Gut-böse-Schema bleibt eindimensional, und wenn es überhaupt so etwas wie eine Botschaft gibt, dann ist es diese: „Widerstehe den Verführungen der Macht." Tolkien, der übrigens selbst ein gläubiger Katholik war, hat sich im Vorwort seines Romans sogar ganz ausdrücklich gegen eine allegorische Deutung seines Romans ausgesprochen:

Was irgendwelche tiefere Bedeutung oder „Botschaft" betrifft, so gibt es nach der Absicht des Verfassers keine. Das Buch ist weder allegorisch noch aktuell.

(J. R. R. Tolkien, Der Herr der Ringe, Band 1, Verlagsgemeinschaft Ernst Klett, Stuttgart, 1981, 9. Auflage der kartonierten Sonderausgabe, Seite 11)

Dabei unterschied Tolkien **Anwendbarkeit** und **Allegorie:** Die Anwendung eines Motivs liege in der Freiheit des Lesers, die Allegorie wolle hingegen eine ganz bestimmte „Bedeutung" vermitteln. Daher ist auch kaum zu erwarten, dass man in der Symbolik des Romans eine ganz bestimmte esoterische Botschaft entdecken oder entschlüsseln kann.

Esoterische Bibelinterpretationen

Die Symbolik in der Genesis

Probleme der traditionellen, wörtlichen Interpretationen

Interpretierte man die Schöpfungsgeschichte nach dem heute üblichen Textverständnis wörtlich, so gäbe es dort viele unlogische Stellen. So werden z. B. die Bäume am dritten Tag geschaffen, die Sonne aber erst am vierten Tag. Dadurch hätten die Bäume am dritten Tag ohne Sonnenlicht auskommen müssen.

Auch der Himmel wird gleich zweimal geschaffen:

1. Mose 1,1: Am Anfang schuf Gott Himmel und Erde.

und

1. Mose 1,8: Und Gott nannte die Feste Himmel. Da ward aus Abend und Morgen der zweite Tag.

Überhaupt steht im hebräischen Text bei 1. Mose 1,1 für Himmel ein Plural. Es wird also nicht ein Himmel geschaffen, sondern es werden **die Himmel** in der Mehrzahl geschaffen.
Weiterhin werden andere Menschen erwähnt, vor denen Kain Angst hatte, dass sie ihn erschlagen könnten. Woher kamen denn so plötzlich diese anderen Menschen? Und auch die Frage, woher Kains Frau kam, bleibt letztendlich unbeantwortet.
Bei der heute üblichen, traditionellen und wörtlichen Interpretation ist diese Geschichte also absolut unhaltbar – selbst dann, wenn man die Tage als Metaphern für sehr lange Zeiträume deutet. Darüber hinaus werden die Landtiere in der Schöpfungsgeschichte nach den Vögeln geschaffen, was auch nicht mit der tatsächlichen Entwicklung der Tierarten übereinstimmt. Tatsächlich ging die biologische Entwicklung von den Fischen über die Amphibien und Echsen zu den Vögeln.

Die esoterische Deutung: Das Dreifachkreuz und die Schöpfungsgeschichte

In der nachfolgenden Interpretation der biblischen Schöpfungsgeschichte wird aufgezeigt, dass es etliche Strukturelemente aus der Dreifachkreuz-Symbolik gibt, die man in ganz ähnlicher Weise auch im Schöpfungsbericht wiederfinden kann. Die versteckten Hinweise in der Schöpfungsgeschichte reichen zwar nicht ganz aus, um das Dreifachkreuz zielsicher und vollständig herzuleiten, aber wenn man das Dreifachkreuz bereits kennt, dann kann man einiges davon in der Schöpfungsgeschichte wiedererkennen. So können wir davon ausgehen, dass die Autoren damals eine ähnliche bzw. eine vergleichbare Struktur kannten und dass sie diese Struktur dem Schöpfungsbericht zugrunde gelegt haben. Aber ganz offensichtlich wollten sie es uns nicht zu einfach machen und so haben sie den Text ganz bewusst verschleiert, sodass wir „es mit sehenden Augen sehen und doch nicht erkennen" (Mk. 4,11).

In der Tradition des Judentums wird übrigens die Menora – der siebenarmige Leuchter – in eine Verbindung zum Lebensbaum und zur Schöpfungsgeschichte gebracht. Und wenn wir den siebenarmigen Leuchter betrachten, so hat er die Form eines Dreifachkreuzes, dessen Querbalken nach oben gebogen sind:

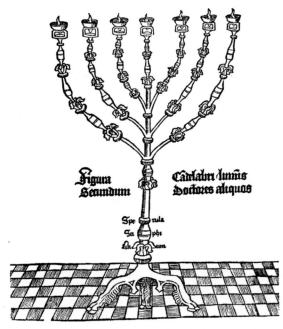

Menora - Hartmann Schedel, Weltchronik, 1493

Das Drei-Ebenen-Schema in der Schöpfungsgeschichte

Die typische Symbolik Luft-Wasser-Erde begegnet uns in der Schöpfungsgeschichte gleich zu Anfang:

*1. Mose 1,2: Und die **Erde** war wüst und leer, und es war finster auf der Tiefe; und der Geist Gottes (= der **Atem** Gottes) schwebte auf dem **Wasser**.*

Wo wir in der Luther-Übersetzung „Geist" lesen, da steht im hebräischen Original das Wort „ruach", was auch mit „Atem" übersetzt werden kann.

Wenn wir die finstere Erde tief unten zeichnen und den Atem (= Luft) über dem Wasser, dann ergibt sich das Drei-Schichten-Modell ganz von selbst:

Atem Gottes
Wasser
Erde in der Tiefe

Es ist bemerkenswert, dass im Originaltext drei unterschiedliche Namen für Gott benutzt werden, was leider in den deutschen Übersetzungen nicht richtig zur Geltung kommt. In der Luther-Übersetzung steht für Elohim „Gott". JHVH (Jahwe bzw. Jehova) wird mit „der Herr" übersetzt und JHVH Elohim mit „Gott der Herr".

Elohim (ein Pluralwort) wird verwendet von 1,1 bis 2,3 und in 4,25
JHVH Elohim wird verwendet von 2,4 bis 3,24
JHVH wird im gesamten 4. Kapitel verwendet bis auf eine Erwähnung von Elohim in 4,25.

Die Rollenverteilung dieser drei Gottesbegriffe könnte man so definieren:

1. Elohim ist der „Strukturgeber". Er schafft und unterteilt das Ebenen-Schema.
2. JHVH Elohim ist der „Beseeler" und der Herr des Paradieses.
3. JHVH ist der Herr der materiellen Schöpfung.

Die Dreigliedrigkeit wiederholt sich aber auch im Schöpfungsprozess selbst:

1. Gott sprach ... (Idee).
2. Gott schuf ... (Realisierung).
3. Gott sah, dass es gut war (Konsequenz, Beurteilung, Erkenntnis ...).

So gibt es über das Drei-Ebenen-Schema eine Entsprechung zwischen

- dem Schöpfer (Elohim, JHVH Elohim, JHVH),
- dem Aufbau der Schöpfung (Luft, Wasser, Erde),

- dem Schöpfungsprozess (Gott sprach, schuf, sah)
- und dem Menschen als seinem Geschöpf (Geist, Seele, Körper).

In allem ist dieses Drei-Ebenen-Schema zu erkennen, und in diesem Sinne ist auch der Mensch **nach dem Ebenbilde Gottes** geschaffen.

Interpretation der einzelnen Verse

1. Kapitel

Der erste Tag – Die geistigen Ebenen und die Materie

1. Mose 1,1: Am Anfang schuf Gott (Elohim) Himmel und Erde.

Am Anfang schuf Gott den Aufbau des Kosmos in mehreren Ebenen. Man muss berücksichtigen, dass im hebräischen Originaltext das Wort „Himmel" im Plural steht. Es ist nicht „der Himmel", sondern es sind „die Himmel". Hier geht es also nicht nur um eine reine Geist-Materie-Polarität, sondern um ein Schichten- oder Sphären-Modell für die verschiedenen Stufen zwischen dem höchsten Himmel und der Erde.

1. Mose 1,2: Und die Erde war wüst und leer, und es war finster auf der Tiefe; und der Geist Gottes (Elohim) schwebte auf dem Wasser.

Die Materie auf der untersten Ebene war anfangs noch wirr und unstrukturiert, und es gab dort noch kein Bewusstsein. Und der Atem Gottes war oberhalb des Wassers. In diesem Fall kann man die Symbolik fast wörtlich übersetzen:

- Erde = Materie
- wüst und leer = wirr und unstrukturiert
- auf der Tiefe = auf der untersten Ebene
- finster = ohne Bewusstsein

Atem Gottes
Wasser
materielle Ebene / unstrukturierte Materie

1. Mose 1,3: Und Gott (Elohim) sprach: Es werde Licht! Und es ward Licht.

Und Gott sprach: Es soll Bewusstsein entstehen. Und so entstand Bewusstsein. Licht ist das Symbol für Bewusstsein. Es handelt sich hier noch um das ungeteilte, göttliche Bewusstsein. Ein hiervon abgetrenntes, menschliches Bewusstsein existiert zu diesem Zeitpunkt noch nicht.

Im Text steht leider nicht, wo man das Licht des Bewusstseins im Drei-Ebenen-Schema exakt einzeichnen soll. Scheint es von oben auf das Wasser – betrachtet es also die seelische Ebene von außen? Oder dringt es von der geistigen Ebene in den seelischen Bereich vor? Bei der folgenden Darstellung habe ich mich für einen Kompromiss entschieden:

1. Mose 1,4: Und Gott (Elohim) sah, dass das Licht gut war. Da schied Gott das Licht von der Finsternis 1,5: und nannte das Licht Tag und die Finsternis Nacht. Da ward aus Abend und Morgen der erste Tag.

Der zweite Tag – Die Abtrennung der individuellen Seelen

1. Mose 1,6: Und Gott (Elohim) sprach: Es werde eine Feste zwischen den Wassern, die da scheide zwischen den Wassern.

Und Gott sprach: Es entstehe eine Barriere, sodass eigenständige Seelen entstehen, die ein eigenes Empfinden haben und die vom göttlichen Empfinden abgetrennt sind. Ohne die Trennung (= ohne die Feste) wären die Seelen nicht eigenständig, sondern nur ein Teil des universellen Geistes.

In der folgenden Darstellung gibt es nun zwei Wasser: das Wasser über der Feste und das Wasser unter der Feste.

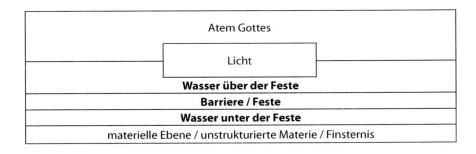

1. Mose 1,7: Da machte Gott (Elohim) die Feste und schied das Wasser unter der Feste von dem Wasser über der Feste. Und es geschah so.
1. Mose 1,8: Und Gott (Elohim) nannte die Feste Himmel. Da ward aus Abend und Morgen der zweite Tag.

Es fällt auf, dass beim zweiten Schöpfungstag der Zusatz „*Und Gott sah, dass es gut war*" fehlt, der später bei den anderen Tagen immer wieder auftaucht. Gott hat hier die Trennung geschaffen – die Sünde! Das Wort Sünde ist sprachlich verwandt mit „absondern". Durch die Barriere wird das individuelle Bewusstsein vom göttlichen Bewusstsein abgesondert bzw. angetrennt.

Egoismus ist eine Folge dieses individuellen Empfindens und gleichzeitig auch eine Ursache für viele „böse" Taten. Gott ist also auch der Schöpfer des Bösen. Genau genommen ist diese „böse" Seite der Schöpfung auch schon beim ersten Schöpfungstag erkennbar. Der Zusatz „*Und Gott sah, dass es gut war*" wird dort nämlich nur eingeschränkt verwendet: *1. Mose 1,4: Und Gott (Elohim) sah, dass das Licht gut war.* Es steht nicht da, dass auch die Finsternis gut ist.

Die Sünde bzw. die Trennung wird also nicht erst später von Luzifer oder von Satan in die Welt gebracht, auch nicht von Eva oder von der Schlange, sondern sie ist von Anfang an im Schöpfungsplan vorgesehen. Die Sünde bzw. die Trennung ist Teil der göttlichen Schöpfung! Man kann nur durch Versuch und Irrtum lernen, wenn man eigenständige Entscheidungen und den Irrtum zulässt. Hätte der Mensch nicht die Freiheit, zu irren und zu versagen, dann hätte er auch nicht die Möglichkeit zu lernen.

Um nicht missverstanden zu werden: Das soll nicht bedeuten, dass wir im umgangssprachlichen Sinne „sündigen" sollen.

Der dritte Tag – Die Wasser-Erde-Polarität

1. Mose 1,9: Und Gott (Elohim) sprach: Es sammle sich das Wasser unter dem Himmel an besondere Orte, dass man das Trockene sehe. Und es geschah so. 1,10: Und Gott (Elohim) nannte das Trockene Erde, und die Sammlung der Wasser nannte er Meer. Und Gott sah, dass es gut war.

Weil die Feste am zweiten Tag als Himmel bezeichnet wird und weil die revidierte Luther-Übersetzung das Wort „Wasser" nur im Singular verwendet, ist man an dieser Stelle verleitet, nur das Wasser unter der Feste zu sammeln bzw. zu verschieben. Die Luther-Übersetzung ist jedoch an dieser Stelle etwas unpräzise. In einer Interlinearübersetzung, die den hebräischen Text wirklich exakt Wort für Wort übersetzt, steht tatsächlich an einigen Stellen ein Plural, wo wir in der Luther-Übersetzung einen Singular lesen:

> *Gesammelt werden die Wasser (Plural) unter den Himmeln (Plural) an Ort (Singular) einen und es werde sichtbar gemacht das Trockene! Als es geschah so, da berief Gott das Trockene (als) Erde und die Ansammlung der Wasser (Plural) berief er als Meere (Plural).*

(Rita Maria Steurer, Das Alte Testament – Interlinearübersetzung Hebräisch-Deutsch – Band 1, Hänssler Verlag, Neuhausen-Stuttgart, 1989, 2. Auflage, Seite 4-5; die Hinweise auf Plural und Singular habe ich hinzugefügt)

Hier wird also nicht **das Wasser** unter **dem Himmel** gesammelt, sondern es werden **die Wasser** unter **den Himmeln** jeweils an einem Ort gesammelt. Es gibt den Himmel A aus dem ersten Schöpfungstag – also jenen Bereich, wo der Atem Gottes weht –, und es gibt den Himmel B aus dem zweiten Schöpfungstag, der die oberen und die unteren Wasser trennt. Die beiden Wasser unter den beiden Himmeln werden nun (in Analogie zum Dreifachkreuz) auf die linke Seite geschoben. Dadurch entsteht unter Himmel A auf der rechten Seite ein Freiraum für die Position Erde.

Atem Gottes (= Himmel A)	
Wasser über der Feste	Licht
Barriere/Feste (= Himmel B)	
Wasser unter der Feste	
materielle Ebene / unstrukturierte Materie / Finsternis	

Da das Wasser unter Himmel B ebenfalls nach links verschoben wurde, hat man nun auch freie Sicht von oben auf die darunter liegende materielle Ebene. Diese tiefere Erdschicht spielt jedoch zu diesem Zeitpunkt noch keine Rolle.

Im nächsten Schritt wird die Ebene zwischen Himmel A und Himmel B „begradigt", und die Ebenen-Nummern werden entsprechend der Dreifachkreuz-Struktur ergänzt:

7	Atem Gottes (= Himmel A)		
6	Wasser über der Feste	**Licht**	Erde
5	Barriere / Feste (= Himmel B)		
4	Wasser unter der Feste		
3	materielle Ebene / unstrukturierte Materie / Finsternis		
2			
1			

Durch die Trennung von Wasser und Erde ist am dritten Schöpfungstag die Wasser-Erde-Polarität auf Ebene 6 entstanden. Das ist gewissermaßen der Startpunkt für die weiteren Schöpfungstage. Von nun an werden an den nächsten Tagen die darunter liegenden Ebenen Schritt für Schritt der Reihe nach strukturiert.

1. Mose 1,11: Und Gott (Elohim) sprach: Es lasse die Erde aufgehen Gras und Kraut, das Samen bringe, und fruchtbare Bäume auf Erden, die ein jeder nach seiner Art Früchte tragen, in denen ihr Same ist. Und es geschah so.

Und Gott sprach: Auf der „Erde" soll es viele Entwicklungen geben: einfache, geradlinige und auch verästelte. Eine jede soll nach ihrer Art Ergebnisse hervorbringen, welche wiederum die Grundlagen für neue Entwicklungen sind.

Wenn hier von Gras, Kraut und Bäumen die Rede ist, so ist das im übertragenen Sinne gemeint. Es geht hier nicht um reale Pflanzen, sondern z. B. um ganze „Stammbäume" der biologischen und geistigen Evolution. Das niedrig wachsende Kraut steht in diesem Fall für ganz einfache Entwicklungen, das Gras für etwas höhere, aber geradlinige Entwicklungslinien und die Bäume versinnbildlichen deutlich komplexere und verästelte Stammbäume.

All das findet aber bislang nur auf Ebene 6 statt – also in der geistigen Welt. In diesem Bereich werden gewissermaßen die späteren Entwicklungen im Paradies und in der materiellen Welt vorweg genommen. Hier liegen die abstrakten Grundprinzipien der Entwicklungen und auch die Resultate – also die Samen und

Früchte. Die „Bepflanzung" der paradiesischen Ebene geschieht erst später – am sechsten Schöpfungstag.

1. Mose 1,12: Und die Erde ließ aufgehen Gras und Kraut, das Samen bringt, ein jedes nach seiner Art, und Bäume, die da Früchte tragen, in denen ihr Same ist, ein jeder nach seiner Art. Und Gott sah, dass es gut war. 1,13: Da ward aus Abend und Morgen der dritte Tag.

Der vierte Tag – Die Sonne-Mond-Polarität auf der Ebene der Barriere

1. Mose 1,14: Und Gott (Elohim) sprach: Es werden Lichter an der Feste des Himmels, die da scheiden Tag und Nacht und geben Zeichen, Zeiten, Tage und Jahre 1,15: und seien Lichter an der Feste des Himmels, dass sie scheinen auf die Erde. Und es geschah so.

Und Gott sprach: Von der Barriere aus soll das Licht des göttlichen Bewusstseins auf zwei Arten wirken: als eine geistige Kraft (Sonne) auf das Bewusstsein (Tag) und als eine seelische Kraft (Mond) auf das Unterbewusstsein (Nacht).

7	Atem Gottes		
6	Wasser über der Feste	Licht	Erde (bepflanzt)
5	**Mond**	Barriere / Feste	**Sonne**
4	Wasser unter der Feste		
3	Erde		
2	materielle Ebene / unstrukturierte Materie / Finsternis		
1			

Die geistige Ebene der Schöpfung wird vom geistigen Licht erhellt, doch die darunter liegende, paradiesische Ebene (= Ebene 4) ist durch die Feste verdunkelt. Durch diese „Löcher im Himmelszelt" dringt nun etwas von diesem göttlichen Licht in die paradiesische Ebene. Es geht hier also nicht um die tatsächlichen Himmelskörper Sonne und Mond, sondern um Symbole für zwei spirituelle Kräfte, die auf den Entwicklungsbereich der Seelen einwirken.

1. Mose 1,16: Und Gott (Elohim) machte zwei große Lichter: ein großes Licht, das den Tag regiere, und ein kleines Licht, das die Nacht regiere, dazu auch die Sterne. 1,17: Und Gott setzte sie an die Feste des Himmels, dass sie schienen auf die Erde 1,18: und den Tag und die Nacht regierten und schieden Licht und Finsternis. Und Gott sah, dass es gut war. 1,19: Da ward aus Abend und Morgen der vierte Tag.

Der fünfte Tag – Die Wasser-Luft-Polarität auf der seelischen/paradiesischen Ebene

1. Mose 1,20: Und Gott (Elohim) sprach: Es wimmle das Wasser von lebendigem Getier, und Vögel sollen fliegen auf Erden unter der Feste des Himmels.

Und Gott sprach: Die Wasser-Bereiche (oberhalb und unterhalb der Feste) sollen mit „Wasser-Wesen" besiedelt werden und der andere Bereich zwischen der Feste und der materiellen Ebene mit „Luft-Wesen". Im Originaltext stehen „die Wasser" wieder im Plural. Hier wird also nicht nur eine Luft-Wasser-Polarität auf Ebene 4 geschaffen, sondern es wird auch der Wasser-Bereich oberhalb der Feste besiedelt. (Der Erd-Bereich oberhalb der Feste war schon am vorigen Schöpfungstag bepflanzt worden.)

7	Atem Gottes		
6	Wasser (**besiedelt**)	Licht	Erde (bepflanzt)
5	Mond	Barriere / Feste	Sonne
4	**Wasser-Tiere**		**Luft-Tiere**
3	materielle Ebene / unstrukturierte Materie / Finsternis		
2			
1			

1. Mose 1,21: Und Gott (Elohim) schuf große Walfische und alles Getier, das da lebt und webt, davon das Wasser wimmelt, ein jedes nach seiner Art, und alle gefiederten Vögel, einen jeden nach seiner Art. Und Gott sah, dass es gut war. 1,22: Und Gott segnete sie und sprach: Seid fruchtbar und mehret euch und erfüllet das Wasser im Meer, und die Vögel sollen sich mehren auf Erden. 1,23: Da ward aus Abend und Morgen der fünfte Tag.

Der sechste Tag – Die Erd-Tiere und der Mensch

1. Mose 1,24: Und Gott (Elohim) sprach: Die Erde bringe hervor lebendiges Getier, ein jedes nach seiner Art: Vieh, Gewürm und Tiere des Feldes, ein jedes nach seiner Art. Und es geschah so. 1,25: Und Gott machte die Tiere des Feldes, ein jedes nach seiner Art, und das Vieh nach seiner Art und alles Gewürm des Erdbodens nach seiner Art. Und Gott sah, dass es gut war.

So, wie am vorigen Tag Luft- und Wasser-Tiere geschaffen wurden, so gibt es nun auch Erd-Tiere. Das Gewürm ist eine ganz einfache Lebensform. Die Tiere des Feldes sind schon etwas höher entwickelt. Und mit dem Vieh können wir Menschen sogar in einer eingeschränkten Form kommunizieren. Man kann sich zwar nicht direkt mit dem Vieh unterhalten, so wie man es mit einem Menschen tut, aber man kann beispielsweise einem Lasttier schon deutlich machen, wohin es laufen soll. Das ist eine Kommunikation, die mit einem wilden Tier nicht möglich ist.

Aber diese drei Schichten gibt es nicht nur im Tierreich, sondern auch in uns. Es gibt

- einfache Stoffwechselvorgänge,
- körperliche Bedürfnisse (Hunger, Durst, Schlaf, Sexualität …) und
- bewusstes, zielorientiertes Handeln auf der materiellen Ebene.

Die drei Arten von Erd-Tieren, die hier erwähnt werden, sind ein Hinweis auf die drei materiellen Ebenen (1-3), die bislang noch unstrukturiert sind:

7	Atem Gottes		
6	Wasser (besiedelt)	Licht	Erde (bepflanzt)
5	Mond	Barriere / Feste	Sonne
4	Wasser-Tiere		Luft-Tiere
3		**Vieh**	
2		**Tiere des Feldes**	
1		**Gewürm**	

Diese drei Tier-Gruppen werden jedoch nicht immer in der gleichen Reihenfolge erwähnt:

- Wenn Gott spricht, dann heißt es: Vieh, Gewürm, Tiere des Feldes.
- Wenn Gott die Tiere macht, dann lesen wir: Tiere des Feldes, Vieh, Gewürm.
- Und wenn der Mensch im nächsten Vers über die Tiere herrscht, dann finden wir plötzlich eine dritte Reihenfolge: Vieh, Tiere des Feldes, Gewürm.

Die Genesis zeigt uns hier am Beispiel der drei Tiergruppen, dass die gleichen Prinzipien im dreistufigen Schöpfungsprozess in drei unterschiedlichen Kombinationen auftreten. Ein ähnliches Konzept haben wir bereits beim Dreifachkreuz kennengelernt. Dort waren es die vier Elemente gewesen, die in drei unterschiedlichen Konstellationen auftraten:

- auf der geistigen Ebene (Luft) als Wasser-Erde und Luft-Feuer
- auf der seelischen Ebene (Wasser) als Wasser-Luft und Feuer-Erde
- auf der materiellen Ebene (Erde) als Wasser-Feuer und Erde-Luft

Dieses Konzept der **drei Kreuze** wird jetzt noch einmal erweitert – zu einem Konzept der **drei Dreifachkreuze**. Dieses erweiterte Konzept zeigt uns, wie wir

- die Schöpfungsgeschichte,
- das Dreifachkreuz
- und den kabbalistischen Lebensbaum

zu einem einheitlichen Gesamtkonzept zusammenfassen können. Und durch dieses Vertauschungsschema kommt nun auch etwas „Bewegung" in das starre Dreifachkreuz. Mit einem einzigen Dreifachkreuz kann man nämlich nur einen einzigen Zustand darstellen – mit drei Dreifachkreuzen hingegen einen ganzen Ablauf.
Wenn wir die vorige Grafik betrachten, dann haben wir dort genau genommen schon eine Art Dreifachkreuz. Es unterscheidet sich jedoch in zwei Punkten von dem Dreifachkreuz, das im zweiten Teil des Buches hergeleitet wurde:

- Es gibt einerseits keine Polarität auf der materiellen Ebene (= Ebene 2).
- Dafür gibt es andererseits eine Polarität auf der Ebene der Barriere (= Ebene 5).

Es lohnt sich nun, die Feste (= Ebene 5) etwas genauer zu betrachten bzw. die Polarität, die uns auf dieser Ebene begegnet. Wollte man diese Feste zwischen den Wassern einem Element zuordnen, dann würde dafür sicherlich das Element Erde am besten passen. Wenn man beispielsweise das Wasser in einem See in zwei Bereiche trennen will, dann kann man das mit einem Erdwall erreichen, den man in dessen Mitte aufschüttet. Weiterhin entspricht auch die Sonne-Mond-Polarität der materiellen Ebene, denn man kann die Sonne dem Element Feuer zuordnen und den Mond dem Element Wasser. Und diese Wasser-Feuer-Polarität begegnet uns beim Dreifachkreuz auf der materiellen Ebene.

Damit haben wir auf den Ebenen 4 bis 6 folgende Polaritäten:

6	Wasser-Erde-Polarität	entspricht der geistiger der Ebene	Luft
5	Wasser-Feuer-Polarität (Mond-Sonne)	entspricht der materiellen Ebene	Erde
4	Wasser-Luft-Polarität	entspricht der seelischen Ebene	Wasser

Die Schöpfung begann am ersten Tag mit dem typischen Drei-Ebenen-Schema (Luft-Wasser-Erde) und hat nun bei diesen drei Polaritätenpaaren zu einem veränderten bzw. vertauschten Ebenen-Schema geführt (Luft-Erde-Wasser). Nachdem an den vorigen drei Tagen das „vertauschte" Dreifachkreuz Schritt für Schritt aufgebaut wurde, werden wir nun am Beispiel der Tiergruppen ganz gezielt auf dieses Vertauschungsschema hingewiesen. Im Prinzip wird uns hier gesagt: Achte auf die Reihenfolge – da ist etwas vertauscht!

Eine andere, aber recht ähnliche Vertauschung gab es schon im zweiten Teil des Buches im Kapitel über den kabbalistischen Lebensbaum. Dort waren es die oberen beiden Balken, die vertauscht waren. Die bisherige Schöpfungsgeschichte, das Dreifachkreuz und der kabbalistische Lebensbaum sind also drei unterschiedliche Varianten einer Struktur, die man jeweils durch Vertauschung von Ebenen ineinander überführen kann.

Wenn wir die Ebenen Luft-Wasser-Erde nach dem gleichen Schema vertauschen wie die drei Tierarten (Vieh, Tiere des Feldes, Gewürm), dann erhalten wir genau diese drei Varianten:

Vieh, Gewürm, Tiere des Feldes	Luft-Erde-Wasser (= bisheriger Schöpfungsbericht)
Tiere des Feldes, Vieh, Gewürm	Wasser-Luft-Erde (= kabbalistischer Lebensbaum)
Vieh, Tiere des Feldes, Gewürm	Luft-Wasser-Erde (= Dreifachkreuz)

Dabei liegt das Wasser

- im ersten Fall nach bzw. unter Luft und Erde,
- im zweiten Fall vor bzw. über Luft und Erde
- und im dritten Fall zwischen Luft und Erde.

Um Missverständnisse zu vermeiden, möchte ich an dieser Stelle eines ganz deutlich betonen: Die Ebenenzuordnung Wasser-Luft-Erde für den Lebensbaum entspricht **nicht** der üblichen jüdisch-kabbalistischen Tradition. Die Balken werden dort mit Aziluth, Beriah und Jezinah bezeichnet und entsprechen den Elementen Feuer, Luft und Wasser (vgl. Heinrich E. Benedikt: Die Kabbala als jüdisch-christlicher

Einweihungsweg, Kapitel: Die Jakobsleiter und die vier Welten). Ich habe diese Zuordnung dennoch gewählt, weil man den Lebensbaum aus dem Dreifachkreuz herleiten kann, wenn man die Luft- und Wasser-Balken vertauscht.

Indirekt sehe ich durchaus eine Verbindung von der Vier-Elemente-Lehre über das Drei-Ebenen-Schema und das Dreifachkreuz bis hin zum kabbalistischen Lebensbaum. Ich möchte also weder die Vier-Elemente-Lehre noch den Lebensbaum grundsätzlich in Frage stellen. Es ist einzig und allein die direkte Zuordnung der Ebenen zu den Elementen, der ich aus meiner Perspektive nicht zustimmen kann. Nur beim Element Luft komme ich zur gleichen Zuordnung.

In der nächsten Darstellung sortiere ich diese drei Strukturen aufsteigend nach der Position des Wassers. Dabei stelle ich das Dreifachkreuz in der Reihenfolge vor den kabbalistischen Lebensbaum. Das entspricht genau der Vertauschung, die im bisherigen Schöpfungsbericht stattgefunden hat.

bisheriger Schöpfungsbericht	Dreifachkreuz	kabbalistischer Lebensbaum
Abstieg	Aufstieg	Vereinigung
Die Seele liegt im Schöpfungsplan in einem Bereich unterhalb der Erde.	Die Seele hat sich vom Materie-fixierten Denken gelöst ist nun in einem Bereich zwischen der geistigen und der materiellen Ebene.	Die Seele ist zur höchsten Stufe aufgestiegen und mit dem Göttlichen vereint.
geistige Ebene (Luft)	geistige Ebene (Luft)	**Seele (Wasser)**
materielle Ebene (Erde / Feste)	**Seele (Wasser)**	Geistige Ebene (Luft)
Seele (Wasser)	materielle Ebene (Erde)	materielle Ebene (Erde)

Diese drei Strukturen stellen also unterschiedliche Phasen im Zyklus der Seele dar: Abstieg, Aufstieg und Vereinigung. Und damit wird eines deutlich: Dieses Konzept von Abstieg und Aufstieg gehört von Anfang an fest zum Schöpfungsplan. Der Abstieg war also kein Fehler, und der Aufstieg ist keine Errettung. (Ein vereinfachtes

Modell, das nur die ersten beiden Phasen umfasst, haben wir bereits im Kapitel „Der Mondzyklus – ein Gleichnis für den Zyklus der Seele" kennengelernt. Dort gab es bei Vollmond die Reihenfolge Sonne-Erde-Mond und bei Neumond die Reihenfolge Sonne-Mond-Erde.)

Wenn wir die Schöpfung vom dritten Tag bis zum jetzigen Moment betrachten, dann können wir erkennen, dass die Ebenen in diesem „Zeitraum" der Reihe nach abgearbeitet wurden (wobei die Ebenen 1-3 zusammengefasst wurden):

7	Atem Gottes		
6	Wasser über der Feste	Wasser-Erde-Polarität am 3. Tag	Erde
5	Mond	Mond-Sonne-Polarität am 4. Tag	Sonne
4	Wasser-Tiere	Wasser-Luft-Polarität am 5. Tag	Luft-Tiere
3		Erd-Tiere am 6. Tag	
2			
1			

Weiterhin fällt auf, dass die bisherige Schöpfung ganz streng in Dreiergruppen organisiert ist:

- Am Tag 1 wurde das Schema der drei Hauptebenen geschaffen (Luft, Wasser, Erde).

- Am Tag 2 wurde die Ebene des Wassers in drei Ebenen unterteilt (Wasser über der Feste, Feste, Wasser unter der Feste).

- An den Tagen 3, 4 und 5 wurden diese drei Ebenen strukturiert – mit dem Ergebnis, dass sie nun dem Schema Luft-Erde-Wasser entsprechen.

- Am Tag 6 wurden die Ebene der Erde in drei Ebenen unterteilt (Vieh, Tiere des Feldes, Gewürm)

1. Mose 1,26: Und Gott (Elohim) sprach: Lasset uns Menschen machen, ein Bild, das uns gleich sei, die da herrschen über die Fische im Meer und über die Vögel unter dem Himmel und über das Vieh und über alle Tiere des Feldes und über alles Gewürm, das auf Erden kriecht.

Und Gott sprach: Lasset uns Menschen machen, die ebenso aufgebaut sind wie die Struktur der Schöpfung – die also auch über Seele (Fische), Geist (Vögel) und Körper (Erdtiere) verfügen.

Der Mensch wird nun mitten hinein ins Paradies gesetzt, sodass er alle Kräfte und Prinzipien nutzen kann.

7		Atem Gottes	
6	Wasser über der Feste	Licht	Erde
5	Mond	Feste / Barriere	Sonne
4	**Wasser-Tiere** (seelische Prinzipien)	**Mensch als Ebenbild Gottes** Geist Seele Körper (im Paradies)	**Luft-Tiere** (geistige Prinzipien)
3		**Vieh**	
2		**Tiere des Feldes**	
1		**Gewürm**	

In dieser Darstellung habe ich den Menschen so dargestellt, dass er dem Ebenenschema des Dreifachkreuzes entspricht. Er ist nicht mehr mit dem Göttlichen vereint. Es wäre also falsch, die Seele auf der höchsten Ebene einzuzeichnen. Und der Mensch ist auch noch nicht in den unteren Bereich vertrieben worden. Es wäre also ebenso falsch, die Seele auf der unteren Ebene zu positionieren.

1. Mose 1,27: Und Gott (Elohim) schuf den Menschen zu seinem Bilde, zum Bilde Gottes schuf er ihn; und schuf sie als Mann und Weib.

Und Gott schuf den Menschen nach dem Ebenbild der Schöpfung als polares Wesen mit Vernunftsseele und Empfindungsseele. So, wie in der gesamten Schöpfung eine Rechts-Links-Polarität erkennbar ist, so wird auch der Mensch als ein polares Wesen geschaffen. Es geht bei Adam und Eva nicht um zwei reale Menschen, sondern um den polaren Aufbau, der in jedem Menschen steckt.

1. Mose 1,28: Und Gott (Elohim) segnete sie und sprach zu ihnen: Seid fruchtbar und mehret euch und füllet die Erde und machet sie euch untertan und herrschet über die Fische im Meer und über die Vögel unter dem Himmel und über das Vieh und über alles Getier, das auf Erden kriecht.

Und Gott segnete sie und sprach zu ihnen: Seid in einem geistigen Sinne fruchtbar und vermehrt eure Fähigkeiten. Füllt die materielle Ebene mit euren Ideen und nutzt sie für neue Erkenntnisse! Nutzt auch eure Gefühle, eure Vernunft und euren höheren und niederen körperlichen Fähigkeiten.

Vergleichen wir diesen Vers einmal mit 1. Mose 1,26: *... die da herrschen über die Fische im Meer und über die Vögel unter dem Himmel und über das Vieh und über alle Tiere des Feldes und über alles Gewürm, das auf Erden kriecht.*

Wir bemerken: Einerseits fehlen dort die „Tiere des Feldes", die bei diesem Vers noch erwähnt wurden. Andererseits wird nun zusätzlich die Erde erwähnt, die in der Reihenfolge vor bzw. über den Wasser- und Luft-Tieren steht.

Wenn wir die Erde entsprechend über den Wasser- und Luft-Tieren einzeichnen, dann ist das genau die Ebene der Feste. Wenn wir diese Ebene nach **unten** verschieben, wenn wir uns also die Erde **untertan** machen, dann entspricht das genau der Ebenenvertauschung bzw. Ebenenverschiebung, wie sie bereits weiter vorne beschrieben wurde. Das Vertauschungsschema wird also an dieser Stelle nochmals bestätigt.

Reihenfolge in 1. Mose 1,28				Reihenfolge in 1. Mose 1,26		
			7			
			6			
1. Ebene der Feste (Erde)			5			
2. Wasser	(Mensch)	3. Luft	4	1. Wasser	(Mensch)	2. Luft
	4. Vieh		3		3. Vieh	
			2	**4. Tiere des Feldes**		
	5. Gewürm		1		5. Gewürm	

1. Mose 1,29: Und Gott (Elohim) sprach: Sehet da, ich habe euch gegeben alle Pflanzen, die Samen bringen, auf der ganzen Erde, und alle Bäume mit Früchten, die Samen bringen, zu eurer Speise.

Und Gott sprach: Seht, ich habe euch hier all diese vielfältigen Entwicklungsmöglichkeiten gegeben, welche wieder neue Grundlagen schaffen.

1. Mose 1,30: Aber allen Tieren auf Erden und allen Vögeln unter dem Himmel und allem Gewürm, das auf Erden lebt, habe ich alles grüne Kraut zur Nahrung gegeben. Und es geschah so.

Nähme man diese Stelle wörtlich, dann dürfte der Mensch kein Kraut essen und die Vögel nicht die Früchte der Bäume, was einerseits nicht sinnvoll ist und andererseits auch nicht den tatsächlichen Ernährungsgewohnheiten entspricht.

Auf der symbolischen Ebene wird hier ein Gegensatz betont zwischen den hohen, vielfach verzweigten Bäumen und dem niedrig wachsenden Kraut. Der Mensch verfügt über drei Anteile (Geist, Seele und Körper) und hat dadurch sehr viel weiter reichende Möglichkeiten zur Entwicklung als solche Wesen, die nur über einen Anteil verfügen. Reine „Erd-Wesen" (z. B. einfache Tiere) haben keine geistigen Fähigkeiten. Reinen „Luft-Wesen" (z. B. Engeln) fehlt das materielle Erfahrungsfeld.

Dabei drängt sich natürlich die Frage auf: Und was ist mit den Wasser-Wesen, also mit den reinen Seelen-Wesen? Warum werden diese nicht erwähnt?

Reine Wasser-Wesen, die nur einen Seelenanteil haben, gibt es nicht. Das Seelische entsteht aus dem Zusammenspiel von Geist und Materie – und deshalb tritt es auch nicht isoliert auf. Möglicherweise wird auch das Vieh an dieser Stelle deshalb nicht aufgeführt, weil es im Ebenenschema oberhalb der materiellen Ebene positioniert ist (also oberhalb von Ebene 2). Damit hat es schon etwas Zugang zum seelischen Bereich.

1. Mose 1,31: Und Gott (Elohim) sah an alles, was er gemacht hatte, und siehe, es war sehr gut. Da ward aus Abend und Morgen der sechste Tag.

2. Kapitel

Der siebte Tag – Der „ruhende" Gott

1. Mose 2,1: So wurden vollendet Himmel und Erde mit ihrem ganzen Heer. 2,2: Und so vollendete Gott (Elohim) am siebenten Tage seine Werke, die er machte, und ruhte am siebenten Tage von allen seinen Werken, die er gemacht hatte. 2,3: Und Gott (Elohim) segnete den siebenten Tag und heiligte ihn, weil er an ihm ruhte von allen seinen Werken, die Gott (Elohim) geschaffen und gemacht hatte.

Nachdem der Grundaufbau von Elohim geschaffen und vorgegeben wurde, greift diese göttliche Kraft vorerst nicht mehr ein. Ab jetzt ruht der „Strukturgeber" Elohim, und der Grundaufbau wird nicht mehr verändert.

In der deutschen Übersetzung mag der Unterschied kaum auffallen. Bislang war immer von Gott (= Elohim) die Rede, und ab dem nächsten Vers steht auf einmal „Gott der Herr" – JHVH Elohim.
Wenn nun von den drei göttlichen Anteilen ein Anteil „ruht", so erinnert das an das Drei-Ebenen-Schema mit Vorhang:

der „ruhende" Strukturgeber Elohim
die Barriere = der Vorhang
der aktive Beseeler „JHVH Elohim"
der aktive Herr der materiellen Welt „JHVH"

Der „ruhende" Strukturgeber Elohim bleibt für uns verborgen.

Die Seele aus Geist und Materie

1. Mose 2,4: So sind Himmel und Erde geworden, als sie geschaffen wurden. Es war zu der Zeit, da Gott der HERR (JHVH Elohim) Erde und Himmel machte. 2,5: Und alle die Sträucher auf dem Felde waren noch nicht auf Erden, und all das Kraut auf dem Felde war noch nicht gewachsen ...

Der „Beseeler" JHVH Elohim war auch schon bei der Schaffung der Ebenenstrukturen beteiligt, und nun wird die Schöpfung noch einmal aus seiner Perspektive geschildert, wobei die seelischen Aspekte betont werden.

... denn Gott der HERR (JHVH Elohim) hatte noch nicht regnen lassen auf Erden, und kein Mensch war da, der das Land bebaute; 2,6: aber ein Nebel stieg auf von der Erde und feuchtete alles Land.

Während der Nebel aus der „Erde" kommt, fällt der Regen aus der „Luft". Das Wasser hat also zwei Ursprünge: Luft und Erde. Die Symbolik können wir so übersetzen: Das Seelische hat zwei Ursprünge: Geist und Materie. Ebenso hat auch der „Beseeler" zwei Anteile: JHVH und Elohim.
Der Nebel stieg zuerst aus der Erde. Der Regen kam erst später. Das soll bedeuten: Die seelische Entwicklung begann zunächst von der Materie aus. Einfache materielle Wesen entwickelten ein seelisches Empfinden.

1. Mose 2,7: Da machte Gott der HERR (JHVH Elohim) den Menschen aus Erde vom Acker und blies ihm den Odem des Lebens in seine Nase. Und so ward der Mensch ein lebendiges Wesen.

Auch die Seele des Menschen wird aus zwei Teilen geschaffen: aus Atem (= Geist) und aus Erde (= Materie).

Geist – Atem – Luft
Adam, das lebendige Wesen aus Geist und Materie
Materie – Erde

Das Paradies als Bereich zur Entwicklung

1. Mose 2,8: Und Gott der HERR (JHVH Elohim) pflanzte einen Garten in Eden gegen Osten hin und setzte den Menschen hinein, den er gemacht hatte.

Im oberen Bereich von Eden schuf Gott für den Menschen einen Bereich zur Entwicklung.

Wenn man Eden im Dreifachkreuz positionieren will, so umfasst es die Ebenen 3 und 4. Es heißt, dass der Garten im „Osten" angepflanzt wurde – also im oberen Bereich (= Ebene 4). Später, bei der Vertreibung von Kain, ist noch von einem Land Nod die Rede, das auf einer unteren Ebene „jenseits von Eden" liegt.

7	geistige Ebene			
6				
5	Vorhang			
4	Eden		Garten / Paradies (im Osten)	
3			Eden	
2	materielle Ebene		Land Nod (jenseits von Eden)	
1				

Die beiden Bäume

1. Mose 2,9: Und Gott der HERR (JHVH Elohim) ließ aufwachsen aus der Erde allerlei Bäume, verlockend anzusehen und gut zu essen, und den Baum des Lebens mitten im Garten und den Baum der Erkenntnis des Guten und Bösen.

Gott ließ viele Entwicklungswege entstehen, darunter auch

    1.) den direkten Weg zum Göttlichen
    2.) und den Weg durch die Materie zur Erkenntnis.

Hier wird deutlich, dass die „Bäume" mehr sind als nur Pflanzen.

Beim Dreifachkreuz ist das Paradies auf der mittleren Ebene (4). Von dieser Mittellinie aus gesehen ist

    1.) ein Kreuz darüber: der Baum des Lebens (Ebenen 5-7)
    2.) und ein Kreuz darunter: der Baum der Erkenntnis (Ebenen 1-3).

7		
6	Baum des Lebens	
5		
4	Paradies als Mittellinie	
3		
2	Baum der Erkenntnis	
1		

Die vier Ströme

1. Mose 2,10: Und es ging aus von Eden ein Strom, den Garten zu bewässern, und teilte sich von da in vier Hauptarme. 2,11: Der erste heißt Pischon, der fließt um das ganze Land Hawila, und dort findet man Gold; 2,12: und das Gold des Landes ist kostbar. Auch findet man da Bedolachharz und den Edelstein Schoham. 2,13: Der zweite Strom heißt Gihon, der fließt um das ganze Land Kusch. 2,14: Der dritte Strom heißt Tigris, der fließt östlich von Assyrien. Der vierte Strom ist der Euphrat.

Wenn wir auf eine Landkarte blicken, dann ist es gar nicht möglich, dass sich ein

Strom in vier Hauptarme aufteilt, wobei ein Hauptarm der Euphrat ist und ein anderer durch das ganze Land Kusch geht, das immerhin im Bereich des heutigen Sudan und Äthiopien liegt, also in Afrika. Dafür hätte es seit damals schon eine recht abenteuerliche Kontinentalverschiebung geben müssen. Wenn wir jedoch die Dreifachkreuzstruktur betrachten, dann gehen von der mittleren Position tatsächlich vier Wege aus, die wir zum Teil über die Symbolik und zum Teil auch über die Geografie zuordnen können:

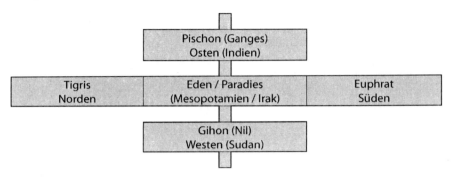

Den ersten Strom Pischon und das Land Hawila kann man geografisch nicht direkt zuordnen. Da es aber in diesem Bereich die schönsten Dinge gibt, handelt es sich ganz offensichtlich um eine höhere Welt, die auf alten Landkarten entsprechend oben im Osten liegen würde. Somit könnte es sich beim Pischon (Pison) eventuell um den Indus in Pakistan handeln oder auch um den Ganges in Indien. Flavius Josephus erklärt in seinem Buch „Jüdische Altertümer" (Buch 1, Kapitel 1, Absatz 3), dass der „Phison" von den Griechen „Ganges" genannt wird. Kusch liegt in Afrika südlich von Ägypten, und so kann es sich beim Gihon eigentlich nur um den Nil handeln – was auch von Flavius Josephus bestätigt wird. Von Mesopotamien aus liegt der Nil im Westen bis Südwesten. Für eine symbolische Zuordnung von Euphrat und Tigris habe ich im Text nicht genug Anhaltspunkte gefunden, aber bei einem Blick auf die Landkarte des Zweistromlandes zeigt sich, dass man in den meisten Fällen auf den Trigris stößt, wenn man in Mesopotamien nach Norden geht, und dass man in vielen Fällen auf den Euphrat stößt, wenn man nach Süden geht.

Zwei Entwicklungsmöglichkeiten, die es im Paradies nicht gibt

1. Mose 2,15: Und Gott der HERR (JHVH Elohim) nahm den Menschen und setzte ihn in den Garten Eden, dass er ihn bebaute und bewahrte. 2,16: Und Gott der HERR (JHVH Elohim) gebot dem Menschen und sprach: Du darfst essen von allen Bäumen im Garten, 2,17: aber von dem Baum der Erkenntnis des Guten und Bösen sollst du nicht essen; denn an dem Tage, da du von ihm issest, musst du des Todes sterben.

Und Gott der Herr gab dem Menschen alle Möglichkeiten zur Entwicklung. Doch zwei Möglichkeiten blieben dem Menschen im Paradies versperrt:

    1.) die Rückkehr zur geistigen Ebene (über den Baum des Lebens) und
    2.) der Weg zur Erkenntnis der guten und bösen Konsequenzen

Um Gut und Böse erkennen zu können, müsste der Mensch voll und ganz in die materielle Welt eintauchen, denn nur dort kann man die Konsequenzen erkennen. Er müsste dafür sein Leben im Paradies aufgeben. Der Übergang vom Paradies in die materielle Welt wäre aus der Perspektive des Paradieses wie ein Tod.

Die Aufspaltung in Vernunftsseele (Adam) und Empfindungsseele (Eva)

1. Mose 2,18: Und Gott der HERR (JHVH Elohim) sprach: Es ist nicht gut, dass der Mensch allein sei; ich will ihm eine Gehilfin machen, die um ihn sei.

Und Gott der Herr sprach: Der Mensch soll einen weiteren Seelenanteil bekommen. Adam und Eva sind nicht wirklich als zwei Menschen zu betrachten, sondern als die zwei Seiten der Seele – als Vernunftsseele und Empfindungsseele.

1. Mose 2,19: Und Gott der HERR (JHVH Elohim) machte aus Erde alle die Tiere auf dem Felde und alle die Vögel unter dem Himmel und brachte sie zu dem Menschen, dass er sähe, wie er sie nennte; denn wie der Mensch jedes Tier nennen würde, so sollte es heißen. 2,20: Und der Mensch gab einem jeden Vieh und Vogel unter dem Himmel und Tier auf dem Felde seinen Namen; aber für den Menschen ward keine Gehilfin gefunden, die um ihn wäre.

Aus der wörtlichen Interpretation ergäbe sich folgende amüsante Frage: Wurde hier ernsthaft überlegt, Adam statt einer Frau ein Tier zu geben? Und wurde ihm schließlich doch eine Frau gegeben, weil sich kein passendes Tier gefunden hat? Die Vögel als Bewohner der Luft symbolisieren die geistige Ebene und die Tiere des Feldes die körperliche Ebene. Die Gehilfin wurde weder in dem einen noch in dem anderen Bereich gefunden. Die Empfindungsseele gehört also weder der

Luft-Ebene noch der Erd-Ebene an. Daraus folgt: Die Empfindungsseele entstammt der Ebene des Wassers – ebenso wie auch die Vernunftsseele.

Eva aus der „Rippe"

Die drei Schichten vor der Teilung:

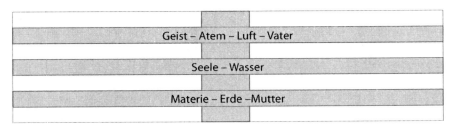

1. Mose 2,21: Da ließ Gott der HERR (JHVH Elohim) einen tiefen Schlaf fallen auf den Menschen, und er schlief ein. Und er nahm eine seiner Rippen und schloss die Stelle mit Fleisch. 2,22: Und Gott der HERR (JHVH Elohim) baute ein Weib aus der Rippe, die er von dem Menschen nahm, und brachte sie zu ihm.

Das Dreifachkreuz sieht aus wie eine Wirbelsäule mit drei Rippenpaaren. Somit ist Eva (die Empfindungsseele) tatsächlich eine „Rippe" der Gesamtstruktur.

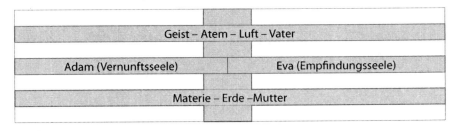

1. Mose 2,23: Da sprach der Mensch: Das ist doch Bein von meinem Bein und Fleisch von meinem Fleisch; man wird sie Männin nennen, weil sie vom Manne genommen ist. 2,24: Darum wird ein Mann seinen Vater und seine Mutter verlassen und seinem Weibe anhangen, und sie werden sein ein Fleisch.

Der Mensch begann, sich mit seiner seelischen Ebene zu identifizieren. Er identifiziert sich nicht mehr mit seinem geistigen/spirituellen Anteil (Vater) und auch nicht mehr mit seinem materiellen Körper (Mutter). Der Mensch sieht sich weder als Teil des Geistes noch als Teil der Materie, sondern hauptsächlich als eine eigenständige Seele.

1. Mose 2,25: Und sie waren beide nackt, der Mensch und sein Weib, und schämten sich nicht.

Der Mensch war sich in dieser Situation seiner eigenen Schutzlosigkeit noch nicht bewusst.

3. Kapitel

1. Mose 3,1: Aber die Schlange war listiger als alle Tiere auf dem Felde, die Gott der HERR (JHVH Elohim) gemacht hatte, und sprach zu dem Weibe: Ja, sollte Gott gesagt haben: ihr sollt nicht essen von allen Bäumen im Garten? 3,2: Da sprach das Weib zu der Schlange: Wir essen von den Früchten der Bäume im Garten; 3,3: aber von den Früchten des Baumes mitten im Garten hat Gott gesagt: Esset nicht davon, rühret sie auch nicht an, dass ihr nicht sterbet!

Die Schlange ist ein Symbol für Weisheit und Erkenntnis. Das Streben nach Erkenntnis erwacht im Menschen, und er muss entscheiden, ob er den „Tod" um der Erkenntnis willen in Kauf nehmen will. Die Begierde geht dabei von der Empfindungsseele aus – vom weiblichen Seelenanteil. In den allermeisten Fällen ist es tatsächlich nicht die Vernunft, die zu uns sagt: „Lass uns eine neue Erfahrung machen!", sondern das innere Empfinden drängt uns zu einer Entwicklung, und so machen wir zwangsläufig eine Erfahrung, auch wenn wir das eigentlich gar nicht so geplant hatten.

1. Mose 3,4: Da sprach die Schlange zum Weibe: Ihr werdet keineswegs des Todes sterben, 3,5: sondern Gott weiß: an dem Tage, da ihr davon esset, werden eure Augen aufgetan, und ihr werdet sein wie Gott und wissen, was gut und böse ist.

Wenn die Seele in die materielle Welt absteigt, so ist das tatsächlich kein wirklicher Tod, sondern eine Möglichkeit zur Entwicklung. In der materiellen Welt kann man die Konsequenzen von allen Taten erleben und an diesen Konsequenzen kann man erkennen, was gut und böse ist. Die Schlange hat hier also vollkommen Recht.

1. Mose 3,6: Und das Weib sah, dass von dem Baum gut zu essen wäre und dass er eine Lust für die Augen wäre und verlockend, weil er klug machte.

Die neuen Erfahrungen sind natürlich zunächst eine enorme Bereicherung. Sie machen Lust auf mehr. Die Probleme und Konsequenzen sind am Anfang einer Entwicklung oftmals noch nicht erkennbar.

Und sie nahm von der Frucht und aß und gab ihrem Mann, der bei ihr war, auch davon, und er aß. 3,7: Da wurden ihnen beiden die Augen aufgetan, und sie wurden gewahr, dass sie nackt waren ...

Die Empfindungsseele zieht den Vernunftsanteil mit in die materielle Welt. Der Mensch ist nun zur Erkenntnis fähig. Aber er erkennt auch, dass nichts und niemand ihn hier in der materiellen Welt beschützt. Er ist nun komplett auf sich allein gestellt. Dieses Empfinden der eigenen Schutzlosigkeit wird durch die Nacktheit symbolisiert.

... und flochten Feigenblätter zusammen und machten sich Schurze.

Die Blätter der Bäume schützen die Menschen. Da die Bäume symbolisch für die Entwicklungen stehen, kann man diese Symbolik so übersetzen, dass der Mensch den Zustand der Schutzlosigkeit überwindet, indem er gewisse Entwicklungen benutzt. Er entwickelt Techniken und Werkzeuge, um sich selbst zu schützen.

1. Mose 3,8: Und sie hörten Gott den HERRN (JHVH Elohim), wie er im Garten ging, als der Tag kühl geworden war. Und Adam versteckte sich mit seinem Weibe vor dem Angesicht Gottes des HERRN (JHVH Elohim) unter den Bäumen im Garten.

Durch die Hinwendung zur Materie hat sich der Mensch vom Feuer des Geistes entfernt. (Der Tag war kühl geworden.) Durch die Entwicklung entfernt sich der Mensch nun noch weiter vom Göttlichen. (Der Mensch versteckte sich unter den Bäumen.)

1. Mose 3,9: Und Gott der HERR (JHVH Elohim) rief Adam und sprach zu ihm: Wo bist du? 3,10: Und er sprach: Ich hörte dich im Garten und fürchtete mich; denn ich bin nackt, darum versteckte ich mich. 3,11: Und er sprach: Wer hat dir gesagt, dass du nackt bist? Hast du nicht gegessen von dem Baum, von dem ich dir gebot, du solltest nicht davon essen? 3,12: Da sprach Adam: Das Weib, das du mir zugesellt hast, gab mir von dem Baum, und ich aß. 3,13: Da sprach Gott der HERR (JHVH Elohim) zum Weibe: Warum hast du das getan? Das Weib sprach: Die Schlange betrog mich, so dass ich aß. 3,14: Da sprach Gott der HERR (JHVH Elohim) zu der Schlange: Weil du das getan hast, seist du verflucht, verstoßen aus allem Vieh und allen Tieren auf dem Felde. Auf deinem Bauche sollst du kriechen und Erde fressen dein Leben lang. 3,15: Und ich will Feindschaft setzen zwischen dir und dem Weibe und zwischen deinem Nachkommen und ihrem Nachkommen; der soll dir den Kopf zertreten, und du wirst ihn in die Ferse stechen.

Und Gott der Herr sagte über die Erkenntnis (= Schlange), dass sie von nun an in der Materie (= Erde) zu finden sei. Sie musste nun auf dem „Boden" kriechen. Die Auseinandersetzung mit der Materie ist ein sehr leidvoller Prozess, was in erster Linie die Empfindungsseele zu spüren bekommt. Dieses „Auseinandersetzen" wird als Feindschaft versinnbildlicht.

1. Mose 3,16: Und zum Weibe sprach er: Ich will dir viel Mühsal schaffen, wenn du schwanger wirst; unter Mühen sollst du Kinder gebären.

Und zur Empfindungsseele sagte er: Du wirst viel Mühsal haben und deine emotionalen Reifungsprozesse sollst du dir mit Mühe erarbeiten. Das, was die Empfindungsseele hervorbringt/gebiert und was sich mit der Zeit entwickelt, kann man als „emotionale Reifungsprozesse" bezeichnen.

Und dein Verlangen soll nach deinem Manne sein, aber er soll dein Herr sein.

Die Seele des Menschen strebt nach dem Geistigen und sollte sich von der Vernunft leiten lassen.

1. Mose 3,17: Und zum Manne sprach er: Weil du gehorcht hast der Stimme deines Weibes und gegessen von dem Baum, von dem ich dir gebot und sprach: Du sollst nicht davon essen – verflucht sei der Acker um deinetwillen! Mit Mühsal sollst du dich von ihm nähren dein Leben lang. 3,18: Dornen und Disteln soll er dir tragen, und du sollst das Kraut auf dem Felde essen. 3,19: Im Schweiße deines Angesichts sollst du dein Brot essen, bis du wieder zu Erde werdest, davon du genommen bist. Denn du bist Erde und sollst zu Erde werden.

Und zum Vernunftsanteil sprach er: Weil du mit der Empfindungsseele verbunden bist, wird auch deine Entwicklung mühsam sein und sich nur in kleinen Schritten vollziehen, denn ab jetzt bist du ein materielles Wesen.

Die Bäume, welche die höheren und komplexeren Entwicklungsmöglichkeiten symbolisieren, haben nun Dornen. Und das niedrig wachsende Kraut, welches die geringen Entwicklungsmöglichkeiten symbolisiert, ist ab jetzt die Nahrung für den Menschen. Kleine Entwicklungen sind möglich, aber die großen Entwicklungsmöglichkeiten werden nun deutlich schwieriger.

1. Mose 3,20: Und Adam nannte sein Weib Eva; denn sie wurde die Mutter aller, die da leben. 3,21: Und Gott der HERR machte Adam und seinem Weibe Röcke von Fellen und zog sie ihnen an.

Die Röcke aus Fell versinnbildlichen, dass der Mensch nach außen hin wie ein Tier geworden ist. Unser Körper, mit dem wir „eingekleidet" sind, stammt aus dem Tierreich. Er ist das Ergebnis der biologischen Evolution.
Evolutionslehre und Schöpfungsbericht sind also keine Gegensätze. Sie ergänzen sich. Während die Evolutionslehre die biologische Entwicklung des Menschen beschreibt, zeigt uns die Schöpfungsgeschichte den geistigen bzw. seelischen Einfluss. An dieser Stelle kreuzen sich beide Wege. Die Seele wird mit dem Körper eines Tieres eingekleidet.

1. Mose 3,22: Und Gott der HERR sprach (JHVH Elohim): Siehe, der Mensch ist geworden wie unsereiner und weiß, was gut und böse ist. Nun aber, dass er nur nicht ausstrecke seine Hand und breche auch von dem Baum des Lebens und esse und lebe ewiglich! 3,23: Da wies ihn Gott der HERR (JHVH Elohim) aus dem Garten Eden, dass er die Erde bebaute, von der er genommen war. 3,24: Und er trieb den Menschen hinaus und ließ lagern vor dem Garten Eden die Cherubim mit dem flammenden, blitzenden Schwert, zu bewachen den Weg zu dem Baum des Lebens.

Der Garten Eden liegt im Osten von Eden, also im oberen Bereich (= Ebene 4). Aus diesem Garten wird der Mensch vertrieben. Diese Vertreibung entspricht einem Abstieg von Ebene 4 auf Ebene 3 (Position Erde).

7	geistige Ebene			
6				
5	Vorhang			
4	Eden		der Mensch vor der Vertreibung (Garten / Paradies)	
3			der Mensch nach der Vertreibung (Eden)	
2	materielle Ebene		Land Nod (jenseits von Eden)	
1				

Nun muss der Mensch seine Probleme in der Materie allein meistern. Es ist noch nicht ganz die materielle Welt, so wie wir sie kennen, sondern nur der materielle Teil von Eden. Aber auch dort ist das Leben schon ziemlich hart. Gäbe es für den Menschen einen Rückweg in die paradiesische Welt, so würde er diesen Rückweg sicherlich sofort nehmen, um all den irdischen Problemen wieder entfliehen zu können. Aber dieser Weg wird ihm versperrt. Die geistige Ebene ist für den Menschen nicht mehr zugänglich, weil dessen Denken nun auf die materielle Welt ausgerichtet ist.

Das „flammende Schwert" steht für das inspirierte Denken – im Gegensatz zum Schwert Excalibur, das im Stein steckt, also im Gegensatz zu einem Denken, das im Materiellen feststeckt. Erst über das inspirierte Denken erhält man wieder einen Zugang zur paradiesischen Ebene und zum Baum des Lebens.

4. Kapitel

Kain und Abel

1. Mose 4,1: Und Adam erkannte sein Weib Eva, und sie ward schwanger und gebar den Kain und sprach: Ich habe einen Mann gewonnen mit Hilfe des HERRN (JHVH). 4,2: Danach gebar sie Abel, seinen Bruder. Und Abel wurde ein Schäfer, Kain aber wurde ein Ackermann.

Der Name des Erstgeboren Kain bedeutet „Besitz", aber auch „Schmied", und Abel bedeutet „Atem des Lebens". Ackerbauern und Hirten gehen ganz unterschiedlich mit dem Land um – also mit der Erde. Und dieser Unterschied wird durch die beiden Brüder thematisiert. Ein Ackerbauer „besitzt" das Land, das er bebaut – im Gegensatz zu den Hirten, die damals als Nomaden lebten und das Land nicht besaßen – die zum Teil gar nicht auf die Idee gekommen wären, dass man Land überhaupt besitzen kann. Darüber hinaus gräbt der Ackerbauer IN der Erde und der Hirte treibt die Herden ÜBER die Erde. Auch das Metall, das ein Schmied bearbeitet, stammt aus der Erde.

Mit Kain und der Vertreibung aus dem Paradies wechselt auch der Gottesname zu JHVH. Der materielle Aspekt von Kain wird auch dadurch betont, dass er mit Hilfe von JHVH (dem materiellen Aspekt Gottes) „gewonnen" wurde.

Während Kain das materielle Streben symbolisiert, steht Abel für das spirituelle Streben. Er ist nicht von JHVH gewonnen, sondern von Elohim. Das wird zwar an dieser Stelle nicht ausdrücklich betont, aber später finden wir den Hinweis, dass Elohim einen anderen Sohn für den gestorbenen Abel gab.

1. Mose 4,25: ... denn Gott (Elohim) hat mir, sprach sie, einen andern Sohn gegeben für Abel ...

Die Elohim-JHVH-Polarität bzw. die Geist-Materie-Polarität finden wir also in gleicher Weise bei den Geschwistern Abel und Kain wieder.

1. Mose 4,3: Es begab sich aber nach etlicher Zeit, dass Kain dem HERRN (JHVH) Opfer brachte von den Früchten des Feldes. 4,4: Und auch Abel brachte von den Erstlingen seiner Herde und von ihrem Fett. Und der HERR (JHVH) sah gnädig an Abel und sein Opfer, 4,5: aber Kain und sein Opfer sah er nicht gnädig an.

Beide, das Streben nach Besitz und auch das Streben nach dem Geistigen präsentieren, was sie hervorbringen. Das Streben nach dem Geistigen wird von Gott belohnt, aber nicht die Anhäufung von Besitz.

Da ergrimmte Kain sehr und senkte finster seinen Blick. 4,6: Da sprach der HERR zu Kain: Warum ergrimmst du? Und warum senkst du deinen Blick? 4,7: Ist's nicht also? Wenn du fromm bist, so kannst du frei den Blick erheben. Bist du aber nicht fromm, so lauert die Sünde vor der Tür, und nach dir hat sie Verlangen; du aber herrsche über sie. 4,8: Da sprach Kain zu seinem Bruder Abel: Lass uns aufs Feld gehen! Und es begab sich, als sie auf dem Felde waren, erhob sich Kain wider seinen Bruder Abel und schlug ihn tot.

Das materielle Streben nach Besitz und Revier verdrängte im Laufe der Entwicklung das geistige Streben.

1. Mose 4,9: Da sprach der HERR (JHVH) zu Kain: Wo ist dein Bruder Abel? Er sprach: Ich weiß nicht; soll ich meines Bruders Hüter sein? 4,10: Er aber sprach: Was hast du getan? Die Stimme des Blutes deines Bruders schreit zu mir von der Erde.

Es ist der Zustand des Materie-verhafteten Menschen, der sich nicht mehr um seelische oder geistige Dinge kümmert. Aber tief in ihm schreit etwas, auch wenn er es nicht mehr hört.

Die Vertreibung von Kain

1. Mose 4,11: Und nun: Verflucht seist du auf der Erde, die ihr Maul hat aufgetan und deines Bruders Blut von deinen Händen empfangen. 4,12: Wenn du den Acker bebauen wirst, soll er dir hinfort seinen Ertrag nicht geben.

Wenn man des Geistige und das Seelische verdrängt, dann bringt auch die Beschäftigung mit der Materie keinen geistigen Ertrag.

Unstet und flüchtig sollst du sein auf Erden.

Der Mensch ist nun ein „Getriebener". Materielle Notwendigkeiten, logische Sachzwänge, Leid und Leidenschaften treiben ihn an und bestimmen sein Handeln.

1. Mose 4,13: Kain aber sprach zu dem HERRN (JHVH): Meine Strafe ist zu schwer, als dass ich sie tragen könnte. 4,14: Siehe, du treibst mich heute vom Acker, und ich muss mich vor deinem Angesicht verbergen und muss unstet und flüchtig sein auf Erden. So wird mir's gehen, dass mich totschlägt, wer mich findet. 4,15: Aber der HERR (JHVH) sprach zu ihm: Nein, sondern wer Kain totschlägt, das soll siebenfältig gerächt werden. Und der HERR (JHVH) machte ein Zeichen an Kain, dass ihn niemand erschlüge, der ihn fände. 4,16: So ging Kain hinweg von dem Angesicht des HERRN und wohnte im Lande Nod, jenseits von Eden, gegen Osten.

Kain ist nun aus seiner alten Heimat, der paradiesischen Ebene, vollkommen vertrieben und lebt nun auf der anderen Seite – in der materiellen Welt.
Es wurde in der Literatur schon viel darüber spekuliert, was für ein „Zeichen" es sei, das an Kain gemacht wurde. Sehr wahrscheinlich handelt es sich dabei um ein „Tau-Kreuz" – ein uraltes Heilssymbol, das wie ein großes „T" aussieht.

Auch bei Hesekiel wird ein solches Zeichen erwähnt, das die Menschen davor beschützt, erschlagen zu werden:

> *Hes. 9,6: Erschlagt Alte, Jünglinge, Jungfrauen, Kinder und Frauen, schlagt alle tot; aber die das Zeichen an sich haben, von denen sollt ihr keinen anrühren.*

In machen Übersetzungen wird an dieser Stelle das Tau direkt erwähnt, z. B. in der Interlinearübersetzung von Rita Maria Steurer.
Wenn wir bei Kain ein Tau einzeichnen, dann wird damit auch die materielle Ebene (1+2) strukturiert. Nun ist das Dreifachkreuz komplett:

7		
6		
5		
4		
3		
2	Kain im Land Nod	
1		

Die Vertreibung am siebten Tag auf Ebene 2 setzt das bisherige Schema im Schöpfungsplan fort:

7	geistige Ebene		Atem Gottes	
6		Wasser	Wasser-Erde-Trennung am **3. Tag**	Erde
5	Vorhang	Mond	Sonne-Mond-Polarität auf der Ebene der Barriere am **4. Tag**	Sonne
4	paradiesische Ebene	Wasser-Tiere	Luft-Wasser-Polarität am **5. Tag**	Luft-Tiere
3			Erd-Tiere am **6. Tag**	
2	materielle Ebene		Kain im Land Nod **7. Tag**	
1				

Mit dieser esoterischen Deutung der Genesis ist nun zweifelsfrei bewiesen, dass die Dreifachkreuz-Symbolik, so wie sie im zweten Teil dieses Buches dargestellt wurde, in ihren zentralen Grundaussagen tatsächlich weitgehend der ursprünglichen jüdischen Geheimlehre entspricht. Und das gilt im Besonderen für die Herleitung des Dreifachkreuzes über die Vier-Elemente-Lehre und für das entsprechende Polaritätsschema. Damit ist nun zumindest ein Teil von dem ursprünglichen esoterischen Wissen wiedergefunden, das im Laufe der Jahrtausende verloren gegangen war.

Ich sage dabei ganz bewusst: *„in ihren zentralen Grundaussagen"*, denn was die Details betrifft, so ist es durchaus möglich, dass hier und da tatsächlich noch ein paar kleinere Fehler verborgen sind. Das möchte ich nicht ausschließen.

Wegen der Ähnlichkeiten zwischen dem Dreifachkreuz und dem kabbalistischen Lebensbaum ist weiterhin auch bewiesen, dass die kabbalistische Lehre tatsächlich auf einem sehr alten Geheimwissen basiert, das auch schon den Autoren des alten Testaments bekannt war. Die Kabbala ist also ganz sicher nicht erst im Mittelalter entstanden.

Die Ahnenreihe von Kain bis Lamech

1. Mose 4,17: Und Kain (2) erkannte sein Weib (1); die ward schwanger und gebar den Henoch (3). Und er baute eine Stadt, die nannte er nach seines Sohnes Namen Henoch. 4,18: Henoch aber zeugte Irad (4), Irad zeugte Mehujaël (5), Mehujaël zeugte Metuschaël (6), Metuschaël zeugte Lamech (7).

Den Familienstammbaum kann man in zwei Abschnitte aufteilen. Bis zu diesem Punkt handelt es sich um eine fortlaufende sechsstufige Ahnenkette ohne irgendwelche Seitenzweige. Kain war in das Land Nod verbannt worden. Das entspricht Ebene 2 im Dreifachkreuz.

Aus dem nachfolgenden Teil wird deutlich, dass wir Lamech auf eine geistige Ebene positionieren müssen. Die Dreiheit von Lamech und seinen zwei Frauen erinnert an die Dreiheit Geist-Seele-Körper. Somit kann dieser erste Teil der Ahnenkette als ein sechsstufiger Aufstieg von der materiellen zur geistigen Ebene interpretiert werden.

Kain wendet sich der Ebene zu, die unter ihm liegt (er erkennt sein Weib) und zeugt die erste Erkenntnis, die zum Aufstieg führt.

7		Lamech	
6		Metuschaël	
5.		Mehujaël	
4		Irad	
3		Henoch	
2		Kain	
1		Kains Weib	

Im Prinzip ist die Ahnenreihe an dieser Stelle wie eine Art „Checksumme". Sie zeigt uns, dass wir uns im Ebenen-Schema nicht verzählt haben.

Die Nachkommen von Lamech

1. Mose 4,19: Lamech aber nahm zwei Frauen, eine hieß Ada, die andere Zilla. 4,20: Und Ada gebar Jabal; von dem sind hergekommen, die in Zelten wohnen und Vieh halten. 4,21: Und sein Bruder hieß Jubal; von dem sind hergekommen alle Zither- und Flötenspieler. 4,22: Zilla aber gebar auch, nämlich den Tubal-Kain; von dem sind hergekommen alle Erz- und Eisenschmiede. Und die Schwester des Tubal-Kain war Naama.

	Lamech		geistige Ebene
Jubal	Ada (erste Frau)	Jabal	seelische Ebene
Naama	Zilla (zweite Frau)	Tubal-Kain	materielle Ebene

Der Hirte Jabal steht für die Vernunftsseele. Er hat denselben Beruf wie Abel. Der musikalische Jubal steht für die Empfindungsseele. Tubal-Kain erinnert an Kain, und so dürfte es auch hier um Besitzstreben gehen. Naama bedeutet auf Hebräisch „angenehm".
Die seelische Ebene ist von Vernunft und Empfinden geprägt.
Auf der materiellen Ebene gibt es ein Streben nach Besitz und Annehmlichkeiten.
In diesem Teil des Familienstammbaums wird uns also ein ganz stark vereinfachtes Ebenen-Modell vermittelt. Lamech, der selbst den Aufstieg geschafft hat und das Ebenen-Modell überblickt, kann uns nun das Ebenen-Modell mit den Polaritäten vermitteln.

Lamech

1. Mose 4,23: Und Lamech sprach zu seinen Frauen: Ada und Zilla, höret meine Rede, ihr Weiber Lamechs, merkt auf, was ich sage: Einen Mann erschlug ich für meine Wunde und einen Jüngling für meine Beule. 4,24: Kain soll siebenmal gerächt werden, aber Lamech siebenundsiebzigmal.

Beulen hat man üblicherweise am Kopf, was ein Hinweis auf die geistige Ebene ist. Und von einer Wunde spricht man, solange die Verletzung blutet. Das Blut steht wiederum für das Seelische.

Wie jeder andere Mensch, so hat auch Lamech einen zweifachen Tod durchgemacht bzw. einen zweifachen Abstieg. Die Beule steht für den Abstieg von der geistigen Ebene. Hierbei „starb" Lamech – der geistige Anteil. Die Wunde steht für den Abstieg von der seelischen/paradiesischen Ebene, die in der Paradies-Geschichte von Kain versinnbildlicht wird.

Lamech hat aber auch beide Tode gerächt – er ist geistig aufgestiegen und hat beide Abstiege wieder gutgemacht. Diese zweifache Wiedergutmachung wird durch eine zweifache Rache symbolisiert. Für den Wiederaufstieg zur seelischen Ebene musste er sein Materie-orientiertes Tagesbewusstsein überwinden. Das ist der „Mann", den er erschlagen musste. Für den Aufstieg von der seelischen Ebene zur geistigen Ebene musste er aber auch noch einen Kampf mit einem etwas zarteren Anteil führen, mit dem Knaben.

Der Wiederaufstieg zur höchsten seelischen Stufe wird üblicherweise mit einem sieben-stufigen Schema dargestellt. Wenn man jedoch bis zur höchsten geistigen Stufe gelangen möchte, muss man zusätzlich noch auf einer höheren Ebene sieben Stufen aufsteigen. Also kommen zu den sieben Stufen auf der seelischen Ebene noch einmal sieben Stufen auf einer höheren/geistigen Ebene hinzu. Die siebenundsiebzig ist eine Sieben und eine weitere Sieben auf einer höheren Ebene.

Aufstieg zur höchsten geistigen Stufe	7. Stufe auf der geistigen Ebene	70
	6. Stufe auf der geistigen Ebene	60
	5. Stufe auf der geistigen Ebene	50
	4. Stufe auf der geistigen Ebene	40
	3. Stufe auf der geistigen Ebene	20
	2. Stufe auf der geistigen Ebene	20
	1. Stufe auf der geistigen Ebene	10
Aufstieg zur höchsten seelischen Stufe	7. Stufe auf der seelischen Ebene	7
	6. Stufe auf der seelischen Ebene	5
	5. Stufe auf der seelischen Ebene	5
	4. Stufe auf der seelischen Ebene	4
	3. Stufe auf der seelischen Ebene	3
	2. Stufe auf der seelischen Ebene	2
	1. Stufe auf der seelischen Ebene	1

Nachdem vorher das siebenstufige Schema des Dreifachkreuzes hergeleitet wurde, wird hier nun gezeigt, dass sowohl die seelische als auch die geistige Ebene wiederum jeweils in sieben Stufen unterteilt sind. Wie im Großen, so im Kleinen.

1. Mose 4,25: Adam erkannte abermals sein Weib, und sie gebar einen Sohn, den nannte sie Set; denn Gott (Elohim) hat mir, sprach sie, einen andern Sohn gegeben für Abel, den Kain erschlagen hat. 4,26: Und Set zeugte auch einen Sohn und nannte ihn Enosch. Zu der Zeit fing man an, den Namen des HERRN (JHVH) anzurufen.

Set ist von Elohim gegeben. Er symbolisiert einen höheren, spirituellen Anteil, der im Menschen zu wirken beginnt, einen Anteil, der die geistigen Strukturen erkennen kann und der nach dem Höheren strebt.
Das spirituelle Streben erwachte im Menschen, doch in dieser Phase fing man an, den Herrn der Materie JHVH als Gott anzurufen – nicht Elohim!

Der Turmbau zu Babel

1. Mose 11: Es hatte aber alle Welt einerlei Zunge und Sprache. Als sie nun nach Osten zogen, fanden sie eine Ebene im Lande Schinar und wohnten daselbst. Und sie sprachen untereinander: Wohlauf, lasst uns Ziegel streichen und brennen! – und nahmen Ziegel als Stein und Erdharz als Mörtel und sprachen: Wohlauf, lasst uns eine Stadt und einen Turm bauen, dessen Spitze bis an den Himmel reiche, damit wir uns einen Namen machen; denn wir werden sonst zerstreut in alle Länder. Da fuhr der HERR hernieder, dass er sähe die Stadt und den Turm, die die Menschenkinder bauten. Und der HERR sprach: Siehe, es ist einerlei Volk und einerlei Sprache unter ihnen allen, und dies ist der Anfang ihres Tuns; nun wird ihnen nichts mehr verwehrt werden können von allem, was sie sich vorgenommen haben zu tun. Wohlauf, lasst uns herniederfahren und dort ihre Sprache verwirren, dass keiner des andern Sprache verstehe! So zerstreute sie der HERR von dort in alle Länder, dass sie aufhören mussten, die Stadt zu bauen. Daher heißt ihr Name Babel, weil der HERR daselbst verwirrt hat aller Länder Sprache und sie von dort zerstreut hat in alle Länder.

Allgemein wird die Geschichte vom Turmbau zu Babel so gedeutet, dass Gott die Menschen mit der Sprachverwirrung für ihren Hochmut gestraft hätte. Aus esoterischer Sicht lässt sich dieser Text jedoch auch ganz anders deuten: **Gott gibt den Menschen die Freiheit, und dadurch entwickelten sich die Weltbilder auseinander.** Die „Sprachverwirrung" wäre demnach keine „Strafe", sondern eine Konsequenz aus der Freiheit, die wir haben.

In der Symbolik und im Sprachgebrauch finden wir häufig einen Zusammenhang zwischen Bauwerken und Weltbildern. Wenn wir diese typische Haus-Symbolik auf die Geschichte vom Turmbau zu Babel anwenden, so geht es hier um ein Gedankengebäude, das bis zum Himmel reicht – also um ein religiöses Weltbild, durch das man in höhere, geistige Bereiche vordringen kann.

Es hatte aber alle Welt einerlei Zunge und Sprache.

Wo in der revidierten Luther-Bibel „Welt" steht, finden wir im hebräischen Original das Wort Erde (hâ-'âräz), und so heißt der Text in der wörtlichen Übersetzung:

Und es war aller Erde Sprache eine und Reden einerlei.
(zitiert nach: http://12koerbe.de/hanumans/genes-11.htm)

Das „Irdische" der Sprache steht hier in einem Gegensatz zu den „überirdischen" bzw. geistigen Bereichen, zu denen man durch das Gedankengebäude emporsteigen kann. Solange die Menschen über das „Irdische" reden – solange sie mit der Sprache „auf der Erde" bleiben, gibt es keine größeren Schwierigkeiten. Hier sprechen die Menschen so, dass einer den anderen versteht, denn die irdischen Begriffe beziehen sich auf Dinge, die alle Menschen sehr ähnlich erfahren. Selbst bei unterschiedlichen Landessprachen hält sich hier die Begriffsverwirrung noch sehr in Grenzen. Doch während man Aussagen über „irdische Dinge" noch verhältnismäßig einfach von einer Landessprache in eine andere übersetzen kann, fällt es schon deutlich schwerer, Ideen aus einem Weltbild in der Sprache einer anderen Kultur auszudrücken. Gerade bei religiösen und geistigen Dingen passiert es recht häufig, dass man aneinander vorbei redet. Immaterielle und abstrakte Begriffe wie Gott, Geist, Seele usw. sind eben nicht so klar und eindeutig definierbar wie Stuhl, Tisch, Bett und die anderen Dinge in unserer materiellen Welt, die wir sehen und anfassen können. So kommt es bei der Diskussion über die höheren, geistigen Dinge sehr viel schneller zu einer „Sprachverwirrung".

Als sie nun nach Osten zogen ...

Die Himmelsrichtung „Osten" ist in der biblischen Symbolik häufig ein Hinweis auf eine höhere, geistige Ebene. Doch gerade bei diesem Hinweis auf Osten unterscheiden sich die Bibelübersetzungen ganz erheblich:

Luther-Bibel in der revidierten Fassung von 1984:
„Als sie nun nach Osten zogen, fanden sie eine Ebene im Lande Schinar."

Einheitsübersetzung:
„Als sie von Osten aufbrachen, fanden sie eine Ebene im Lande Schinar."

Elberfelder Bibel:
„Und es geschah, als sie von Osten aufbrachen, da fanden sie eine Ebene im Land Schinar."

Aus dem Zusammenhang kann man schlussfolgern, dass die Menschen von Osten (= oben) kamen und in die materielle Welt hinabgestiegen sind. Nun wollen sie sich wieder den „höheren" Dingen zuwenden.

Und sie sprachen untereinander: Wohlauf, lasst uns Ziegel streichen und brennen! – und nahmen Ziegel als Stein und Erdharz als Mörtel ...

Der Baustoff „Erdharz" wird heute als „Bitumen" oder als „Naturasphalt" bezeichnet und wird normalerweise zum Straßenbau und zum Abdichten von Bauwerken verwendet. Bei einem normalen Gebäude würde der Hinweis auf Ziegel und Naturasphalt kaum auffallen. Doch was bedeuten diese Baumaterialien, wenn es um die Errichtung eines „Gedankengebäudes" geht?

Ziegel bestehen aus Lehm oder Ton – also aus etwas Irdischem –, und sie werden im „Feuer" gebrannt. Das Feuer verwandelt die weiche „Erde" in etwas Haltbares und Dauerhaftes. Diesen Aspekt der Verwandlung von etwas „Vergänglichem" in etwas „Dauerhaftes" finden wir auch beim „Erdharz".

Das Wort Mumie dürfte vom arabischen mumiyah abgeleitet sein, was Bitumen bedeutet. Man glaubte lange Zeit, dass die Ägypter ihre Mumien mittels Bitumen konservierten, doch die schwarze Masse, die man gefunden hatte, waren nur die verwendeten Öle und Harze, die sich im Laufe der Jahrtausende verändert hatten.

(Quelle: http://de.wikipedia.org/wiki/Mumie)

Auch bei der Mumifizierung wird ein „vergänglicher" Körper in etwas Unvergängliches gewandelt. Wenn wir bei der Beobachtung der „vergänglichen" Natur ein allgemeines Prinzip erkennen, so ist dieses erkannte Prinzip selbst „unvergänglich". In diesem Sinne verwandelt auch der Erkenntnisprozess etwas Vergängliches in etwas Unvergängliches. Diese geistig verwandelte Naturerkenntnis könnte der „geistige Baustoff" sein, aus dem der Turm zu Babel errichtet wurde.

Wohlauf, lasst uns eine Stadt und einen Turm bauen, dessen Spitze bis an den Himmel reiche ...

Während der Turm bis zum „Himmel" reichen soll, besteht die Stadt aus kleineren „Gedankengebäuden". Die Stadt ist in diesem Kontext ein Gleichnis für die „äußere (exoterische) Kultur", die sich um das große Gedankengebäude entwickelt.
Im Text fällt jedoch etwas auf: Anfangs werden Stadt UND Turm erwähnt. In der Mitte ist wieder von Stadt UND Turm die Rede, als der Herr hernieder fuhr, um nachzuschauen. Aber am Schluss heißt es, „dass sie aufhören mussten, die Stadt zu bauen". Der Turm wird hier gar nicht mehr erwähnt, obwohl er doch nach traditioneller Deutung das eigentliche Symbol für den Hochmut wäre.
Die unterschiedlichen „exoterischen" Religionen der Völker haben sich inzwischen durch die Begriffsverwirrung so weit auseinander entwickelt, dass bei all den Unterschieden kaum noch erkennbar ist, dass sie eigentlich alle von der einen und gleichen Wahrheit erzählen.
Aber dieser „Turm" – das esoterische Weltbild, das Himmel und Erde verbindet – existiert bis heute. Man muss ihn nur finden. Selbst in dieser kleinen Geschichte vom Turmbau zu Babel steckt ein Teil dieses Turmes noch drin. Wenn wir die grundlegende Methodik beherrschen, um den geistigen Sinn dieser scheinbar historischen Geschichte zu erkennen, dann haben wir den Turm gefunden, der von der materiellen Ebene bis zum Himmel reicht.

... damit wir uns einen Namen machen; denn wir werden sonst zerstreut in alle Länder.

Durch einen Namen benennt und beschreibt man etwas. Es geht hier also um den Versuch, eine gemeinsame Beschreibung für geistige Dinge zu finden. Wenn es nicht gelingt, die geistigen Dinge und Zusammenhänge mit den gleichen Namen zu bezeichnen, dann droht tatsächlich eine Zersplitterung bzw. Sprachverwirrung.
Es gibt heutzutage unzählige Religionen, Sekten, Glaubenssysteme, Weltbilder ... Wenn wir diese Zersplitterung der Menschheit betrachten, dann ist ganz offensichtlich der Versuch einer „gemeinsamen Sprache und Vorstellungswelt" bislang noch nicht geglückt.

Und der HERR sprach: Siehe, es ist einerlei Volk und einerlei Sprache unter ihnen allen, und dies ist der Anfang ihres Tuns; nun wird ihnen nichts mehr verwehrt werden können von allem, was sie sich vorgenommen haben zu tun. Wohlauf, lasst uns herniederfahren und dort ihre Sprache verwirren, dass keiner des andern Sprache verstehe!

Diese Stelle scheint den traditionellen Vorstellungen vom lieben Gott vollkommen zu widersprechen. Da sind sich die Menschen mal ausnahmsweise vollkommen einig, und ausgerechnet da greift Gott ein und verwirrt die ihre Sprachen.
Die Formulierung „*nun wird ihnen nichts mehr verwehrt werden können*" lockt uns hier auf die falsche Fährte. Das erweckt den Eindruck, als ob Gott hier eingreift und die Notbremse zieht, weil ihm die Menschen andernfalls zu mächtig werden – so, als stünde dort: „Lasst uns herniederfahren und die Sprache der Menschen verwirren, **weil** sonst die Gefahr besteht, dass wir ihnen später gar nichts mehr verwehren können." Aber das wäre schon ein ziemlich seltsamer Gott, der hier Angst um seine Allmacht hat.
Die Bibelstelle lässt jedoch, wenn man sie exakt wörtlich übersetzt, auch eine andere Deutung zu.

Nicht verwehrt ist ihnen alles, was sie sich ersinnen zu tun!

Hier steht nämlich nicht, dass Gott den Menschen später nichts mehr verwehren kann, sondern dass den Menschen nichts mehr verwehrt ist, was sie sich ersinnen. Und genau dadurch kann es auch zu einer Sprachverwirrung kommen. Jeder ersinnt sich eigene Begriffe und andere Definitionen, bis keiner mehr den anderen versteht. Die Sprachverwirrung ist also keine Maßnahme, um den Menschen etwas zu verwehren, sondern sie ist eine Folge, weil ihnen nichts mehr verwehrt wird, was sie ersinnen.

Die zehn biblischen Plagen

Wenn man die biblische Geschichte von den „zehn Plagen" wörtlich interpretiert, geht es darum, dass sich der Pharao weigert, das Volk Israel ziehen zu lassen. Die zehn Plagen sollen den Pharao so weit zermürben, dass er die Israeliten schließlich doch gehen lässt. Doch in dieser Geschichte passieren seltsame Dinge. Die Priester des Pharao versuchen nicht, Moses zu stoppen, sondern sie wetteifern sogar mit Moses und verursachen dabei ebenfalls zwei Plagen, können aber bei der dritten Plage nicht mehr mithalten.

Nach der ersten Plage heißt es:

2. Mose 7,22: Und die ägyptischen Zauberer taten ebenso mit ihren Künsten.

Nach der zweiten Plage heißt es:

2. Mose 8,3: Da taten die Zauberer ebenso mit ihren Künsten und ließen Frösche über Ägyptenland kommen.

Aber bei der dritten Plage gelingt ihnen das nicht mehr:

2. Mose 8,14: Die Zauberer taten ebenso mit ihren Künsten, um Mücken hervorzubringen; aber sie konnten es nicht.

Man hätte erwarten können, dass die Priester vom Pharao den Auftrag hatten, die Plagen zu vermeiden. Doch sie machen genau das Gegenteil. Mit ihren Künsten verschlimmern sie sogar noch die Plagen. Das Verhalten der Priester ist also, wenn man den Text wörtlich-historisch interpretiert, vollkommen widersinnig. Darüber hinaus kennt die ägyptische Geschichtsschreibung weder Moses noch die zehn Plagen. Wir können also mit ziemlicher Sicherheit davon ausgehen, dass diese Geschichte damals nicht wirklich so stattgefunden hat, wie sie in der Bibel geschildert wird.
Wenn wir uns stattdessen der esoterisch-symbolischen Ebene zuwenden, dann geht es um den Vergleich zweier religiöser Lehren:

- Auf der einen Seite ist die Lehre von Moses und Aaron
- und auf der anderen Seite die Lehre der ägyptischen Priester.

Unmittelbar vor den zehn Plagen ereignet sich folgende Szene, bei der zunächst Moses und Aaron ihre Lehre demonstrieren:

2. Mose 7,10: Da gingen Mose und Aaron hinein zum Pharao und taten, wie ihnen der HERR geboten hatte. Und Aaron warf seinen Stab hin vor dem Pharao und vor seinen Großen, und er ward zur Schlange.

Der Stab ist in diesem Fall ein Symbol für die Lehre von Moses und Aaron, und die Schlange steht für die Weisheit, die in dieser Lehre enthalten ist. Der Stab wird auf den Erdboden geworfen und verwandelt sich in eine Schlange. Das bedeutet: Die abstrakte Lehre wird auf die irdische Ebene übertragen. Sie wird in irdische Begriffe und Denkstrukturen übersetzt bzw. auf irdische Dinge angewendet. Und so wird die Weisheit sichtbar.

An konkreten und greifbaren Beispielen kann man zeigen, welche Weisheit in einer abstrakten Lehre steckt. Wenn ich in diesem Buch die Symbolsprache an konkreten Beispielen aufzeige, dann mache ich letztendlich genau das Gleiche. Ich werfe meinen Stab – das Dreifachkreuz – auf die mythischen Texte, die in irdischen Begriffen zu uns sprechen und zeige, was man auf diese Weise erkennen kann.

Da ließ der Pharao die Weisen und Zauberer rufen, und die ägyptischen Zauberer taten ebenso mit ihren Künsten: Ein jeder warf seinen Stab hin, da wurden Schlangen daraus; aber Aarons Stab verschlang ihre Stäbe.

Auch die Priester des Pharao werfen ihre Stäbe zu Boden, und auch ihre Weisheiten werden sichtbar. Diese werden aber von der Schlange bzw. von der Weisheit verschlungen, die in der Lehre von Moses und Aaron enthalten ist. Damit wird versinnbildlicht, dass die Lehre von Moses und Aaron die Lehre der ägyptischen Priester beinhaltet – dass sie also sehr viel umfassender ist. Was man verschlingt, das hat man in sich.

In diesem Zusammenhang beginnen nun die zehn Plagen, um genau diesen Unterschied zu beschreiben. Die Priester können nur bei den ersten beiden Plagen mithalten, bei denen es thematisch um das Element Wasser geht – also um das Seelische. Danach müssen sie aufgeben. Bei der ersten Plage werden die Gewässer in Blut verwandelt, und bei der zweiten kommen Frösche aus dem Nil. Moses entwirft hingegen ein Gesamtkonzept, das auf dem Dreifachkreuz basiert. Das Wasser-Element kommt zwar darin auch vor, aber das Konzept ist sehr viel umfassender. Das Wasser-Element ist nur ein Teil davon. Auch später, beim Auszug aus Ägypten, wird nochmals in verdeckter Form darauf hingewiesen, dass die Ägypter in ihrem Denken nicht über das Wasser hinaus kommen: Während Moses das Wasser durchqueren kann, kommen die Ägypter darin um.

Bei den ersten neun Plagen können wir etliche Hinweise auf die drei Hauptebenen Luft, Wasser und Erde erkennen. Es sind hauptsächlich die Haltung der Hand bzw. die Haltung des Stabs, durch die wir die ersten neun Plagen jeweils einer Ebene zuordnen können. Bei der ersten Plage wäre dies beispielsweise das Wasser:

2. Mose 7,19: Nimm deinen Stab und recke deine Hand aus über die Wasser in Ägypten, über ihre Ströme und Kanäle und Sümpfe und über alle Wasserstellen, ...

Bei anderen Plagen heißt es „Recke deine Hand aus gen Himmel!" oder auch „Strecke deinen Stab aus und schlag in den Staub der Erde!", um auf die Ebene der Luft bzw. auf die Ebene der Erde hinzuweisen. Und somit wird deutlich, dass die Lehre von Moses und Aaron etwas mit dem Drei-Ebenen-Schema zu tun hat. Weiterhin kann man auch die Plagen jeweils einem Element zuordnen:

2. Mose 7,19: ... dass sie zu Blut werden, und es sei Blut in ganz Ägyptenland, selbst in den hölzernen und steinernen Gefäßen.

Das Blut entspricht ebenfalls dem Element Wasser. Das ist in diesem konkreten Fall zufällig das gleiche Element, auf das auch mit dem Stab gezeigt wurde, aber das gilt nicht für alle Plagen. Bei der dritten Plage passen beispielsweise die Richtung des Stabs und die Plage überhaupt nicht zusammen:

2. Mose 8,12: Strecke deinen Stab aus und schlag in den Staub der Erde, dass er zu Stechmücken werde in ganz Ägyptenland.

Der Stab zeigt auf die Erd-Ebene, aber die Steckmücken entsprechen ganz offensichtlich dem Element Luft, da sie sich in der Luft bewegen. Mit etwas Fantasie könnte man sie auch dem Element Wasser zuordnen, da Mücken üblicherweise am Wasser leben, aber ein symbolischer Zusammenhang mit dem Element Erde ist in diesem Fall ziemlich unwahrscheinlich.

Die Plagen kann man also jeweils einer Ebene und einem Element zuordnen:

	Hinweis zur Ebenenzuordnung	Ebene	Hinweis zur Elementzuordnung	Element
1.	Moses hob den Stab und schlug ins Wasser, das im Nil war.	Wasser	… dass sie zu Blut werden, und es sei Blut in ganz Ägyptenland …	Wasser
2.	Recke deine Hand aus mit deinem Stabe über die Ströme, Kanäle und Sümpfe.	Wasser	Frösche (leben im Wasser)	Wasser
3.	Strecke deinen Stab aus und schlage in den Staub der Erde.	Erde	Stechmücken (fliegen in der Luft)	Luft
4.	Tritt vor den Pharao, wenn er hinaus ans Wasser geht.	Wasser	Stechfliegen (fliegen in der Luft)	Luft
5.	… wird die Hand des HERRN kommen über dein Vieh auf dem Felde …	Erde	Viehpest (Vieh = Erd-Tiere)	Erde
6.	Moses werfe ihn vor dem Pharao gen Himmel.	Luft	Blattern (bei Vieh und Menschen)	Erde
7.	Recke deine Hand aus gen Himmel.	Luft	Hagel (gefrorenes Wasser)	Wasser
8.	Moses streckte seinen Stab über Ägyptenland.	Erde	Heuschrecken … der HERR trieb einen Ostwind ins Land …	Luft
9.	Recke deine Hand gen Himmel.	Luft	eine solche Finsternis, dass man sie greifen kann	Erde

Bei der Spalte der Elemente fällt eine Struktur auf: Wasser, Wasser, Luft, Luft, Erde, Erde, Wasser, Luft, Erde. Erst kommen die Elemente Wasser, Luft und Erde doppelt vor, dann einfach.

Wenn wir nun die ersten neun Plagen der Reihe nach auf den Ebenen eingetragen, dann können wir ebenfalls dieses Verhältnis von 2 : 1 erkennen:

Wasser	1 (Blut, **Wasser**)	2 (Frösche, **Wasser**)	4 (Fliegen, Luft)
Luft	6 (Blattern, **Erde**)	7 (Hagel, Wasser)	9 (Finsternis, **Erde**)
Erde	3 (Mücken, **Luft**)	5 (Viehpest, Erde)	8 (Heuschrecken, **Luft**)

Auf jeder Ebene kommt jeweils ein Element doppelt vor und ein anderes einfach:

Ebene	einfach	doppelt
Wasser-Ebene	Luft	Wasser
Luft-Ebene	Wasser	Erde
Erd-Ebene	Erde	Luft

Als Ergebnis erhalten wir genau die Liste der Polaritäten-Paare auf den entsprechenden Ebenen:

- auf der Luft-Ebene: Wasser-Erde (daraus ergibt sich indirekt auch Luft-Feuer)
- auf der Wasser-Ebene: Luft-Wasser (daraus ergibt sich indirekt auch Feuer-Erde)
- auf der Erd-Ebene: Erde-Luft (daraus ergibt sich indirekt auch Wasser-Feuer)

Bei den ersten neun Plagen wird uns also nicht nur das Schema der drei Ebenen vermittelt, sondern auch das Schema der entsprechenden Polaritätenpaare. Durch die Reihenfolge der Ebenen (Wasser-Luft-Erde) werden wir darüber hinaus auch auf das Vertauschungsschema hingewiesen.

Weiterhin kann man in dieser Tabelle auch den Zyklus der Seele erkennen, wenn man in der unteren Ebene beginnt und jeweils von der Doppelt- zur Einfach-Spalte geht:

- von Luft zu Erde (= Abstieg von der geistigen Ebene zur materiellen Ebene)
- von Erde zu Wasser (= 1. Aufstieg von der materiellen Ebene zur seelischen Ebene)
- von Wasser zu Luft (= 2. Aufstieg von der seelischen Ebene zur geistigen Ebene)

Die ersten neun Plagen vermitteln uns also in verhüllter Form fast die gleichen Informationen wie die Schöpfungsgeschichte:

- das Drei-Ebenen-Schema
- das Polaritätenschema
- das Vertauschungsschema
- der Zyklus der Seele

Wenn man das Dreifachkreuz und das Vertauschungsschema bereits kennt, dann kann man diese Strukturen verhältnismäßig einfach in den ersten neun Plagen wiedererkennen. In diesem Fall schließt man vom esoterischen Wissen auf die Bedeutung des Textes. Umgekehrt ist es aber ohne das esoterische Wissen nahezu unmöglich, von diesem Text auf das Dreifachkreuz und das Vertauschungsschema zu schließen. Versuchte man das, dann würde man sich hoffnungslos im Gestrüpp der Symbole verheddern.

Zehnte Plage: Tötung der Erstgeburt

Diese „Plage" passt nicht in den bisherigen Rahmen, sondern muss gesondert betrachtet werden. Eine Richtung der Hand oder eine Richtung des Stabs wird nicht angegeben. Darüber hinaus wird dieser Teil auch in der Bibel deutlich ausführlicher behandelt als alle anderen.
Bei der „Erstgeburt" geht es nun um die Inspiration – um den „ersten" spontanen Gedanken, den wir bei einer Sache haben – um eine Idee, die in uns „geboren" wird, noch bevor wir über eine Sache komplett nachgedacht haben – um eine Idee, die noch nicht aufgegangen ist.
Wenn diese Idee bei uns auf unfruchtbaren Boden fällt und wenn sie ohne Wirkung verpufft, dann wird bildlich gesprochen die Erstgeburt umgebracht. Bei den nachfolgenden Belehrungen über die Durchführung des Passah-Festes geht es auf der symbolischen Ebene um eine Methode, wie die „Erstgeburt" überleben kann.
Die Elementzuordnung für diesen Funken der Inspiration wäre das „Feuer", und dieser Licht-Aspekt wird durch das glänzende Geschmeide unterstrichen, in dem sich das Licht widerspiegeln kann.

2. Mose 11,2: So sage nun zu dem Volk, dass ein jeder sich von seinem Nachbarn und eine jede von ihrer Nachbarin silbernes und goldenes Geschmeide geben lasse.

Diese Aufforderung könnte man so übersetzen: Umgib dich mit Dingen, die das göttliche Licht widerspiegeln.

Die Einsetzung des Passah-Festes

Im Zusammenhang mit der zehnten Plage steht die Einsetzung des Passah-Festes, und hierbei werden drei Nahrungsmittel erwähnt:

1.) das Lamm
2.) die ungesäuerten Brote
3.) die bitteren Kräuter

Das Lamm

Das Lamm ist auch ein Symbol für die Lehre, diesmal aber in einer „verfleischlichten" Form. Bei der Zubereitung werden nochmals das Feuer und das Drei-Ebenen-Schema erwähnt:

2. Mose 12,9: Ihr sollt es weder roh essen noch mit Wasser gekocht, sondern am Feuer gebraten mit Kopf, Schenkeln und inneren Teilen.

Die drei Ebenen des Lamms:

Kopf
innere Teile
Schenkel

Die drei möglichen Arten, wie man das Lamm essen könnte (eine Analogie zum dreifachen Schriftsinn):

am Feuer gebraten (spirituelle Deutung)
mit Wasser gekocht (psychologische Deutung)
roh (nach dem wörtlichen Sinn)

Es wird ausdrücklich betont, dass das Lamm weder roh gegessen noch mit Wasser gekocht werden soll. Würden wir die Lehre in der Moses-Geschichte „roh essen", dann entspräche das einem wörtlichen Verständnis des Textes. Würden wir es mit „Wasser kochen", dann entspräche das einer psychologischen bzw. einer moralischen Auslegung. Beides wird verworfen. Wir sollen stattdessen der Lehre mit Inspiration (= Feuer) begegnen – wir sollen sie also spirituell deuten.
In diesem Zusammenhang lässt sich auch dieses Gebot deuten: *„Du sollst das Böcklein nicht kochen in seiner Mutter Milch"* (*2. Mose 34,26).* Dieses Gebot wird im traditionellen Judentum „dem Fleische nach" befolgt. Deshalb werden in der jüdischen Küche Milchprodukte und Fleisch streng voneinander getrennt, und es wird zu diesem Zweck in jüdischen Haushalten sogar zweierlei Geschirr verwendet. Würde man das Gebot „dem Geiste nach" befolgen, dann würde man die Lehre des Moses nicht mit einer milchig-trüben, seelisch-moralischen Sichtweise interpretieren, sondern auf eine klare und spirituelle Weise.
Für diese spirituelle Auslegung ist es natürlich notwendig, dass wir eine fehlerfreie Lehre haben, denn sonst würden wir durch die falsche Lehre in die Irre geführt.

2. Mose 12,5: Ihr sollt aber ein solches Lamm nehmen, an dem kein Fehler ist ...

Wenn der Weg zu unserem Weltbild vom Wesen dieser Lehre geprägt ist, dann sind wir offen für den Funken der Inspiration. Dann kann die Erstgeburt überleben. In der Symbolik wird dies ausgedrückt durch ein Haus, dessen Tür mit dem Blut des Lamms bestrichen wurde:

2. Mose 12,7: Und sie sollen von seinem Blut nehmen und beide Pfosten an der Tür und die obere Schwelle damit bestreichen an den Häusern, in denen sie's essen ...

Die Symbolik können wir hier fast wörtlich übersetzen:

Blut	das Wesen/die Seele
Blut des Lamms	das Wesen der Lehre
Haus	das Weltbild, das Gedankengebäude
Tür	der Weg zum spirituellen Weltbild
zwei Pfosten und obere Schwelle	eine Dreiheit: Empfindung (links), Rationalität (rechts), Inspiration (oben)

Das ungesäuerte Brot

Beim Säuern entstehen Luftblasen, und der Teig geht auf. Luft ist ein Symbol für das „Denken". Durch Denken kann die geistige Nahrung aufgehen. Das ungesäuerte Brot steht für geistige Nahrung, die noch nicht aufgegangen ist. (In der Symbolik des Abendmahls wäre das ein Brot, das noch nicht aufgebrochen ist.) Diese Nahrung steht am Anfang der Entwicklung. Später geht es noch „40 Jahre" durch die „Wüste", wo noch sehr viel „trockene" Theorie kommt. Die Lehre des Moses richtet sich also keinesfalls gegen das Denken an sich.

Aber am Anfang brauchen wir geistige Nahrung, die noch nicht aufgegangen ist, damit sie noch IN UNS aufgehen kann.

Die bitteren Kräuter

Die bitteren Kräuter werden im Text nicht näher erklärt, aber sie stehen vermutlich für die oft „bitteren" Lebenserfahrungen, die jedoch zur seelischen Reifung absolut notwendig sind.
Beim Passah-Fest werden uns also auf der symbolischen Ebene drei Grundprinzipien vermittelt:

1.) der dreifache Schriftsinn (= Theorie)
2.) die ungesäuerten Brote (= geistige Nahrung, die in uns aufgehen kann)
3.) die Rolle der Lebenserfahrungen (= Praxis)

Weitere Regeln

2. Mose 12,10: Und ihr sollt nichts davon übriglassen bis zum Morgen; wenn aber etwas übrigbleibt bis zum Morgen, sollt ihr's mit Feuer verbrennen.

Das Mahl wird in der „Nacht" eingenommen. Die „Nacht" beschreibt einen inneren Zustand, wenn das Wissen um die höhere Wirklichkeit in uns „verfinstert" ist, wenn man das Göttliche – symbolisiert durch die Sonne – nicht direkt sehen kann. Indem wir die spirituelle Lehre aufnehmen und indem wir sie in uns aufgehen lassen, überwinden wir den Zustand der Nacht. Dafür ist es sinnvoll, die Lehre möglichst vollständig aufzunehmen. Nun kann es passieren, dass man die Nacht innerlich schon überwunden hat, obwohl man die geistige Nahrung noch nicht vollständig aufgenommen hat. Dann sollte man auch noch den Rest mit der Kraft der Inspiration umsetzen.

Es gibt noch eine weitere Regel:

2. Mose 12,11: So sollt ihr's aber essen: Um eure Lenden sollt ihr gegürtet sein und eure Schuhe an euren Füßen haben und den Stab in der Hand und sollt es essen als die, die hinwegeilen ...

Die Lenden stehen für unseren Trieb. Wenn es heißt, dass man um die Lenden gegürtet sein soll, so bedeutet das, dass wir unsere Triebhaftigkeit unter Kontrolle haben sollen. Die Schuhe an den Füßen und das „Hinwegeilen" symbolisieren die Bereitschaft, aufzubrechen und das Bekannte hinter sich zulassen. Der Stab in der Hand ist die Lehre des Moses, die uns Halt und Orientierung gibt. Während

der Stab für die abstrakte Lehre steht (für den Logos), versinnbildlicht das Lamm die „verfleischlichte" Lehre (den Mythos). Bei der spirituellen Interpretation der verfleischlichten Lehre soll man sich an dieser abstrakten Lehre orientieren.
An dieser Stelle ein Hinweis zur christlichen Symbolik: Wenn man traditionelle Darstellungen vom „Lamm Gottes" sieht (Agnus Dei), dann ist das zumeist ein Lamm mit einem Kreuz-Stab. In diesem Symbol werden die abstrakte Lehre (= der Stab) und die verfleischlichte Lehre (= das Lamm) zusammengefasst.

Der Auszug aus Ägypten

Nach der zehnten „Plage" können die Israeliten schließlich Ägypten verlassen.

Ägypten symbolisiert die materielle Ebene. Somit steht die „Gefangenschaft" in Ägypten für die Gefangenschaft des Menschen im Materie-orientierten Denken. Menschen, die in dieser Gefangenschaft leben, erkennen in der Materie immer nur die Materie. Die materiellen Dinge sind für sie einfach nur das, was sie sind. Der Auszug aus Ägypten ist die Überwindung dieses Materie-fixierten Denkens und die Entwicklung abstrakter Gedanken, sodass man schließlich die abstrakten, geistigen Grundprinzipien hinter den konkreten, materiellen Dingen erkennen kann. Nun sind die materiellen Dinge nicht mehr nur das, was sie dem Anschein nach sind, sondern sie werden zu einer Offenbarung des Göttlichen und erhalten Sinn und Bedeutung.
Genau daran sind die ägyptischen Priester gescheitert: Es ist ihnen bei der dritten Plage nicht gelungen, Luft-Wesen (Mücken) aus der Erde zu erzeugen. Sie kannten zwar zwei seelische Grundprinzipien, aber sie waren nicht in der Lage, das Geistige im Materiellen zu erkennen.
Was für die materielle Welt gilt, das gilt in gleicher Weise auch für die mythischen Geschichten. Menschen, deren Denken am Buchstaben klebt, die werden in der Geschichte immer nur die Geschichte selbst sehen. Wenn man aber das Denken vom Buchstaben löst und abstrahiert, dann kann man in diesen mythischen Geschichten noch sehr viel mehr erkennen. Dann werden sie zur Offenbarung einer uralten esoterischen Geheimlehre.
Die Stimme der Inspiration weist uns immer wieder diesen Weg. Aber meistens fallen diese Ideen in uns auf unfruchtbaren Boden und überleben nicht. Das anerzogene Materie-orientierte Weltbild lässt diese Ideen nicht zu. Dieses Weltbild ist der „Pharao" in uns – der Herrscher in unserem Denken –, der an all diesen Ideen einen „Kindermord" begeht, sodass kaum eine dieser Ideen überlebt. In den Evangelien wird dieses Motiv des Kindermords in der Weihnachtsgeschichte nochmals

aufgegriffen. Dort ist es Herodes, der die Kinder umbringen lässt.
Aber manchmal passiert es auch, dass eine dieser Ideen vom „Kindermord" verschont bleibt. Und solche Ideen können uns den Weg weisen – heraus aus der Gefangenschaft des Materie-fixierten Denkens.
Es ist aber kein Fehler, dass sich unser „innerer Pharao" so verhält. Er muss es tun. Würden wir jeden Gedankenblitz ungeprüft in unser Weltbild einbauen, dann würde mit der Zeit ein ziemlich wirres Weltbild entstehen. Und dieses Weltbild wäre auch nicht besonders stabil, denn Meinungen, die man schnell übernommen hat, können auch ebenso schnell wieder ersetzt werden. Nur Weltbilder, die man sich selbst hart erarbeitet hat – mit denen man sich regelrecht abgePLAGt hat –, sind wirklich stabil. Der „Pharao" IN UNS muss also kritisch bzw. „verstockt" sein. Er muss es den Ideen schwer machen, denn nur so kann ein stabiles Weltbild entstehen.

Die „zehn" Gebote

Dass Moses uns die „zehn Gebote" gab, ist eine der ganz elementaren Grundlagen des christlichen Glaubens und erscheint uns als so selbstverständlich, dass es wohl kaum einer in Frage stellen würde. Aber hat sich jemand schon mal den Text genommen und wirklich nachgezählt? So eindeutig ist das nämlich gar nicht mit der Anzahl und der Zählweise der Gebote. Zwar kommen die unterschiedlichen Konfessionen übereinstimmend alle auf die Gesamtzahl von „zehn", aber sie zählen zum Teil ganz unterschiedlich. So besteht beispielsweise bei den verschiedenen Konfessionen keine Einigkeit darüber, ob die beiden folgenden Aussagen ein Gebot sind oder zwei:

Du sollst nicht begehren deines Nächsten Haus.
Du sollst nicht begehren deines Nächsten Weib, Knecht, Magd, Rind, Esel noch alles, was dein Nächster hat.

Ich komme jedenfalls beim Nachzählen ganz spontan auf **„zwölf Gebote"**. Die Juden ziehen von diesen zwölf Geboten die Gebote 2 und 3 zusammen und auch die Gebote 11 und 12. Auf diese Weise kommen sie auf die Gesamtzahl von zehn. Die Katholiken ziehen stattdessen die Gebote 1, 2 und 3 zusammen, und bei den Protestanten gibt es sogar Unterschiede bei der Zählweise zwischen der evangelisch-reformierten und der evangelisch-lutherischen Kirche.

Der Grund, weshalb die zwölf Gebote auf zehn verkürzt werden, liegt vermutlich an den folgenden Bibelstellen:

2. Mose 34,28: Und er war allda bei dem HERRN vierzig Tage und vierzig Nächte und aß kein Brot und trank kein Wasser. Und er schrieb auf die Tafeln die Worte des Bundes, die Zehn Worte.

Die „Zehn Worte" werden auch in 5. Mose 4,13 und 5. Mose 10,4 erwähnt. Daher kommt übrigens auch der Ausdruck „Zehnwort" bzw. „Dekalog" (deka = zehn, logos = Wort).
Solche Zahlen sind jedoch oft nicht als konkrete Mengenangaben zu interpretieren, sondern sie beschreiben auf der symbolischen Ebene eine Eigenschaft der Worte. Die Zehn ist gewissermaßen eine Eins auf einer höheren Ebene. Die „zehn" Gebote können uns ebenfalls zu einer höheren Ebene führen, wenn wir sie esoterisch deuten. Bei der nachfolgenden Interpretation wird ganz konkret aufgezeigt, welche Analogien zum Dreifachkreuz erkennbar sind.

Der Text der „zehn" Gebote

In der Bibel werden die „zehn" Gebote an zwei Stellen aufgelistet: in 2. Mose 20,1 und 5. Mose 5,6. Der nachfolgende Text ist zitiert nach 2. Mose 20,1:

Und Gott redete alle diese Worte:

Ich bin der HERR, dein Gott, der ich dich aus Ägyptenland, aus der Knechtschaft, geführt habe.

1. Du sollst keine anderen Götter haben neben mir.

2. Du sollst dir kein Bildnis noch irgendein Gleichnis machen, weder von dem, was oben im Himmel, noch von dem, was unten auf Erden, noch von dem, was im Wasser unter der Erde ist:

3. Bete sie nicht an und diene ihnen nicht! Denn ich, der HERR, dein Gott, bin ein eifernder Gott, der die Missetat der Väter heimsucht bis ins dritte und vierte Glied an den Kindern derer, die mich hassen, aber Barmherzigkeit erweist an vielen Tausenden, die mich lieben und meine Gebote halten.

4. *Du sollst den Namen des HERRN, deines Gottes, nicht missbrauchen; denn der HERR wird den nicht ungestraft lassen, der seinen Namen missbraucht.*

5. *Gedenke des Sabbattages, dass du ihn heiligest. Sechs Tage sollst du arbeiten und alle deine Werke tun. Aber am siebenten Tage ist der Sabbat des HERRN, deines Gottes. Da sollst du keine Arbeit tun, auch nicht dein Sohn, deine Tochter, dein Knecht, deine Magd, dein Vieh, auch nicht dein Fremdling, der in deiner Stadt lebt. Denn in sechs Tagen hat der HERR Himmel und Erde gemacht und das Meer und alles, was darinnen ist, und ruhte am siebenten Tage. Darum segnete der HERR den Sabbattag und heiligte ihn.*

6. *Du sollst deinen Vater und deine Mutter ehren, auf dass du lange lebest in dem Lande, das dir der HERR, dein Gott, geben wird.*

7. *Du sollst nicht töten.*

8. *Du sollst nicht ehebrechen.*

9. *Du sollst nicht stehlen.*

10. *Du sollst nicht falsch Zeugnis reden wider deinen Nächsten.*

11. *Du sollst nicht begehren deines Nächsten Haus.*

12. *Du sollst nicht begehren deines Nächsten Weib, Knecht, Magd, Rind, Esel noch alles, was dein Nächster hat.*

Die esoterische Deutung

Das Kreuz des Geistes: Luft

Und Gott (Elohim) redete alle diese Worte: Ich bin der HERR (JHVH), dein Gott, der ich dich aus Ägyptenland, aus der Knechtschaft, geführt habe.

Es mag im ersten Moment wie ein Widerspruch klingen: Elohim sagt „Ich bin JHVH". Doch in dieser Aussage liegt das eigentliche Grundprinzip der biblischen Offenbarung. Der „Strukturgeber" Elohim spricht in der Bibel größtenteils über die materielle/irdische Ebene zu uns – über die Ebene von JHVH. **Das Göttliche**

offenbart sich, indem es materielle Begriffe und Personifikationen verwendet, um spirituelle Zusammenhänge zu versinnbildlichen. Dementsprechend sind auch die „zehn" Gebote zu interpretieren – als eine Übersetzung von spirituellen Zusammenhängen ins Irdische. In der esoterischen Interpretation wird nun das Irdische der Gebote wieder zurückübersetzt. Es wird abstrahiert und vergeistigt, um die verborgenen Strukturen wieder offenzulegen.

Bei der Befreiung aus Ägypten geht es auf der esoterisch-symbolischen Ebene um die Befreiung des Geistes aus der Gefangenschaft der materiellen Fixierung. Und so sollten wir auch die „zehn" Gebote nicht mit einem „gefangenen Geist" lesen, der an den Buchstaben klebt, sondern wir sollten uns so weit von den Buchstaben lösen, dass wir den tieferen esoterischen Sinn hinter den Buchstaben erkennen können.

1. Du sollst keine anderen Götter (Elohim) haben neben mir.

Hier geht es um das EINE Prinzip hinter der Vielfalt der Erscheinungen – um die EINE Idee, die allen Dingen zugrunde liegt. Es geht um den EINEN Ursprung und um die EINE gemeinsame Grundlage aller Dinge.

Auf der obersten Ebene des Dreifachkreuzes steht nur EINE Position – die Ur-Idee. Daneben ist nichts.

2. Du sollst dir kein Bildnis noch irgendein Gleichnis machen, weder von dem, was oben im Himmel, noch von dem, was unten auf Erden, noch von dem, was im Wasser unter der Erde ist.

Viele „Christen" vereinfachen dieses Gebot und sagen: „Du sollst dir kein Bildnis von Gott machen." Aber das steht so nicht in der Bibel. Und in vielen Zusammenfassungen der „zehn Gebote" wird dieses Gebot sogar komplett weggelassen. Nähme man dieses Gebot exakt wörtlich, dann dürfte man auch keine Urlaubsfotos, Strichmännchen oder Stadtpläne machen, denn alles das sind Bilder und Gleichnisse von Dingen, die auf der Erde sind. Und die Bibel, die ständig in Gleichnissen zu uns spricht, würde selbst permanent gegen dieses Gebot verstoßen. Also kann das Gebot ganz sicher nicht so gemeint sein.

Die Begriffe Himmel, Erde und Wasser werden in diesem Gebot direkt angesprochen, und so liegt es nahe, dass dieses Gebot etwas mit dem Drei-Ebenen-Schema zu tun hat. Es geht bei den Begriffen Himmel, Erde und Wasser um abstrakte/geistige/symbolische Ebenen, und es wäre vollkommen falsch, wenn man sich diese

Dinge zu bildlich vorstellte. Luft-Wesen haben nicht wirklich Flügel. Wasser-Wesen haben nicht wirklich einen Fischschwanz usw.

Dieses Gebot sagt uns: „Stellt euch diese Begriffe bloß nicht zu bildlich vor. Vergeistigt diese Bilder." Das Gebot ist umso wichtiger, je mehr in Bildern und Gleichnissen gesprochen wird.

Gott spricht einerseits auf der materiellen/irdischen Ebene zu uns und sagt uns gleichzeitig: Stellt euch diese Dinge nicht zu materiell und nicht zu irdisch vor.

Es ist bemerkenswert, dass hier vom „Wasser unter der Erde" die Rede ist, obwohl sich die Gesamtstruktur der Gebote ganz eindeutig am Ebenen-Schema Luft-Wasser-Erde orientiert. Das ist ein Hinweis auf das Vertauschungsschema, das wir bereits bei der Schöpfungsgeschichte kennengelernt haben.

3. Bete sie nicht an und diene ihnen nicht! Denn ich, der HERR, dein Gott, bin ein eifernder Gott, der die Missetat der Väter heimsucht bis ins dritte und vierte Glied an den Kindern derer, die mich hassen, aber Barmherzigkeit erweist an vielen Tausenden, die mich lieben und meine Gebote halten.

Die Anbetung von Abbildern ist die typische Form, wie Exoteriker ihren Glauben praktizieren. Doch wenn man Holzkreuze und Marienstatuen anbetet, dann hat man von diesen keine Gnade zu erwarten. Dieses Gebot betont einerseits die göttliche Gnade (Barmherzigkeit), aber andererseits auch die göttliche Strenge.

Eine Verehrung von missverstandenen Symbolen hat sowohl geistige (drei) als auch materielle (vier) Konsequenzen. Wenn man hingegen die Symbolik versteht und danach handelt, dann kann das Bewusstsein dadurch um mehrere Ebenen angehoben werden. Wenn in Tausendern gezählt wird, geht es oft um Ebenen (vgl. die Speisung der 4000 bzw. 5000).

Der Vorhang

4. Du sollst den Namen des HERRN, deines Gottes, nicht missbrauchen; denn der HERR wird den nicht ungestraft lassen, der seinen Namen missbraucht.

Gott wird für alles Mögliche verantwortlich gemacht. Wenn die Mächtigen in früheren Zeiten etwas durchsetzen wollten oder wenn sie etwas nicht ändern wollten, dann wurde den Menschen einfach erklärt, dass dieses Ziel oder dieser Zustand „Gottes Wille" sei. In diesem Fall wurde der eigene Machtanspruch göttlich legitimiert. Der Herrscher nannte sich beispielsweise „König von Gottes Gnaden". Aber ebenso kann es auch passieren, dass jemand auf diese Weise seine eigene

Schwäche oder Unfähigkeit rechtfertigt. Wenn man etwas nicht schafft, dann war es eben Gottes Wille. Auf diese Weise kann man die eigene Verantwortung ganz leicht auf Gott abschieben. Man ist in diesem Fall nicht mehr selbst für einen Zustand verantwortlich, sondern Gott hat alles das so gewollt und gemacht. Dabei ist Gott eigentlich sehr zurückhaltend. Er ist sogar so zurückhaltend, dass viele Menschen an seiner Existenz zweifeln.

Auch dann, wenn man die eigene Verantwortung auf Gott abschiebt, muss man natürlich selbst die Konsequenzen tragen. Und diese werden umso größer, je weniger man selbst die Verantwortung übernimmt und je weniger man selbst die Probleme anpackt.

Das nächste Gebot betont noch einmal ganz deutlich, dass Gott eigentlich „ruht":

5. Gedenke des Sabbattages, dass du ihn heiligest. Sechs Tage sollst du arbeiten und alle deine Werke tun. Aber am siebenten Tage ist der Sabbat des HERRN, deines Gottes. Da sollst du keine Arbeit tun, auch nicht dein Sohn, deine Tochter, dein Knecht, deine Magd, dein Vieh, auch nicht dein Fremdling, der in deiner Stadt lebt. Denn in sechs Tagen hat der HERR Himmel und Erde gemacht und das Meer und alles, was darinnen ist, und ruhte am siebenten Tage. Darum segnete der HERR den Sabbattag und heiligte ihn.

Durch diesen Absatz wird das vorangegangene Gebot begründet: Mach Gott nicht für alles verantwortlich – bedenke, dass er ruht und sich zurückhält. Gott hat uns in gewissen Grenzen die Freiheit gegeben, und so sind wir für die meisten Probleme selbst verantwortlich. (Wenn überhaupt, dann wäre es sinnvoll, diese beiden Gebote zusammenzufassen.)

Das Ruhen ist notwendig, damit sich die Dinge entwickeln können. Und so brauchen auch wir eine gewisse Ruhe, damit sich manche Dinge in uns entwickeln können. Wir brauchen Zeit, um die Themen des Alltags reflektieren zu können.

Die Gebote 1, 3, 4 und 5 können wir nun direkt in Analogie zum Dreifachkreuz anordnen:

	keine anderen Götter *Himmel/Luft* 1	
Gnade 3		Strenge 3
	„den Namen des Herrn nicht missbrauchen" und Sabbat-Gebot 4 und 5 *(Vorhang)*	

Damit haben wir das erste Kreuz.

Das Gebot 2 bezieht sich auf die drei Ebenen und damit auf das Gesamtschema. Durch die Sonderrolle von Gebot 2 und durch die Zusammenfassung der Gebote 4 und 5 bleiben in der Dreifachkreuzstruktur selbst tatsächlich genau zehn Gebote übrig.

Noch eine Anmerkung:

Gebot 1 bezieht sich auf eine Einheit: nur ein Gott.
Gebot 2 bezieht sich auf eine Dreiheit: Luft, Erde, Wasser.
Gebot 3 bezieht sich auf eine Zweiheit: Gnade und Strenge.

Die Reihenfolge 1-3-2 ist gewissermaßen vertauscht – „zufällig" nach dem gleichen Schema wie die drei Ebenen Luft, Erde, Wasser.

Das Kreuz der Seele: Wasser

6. Du sollst deinen Vater und deine Mutter ehren, auf dass du lange lebest in dem Lande, das dir der HERR, dein Gott, geben wird.

Die leiblichen Eltern zu ehren hat wohl kaum einen Einfluss auf die eigene Lebenserwartung. Wenn wir jedoch „Vater" und „Mutter" symbolisch übersetzen mit „Geist" und „Materie" und wenn wir im Begriff „Leben" eine Metapher für die Entwicklung des Bewusstseins erkennen, dann bekommt dieses Gebot einen Sinn.

	Geist *Vater*	
	das Bewusstsein als Kind von Geist und Materie	
	Materie / Körper *Mutter*	

Das Bewusstsein ist das Kind von Geist und Materie, und es braucht beide Seiten, um sich entwickeln zu können. Reine Materie wäre tot und nicht zur Wahrnehmung fähig. Reiner Geist hätte keine Möglichkeit, Erfahrung zu sammeln, denn es gäbe nichts, was er wahrnehmen könnte. Erst im Miteinander von Geist und Materie ist es möglich, Ideen zu realisieren und Erfahrungen zu sammeln. Nur so kann das Bewusstsein wachsen und sich entwickeln. Nur so kann es leben.

7. *Du sollst nicht töten.*

Wenn man das vorhergehende Gebot betrachtet, wird deutlich, welcher Tod hier gemeint ist. Es geht um einen „Tod" im übertragenen Sinne, wenn wir den Kontakt zum Geistigen verlieren
    - wenn also der göttliche Funke in uns erlischt
    - wenn wir uns vor der äußeren Welt verschließen
    - wenn wir also keine neuen Erfahrungen mehr zulassen.

8. *Du sollst nicht ehebrechen.*

Neben der Mutter-Vater-Polarität für Geist und Materie gibt es noch die Mann-Frau-Polarität für Vernunft und Gefühl. Es sind die zwei Seiten unserer Urteilskraft.

Damit haben wir das zweite Kreuz. Es symbolisiert einen Menschen, der im Gleichgewicht ist zwischen Geist und Materie und auch zwischen Gefühl und Vernunft. In diesem Zustand des Gleichgewichts hat das Bewusstsein die besten „Lebensbedingungen".

	Geist *Vater*	
Gefühl *Frau*	das Bewusstsein als Kind von Geist und Materie	**Vernunft** *Mann*
	Materie / Körper *Mutter*	

Das Kreuz der Materie: Erde

9. Du sollst nicht stehlen.
10. Du sollst nicht falsch Zeugnis reden wider deinen Nächsten.
11. Du sollst nicht begehren deines Nächsten Haus.
12. Du sollst nicht begehren deines Nächsten Weib, Knecht, Magd, Rind, Esel noch alles, was dein Nächster hat.

Die Gebote 1 bis 8 habe ich im übertragenen Sinne geistig bzw. seelisch gedeutet, da sie sich inhaltlich auf die entsprechenden Ebenen beziehen. Bei den Geboten 9 bis 12 ist die Situation etwas anders, denn diese Gebote beziehen sich auf die materielle Ebene bzw. auf die äußere Welt. Und somit entspricht auch die Deutung dieser vier Gebote sehr viel mehr der üblichen, materiellen Sichtweise. Die Gebote 9 und 10 können wir sogar exakt wörtlich interpretieren.

Es fällt aber auf, dass hier ganz deutlich unterschieden wird zwischen dem Haus im elften Gebot und den anderen Dingen im zwölften Gebot. Und da das Stehlen eine Folge des Begehrens ist, hätte man doch eigentlich die Gebote 9, 11 und 12 zusammenfassen können, Wenn nun diese drei Gebote nicht zusammengefasst wurden, so liegt es nahe, dass es unterschiedliche Aspekte gibt, die hier betont werden sollen.

Häuser stehen in der Symbolik häufig für Gedankengebäude. Diese begegnen uns zwar nicht in materieller Form, aber sie begegnen uns dennoch in der äußeren Welt, wenn beispielsweise andere Menschen über diese Gedankengebäude erzählen. Weil es ein enormer Unterschied ist, ob man sich die materiellen Güter eines anderen Menschen aneignet oder dessen Gedankengebäude, ist es auch sinnvoll, die Gebote 9 und 11 zu unterscheiden. Die Gedankengebäude anderer Menschen sind geistiger Natur, aber sie begegnen uns auf der materiellen Ebene.

Beim zwölften Gebot wird ausschließlich lebendiges „Inventar" aufgezählt. Das Lebendige, das andere Menschen um sich haben, steht für ihre „Lebensumstände" – zum Teil auch für zwischenmenschliche Beziehungen.

Es bietet sich an, diese vier Gebote den vier Elementen Feuer, Luft, Wasser und Erde zuzuordnen:

- Der Zusammenhang von Stehlen und irdischen Dingen ist offensichtlich (Erde).
- Wenn man „falsch Zeugnis redet", dann greift man damit jemanden an. An Lügen entzündet sich mitunter ein Streit. Das Feuer-Prinzip empfinde ich hier als passend.

- Die Gedankengebäude kann man dem Luft-Prinzip zuordnen.
- Das „lebendige Inventar" entspricht dem Wasser-Prinzip.

	„nicht stehlen"	
„nicht begehren deines Nächsten Weib, Knecht …"		„nicht falsch Zeugnis reden"
	„nicht begehren deines Nächsten Haus"	

Das Dreifachkreuz der „zehn Gebote"

	1 keine anderen Götter Himmel / Luft		7	
3 Gnade	6 Geist / Vater	3 Strenge	6	2 Geist Luft (Vater)
	4,5 „den Namen des Herrn nicht missbrauchen" und Sabbat-Gebot Vorhang		5	
8 Gefühl Frau	7 bewusstes Leben	8 Vernunft Mann	4	2 Seele Wasser
	9 „nicht stehlen"		3	
12 „nicht begehren deines Nächsten Weib, Knecht …"	6 Materie / Mutter	10 „nicht falsch Zeugnis reden"	2	2 Materie Erde (Mutter)
	11 „nicht begehren deines Nächsten Haus"		1	

Die Symbolik der „zehn" Gebote in moderner Sprache

Ich bin die Kraft, die dein Bewusstsein befreit hat aus der Gefangenschaft des Materie-orientierten Denkens.

Unsere Beziehung zu Gott bzw. zum Geistigen (geistige Ebene/geistige Welt)

1. Erkenne die EINE Kraft in allen Dingen, denn alles ist durch diese EINE Kraft gemacht.

2. Es gibt unterschiedliche Seinsebenen, die mit Luft, Wasser und Erde bezeichnet werden. Mach dir aber von diesen Begriffen und den Dingen auf diesen Ebenen keine zu bildhaften und zu materiellen Vorstellungen.

3. Es nützt nichts, wenn man aus diesen Vorstellungen einen Götzen macht und ihn anbetet, denn von diesen Götzen kann man keine Hilfe erwarten. Das, was passiert, ist die Konsequenz aus deinen Handlungen.

4. Mach Gott nicht für die Dinge verantwortlich, die du selbst zu verantworten hast. Denk daran, dass Gott sich in der Schöpfung zurückhält und dir den freien Willen gegeben hat.

5. Finde Ruhe, damit sich die Ideen in dir entwickeln können und damit du Zeit hast, die Themen des Alltags zu reflektieren.

Ein bewusstes Leben im Gleichgewicht (seelische Ebene/innere Welt)

6. Achte das Geistige und das Materielle, denn das Bewusstsein braucht beides, um sich entwickeln zu können. Es braucht die Inspiration, die aus der geistigen Welt kommt, und es braucht die Erfahrungen aus der materiellen Welt.

7. Halte das Bewusstsein am Leben – Lebe bewusst. Halte den göttlichen Funken in dir am Leben und sei offen für neue Erfahrungen.

8. Nutze das Gefühl und die Vernunft.

Unsere Beziehung zu anderen Menschen (materielle Ebene/äußere Welt)

9. Nimm anderen nicht weg, was sie sich geschaffen haben, sondern schaffe dir selbst, was du brauchst.

10. Erzürne niemanden durch Lüge und Betrug.

11. Orientiere dich nicht an den Weltbildern und Vorstellungen anderer Menschen, sondern schaffe deine eigenen.

12. Orientiere dich nicht an den Lebensumständen anderer Menschen, sondern gehe deinen eigenen Weg.

Die gewaltsame Landnahme

Gerade im Zusammenhang mit der gewaltsamen Landnahme in Israel finden wir einige extrem grausame Bibelstellen, wie z. B. diese:

5. Mose 20,10: Wenn du vor eine Stadt ziehst, um gegen sie zu kämpfen, so sollst du ihr zuerst den Frieden anbieten. Antwortet sie dir friedlich und tut dir ihre Tore auf, so soll das ganze Volk, das darin gefunden wird, dir fronpflichtig sein und dir dienen. Will sie aber nicht Frieden machen mit dir, sondern mit dir Krieg führen, so belagere sie. Und wenn sie der HERR, dein Gott, dir in die Hand gibt, so sollst du alles, was männlich darin ist, mit der Schärfe des Schwerts erschlagen. Nur die Frauen, die Kinder und das Vieh und alles, was in der Stadt ist, und alle Beute sollst du unter dir austeilen und sollst essen von der Beute deiner Feinde, die dir der HERR, dein Gott, gegeben hat.

Das passt im wörtlichen Sinne so gar nicht zu den Geboten:

- Du sollst nicht töten.
- Du sollst nicht stehlen.
- Du sollst nicht begehren deines Nächsten Haus.
- Du sollst nicht begehren deines Nächsten Weib, Knecht, Magd, Rind, Esel noch alles, was dein Nächster hat.

Hier steht nämlich (bei einer wörtlichen Interpretation):

- Du sollst töten.
- Du sollst den anderen alles wegnehmen.
- Du sollst die ganze Stadt mit allen Häusern einnehmen.
- Du sollst die Frauen, Kinder und das Vieh für dich vereinnahmen.

Die „historische Landnahme" in Israel lief jedoch nach der Erkenntnis von Archäologen sehr wahrscheinlich nicht so ab, wie sie in der Bibel beschrieben wird. Jericho war beispielsweise zur Zeit von Josua noch keine befestigte Siedlung, und so gab es damals noch gar keine Stadtmauern, die man hätte zum Einsturz bringen können. Vermutlich handelte es sich bei der „historischen Landnahme" eher um ein friedliches Einsickern von einzelnen Nomadenstämmen

(vgl. Israel Finkelstein u. Neil A. Silberman: Keine Posaunen vor Jericho).

Wenn dieser Krieg in einem wörtlich-historischen Sinne nie stattgefunden hat, dann sollten wir auch diese grausamen Kriegsgebote nicht wörtlich-historisch interpretieren, sondern in einem übertragenen und geistigen Sinne. Wir können diese Landnahme als Allegorie auffassen für das geistige Vordringen in die Vorstellungswelten anderer Kulturen, und so ergibt sich die allegorische Bedeutung des obigen Zitats fast von selbst. Aus dem wörtlichen Text *„Wenn du vor eine Stadt ziehst, um gegen sie zu kämpfen ... "* wird auf diese Weise: „Wenn du in eine fremde Kultur vordringen willst ..."

Zu einer religiösen Kultur gehören üblicherweise drei Ebenen (in Analogie zum dreifachen Schriftsinn):

geistige Ideen und Prinzipien	Geist	männlich
sittlich-moralische Werte	Seele	weiblich
symbolische Darstellungen: Mythen, Rituale ...	Körper	weiblich

Die geistige Grundlage einer Kultur besteht aus allgemeinen Prinzipien, die man als richtig erkannt hat, die offenbart wurden oder die man aus Naturbeobachtungen ableiten konnte. Solche allgemeinen Prinzipien sind zunächst theoretisch und abstrakt. Wenn man nach diesen Prinzipien leben will und wenn man das Zusammenleben danach regeln will, dann entwickelt sich eine entsprechende Sitte bzw. eine entsprechende Moral. Und wenn man diese allgemeinen Prinzipien in Mythen und Ritualen versinnbildlicht, dann werden diese Prinzipien materiell bzw. dinglich erfahrbar. So ist auch bei einer Kultur die typische Dreiheit von Geist, Seele und Körper erkennbar. Die geistigen Ideen spiegeln sich wider in den sittlichen Geboten und in den Mythen. Der dreifache Schriftsinn ist entsprechend die Umkehrung dieses Prinzips. Man schließt von den Mythen auf die moralischen Werte und auf die geistigen Ideen.

Wenn nun im den scheinbaren „Kriegsgeboten" gesagt wird, wie man mit den Männern und Frauen einer Stadt umzugehen hat, dann bezieht sich das auf dieses kulturelle Drei-Ebenen-Schema. Die nachfolgenden Anweisungen geben uns auf der esoterisch-symbolischen Ebene klare Hinweise, was beim Erschließen einer neuen Kultur zu tun ist,

- wenn es leicht geht (nutzen),
- wenn es nicht so leicht geht (mit dem Thema intensiv auseinandersetzen),
- wenn man auf fremde Ideen stößt (analysieren),
- wenn man auf fremde Symbole und Motive stößt (integrieren),
- welche Ideen und Weltbilder nicht integriert werden sollten (die Lehren der Hetiter, Amoriter, Kanaaniter, Perisiter, Hiwiter und Jebusiter),
- wenn man auf fremde Entwicklungen stößt (nutzen, wenn sie gut sind),
- wenn man auf Ideen stößt, die man nicht zuordnen kann und für die es noch keine passende Symbolik gibt (eine neue Symbolik und Ethik finden),
- wenn man auf fremde Sitten stößt, die einem gefallen (übernehmen, aber losgelöst vom geistigen Überbau und von der ganzen Symbolik),
- wenn die fremden Sitten einem nicht mehr gefallen (einfach sein lassen).

Es handelt sich hierbei um detaillierte Anweisungen zur Integration und zur Nutzung von religiösen Elementen aus fremden Kulturen. Diese Anweisungen gelten jedoch nicht für die einfachen Leute,

- die sich an die sittlichen Gebote halten und
- die an die Mythen glauben,

sondern sie richten sich ausschließlich an die religiösen Führer, die solche symbolischen Ausdrucksformen ganz bewusst nutzen, integrieren, erweitern und schaffen. Aus diesem Grund wurden diese Anweisungen auch vor den einfachen Gläubigen verborgen. Es geht hier also um esoterisches „Insiderwissen", das ursprünglich nicht für die Veröffentlichung gedacht war.

Wenn es leicht geht …

5. Mose 20,10: Wenn du vor eine Stadt ziehst, um gegen sie zu kämpfen, so sollst du ihr zuerst den Frieden anbieten. Antwortet sie dir friedlich und tut dir ihre Tore auf, so soll das ganze Volk, das darin gefunden wird, dir fronpflichtig sein und dir dienen.

Wenn man die Vorstellungswelt der Kultur schnell erschließen kann, dann soll man nutzen, was man darin vorfindet.

Wenn es nicht so leicht geht ...

5. Mose 20,12: Will sie aber nicht Frieden machen mit dir, sondern mit dir Krieg führen, so belagere sie.

Wenn das nicht so leicht geht, dann muss man sich etwas Zeit nehmen, um sich mit der Kultur auseinanderzusetzen.

Wenn man auf fremde Ideen stößt ...

5. Mose 20,13: Und wenn sie der HERR, dein Gott, dir in die Hand gibt, so sollst du alles, was männlich darin ist, mit der Schärfe des Schwerts erschlagen.

Das Geistige wird männlich symbolisiert, und das Schwert steht für den analytischen Verstand. Die Botschaft lautet also: Analysiere das Geistige!

Wenn man auf fremde Symbole und Motive stößt ...

5. Mose 20,14: Nur die Frauen, die Kinder und das Vieh und alles, was in der Stadt ist, und alle Beute sollst du unter dir austeilen und sollst essen von der Beute deiner Feinde, die dir der HERR, dein Gott, gegeben hat.

Es geht dabei nicht wirklich um den materiellen Besitz einer fremden Kultur, sondern um die verdinglichten Darstellungen und Ausdrucksformen. Diese „Beute" wird einverleibt (= aufgegessen), und auf diese Weise wurde im Laufe der Zeit schon etliches in das Juden- bzw. Christentum integriert:

- die Sintflutgeschichte aus dem Gilgamesch-Epos
- der Baal-Glaube der Kanaaniter
- der ägyptische Aton-Glaube
- Rituale aus dem Mithras-Kult (Weihnachten = Fest der unbesiegten Sonne)
- das heidnische Frühlingsfest (Osterhase)
- usw.

Welche Ideen und Weltbilder nicht integriert werden sollten ...

5. Mose 20,16: Aber in den Städten dieser Völker hier, die dir der HERR, dein Gott, zum Erbe geben wird, sollst du nichts leben lassen, was Odem hat, sondern sollst an ihnen den Bann vollstrecken, nämlich an den Hetitern, Amoritern, Kanaanitern, Perisitern, Hiwitern und Jebusitern, wie dir der HERR, dein Gott, geboten hat, damit sie euch nicht lehren, all die Greuel zu tun, die sie im Dienst ihrer Götter treiben, und ihr euch so versündigt an dem HERRN, eurem Gott.

Auch der Odem steht für das Geistige. Von konkret diesen hier aufgelisteten Kulturen soll das geistige Erbe nicht übernommen und integriert werden.

Wenn man auf fremde Entwicklungen stößt ...

5. Mose 20,19: Wenn du vor einer Stadt lange Zeit liegen musst, gegen die du kämpfst, um sie zu erobern, so sollst du ihre Bäume nicht verderben und mit Äxten umhauen, denn du kannst davon essen; darum sollst du sie nicht fällen. Die Bäume auf dem Felde sind doch nicht Menschen, dass du sie belagern müsstest!

Die Bäume stehen hier für die Entwicklungen, die eine Kultur hat – also für das, was um die Kultur herum gewachsen ist (z. B. Handwerkstechniken, Rechtsprechung, medizinische Kenntnisse usw.) Wenn diese Dinge einem nützen, dann soll man sie verwenden.

Die Bäume aber, von denen du weißt, dass man nicht davon isst, die darfst du verderben und fällen und ein Bollwerk daraus bauen gegen die Stadt, die mit dir Krieg führt, bis du sie besiegt hast.

Wenn die Entwicklungen einem nicht nutzen, so kann man sie zumindest nutzen, um mit ihrer Hilfe die Kultur zu erschließen. Man muss eine Kultur nicht unbedingt verstehen, um ihre Entwicklungen nutzen zu können, aber man bekommt leichter Zugang zu einer Kultur, wenn man ihre Entwicklungen kennt und anwenden kann.

Wenn man auf Ideen stößt, die man nicht zuordnen kann und für die es noch keine passende Symbolik gibt ...

5. Mose 21,1: Wenn man einen Erschlagenen findet in dem Lande, das dir der HERR, dein Gott, geben wird, es einzunehmen, und er liegt auf freiem Felde und man weiß nicht, wer ihn erschlagen hat, so sollen deine Ältesten und Richter hinausgehen und den Weg abmessen von dem Erschlagenen bis zu den umliegenden Städten. Welche Stadt am nächsten liegt, deren Älteste sollen eine junge Kuh nehmen, mit der man noch nicht gearbeitet und die noch nicht am Joch gezogen hat, und sollen sie hinabführen in einen Talgrund, der weder bearbeitet noch besät ist, und dort im Talgrund ihr das Genick brechen.

Wenn man ein geistiges Prinzip erkannt hat, dann gibt es für die Priesterschaft zwei Ziele:

    1.) die Sittenlehre danach ausrichten (um das Prinzip im täglichen Leben umzusetzen)
    2.) das Prinzip versinnbildlichen (also eine passende Symbolik finden)

Das geht relativ einfach, wenn eine fremde Kultur schon eine passende Sittenlehre und Symbolik geschaffen hat, denn dann kann man diese übernehmen und integrieren. Aber manchmal findet man auch ein vollkommen neues Prinzip, für das es bislang noch in keiner Kultur eine passende Sittenlehre und Symbolik gibt – das noch abstrakt ist und noch nicht mit Leben gefüllt. Einen Aspekt dieses Prinzip kann man vielleicht in einer Kultur wiederfinden und einen anderen Aspekt in einer anderen Kultur. Aber das Prinzip, das man symbolisch beschreiben will, liegt irgendwo dazwischen. Dieses „tote" Prinzip liegt bildlich gesprochen zwischen zwei Städten bzw. Kulturen.
In diesem Fall muss eine neue Entsprechung gefunden werden, aber diese sollte – sofern es möglich ist – schon in eine bestehende Sittenlehre und Symbolik passen. Und so muss man entscheiden, in welcher Kultur man eine passende Sittenlehre und eine Mythologie finden kann, die diesem Prinzip möglichst nahe kommt. Das wird durch die Suche nach der nächsten Stadt versinnbildlicht. Und es sollten natürlich auch Entsprechungen sein, die noch nicht in anderer Weise vorbelastet sind. Die Kuh, die noch kein Joch gezogen hat, und der unbearbeitete Talgrund stehen für Dinge, die noch „unbenutzt" sind. Das geistige Prinzip wird nun um die anderen beiden Ebenen ergänzt:

1.) um die sittliche/moralische Ebene (= junge Kuh)
2.) um die rituelle/symbolische Ebene (= Talgrund)

Gerade diese Aufforderung, dass man für einen Erschlagenen, den man findet, eine Kuh aus der nächstgelegenen Stadt opfern soll, macht in der wörtlichen Interpretation überhaupt keinen Sinn. Warum sollte man in einem Krieg, in dem permanent gemordet und geplündert wird, ausgerechnet dann so einen Aufwand betreiben, wenn ein Erschlagener zufällig zwischen zwei Städten liegt?

5. Mose 21,5: Und die Priester, die Leviten, sollen herzutreten, denn der HERR, dein Gott, hat sie erwählt, dass sie ihm dienen und in seinem Namen segnen, und nach ihrem Urteil sollen alle Sachen und alle Schäden gerichtet werden. Und alle Ältesten der Stadt, die dem Erschlagenen am nächsten liegt, sollen ihre Hände waschen über der jungen Kuh, der im Talgrund das Genick gebrochen ist. Israel! So wird für sie die Blutschuld gesühnt sein. So sollst du das unschuldig vergossene Blut aus deiner Mitte wegtun, damit du handelst, wie es recht ist vor den Augen des HERRN.

Wenn es für ein geistiges Prinzip keine sittliche und symbolische Entsprechung gibt, dann fehlt etwas. Dieser Fehler wird von der Seite bereinigt, die dem Prinzip am nächsten liegt. Diese „Bereinigung" wird durch das Waschen der Hände versinnbildlicht.
Ohne eine entsprechende Sittenlehre und Symbolik ist es, also sei das geistiges Prinzip ohne Leben (= ohne Blut). Dieses fehlende „Blut" wird ergänzt. Die „Blutschuld" wird auf diese Weise „gesühnt".

5. Mose 21,7: Und sie sollen anheben und sagen: Unsere Hände haben dies Blut nicht vergossen, und unsere Augen haben's nicht gesehen. Entsühne dein Volk Israel, das du, der HERR, erlöst hast; lege nicht das unschuldig vergossene Blut auf dein Volk.

Hier wird gesagt: Wir können nichts dafür, dass dieses geistige Prinzip ohne „Blut" war, also ohne eine seelische bzw. moralische Entsprechung. Und wir haben auch keine passende Entsprechung gesehen. Dadurch mussten wir dieses fehlende „Blut" ergänzen, indem wir eine Entsprechung nahmen, die eigentlich gar nichts damit zu tun hatte (= die unschuldig war).

Wenn man auf fremde Sitten stößt, die einem gefallen …

5. Mose 21,10: Wenn du in einen Krieg ziehst gegen deine Feinde und der HERR, dein Gott, gibt sie dir in deine Hände, dass du Gefangene von ihnen wegführst, und siehst unter den Gefangenen ein schönes Mädchen und gewinnst sie lieb, dass du sie zur Frau nimmst führe sie in dein Haus und lass sie ihr Haar abscheren und ihre Nägel beschneiden und die Kleider ablegen und lass sie in deinem Hause sein und einen Monat lang ihren Vater und ihre Mutter beweinen.

Nicht nur die materielle Ebene ist weiblich, sondern auch die moralisch-sittliche Ebene.

Fremde Sitten, die einem gefallen, kann man übernehmen (= in sein Haus führen). Aber das bedeutet nicht, dass man auch die geistigen Prinzipien und die symbolischen Darstellungen übernehmen müsste. Das sollte man klar voneinander trennen. Die fremde Sitte wird auf diese Weise von einigen Dingen getrennt:

1.) vom Vater (= von ihren geistigen Grundlagen)
2.) von der Mutter (= von ihrer materiellen Symbolik)
3.) von ihrem Kleid (= von ihrer Hülle)
4.) von ihren Haaren und Nägeln

Mit der Symbolik von Haaren und Nägeln wird in diesem Fall nochmals die Polarität von Kopf und Hand unterstrichen, also von Geist und Materie.

Wenn die fremden Sitten einem nicht mehr gefallen …

5. Mose 21,14: Wenn du aber kein Gefallen mehr an ihr hast, so sollst du sie gehen lassen, wohin sie will; du sollst sie aber nicht um Geld verkaufen oder als Sklavin behandeln, weil du zu ihr eingegangen bist.

Wenn eine Sitte nicht geistig begründet ist, kann man sie ablegen, wenn sie einem nicht mehr gefällt. Man muss die Sitte auch nicht eintauschen für irgendwas anderes. Und ebenso wenig muss man sie durch Zwang anpassen.

Der „biblische Jesus" und der „historische Jesus"

Bei der Betrachtung der Evangelien müssen wir zwei Themen ganz deutlich unterscheiden:

1.) die Zitate/Sprüche/Logien von Jesus (Logien = überlieferte Aussprüche)
2.) die Details der Lebensgeschichte von Jesus

Obwohl sich die vier biblischen Evangelien gerade bei den biografischen Details über Jesus zum Teil recht deutlich voneinander unterscheiden, so gibt es dennoch einige Jesus-Zitate, die ziemlich präzise übereinstimmen (hauptsächlich bei Markus, Matthäus und Lukas). Diese Präzision bei den Sprüchen lässt sich nur dann erklären, wenn wir eine gemeinsame, schriftliche Quelle annehmen, die von den Evangelisten genutzt wurde und die genau diese Sprüche enthielt. Hätten die Evangelisten direkt voneinander abgeschrieben, dann würden sie auch bei den biografischen Details stärker übereinstimmen. Hätte es keine gemeinsame Quelle gegeben, dann müssten sich zwangsläufig auch die Sprüche deutlicher unterscheiden. Wir können also davon ausgehen, dass es eine gemeinsame Quelle gab, die genau diese Zitate/Sprüche/Logien von Jesus enthielt, bei denen die Evangelien übereinstimmen. Diese gemeinsame Spruchsammlung wurde uns zwar nicht direkt überliefert, aber man kann sie ziemlich genau aus den Evangelien rekonstruieren. In der Literatur wird diese Rekonstruktion üblicherweise als „Logien-Quelle Q" bezeichnet. Diese gemeinsame Quelle enthielt jedoch so gut wie keine biografischen Details. Ebenso wie das apokryphe Thomas-Evangelium ist auch die Logien-Quelle Q sehr wahrscheinlich eine reine Spruchsammlung gewesen.
Wenn es eine Spruchsammlung gibt, die man aus den Evangelien rekonstruieren kann, und wenn es andere, vergleichbare Spruchsammlungen gibt, die uns überliefert wurden, dann muss es zwangsläufig auch jemanden gegeben haben, von dem diese Sprüche stammen oder der diese Sprüche zumindest gesammelt hat. Aber über die Biografie dieses **„historischen Jesus"** erfahren wir in der Bibel so gut wie nichts. Die Lebensgeschichte des **„biblischen Jesus"** ist nämlich auf eine ganz andere Weise entstanden. Hier lässt sich nachweisen, dass sich die Evangelisten sehr viel mehr am Alten Testament orientiert haben als an den Lebensdaten eines konkreten Menschen. Das Leben des „biblischen Jesus" wurde ganz gezielt so gestaltet, dass es zu den Aussagen und den Messias-Erwartungen des Alten Testaments passt. Immer wieder findet man in den Evangelien Hinweise, dass durch Jesus „die Schrift erfüllt werde", wobei die Evangelisten in vielen Fällen sogar die Stellen im Alten Testament angaben, auf die sie sich bezogen. Somit kann man zumindest zweifelsfrei nachweisen, dass die Evangelisten einen sehr tiefen Blick

ins Alte Testament geworfen haben, bevor sie die Evangelien verfassten. (Später im Kapitel „Meine Vermutung zum historischen Jesus" werde ich noch einigen Hinweisen nachgehen, wie wir vielleicht indirekt doch noch etwas über den „historischen Jesus" erfahren können.)
Natürlich könnte man versuchen, diese Hinweise auf das Alte Testament anders zu begründen, indem man argumentiert, dass die Evangelisten tatsächlich Berichte von Augenzeugen besaßen und dass sie ausgehend von diesen Berichten nach Hinweisen im Alten Testament gesucht hätten. Diese Argumentation kann man jedoch in Einzelfällen widerlegen, denn die „Jesus-Biografie" passt auch bei solchen Stellen zum Alten Testament, bei denen die historischen Rahmendaten nicht stimmen, wie beispielsweise beim Kindermord durch Herodes, der eine offensichtliche Dublette zur Moses-Geschichte ist. Den gleichen Effekt finden wir auch bei den Silberlingen, mit denen Judas bezahlt wurde und die sich auf Sacharia 11,12. beziehen. Der jüdische Theologe und Religionswissenschaftler Pinchas Lapide wies in seinem Buch „Ist die Bibel richtig übersetzt?" (Band 2, Gütersloher Verlagshaus, Gütersloh, 1994, Seite 48) darauf hin, dass Silberlinge zur Zeit von Jesus nicht mehr als Währung verwendet wurden:

Nebenbei sei hier bemerkt, dass es zu Jesu Lebzeiten zwar Denare, Minen, Schekel und Drachmen gab, aber keine Münze oder Währung, die als „Silberlinge" bekannt war. Sie kamen etwa dreihundert Jahre zuvor aus dem Umlauf.

Die Evangelisten haben also zumindest bei diesen Fällen umgekehrt gearbeitet: **Sie haben nicht ausgehend von biografischen Informationen im Alten Testament gesucht, sondern sie haben ausgehend vom Alten Testament die Biografie von Jesus gestaltet.** Bei Matthäus steht übrigens für die 30 Silberlinge ein Bezug auf Jeremia, den man aber dort seltsamerweise gar nicht finden kann. So können wir annehmen, dass den Evangelisten hier entweder ein Flüchtigkeitsfehler unterlaufen ist oder dass unser heutiges „Altes Testament" nicht mehr ganz exakt mit dem damaligen „Alten Testament" übereinstimmt.
Die tatsächliche Arbeitsweise der Evangelisten lässt sich ganz eindeutig nachweisen, wenn man die Übereinstimmungen und Unterschiede überprüft:

Es gibt starke Übereinstimmungen

    1.) bei den Sprüchen, die auf eine gemeinsame Spruchsammlung hinweisen,
    2.) zum Alten Testament („… damit die Schrift erfüllt werde …"),
    3.) in der Art und Weise, wie beides zu einer Geschichte verwoben wurde, die man symbolisch aufbrechen kann (Rahmenhandlung, Symbolik …).

Es gibt starke Unterschiede

1.) bei den biografischen Details in den Evangelien (z. B. bei den Ahnenreihen),
2.) zwischen den Evangelien und den historischen Gegebenheiten (z. B. Weihnachtsgeschichte, Silberlinge ...).

Die Übereinstimmungen zeigen, woran sich die Evangelisten tatsächlich orientiert haben. Die Unterschiede und Widersprüche zeigen, wo die Geschichten individuell ausgestaltet und ausgeschmückt wurden. Damit können wir insgesamt vier Quellen erkennen, die den Evangelisten tatsächlich vorlagen. Zunächst gibt es die rein textlichen Übereinstimmungen, durch die wir auf die folgenden beiden Quellen schließen können:

1.) die Spruchsammlung (vergleichbar mit Logien-Quelle Q)
2.) das Alte Testament in einer griechischen Übersetzung (Septuaginta)

Darüber hinaus gibt es aber auch Übereinstimmungen in der Rahmenhandlung und in der Art und Weise, wie diese beiden Quellen verknüpft wurden. In den Evangelien ist die gleiche „Idee" erkennbar und auch ein vergleichbares esoterisches Wissen. Daher können wir annehmen, dass es zwei weitere Quellen gab:

3.) ein kompaktes „Ur-Evangelium", das beide Themen miteinander verknüpfte und das die Rahmenhandlung in groben Zügen vorgab
4.) das Wissen über die verborgene Symbolik, die in diesen drei Quellen enthalten ist

Es ist möglich, dass es tatsächlich auch noch ein historisches Ereignis gab, das als Vorbild für die Rahmenhandlung verwendet wurde, aber diese Annahme ist nicht zwingend. Wenn man berücksichtigt, dass Jesus und seine Geschichte in den Qumran-Schriften überhaupt nicht erwähnt werden, obwohl diese Texte aus der richtigen Zeit, aus der richtigen Region und aus dem richtigen religiösen Umfeld stammen, dann kann man durchaus annehmen, dass es damals in der Region kein Ereignis gab, das so bedeutsam war, dass die Qumran-Gemeinde es für erwähnenswert gehalten hätte. Die Situation ist fast so, als würde man in den deutschen Tageszeitungen aus den Jahren 1982 bis 1998 den Namen Helmut Kohl kein einziges Mal finden. Und auch die Historiker nahmen Jesus erst einige Jahrzehnte später wahr, nachdem die Evangelien bereits erschienen waren. Die früheste Erwähnung, die ich kenne, finden wir bei Flavius Josephus. In seinem Buch „Jüdische Altertümer", das in den Jahren 79 bis 94 verfasst wurde, schreibt er über den Wechsel des Prokurators Festus auf

Albinus im Jahre 62: „*Er (Ananos) versammelte daher den hohen Rat zum Gericht und stellte vor dasselbe den Bruder des Jesus, der Christus genannt wird, mit Namen Jakobus, sowie noch einige andere, die er der Gesetzesübertretung anklagte und zur Steinigung führen ließ*" (Flavius Josephus, Jüdische Altertümer, übersetzt und mit Einleitung und Anmerkung versehen von Dr. Heinrich Clementz, Marix Verlag, Wiesbaden, 2004, Seite 992, § 200). Zum Vergleich: Das Markus-Evangelium wird üblicherweise ungefähr auf das Jahr 70 datiert. Es ist also durchaus möglich, dass Flavius Josephus die christliche Darstellung kannte, als er die „Jüdischen Altertümer" verfasste. Da sein Buch einerseits erst nach dem Markus-Evangelium verfasst wurde und da er andererseits auch sonst recht gern religiöse Quellen verwendete, können wir ihn auf gar keinen Fall als unabhängige Quelle werten. Und darüber hinaus erfahren wir natürlich bei dieser Erwähnung auch so gut wie nichts über die tatsächliche Lebensgeschichte des „historischen Jesus". Da werden keine Wunder erwähnt, keine Kreuzigung und auch keine Auferstehung, sondern nur Jakobus, der als ein Bruder von Jesus bezeichnet wird. Das kann ein Hinweis auf eine tatsächliche Verwandtschaftsbeziehung sein, muss es aber nicht. Immerhin gibt es auch zigtausende Nonnen, die als „Braut Christi" bezeichnet werden und die es auch nicht in einem wörtlichen Sinne sind. Ähnliches gilt auch, wenn Mönche als „Bruder" oder „Vater" bezeichnet werden. Die andere Erwähnung von Jesus bei Flavius Josephus (Jüdische Altertümer, Buch 18, Kapitel 3, Absatz 3, Seite 878) gilt bei Experten als ein Einschub, der erst später vorgenommen wurde – vermutlich im 3. Jahrhundert.

Wir wissen also nicht, ob es damals tatsächlich ein historisches Ereignis gab, das als Vorbild für die Rahmenhandlung verwendet wurde. Letztendlich wissen wir nur, dass damals jemand auf die Idee kam, die Aussagen aus dem Alten Testament und die Spruchsammlung miteinander zu verknüpfen. Wir wissen es, weil wir die biblischen Evangelien haben, in denen diese beiden Quellen miteinander verknüpft sind.

Wenn es tatsächlich ein historisches Ereignis als Vorbild gegeben hätte, dann würde sich natürlich noch eine ganz andere Frage stellen: Entspräche dieser Gekreuzigte tatsächlich unserer heutigen, idealisierten Vorstellung von Jesus?

Bei Quelle 4 können wir davon ausgehen, dass sie damals nicht in einer schriftlichen Form vorlag, sondern dass sie nur mündlich weitergegeben wurde. Mit diesen vier Quellen bzw. Grundlagen war es den Evangelisten möglich, das Ur-Evangelium

1. aufzugreifen,
2. um weitere Motive aus dem Alten Testament zu erweitern,
3. um weitere Zitate aus der Spruchsammlung zu erweitern,
4. weiter auszugestalten und auszuschmücken.

Dabei ist es durchaus wahrscheinlich, dass es zwischen dem „Ur-Evangelium" und den heute bekannten Evangelien Zwischenstufen gab, die sich zum Teil unabhängig voneinander entwickelten, sich zum Teil aber auch gegenseitig beeinflussten. Aus der Arbeitsweise der Evangelisten erklärt sich auch, warum uns Lukas (Lk. 3,23) und Matthäus (Mt. 1,2) zwei unterschiedliche Ahnenreihen präsentieren, die beide beweisen sollen, dass Jesus aus dem Hause David stammt. Beide Ahnenreihen beschreiben die männliche Ahnenfolge, enthalten aber unterschiedliche Namen und unterschiedlich viele Generationen. Die Grundlage für die Evangelien war also nicht eine tatsächlich existierende Ahnenreihe, die zum Alten Testament passte, sondern ausgehend vom Alten Testament wurden die beiden Ahnenreihen so gestaltet, damit „die Schrift erfüllt werde" (vgl. 2. Samuel 7,12-13) Doch bei dieser Ausgestaltung der Ahnenreihe haben sich Lukas und Matthäus ganz offensichtlich nicht abgesprochen:

Mt. 1,16: Jakob zeugte Josef, den Mann der Maria, von der geboren ist Jesus, der da heißt Christus.
Lk. 3,23: Und Jesus war, als er auftrat, etwa dreißig Jahre alt und wurde gehalten für einen Sohn Josefs, der war ein Sohn Elis [...]

War nun Jakob oder Eli der Vater von Josef? Hier greift auch nicht das Schein-Argument, das vielen Theologie-Studenten eingeimpft wird, dass es sich in einem Fall um die Ahnenreihe von Maria handle. Ganz nebenbei bemerkt ist die Beweisführung über die Ahnenfolgen auch nur dann sinnvoll, wenn Josef tatsächlich der Vater von Jesus war. Wenn Josef nicht der Vater war, dann ist diese Beweisführung überflüssig.
Matthäus und Lukas sind in diesem Fall beide nach dem **gleichen Grundprinzip** vorgegangen. Ausgehend von einem Hinweis im **Alten Testament** haben sie die Ahnenliste **individuell ausgestaltet**. Dabei ist es aber durchaus wahrscheinlich, dass die Namen auf der Liste eine symbolische oder numerologische Bedeutung haben.

In diesem Zusammenhang fällt ein Hinweis bei Matthäus auf, dass die von ihm dargestellte Ahnenreihe in drei Abschnitte (drei Ebenen!) unterteilt ist:

Mt. 1,17: Alle Glieder von Abraham bis zu David sind vierzehn Glieder.
Von David bis zur babylonischen Gefangenschaft sind vierzehn Glieder.
Von der babylonischen Gefangenschaft bis zu Christus sind vierzehn Glieder.

Diese Liste versinnbildlicht also einen dreistufigen Abstieg von der geistigen Ebene in die „Gefangenschaft" der materiellen Welt.

Einen weiteren Hinweis, der in eine sehr ähnliche Richtung geht, finden wir im Buch „Origenes – Eine Einführung in Leben und Denken" von Christiana Reemts (Echter Verlag, Würzburg, 2004). Dort steht auf Seite 113 im Kapitel „Der Weg des Menschen" Folgendes:

Wer genau hinschaut, wird feststellen, dass es beim Auszug der Söhne Israels aus Ägypten 42 Stationen gegeben hat; die Ankunft unseres Herrn und Erlösers in diese Welt wurde ihrerseits über 42 Stationen herbeigeführt. So nämlich legt es der Evangelist Matthäus dar, wenn er schreibt: „Von Abraham bis David sind es vierzehn Generationen und von David bis zur babylonischen Gefangenschaft sind es vierzehn Generationen und von der babylonischen Gefangenschaft bis Christus sind es vierzehn Generationen" (Mt. 1,17). [...] Christus durchlief bei seinem Abstieg in das Ägypten dieser Welt 42 Stationen in Form von 42 Generationen. Die, die aus dem Ägypten dieser Welt zu Gott aufsteigen wollen, brauchen dazu ebenfalls 42 Stationen.

Es gibt also nicht nur offensichtliche Hinweise auf das Alte Testament, „damit die Schrift erfüllt werde", sondern es gibt auch solche verborgenen Hinweise.

Ein Beispiel für starke Unterschiede – Die Situation am leeren Grab

Die Auferstehung von Jesus ist für das heutige Christentum von ganz zentraler Bedeutung, und so mag man eigentlich erwarten, dass wenigstens über dieses wichtige Ereignis eindeutige und zuverlässige Berichte vorlägen. Doch wenn man die unterschiedlichen Evangelien vergleicht, dann wird man feststellen, dass die Schilderungen von den Ereignissen am leeren Grab ganz erheblich voneinander abweichen.

Matthäus:

- Zwei Frauen kommen (Maria von Magdala und die andere Maria).
- Mit einem Erdbeben wird der Stein weggerollt.
- Ein Engel kommt vom Himmel.

Markus:

- Drei Frauen kommen sehr früh, als die Sonne aufgeht (Maria von Magdala, Maria, die Mutter des Jakobus, und Salome).
- Der Stein ist schon weggewälzt.
- Im Grab ist ein junger Mann.

Lukas:

- Die genaue Zahl der Frauen wird nicht erwähnt. (Es waren aber Maria von Magdala und Johanna und Maria, des Jakobus Mutter, und die andern mit ihnen …)
- Der Stein ist schon weggewälzt.
- Beim Grab sind zwei Männer mit glänzenden Kleidern.

Johannes:

- Nur Maria von Magdala geht zuerst zum Grab, als es noch finster ist.
- Zwei Engel in weißen Gewändern erscheinen später am Grab.

Aus den Abweichungen können wir schließen, dass es in diesem konkreten Fall ein gemeinsames Grundmotiv gab, das jedoch von den vier Evangelisten ganz individuell und unterschiedlich ausgestaltet wurde. Durch solche Vergleiche kann man auch ganz grob abschätzen, wie viel Grundmotiv und wie viel individuelle Ausschmückung im Text enthalten sind.

Beispiele für Übereinstimmungen mit dem Alten Testament

Viele „Christen" betrachten diese Übereinstimmungen mit dem Alten Testament als einen Beweis, dass Jesus tatsächlich der prophezeite Messias sei. Da die Biografie von Jesus jedoch nicht immer zur historischen Wirklichkeit passt und da sich die Evangelien zum Teil auch gegenseitig widersprechen, kann man diese Übereinstimmungen wohl eher als einen Beweis dafür ansehen, dass die alttestamentarischen Aussagen direkt in die Evangelien eingeflossen sind.

Aussage über Jesus	Original im AT	Übernahme im NT
Eine Jungfrau wird einen Sohn gebären.	Jesaja 7,14	Matthäus 1,22-23
Nachkomme Davids	2. Samuel 7,12-13	Lukas 1,31-33
in Bethlehem geboren	Micha 5,1-3	Matthäus 2,6, Lukas 2,4
soll „Immanuel" genannt werden	Jesaja 7,14	Matthäus 1,23
entgeht Kindermord	2. Mose 1,22	Matthäus 2,16
aus Ägypten gerufen	Hosea 11,1	Matthäus 2,15
sein Vorläufer, der „Rufer in der Wüste"	Jesaja 40,3, Maleachi 3,1	Matthäus 3,1-3, Markus 1,2-3
der Eckstein	Psalm 118,22	Matthäus 21,42, Apostelgeschichte 4,11
Einzug in Jerusalem als König auf einem Esel	Sacharja 9,9	Johannes 12,14-15
Heilung von Blinden, Tauben und Lahmen	Jesaja 35,5-6	Matthäus 11,4-5
bespien und gegeißelt	Jesaja 50,6	Matthäus 26,67; 27,26, Markus 14,65
Essig trinken	Psalm 69,22	Matthäus 27,48
Die Kleider werden zerteilt.	Psalm 22,19	Lukas 23,34, Johannes 19,23-24
Die Gebeine werden nicht zerbrochen.	Psalm 34,21	Johannes 19,33-36
Er wird den Übeltätern gleichgerechnet werden.	Jesaja 53,12	Markus 15,28, Lukas 22,37
Mein Gott, mein Gott, warum hast du mich verlassen?	Psalm 22,2	Matthäus 27,46
In deine Hände befehle ich meinen Geist.	Psalm 31,5	Lukas 23,46

Es gibt jedoch nicht nur **textliche Übernahmen und Zitate**, sondern auch **strukturelle Analogien**, hauptsächlich zwischen Moses und Jesus:

Moses entgeht dem Kindermord durch den Pharao.	Jesus entgeht dem Kindermord durch Herodes.
Moses durchquert das Meer.	Jesus lässt sich im Jordan taufen.
40 Jahre durch die Wüste	40 Tage in der Wüste

Darüber hinaus gibt es auch **symbolische Analogien**, beispielsweise zwischen dem Passah-Lamm und dem Abendmahl (das auch zum Passah-Fest stattfand):

- Das Passah-Lamm wird geschlachtet und mit Feuer gebraten.
- Beim Abendmahl wird das Brot (= der Leib von Jesus) aufgebrochen, und dazu gibt es Wein.

In einem wörtlichen Sinne ist keine direkte Ähnlichkeit zu erkennen, aber auf der symbolischen Ebene geht es in beiden Fällen um eine Vergeistigung der Lehre, und entsprechend dieser Analogie ist der biblische Jesus tatsächlich das „Lamm Gottes". Durch die Vergeistigung der Lehre erlernen wir die Symbolsprache, in der sich das innere Wissen offenbart. Die innere Trennung wird dadurch überwunden, und in diesem Sinne nimmt das „Lamm Gottes" die Sünde von uns (Sünde = Trennung).

Alles nur Lüge?

Auch wenn mit ziemlicher Sicherheit große Teile der Lebensgeschichte von Jesus erfunden sind, so sollte man die Evangelien dennoch nicht vorschnell als „Lüge" abtun. Die Evangelisten wollten uns ganz sicher nicht belügen, sondern sie hatten eine ganz andere Absicht: **Sie haben eine spirituelle Lehre „verfleischlicht" und mit diesem Mythos eine Rahmenhandlung geschaffen, in die sie die Sprüche (= Logien) einbetten konnten.** Dadurch sprechen die Evangelien auf zwei Arten zu uns:

1.) über die rätselhaften Sprüche/Logien (abstrakt)
2.) über die mythischen Motive (bildhaft)

Ein Mythos spricht nicht in einem wörtlichen Sinne zu uns, sondern im übertragenen Sinne. Und deshalb sollte man ihn auch nicht daran messen, ob er in einem wörtlichen Sinne wahr ist oder nicht. **Ein Mythos ist keine Lüge, solange man ihn als Mythos bezeichnet und solange man ihn als Mythos interpretiert. Er wird erst dadurch zur Lüge gemacht, wenn man ihn wörtlich interpretiert und wenn man diese wörtliche Interpretation zur historischen Wahrheit erklärt.** Wenn man sagt: „Hier ist die Geschichte von Jesus. Brich sie auf, um die verborgene Weisheit zu finden!", dann ist das keine Lüge. Es wird erst dann zur Lüge, wenn man sagt: „Das alles hat vor 2000 Jahren tatsächlich in einem wörtlichen und historischen Sinne exakt so stattgefunden." Das hat es nämlich nicht. Es waren also

in erster Linie die christlichen Fundamentalisten und die bibeltreuen Christen, die durch ihre wörtliche Interpretation aus der Bibel eine Lüge gemacht haben.
Die Missverständnisse und falschen Einschätzungen beim Lesen der Bibel entstehen zum Teil auch deshalb, weil wir Europäer bei erfundenen Geschichten einen ganz anderen Erzählstil gewohnt sind als bei historischen Berichten. Nehmen wir als Beispiel unsere deutschen Märchen. Diese bleiben bei historischen Details immer sehr unkonkret und allgemein. Wir finden keine konkreten Jahreszahlen, sondern nur ein ungenaues „Es war einmal ...". Diese typische Einleitungs-Floskel reicht für uns schon aus, um den nachfolgenden Text eindeutig als Märchen zu identifizieren. Im Märchen werden auch keine historischen Persönlichkeiten erwähnt. Wenn beispielsweise ein König vorkommt, dann hat dieser keinen realen Namen wie „Konrad III." oder „Friedrich II.", sondern er wird einfach nur ganz allgemein als „König" bezeichnet und erhält bestenfalls einen Fantasienamen (z. B. König Drosselbart). Auch reale Ortsnamen werden nur sehr selten verwendet. Alles das sind typische Merkmale, an denen wir ganz schnell und treffsicher erkennen können, dass es sich nicht um einen historischen Bericht handelt, sondern um eine erfundene Geschichte. Doch in anderen Ländern und Kulturen gibt es andere Sitten, und gerade beim semitischen Märchen begegnet uns ein ganz anderer Erzählstil:

Es verweilt gerne bei Einzelheiten, die für die Handlung unwesentlich sind, verlegt die Handlung in wirkliche Städte und Länder, gibt den handelnden Personen wirkliche Namen und hält sich oft sogar beim Geschlechtsregister der Helden auf.

(„Folksagoforskningen" in: Folksminnen och Folktrankar, 1927, S. 105 ff., übersetzt bei: Christensen, Persische Märchen, S. 287 f.; zitiert nach: Max Lüthi, Märchen, J. B. Metzlersche Verlagsbuchhandlung, Stuttgart, 2004, 10. Auflage, Seite 35)

Wenn wir Europäer Geschichten lesen, die aus dem semitischen Kulturraum stammen, dann sind Missverständnisse geradezu vorprogrammiert. Hier gibt es nämlich nicht die typischen Floskeln und Merkmale, die wir gewohnt sind und an denen wir üblicherweise ein Märchen erkennen. Und aus diesem Grund klingt manches für uns sehr viel historischer und realer, als es tatsächlich gemeint war.
Ich möchte nun noch einmal auf die Kombination von Logien und mythischen Motiven zurückkommen – auf diese zwei Wege, über die sich die Evangelien an uns wenden. Diese doppelte Denkweise wird in den Evangelien ganz bewusst eingesetzt. Die mythischen Motive der Evangelien sprechen eine verborgene Schicht unseres Bewusstseins an, die diese Symbolik ganz intuitiv verstehen kann und die darauf reagiert. Die Motive treten gewissermaßen in Resonanz mit unserer inneren Bilderwelt. Sie sensibilisieren uns für die Bilder unserer Seele, und diese sensibilisieren uns wiederum für die Symbolsprache der Bibel. Das ist ein

wechselseitiger Prozess, der in ganz ähnlicher Weise auch zwischen den Logien und unserem inneren Wissen auftreten kann. Das Ziel ist also in beiden Fällen ein Bewusstwerdungsprozess – einerseits für die innere Bilderwelt und andererseits für das innere Wissen. Dieses Grundprinzip, das in diesem Buch schon mehrfach angesprochen wurde, basiert indirekt auf der Arbeitsteilung unserer beiden Gehirnhälften. Die Bildersprache der mythischen Motive richtet sich primär an die rechte und bildhaft denkende Seite. Die abstrakten Logien wenden sich hingegen mehr an die linke und rationale Seite. Es wäre sogar ziemlich inkonsequent gewesen, wenn die Evangelien nicht nach diesem „Funktionsprinzip" aufgebaut wären, wo es doch in den Evangelien heißt: „Wenn dich jemand auf deine rechte Backe schlägt, dem biete die andere auch dar." Die Evangelien geben uns beide Seiten – sie wenden sich gewissermaßen an beide „Backen".

Diese doppelte Denkweise wird jedoch im heute üblichen „Christentum" auf zweierlei Weise blockiert:

1.) Die rätselhaften Sprüche/Logien werden **simplifiziert**. Man gibt sich mit einer vereinfachten Deutung zufrieden und hört auf, nach einem tieferen/ esoterischen Sinn zu suchen.
2.) Die Lebensgeschichte wird **historisiert**. Man tut so, als ob es sich um historische Ereignisse handle. Die Frage nach dem übertragenen Sinn der Motive stellt sich bei dieser historischen Sichtweise nicht mehr.

Die Evangelisten hatten gar nicht das Ziel, uns eine exakte Biografie vom „historischen Jesus" zu liefern, sondern der „biblische Jesus" ist in erster Linie eine Personifikation für unseren höheren Seelenanteil. Wenn dieser Seelenanteil IN UNS „erwacht" bzw. wenn er IN UNS „aufersteht", dann gibt er uns neue Kraft und lässt uns Zusammenhänge erkennen, die uns vorher verborgen waren. In diesem Sinne heilt er Lahme und Blinde. Die Evangelien schildern solche inneren Prozesse – jedoch auf eine allegorische Weise. Sie projizieren diese „inneren Prozesse" nach außen – in die äußere Welt. Innere und geistige Prozesse wurden so dargestellt, als ob sie vor 2000 Jahren in der äußeren, materiellen Welt stattgefunden hätten. Vergleichbare Projektionen finden wir übrigens auch in anderen Erzählformen. So werden beispielsweise bei einer Fabel menschliche Situationen ins Tierreich projiziert. Sie werden so dargestellt, als ob sie im Tierreich stattgefunden hätten.

Wenn man diese Projektion nicht mehr als solche erkennt – wenn man die Evangelien stattdessen historisch interpretiert, dann wird aus der „inneren Auferstehung" logischerweise ein „historisches Heilsgeschehen". Der „innere Weg" wird nicht mehr selbst gegangen, sondern man glaubt nur noch an den Lebensweg, den ein anderer Mensch vor 2000 Jahren gegangen ist. Damit werden diese Themen sehr weit von den heutigen Menschen weggeschoben. Das Heilsgeschehen findet nicht mehr IN UNS statt, sondern wird als etwas interpretiert, das vor 2000 Jahren in einem fernen Land stattgefunden hat und an das man heute nur noch glauben müsse. So glauben heutzutage viele „Christen", dass sie durch die historischen Ereignisse von irgendetwas erlöst seien, auch wenn sie in den allermeisten Fällen keinen besonders erlösten Eindruck machen.

Viele Mystiker und Esoteriker haben seit Jahrhunderten immer wieder darauf hingewiesen, dass es im Christentum primär um geistige und innere Prozesse geht und nicht um historische Ereignisse. Der schlesische Bote Angelus Silesius (eigentlich Johann Scheffler, 1624-1677) unterstrich diese Aussage mit ziemlich deutlichen Worten:

> *Wird Christus tausendmal zu Bethlehem geboren*
> *und nicht in dir, du bleibst noch ewiglich verloren.*
> *Das Kreuz auf Golgatha kann dich nicht von dem Bösen,*
> *wo es nicht auch in dir wird aufgericht't, erlösen.*
>
> (Angelus Silesius, Der cherubinische Wandersmann, Diogenes Verlag, Zürich, 1979, Seite 39 f.)

Natürlich gab es auch schon vor 2000 Jahren Menschen, bei denen der höhere Seelenanteil erwacht war – die also eine „innere Auferstehung" erlebt haben. Und selbstverständlich sind die Erfahrungen und Erkenntnisse dieser Menschen in die Bibel mit eingeflossen. Aber so, wie uns der Glaube an ein historisches Brot heute nicht satt machen kann, so nutzt uns auch der Glaube an eine historische Auferstehung ziemlich wenig. Letztendlich ist es für uns sogar vollkommen irrelevant, was vor 2000 Jahren passiert ist. Wichtig ist, was heute IN UNS passiert.

Die Evangelien sind ein Werkzeug, um diesen inneren Entwicklungsprozess zu unterstützen. Sie wurden damals so geschrieben, dass man ihre Symbolik verhältnismäßig einfach aufbrechen konnte – zumindest sehr viel einfacher als die Geschichten des Alten Testaments. Aus der heutigen Distanz sieht das natürlich etwas anders aus. Für moderne Menschen sind die Evangelien inzwischen genauso verschlossen wie das Alte Testament, denn sie enthalten nicht nur die damals gewollten Verhüllungen, an denen wir das Enthüllen üben können, sondern in knapp 2000 Jahren haben sich einige weitere Hüllen über die Evangelien gelegt, die ursprünglich weder gewollt noch geplant waren. Dem modernen Menschen sind die mythische Denkweise, der allegorische Erzählstil und auch die antike Symbolik fremd geworden. Die ursprünglichen Ideen wurden von späteren Vorstellungen überlagert, und so sind die Evangelien für heutige Menschen gleich in mehrfacher

Weise verhüllt. Aus dieser mehrfachen Verhüllung ergibt sich zwangsläufig, dass man die Evangelien heutzutage sehr viel deutlicher enthüllen muss, um für heutige Menschen wieder den ursprünglichen, geringeren Grad an Verhüllung zu erreichen und um die Evangelien wieder in der ursprünglichen Weise nutzen zu können. **Die Verhüllung des Christentums durch fast 2000 Jahre Kirchengeschichte muss für heutige Menschen gewissermaßen durch eine sehr viel deutlichere Enthüllung kompensiert werden.**

Die Evangelien waren ursprünglich als eine Art „Einstiegshilfe" für die esoterisch-symbolische Interpretation des Alten Testaments gedacht. Sie griffen die alten Motive auf und verwoben sie zu einer neuen Geschichte. So konnte man über die Symbolik der Evangelien einen Einstieg in die hochkomplexe Symbolik des Alten Testaments finden. Die Autoren der Evangelien hatten also durchaus gute Gründe, warum sie die Geschichte von Jesus genauso gestaltet haben, dass sie zu den Aussagen des Alten Testaments passt.

Dieser esoterisch-symbolische Zugang zum Alten Testament ist die eigentliche Botschaft der Evangelien – ist der eigentliche Kern des Christentums. **Das ursprüngliche Christentum war von seiner Zielsetzung ein esoterisch reformiertes Judentum. Es war ein Judentum, das wieder zu seinen ursprünglichen esoterischen Wurzeln zurückgefunden hatte.**

Es ist also tatsächlich so, wie Paulus es sagt, dass durch Jesus die „Decke" abgenommen wird, die über dem Alten Testament hängt. Und das gilt sogar in doppelter Hinsicht:

1.) Durch die Lebensgeschichte von Jesus bekommen wir einen Einstieg in die symbolische Interpretation des Alten Testaments.
2.) Wenn der höhere Seelenanteil in uns erwacht (der durch Jesus personifiziert wird), dann können wir das esoterische Wissen erkennen, das im Alten Testament verborgen ist.

In der Geschichte von den so genannten Emmaus-Jüngern ist es genau diese Fähigkeit, die alten Schriften auszulegen und das Brot zu brechen, woran Jesus erkannt wird:

Lk. 24,30: Und es geschah, als er mit ihnen zu Tisch saß, nahm er das Brot, dankte, brach's und gab's ihnen. Da wurden ihre Augen geöffnet, und sie erkannten ihn. Und er verschwand vor ihnen. Und sie sprachen untereinander: Brannte nicht unser Herz in uns, als er mit uns redete auf dem Wege und uns die Schrift öffnete? Und sie standen auf zu derselben Stunde, kehrten zurück nach Jerusalem und fanden die Elf versammelt und die bei ihnen waren; die sprachen: Der Herr ist wahrhaftig auferstanden und Simon erschienen. Und sie erzählten ihnen, was auf dem Wege geschehen war und wie er von ihnen erkannt wurde, als er das Brot brach.

Die Schriften auszulegen und das Brot zu brechen – diese beiden Dinge gehören untrennbar zusammen, denn durch die Auslegung wird die geistige Nahrung aufgebrochen, die in den Schriften verborgen ist.
Wenn diese Kraft IN UNS erwacht, die in den Evangelien als Jesus personifiziert wird, dann können wir sie noch immer in dieser Fähigkeit erkennen. Wenn diese Kraft erwacht, dann offenbart sie uns Schritt für Schritt den verborgenen Sinn der alten Schriften. Das ist ein ganz natürlicher Prozess, der sich in dieser Situation zwangsläufig ergibt. Und damit ist es ein ziemlich sicheres Kriterium, um diese Kraft eindeutig zu identifizieren. Wenn diese Kraft in einem erwacht ist, dann wird man erkennen, dass auch die alten Schriften in einem übertragenen Sinne von dieser Kraft sprechen – denn was man IN SICH erkannt hat, das kann man auch in der symbolischen Umschreibung wiedererkennen – so, wie es in den alten Schriften dargestellt wird.
Wenn ich hier schwerpunktmäßig das Christentum darstelle, so sollte man das nicht missverstehen. Wenn jemand in einem anderen Kulturkreis aufgewachsen ist, dann wird er in ähnlicher Weise den verborgenen Sinn in den heiligen Texten und Mythen seiner Kultur erkennen können, wenn diese Kraft in ihm erwacht.
Moderne Menschen können leider aus den oben dargestellten Gründen die Evangelien nicht mehr so ohne weiteres als Einstiegshilfe verwenden, um daran das symbolische Aufbrechen zu üben, sondern benötigen zunächst eine weitere Einstiegshilfe zur Interpretation der Evangelien. Das ist eines der Ziele, die ich mir bei diesem Buch gesteckt habe. Verteilt über die verschiedenen Kapitel sind nahezu alle Motive dargestellt, die notwendig sind, um die Symbolsprache der Evangelien „aufzubrechen":

- die Personifizierung des höheren Seelenanteils
- Logos und Mythos bzw. Wort und Fleisch
- die Geburt durch eine Jungfrau
- Johannes der Täufer
- Herodes und der Kindermord
- die Flucht nach Ägypten
- die Zahl 40 im Zusammenhang mit der Wüste
- die Versuchungen durch den Teufel
- die Symbolik der linken und der rechten Backe
- der friedfertige und der aggressive Jesus
- „Denn es ist leichter, dass ein Kamel durch ein Nadelöhr gehe, als dass

ein Reicher in das Reich Gottes komme ..."
- das Gleichnis vom Sämann
- „... damit sie es mit sehenden Augen sehen und doch nicht erkennen ..."
- „Wer aber sein Leben verliert um meinetwillen ..."
- das Wandeln auf dem Wasser
- die Speisung der 4000 bzw. 5000
- das Gleichnis von den anvertrauten Talenten
- der Tempel, der nicht mit Händen gemacht ist
- die Symbolik des Abendmahls
- die Symbolik von Tod und Auferstehung
- ...

Vom Abendmahl bis zur Auferstehung

In der Symbolik des Abendmahls ging es um das Aufbrechen der „Jesus-Biografie". Direkt anschließend folgt die Beschreibung der Gefangennahme, der Kreuzigung und der Auferstehung von Jesus. Und so bietet es sich natürlich an, auch diesen Teil der Geschichte symbolisch aufzubrechen. Auf der wörtlichen Ebene werden in diesem Abschnitt nur wenige Tage aus dem „Leben von Jesus" geschildert, und so könnte man spontan erwarten, dass auf der symbolischen Ebene auch nur ein Teil des Entwicklungsweges dargestellt würde. Dem ist aber nicht so. Es wird auf der symbolischen Ebene tatsächlich in einer stark verkürzten Form ein kompletter Entwicklungszyklus skizziert. Dieser Teil der Evangelien ist also kein Abschluss der Entwicklung, sondern eher eine Art Zusammenfassung bzw. ein Überblick. (Auch das Gleichnis vom verlorenen Sohn stellt einen kompletten Zyklus dar.)
Die Trennung von der geistigen Ebene wird beim Abendmahl mit folgender Aussage eingeleitet:

Mk. 14,25: Wahrlich, ich sage euch, dass ich nicht mehr trinken werde vom Gewächs des Weinstocks bis an den Tag, an dem ich aufs neue davon trinke im Reich Gottes.

(Anmerkung: Wein enthält Spiritus.)

Wenn sich die Seele von der geistigen Ebene trennt, dann verliert sie ihr volles Bewusstsein. Diese Phase wird durch eine Müdigkeit symbolisiert, die sich unter den Jüngern ausbreitet:

Mk. 14,37: Und er kam und fand sie schlafend ...

Mit dem „Garten" Gethsemane, in dem sich diese Szene ereignet, wird symbolisch auf die Ebene des Paradieses hingewiesen – auf die mittlere Ebene im Drei-Ebenen-Schema. Im nächsten Schritt erfolgt die „Gefangennahme". Der Mensch wird vom Materie-fixierten Denken gefangengenommen.
Auch das folgende Zitat hat eine tiefere Bedeutung:

Mk. 14,49: Ich bin täglich bei euch im Tempel gewesen und habe gelehrt, und ihr habt mich nicht ergriffen.

Das klingt im ersten Moment so, als ob es den Priestern auch möglich gewesen wäre, Jesus im Tempel zu verhaften. Aber es geht bei dieser Ergreifung nicht um eine Verhaftung im wörtlichen Sinne, sondern um ein Begreifen im übertragenen Sinne. Die Priester hatten Jesus nicht begriffen – sie hatten ihn geistig nicht erfasst.
Und auch jetzt erfassen sie nur die „Hülle" bzw. nur das Gewand. Der höhere Anteil entflieht. Dieses Erfassen der Hülle wird durch den jungen Mann versinnbildlicht, der nackt entfliehen kann:

Mk. 14,51: Ein junger Mann aber folgte ihm nach, der war mit einem Leinengewand bekleidet auf der bloßen Haut; und sie griffen nach ihm. Er aber ließ das Gewand fahren und floh nackt davon.

Bislang wurde ein dreistufiger Abstieg beschrieben:

    1.) die Trennung von der geistigen Ebene
    2.) die Müdigkeit
    3.) die Gefangennahme

In den folgenden Versen ist es Petrus, der Jesus dreimal verleugnet. Laut dem Johannes-Evangelium hatte er zuvor im Garten Gethsemane mit seinem Schwert einem Knecht des Hohepriesters ein Ohr abgeschlagen. Das Schwert steht in der Symbolik für den analytischen Verstand, mit dem man die Wahrnehmung in immer kleinere Teile zerlegt – mit dem man also die Wahrnehmung (= das Ohr) regelrecht zerteilt. Petrus personifiziert diesen analytisch prüfenden Verstand des Tagesbewusstsein, der sich (vor Tagesanbruch) in drei Stufen von der geistigen Ebene getrennt hat. Damit wird die dreistufige Trennung noch einmal deutlich unterstrichen.
Der prüfende Aspekt und die materielle Sichtweise von Petrus werden auch an folgender Stelle bestätigt, bei der Jesus zu Petrus sagt:

Mt. 16,23: Geh weg von mir, Satan! Du bist mir ein Ärgernis; denn du meinst nicht, was göttlich, sondern was menschlich ist.

(Petrus hatte eine Aussage von Jesus missverstanden: Er hatte Tod und Auferstehung nicht in einem geistigen Sinne interpretiert, sondern in einem irdischen und menschlichen Sinne. Das ist ein ganz typisches Problem. Es kommt ziemlich häufig vor, dass der höhere Seelenanteil auf diese Weise vom irdisch denkenden Verstand missverstanden wird. Dieses Zitat und auch die vergleichbare Stelle bei Mk. 8,33 bekommen dadurch eine besondere Brisanz, weil sich das Papsttum in der Nachfolge von Petrus sieht und sich darauf beruft, dass Petrus in Mt. 16,18 als der Fels bezeichnet wird, auf dem Jesus seine Kirche bzw. Gemeinde bauen will. Wenn Petrus wenige Zeilen später als Satan und als ein Ärgernis bezeichnet wird und wenn Jesus ihn wegschickt, dann wird diese Legitimierung des Papsttums doch schon deutlich relativiert. Interessanterweise folgt die Kirche auch tatsächlich der Sichtweise von Petrus, denn auch im traditionellen Kirchenglauben werden Tod und Auferstehung nicht in einem geistigen Sinne interpretiert, sondern in einem irdischen und menschlichen Sinne. Letztendlich ist aus diesem Missverständnis der Felsen geworden, auf dem der traditionelle Kirchenglaube errichtet wurde.)

Die dreistufige Trennung von der geistigen Ebene ist in erster Linie ein innerer Prozess, der bei jeder Inkarnation auftritt. Aber es gab darüber hinaus auch äußere und gesellschaftliche Rahmenbedingungen, die diesen inneren Trennungsprozess verstärkten und ebenfalls dazu führten, dass der innere Zugang zum Göttlichen verdrängt und tabuisiert wurde:

1.) Die religiöse Führung (die Priester und Schriftgelehrten) empfand diese Thematik als Gotteslästerung.

2.) Das Volk hatte politische Erwartungen an einen Messias. Der Messias sollte das Volk in erster Linie von der römischen Fremdherrschaft befreien. Man suchte keine innere Stimme und auch keine höhere Bewusstseinsebene, sondern das Volk wollte einen Aufrührer und Befreier. Diese andere Vorstellung von einem Messias wird durch die Wahl von Barabbas dargestellt (Bar abbas = Sohn Gottes).

3.) Die Soldaten, also die ausführenden Organe der römischen Staatsmacht, verspotten Jesus.

Um auf diese drei Gruppen hinzuweisen, ist auch das Schild am Kreuz in drei Sprachen geschrieben:

Joh. 19,20: Und es war geschrieben in hebräischer, lateinischer und griechischer Sprache.

Die Priester sprachen hebräisch, das zu dieser Zeit bereits eine tote Sprache war und nur noch in der Liturgie verwendet wurde. Latein war die Sprache der römischen Staatsmacht. Die griechische Gemeinsprache Koine war die allgemeine Verkehrssprache im östlichen Mittelmeerraum (griech. koinos = gemeinsam).

Bislang wurden also insgesamt drei Dreier-Gruppen von Trennungen dargestellt:

1.) die spirituelle Trennung (Trennung vom Wein, Müdigkeit, Gefangennahme)
2.) die intellektuelle Trennung (dreifache Verleugnung durch Petrus)
3.) die kulturelle Trennung (Religion, Volk, Staatsmacht)

Während die römischen Soldaten Jesus verspotten, wird jedoch interessanterweise der römische Statthalter Pontius Pilatus in den Evangelien eher positiv dargestellt. Er findet selbst keine Schuld an Jesus (Lk. 23,4), sondern beugt sich nur dem Willen des Volkes. Bemerkenswert ist in diesem Zusammenhang auch die folgende Stelle, bei der es um das Schild am Kreuz geht:

Joh. 19,21: Da sprachen die Hohenpriester der Juden zu Pilatus: Schreib nicht: Der König der Juden, sondern, dass er gesagt hat: Ich bin der König der Juden. Pilatus antwortete: Was ich geschrieben habe, das habe ich geschrieben.

Das kann man durchaus als einen Hinweis interpretieren, dass diese Aufschrift tatsächlich seiner Meinung entspricht und dass sich (zumindest der biblische) Pilatus zu „Jesus" bekennt. Pilatus versucht, rational zu entscheiden. Einerseits ist er sich der Rolle von Jesus bewusst, andererseits wird er vom Volk, von den Priestern und von den Sachzwängen gedrängt. Er muss Jesus verurteilen, auch wenn es nicht seiner eigenen Meinung entspricht. In dieser Rolle ergeht es Pilatus so ähnlich wie der „höheren Vernunft" bzw. der Vernunftsseele, die sich auch in machen Fällen den Sachzwängen und den Rahmenbedingungen dieser Welt beugen muss und die es letztendlich auch nicht verhindern kann, dass unser Bewusstsein in die Materieverhaftung absinkt.

Jesus wurde mit Nägeln an einem Holzkreuz fixiert. Er wurde, wie es in der Apostelgeschichte ausgedrückt wird, „an das Holz gehängt" (Apg. 5,30). Sowohl das Holz als auch das Kreuz sind ganz typische Symbole für das Materielle. Hier ist wieder eine doppelte Symbolik zu erkennen:

1.) Der gekreuzigte Jesus versinnbildlicht einen Menschen, dessen Denken ans Materielle gebunden ist und in dem die innere Stimme gestorben ist (sein Vater hat ihn verlassen). Der höhere Seelenanteil ist Mensch geworden – er ist inkarniert –, und der Mensch hat den Kontakt zur höheren Wirklichkeit verloren. Es ist ein Zustand der spirituellen Verfinsterung, der in den Evangelien durch eine Verfinsterung der Sonne unterstrichen wird.
2.) Auch die spirituelle Lehre wurde verfleischlicht und ins Materielle übersetzt. Auch sie ist im Volksglauben an das Materielle gebunden. Auch die spirituelle Lehre wurde „an das Holz gehängt".

Diese beiden Interpretationen hängen natürlich ganz eng miteinander zusammen. Ein Mensch, dessen Denken ans Materielle gebunden ist, der wird auch die spirituelle Lehre nur in ihrer verfleischlichten Form erfassen können.

Aber dieser finstere Zustand ist gleichzeitig ein Wendepunkt: Der Vorhang im Tempel zerreißt, und so kann man nun erstmals durch einen Spalt das Verborgene erkennen. Das ist in dieser Phase noch keine vollständige Enthüllung, aber zumindest ein erster Eindruck von dem, was auf der anderen Seite ist. Die Erfahrungen in der materiellen Welt – all die Konflikte und Probleme – sind eine Grundlage, um das Spirituelle erkennen zu können. Wir brauchen die praktischen Erfahrungen in der materiellen Welt und wir brauchen auch die bildhaften Vergleiche mit materiellen Dingen, um die abstrakten Prinzipien verstehen zu können. Wir brauchen sie, damit sich der Vorhang öffnen kann. Nachdem der Abstieg über drei Stufen ging, nachdem Petrus den Herrn dreimal verleugnet hat und nachdem drei Gruppen ihn verurteilt und verspottet haben, folgen nun „drei Tage" im Grab, die schließlich zur Auferstehung führen.

Die Symbolik des Grabes bzw. der Grabhöhle beinhaltet verschiedene Aspekte:

- Die esoterische/spirituelle Entwicklung findet im Verborgenen statt.
- Die Entwicklung findet in der Erde bzw. in der Materie statt.
- Unser inneres Wissen ist in uns „begraben".

Und somit sind die drei Tage im Grab im übertragenen Sinne eine Phase der Einweihung, der Vergeistigung und der bewussten Auseinandersetzung mit der Materie. Diese Entwicklung führt schließlich zur „inneren Auferstehung".
Noch eine Anmerkung zur Verfinsterung: Bei Lukas heißt es:

Lk. 23,44: ... es kam eine Finsternis über das ganze Land bis zur neunten Stunde, und die Sonne verlor ihren Schein.

Eine reale Sonnenfinsternis entsprechend der heute üblichen Wortbedeutung kann damals nicht stattgefunden haben, denn das Passah-Fest findet zur Zeit des ersten Vollmonds im Frühling statt. Eine Sonnenfinsternis kann aber nur bei Neumond auftreten, wenn sich der Mond vor die Sonne schiebt. Die Dauer von drei Stunden würde hingegen durchaus zu einer realen Sonnenfinsternis passen, wenn man das komplette Ereignis betrachtet – also die Zeit von der ersten Teilverschattung bis zu dem Zeitpunkt, wenn die Sonne wieder vollkommen unverschattet ist. Solche Überlegungen und Probleme ergeben sich jedoch nur bei einer astronomischen bzw. historischen Interpretation der Sonnenfinsternis. Bei einer Deutung im übertragenen und spirituellen Sinne kann man solche Widersprüche vernachlässigen.

Meine Vermutung zum „historischen Jesus"

Wenn wir den „biblischen Jesus" als eine Personifizierung unseres höheren Seelenanteils interpretieren, dann stellt sich die Frage: Wer war der Mensch,

- der damals vor etwa 2000 Jahren diesen höheren Seelenanteil in sich spürte,
- der ihn personifizierte und
- der damit das „Ur-Evangelium" schuf?

Ich vermute, dass uns dieser Mensch auch in den Evangelien begegnet – jedoch nicht als Jesus, sondern unter einem anderen Namen. Grundsätzlich ist es natürlich so, dass jeder Mensch diesen Seelenanteil in sich trägt. Und so ist es natürlich möglich, dass es damals mehrere Menschen gab, die diese „Kraft" bzw. dieses „Licht" in sich spürten und davon sprachen. Wenn man jedoch die Evangelien aufmerksam liest, dann fällt auf, dass es damals eine Person gab, die eine gewisse Sonderrolle spielte: **Johannes der Täufer**.

Joh. 1,6: Es war ein Mensch, von Gott gesandt, der hieß Johannes. Der kam zum Zeugnis, um von dem Licht zu zeugen, damit sie alle durch ihn glaubten. Er war nicht das Licht, sondern er sollte zeugen von dem Licht.

Die Aussage „Er war nicht das Licht …" wird durch das folgende Zitat noch unterstrichen, bei dem Johannes der Täufer ganz eindeutig klarstellt:

Joh. 1,20: Ich bin nicht der Christus.

Wir müssen jedoch in diesem Fall ganz klar unterscheiden zwischen

1.) dem Menschen Johannes und
2.) dem Licht, das er in sich spürte und das durch ihn wirkte.

Es war in diesem Fall der Mensch Johannes, der von sich sagte, dass er nicht Christus sei. Alles andere wäre auch unsinnig gewesen. Wenn man weiß, dass Jesus Christus die Personifikation unseres höheren Seelenanteils ist, dann kann man als Mensch nicht sagen: „Ich bin der höhere Seelenanteil" oder „Ich bin das Göttliche, das in mir wirkt." Wenn hingegen andere Menschen Johannes zuhörten, dann konnten diese natürlich nicht so einfach unterscheiden,

- ob es nun Johannes war, der hier als Mensch zu ihnen sprach,
- ob der alttestamentarische Prophet Elia durch ihn wirkte (bzw. ob Johannes der wiedergekommene/wiedergeborene Elia sei),
- ob er sich das Wissen der alten Propheten nur angelesen hatte und nun wiedergab,
- oder ob es der höhere Seelenanteil war, der durch Johannes zu ihnen sprach.

Genau diese Meinungsvielfalt spiegelt sich im folgenden Zitat wider:

Mk. 8,27: Und Jesus ging fort mit seinen Jüngern in die Dörfer bei Cäsarea Philippi. Und auf dem Wege fragte er seine Jünger und sprach zu ihnen: Wer sagen die Leute, dass ich sei? Sie antworteten ihm: Einige sagen, du seist Johannes der Täufer; einige sagen, du seist Elia; andere, du seist einer der Propheten. Und er fragte sie: Ihr aber, wer sagt ihr, dass ich sei? Da antwortete Petrus und sprach zu ihm: Du bist der Christus!

Gerade deshalb, weil es für andere Menschen nicht so klar zu unterscheiden war,

- ob es Johannes war, der als Mensch zu ihnen sprach,
- oder ob es der höhere Seelenanteil war, der in Johannes und durch Johannes wirkte,

wurde im Johannes-Evangelium ganz unmissverständlich klargestellt: Der Mensch Johannes „war nicht das Licht, sondern er sollte zeugen von dem Licht" – von jenem Licht, „das alle Menschen erleuchtet, die in diese Welt kommen".

Aus dieser Perspektive erklärt sich auch die Grundstruktur des Johannes-Evangeliums: Zunächst wird uns Johannes als ein Mensch vorgestellt, der von dem „Licht" zeugen will, und danach folgt die „Geschichte von Jesus", in der dieses „Licht" personifiziert wird. Es war also Johannes der Täufer, der diese Geschichte von Jesus erzählte, um damit von dem „Licht" zu zeugen, das er in sich spürte. So bekommt der Name „Johannes-Evangelium" eine ganz andere Bedeutung: Es ist eigentlich das Evangelium von Johannes dem Täufer, das natürlich später von anderen Autoren noch erweitert und überarbeitet wurde.

Nun könnte man natürlich einwerfen, dass Johannes der Täufer zu einer Zeit hingerichtet wurde, als das öffentliche Wirken von Jesus gerade erst begann. Er wäre also gar nicht in der Lage gewesen, die Geschichte von Jesus aufzuschreiben. Aber diese Argumentation basiert auf der wörtlich-historischen Interpretation der Evangelien. Und je mehr man sich von dieser löst, umso mehr verliert dieses Argument an Bedeutung. Ich möchte an dieser Stelle an die besondere Rolle des symbolischen Todes erinnern: Das falsche „Ich" muss sterben, damit das „wahre" Ich leben und wirken kann. Der höhere Seelenanteil wird also zwangsläufig erst dann wirken können, wenn wir uns von einigen falschen Vorstellungen getrennt haben – wenn bildlich gesprochen die Persönlichkeit „gestorben" ist, die sich mit diesen Vorstellungen identifizierte.

Es ist hauptsächlich die folgende Aussage, die uns in diesem Zusammenhang einen ganz wichtigen Hinweis gibt:

Joh. 3,30: Er (= Jesus) muss wachsen, ich (= Johannes) aber muss abnehmen.

Ganz sicher soll damit nicht ausgedrückt werden, dass Jesus kleinwüchsig war und Johannes übergewichtig, sondern es geht dabei um einen inneren Prozess. **Johannes und Jesus sind zwei Prinzipien, die in einem Menschen wirken.** Johannes steht in dieser Situation für die Persönlichkeit bzw. das Tagesbewusstsein, das noch primär in irdischen Kategorien denkt. Und Jesus symbolisiert die spirituelle Kraft, die in ihm und durch ihn wirkt. Das Tagesbewusstsein muss sich etwas zurücknehmen, damit das höhere Bewusstsein stärker wirken kann. Es muss gelegentlich still werden, um die innere Stimme hören zu können.

Natürlich hat Johannes mit seinem Tagesbewusstsein einige Grundlagen geschaffen, damit die spirituelle Kraft in ihm wirken konnte. Er hat bildlich gesprochen den Weg in der „Wüste" geebnet. In diesem Sinne hat das Tagesbewusstsein „Johannes" tatsächlich die Vorarbeit für „Jesus" geleistet.

Darüber hinaus werden Johannes und Jesus als zwei Menschen dargestellt, die auf **zwei Seiten des Jordans** tauften.

Joh. 3,26: Und sie kamen zu Johannes und sprachen zu ihm: Meister, der bei dir war jenseits des Jordans, von dem du Zeugnis gegeben hast, siehe, der tauft, und jedermann kommt zu ihm.

Auch der „Jordan" ist in diesem Zusammenhang symbolisch zu interpretieren. Es ist die Ebene des Wassers. Auf der „irdischen" Seite wirkt das Tagesbewusstsein „Johannes". Und auf der spirituellen Seite wirkt der höhere Seelenanteil „Jesus". Zunächst folgten die Jünger dem Menschen Johannes – später jener höheren Kraft, die durch Johannes wirkte.

Leider wissen wir auch bei Johannes dem Täufer nur sehr wenig über dessen Biografie. Unabhängig von den Evangelien wird uns von Flavius Josephus immerhin berichtet, dass Johannes der Täufer hingerichtet wurde. Er weicht jedoch in seiner Schilderung etwas von den Evangelien ab:

Manche Juden waren übrigens der Ansicht, der Untergang der Streitmacht des Herodes sei nur dem Zorne Gottes zuzuschreiben, der für die Tötung Johannes' des Täufers die gerechte Strafe gefordert habe. Den Letzteren nämlich hatte Herodes hinrichten lassen, obwohl er ein edler Mann war, der die Juden anhielt, nach Vollkommenheit zu streben, indem er sie ermahnte, Gerechtigkeit gegeneinander und Frömmigkeit gegen Gott zu üben und so zur Taufe zu kommen. Dann werde, verkündigte er, die Taufe Gott angenehm sein, weil sie dieselbe nur zur Heiligung des Leibes, nicht aber zur Sühne für ihre Sünden anwendeten; die Seele nämlich sei dann ja schon vorher durch ein gerechtes Leben entsündigt. Da nun infolge der wunderbaren Anziehungskraft solcher Reden eine gewaltige Menschenmenge zu Johannes strömte, fürchtete Herodes, das Ansehen des Mannes, dessen Rat allgemein befolgt zu werden schien, möchte das Volk zum Aufruhr treiben, und hielt es daher für besser, ihn rechtzeitig aus dem Wege zu räumen, als beim Eintritt einer Wendung der Dinge in Gefahr zu geraten und dann, wenn es zu spät sei, Reue empfinden zu müssen. Auf diesen Verdacht hin ließ also Herodes den Johannes in Ketten legen, nach der Festung Machaerus bringen, die ich oben erwähnte, und dort hinrichten. Sein Tod aber war, wie gesagt, nach der Überzeugung der Juden die Ursache, weshalb des Herodes Heer aufgerieben worden war, da Gott in seinem Zorn diese Strafe über den Tetrarchen verhängt habe.

(Flavius Josephus, Jüdische Altertümer, übersetzt und mit Einleitung und Anmerkung versehen von Dr. Heinrich Clementz, Marix Verlag, Wiesbaden, 2004, Seite 886, §§ 116-119)

Die Tatsache, **dass** Johannes hingerichtet wurde, ist also vermutlich historisch zu interpretieren. Die Art und Weise, **wie** diese Hinrichtung in den Evangelien beschrieben wird, dürfte hingegen eine allegorische Umschreibung sein. Wenn

Flavius Josephus in diesem Fall so deutlich von den Evangelien abweicht, können wir das als einen Hinweis werten, dass diese Stelle zumindest nicht von der späteren christlichen Theologie beeinflusst wurde und dass es sich damit tatsächlich um eine unabhängige Quelle handelt.

Johannes der Täufer hat also die Kraft, die in ihm wirkte, als Jesus personifiziert. Aber diese Kraft wirkte nicht nur in ihm, sondern auch in vielen anderen Menschen – wobei er natürlich durch sein Wirken auch dazu beigetragen hat, dass andere Menschen diese Kraft in sich erkennen konnten. Und dadurch konnte diese Kraft auch dann noch weiterwirken, als der Mensch Johannes bereits hingerichtet war. Diese Kraft hat seinen Tod überlebt und wirkte weiter in den Emmaus-Jüngern, in Paulus und auch in vielen anderen. Und ebenso wie die Emmaus-Jünger können wir diese Kraft auch heute noch daran erkennen, wie sie die alten Texte aufbricht und uns den verborgenen Schriftsinn offenbart (vgl. Lk. 24,30 ff.).

Das Perlenlied des Apostels Judas Thomas

Der Name Judas Thomas bezieht sich auf den Jünger, der üblicherweise als der „ungläubige Thomas" bezeichnet wird. Laut den Thomasakten, die auch „Apostelgeschichte des Thomas" genannt werden, soll er später eine Missionsreise nach Indien unternommen haben, und noch immer gibt es dort Gemeinden, die sich als „Thomas-Christen" bezeichnen. Die Thomasakten beschreiben diese Reise, enthalten aber auch Predigten und Hymnen. Und auch das Perlenlied, das in diesem Kapitel interpretiert wird, stammt aus dieser Sammlung. Der Apostel Thomas wird weiterhin auch als der Autor des apokryphen (= verborgenen) Thomas-Evangeliums angegeben. Dieses Evangelium ist eine reine Spruchsammlung, deren Sinn sich erst dann erschließt, wenn man mit der esoterischen Symbolsprache und der entsprechenden Denkweise vertraut ist. Und das wird auch gleich zu Anfang des Thomas-Evangeliums deutlich gesagt:

Dies sind die geheimen Worte, die Jesus der Lebende sprach und die Didymus Judas Thomas aufgeschrieben hat. Und er sprach: Wer die Interpretation dieser Worte findet, wird den Tod nicht schmecken.

(Thomas-Evangelium, Übersetzung von Wieland Willker, http://www-user.uni-bremen.de/~wie/texteapo/thomas.html)

Es ist letztendlich die gleiche Aussage, die ich auch in diesem Buch immer wieder betont habe: **Wer die Symbolsprache versteht, in der sich das Göttliche offen-**

bart, der hat den „inneren Tod" überwunden.

Während das Thomas-Evangelium ein ausgesprochen schwergängiger und mühsamer Text ist, erinnert die Geschichte des Perlenlieds eher an ein Märchen aus tausendundeiner Nacht. Und obwohl es voller Symbolik steckt, lässt es sich trotzdem relativ einfach lesen.

(Der nachfolgenden Deutung liegt folgende Übersetzung zugrunde:
URL: http://12koerbe.de/phosphoros/perle.htm (Hans Zimmermann, Görlitz: Quellen in neun Sprachen);
Acta Thomae 108-113, ed. P. Bedjan, Acta martyrorum et sanctorum III, 1892, 110-115;
griechische Version ed. R.A. Lipsius/M. Bonnet, Leipzig 1903;
deutsche Übersetzung der syrischen Version: K. Schubert, Wien 1967.)

Das Perlenlied

Als er (Thomas) betete, erblickten ihn all die Gefangenen und baten ihn, für sie zu beten.

Das Denken der meisten Menschen ist „gefangen" in den Kategorien und Begriffen der materiellen Welt. Wenn esoterische Texte von „Gefangenen" oder „Sklaven" sprechen, so bezieht sich das nicht notwendigerweise auf die irdischen Lebensumstände oder den sozialen Stand, sondern primär auf die „Gefangenschaft des Geistes".

Nachdem er gebetet hatte, setzte er sich nieder und begann folgendes Lied zu rezitieren:

Als ich ein kleines Kind war und in meinem Königreiche, in meinem Vaterhause wohnte und mich erfreute am Reichtum und an der Pracht meiner Erzieher, entsandten mich meine Eltern vom Osten, unserer Heimat, nachdem sie mich ausgerüstet hatten.

Es geht bei dieser „Kindheit" nicht um eine Biografie von Thomas. Der „Osten" ist auch nicht geografisch zu verstehen, sondern ein Hinweis auf eine höhere Seinsebene – auf die geistige Welt. Das Schicksal, das hier geschildert wird, ist nicht das Schicksal eines ganz bestimmten Menschen, sondern es ist das Schicksal, das wir alle haben. Wir alle stammen aus der höheren, geistigen Wirklichkeit und wir alle wurden mit einer Aufgabe in die materielle Welt geschickt. Der Reichtum auf dieser höheren, geistigen Seinsebene ist das Wissen, das wir alle noch hatten, bevor wir unseren Weg in die materielle Welt begannen. Dieser Weg wird in vielen

Mythen negativ beurteilt – als Sündenfall –, so als sei es unser Fehlverhalten, dass wir diese Ebene verlassen haben. Im Perlenlied wird dieser Weg jedoch anders bewertet: Wir werden von der höheren Seinsebene (= von Osten) mit einer Aufgabe in die Materie geschickt.

Und aus dem Reichtum unseres Schatzhauses schnürten sie mir eine Last zusammen, groß, doch leicht, so dass ich sie allein tragen konnte:
Gold vom Hause der Hohen und Silber vom großen Gazak, Chalzedone aus Indien und Achate vom Reiche Kuschan.

Wenn der Mensch inkarniert, dann werden ihm gewisse Talente und Fähigkeiten mitgegeben. Gold glänzt gelblich-rötlich und entspricht damit der Farbe des **Feuers**. So, wie man durch die **Luft** alle Farben relativ unverfälscht sehen kann, so spiegelt poliertes Silber alle Farben unverfälscht wider. Chalzedone sind zumeist bläulich, was zum **Wasser** passt, das zwar in kleinen Mengen farblos erscheint, jedoch im Meer oder auch im Schwimmbecken bläulich schimmert. Achate passen durch ihre bräunliche Farbe zum Element **Erde**.

Gold	Edelmetall	Feuer	gelblich-rötliche Farbe
Silber	Edelmetall	Luft	grau, spiegelt alle Farben wieder
Chalzedon	Edelstein	Wasser	blau
Achat	Edelstein	Erde	braun

Es fällt auf, dass es zwei Edelmetalle und zwei Edelsteinarten sind. Vermutlich wird also durch diese Gaben ein Polaritätenschema angedeutet, das aber im Text nicht weiter ausgeführt wird.

Die Polarität der Metalle wäre: Feuer-Luft.
Die Polarität der Steine wäre: Wasser-Erde.

Es handelt sich also um das geistige Polaritätenschema.

Und sie umgürteten mich mit dem Diamant, der Eisen ritzt ...

Ein Diamant wird üblicherweise nicht am Gürtel getragen. Er ist ein Symbol für das „Feuer", und Feuer steht für alles, was uns antreibt. Auf der materiellen Ebene sind dies zumeist die Triebe nach Nahrung, Besitz und Fortpflanzung. Eisen symbolisiert das Denken. Ein Diamant, der Eisen ritzt, deutet darauf hin, dass in der materiellen Welt die Triebe über das Denken dominieren. Das erklärt auch, warum

der Diamant auf Bauchhöhe angebracht wird. Der Antrieb wirkt in der materiellen Welt auf das Körperliche. Der Diamant ist also nicht unbedingt als ein Geschenk zu sehen, das man mitbekommt, sondern wohl eher als eine Last.
Der Mensch wird also nicht nur mit diversen Talenten ausgestattet, sondern auch mit einer gewissen Triebhaftigkeit.

... und sie zogen mir das strahlende Gewand aus, das sie mir in ihrer Liebe gemacht hatten, und die purpurne Toga, die nach dem Maße meiner Gestalt gewebt war.

Das strahlende Gewand ist ein Symbol für unseren Geistkörper – für unseren Licht-Körper. Wenn wir in die materielle Welt gehen, lassen wir diesen auf der geistigen Ebene zurück.
Die purpurne Toga ist ein Symbol für den „seelischen Körper", und auch dieser wird zurückgelassen. Beide Körper bzw. Gewänder sind auf der materiellen Ebene nicht sichtbar. Übrig bleibt das „körperliche Gewand" (also unser physischer Körper), das uns in der materiellen Welt zur Verfügung steht.

| das strahlende Gewand = der Geistkörper |
| die purpurne Toga = der seelische Körper |
| der physische Körper |

Und sie schlossen mit mir einen Vertrag und schrieben ihn mir in mein Herz, damit er nicht in Vergessenheit gerate ...

Wenn wir in die Materie kommen, dann haben wir dort eine Aufgabe. Sie wird in unser „Herz" geschrieben, nicht in unseren Verstand. Verstandesmäßig wissen wir nichts von dieser Aufgabe, aber tief drinnen spüren wir sie doch. Mit „Herz" ist nicht das körperliche Organ gemeint, sondern das seelische Empfinden.

„Wenn du nach Ägypten hinabsteigst und die Perle bringst, die in der Mitte des Meeres ist, das der zischende Drache umschließt, dann sollst du dich wiederum in dein strahlendes Gewand und in deine Toga kleiden, die darauf liegt, und sollst mit deinem Bruder, unserem Zweiten, Erbe in unserem Reiche sein."

Ägypten steht für die materielle Welt. Die Perle symbolisiert Weisheit und Erkenntnis. Wenn es z. B. in der Bibel heißt, man solle keine Perlen vor die Säue werfen, so ist damit gemeint, dass man seine Weisheiten nicht vor den Leuten ausbreiten solle, die damit nichts anfangen können.
Wenn man nach Ägypten hinabsteigt, um die Perle zu holen, so bedeutet das, dass

man in die materielle Welt hinabsteigt, um dort Weisheit bzw. Erfahrung zu sammeln. Doch die Perle ist nicht auf dem Land zu finden, sondern „in der Mitte des Meeres". Man findet sie, wenn man emotional seine „Mitte" gefunden hat bzw. den „mittleren Weg" gefunden hat.

Der Drache, der einen Schatz bewacht, ist ein Motiv, das in vielen Mythen und Märchen vorkommt. Er ist einerseits ein Hüter der Weisheit, steht aber andererseits auch für Satan, der die Menschen prüft. An diesem Drachen – an diesen Prüfungen – müssen wir vorbei, um zur Erkenntnis zu gelangen. Im Perlenlied steht der Drache in erster Linie für die Aggressivität – also das Tierhafte bzw. Triebhafte in uns. Auch die Aggressionen, die uns im täglichen Leben immer wieder begegnen, prüfen uns.

Unser „Bruder" ist der höhere Anteil von uns. Wenn wir inkarnieren, dann steigen wir nicht komplett in die materielle Welt hinab, sondern nur ein Teil von uns inkarniert und ein anderer Teil bleibt in der geistigen Welt. Dieser andere Teil wird durch den Bruder symbolisiert. Bei der Rückkehr in die geistige Welt vereinigen wir uns wieder mit diesem Anteil, den wir dort zurückgelassen haben.

Ich brach auf vom Osten und stieg hinab, geleitet von zwei Wächtern, denn der Weg war gefährlich und schwierig und ich war zu jung, ihn zu gehen. Ich durchschritt das Gebiet von Maischan, dem Treffpunkt der Kaufleute des Ostens, und kam zum Lande Babel und betrat die Mauern von Sarbug. Ich stieg hinab nach Ägypten und meine Gefährten verließen mich.

Die unterschiedlichen Ortsangaben beziehen sich auf unterschiedliche Stufen des Abstiegs. Maischan wird als ein Treffpunkt der Kaufleute des Ostens bezeichnet. Osten steht für eine höhere Wirklichkeit, und somit können wir den Warenaustausch im Osten als einen Austausch mit der geistigen Ebene interpretieren (entspricht Stufe 5 beim Dreifachkreuz). Ägypten steht üblicherweise für die materielle Welt, und dementsprechend sind die Mauern von Sarbug eine Grenze, die vor dieser Welt liegen. Daraus ergibt sich folgendes Schema:

Heimat in der geistigen Ebene
Maischan = Kontaktpunkt zwischen der geistigen und der seelischen Ebene
Babel = seelische Ebene
Mauern von Sarbug = Grenze zur materiellen Welt
Ägypten = materielle Ebene

Die beiden Wächter (Polarität!) werden im Text nicht näher beschrieben, aber es wird zumindest gesagt, auf welchem Stück des Weges sie den Menschen begleiten.

Damit liegt es nahe, dass es sich bei diesen beiden Wächtern um eine Links-Rechts-Polarität handelt, die auf den Stufen 4 bis 6 beim Dreifachkreuz liegt.
Der Mensch ist nun in der materiellen Welt auf sich allein gestellt und muss nun selbst entscheiden und seine Urteilskraft entwickeln.

Ohne Umweg ging ich zum Drachen, nahm Wohnung nahe bei seiner Stätte, bis er schlummern und schlafen würde und ich die Perle ihm wegnehmen könnte.

Die Aufgabe wird in Angriff genommen. Aber es ist ein langwieriger Prozess, bis der Drache schlummert – bis die eigene Aggressivität eingeschlafen ist. Man kann nicht einfach mal schnell zum Drachen, warten bis er schläft und dann die Perle rauben, sondern es wird eine „Wohnung" nahe beim Drachen genommen.

Und da ich völlig allein und den Mitbewohnern meiner Herberge ein Fremder war, erblickte ich dort einen Mann meines Stammes, einen Edelmann aus dem Osten, einen schönen und anmutigen Jüngling, einen Sohn Gesalbter; und er kam und hing mir an; ich machte ihn zu meinem Freund und meinem Gefährten und ließ ihn teilhaben an meinem Handel. Ich warnte ihn vor den Ägyptern und vor den Beziehungen zu den Unreinen.

Der andere „Edelmann aus dem Osten" ist ein anderer Mensch, bei dem auch erkennbar ist, dass er aus der geistigen Welt kommt (= aus dem Osten). Die Ägypter stehen hier symbolisch für die Menschen, die komplett in der Materie gefangen sind und bei denen nicht mehr zu erkennen ist, dass sie auch aus der geistigen Welt kommen.

Ich aber bekleidete mich mit ihren Gewändern, damit sie nicht gegen mich Verdacht schöpften, ich sei von auswärts gekommen, um die Perle zu nehmen, und damit sie nicht den Drachen gegen mich aufweckten.

Wenn in einem noch etwas von dem spirituellen Wissen wach ist, das man aus der geistigen Welt mitgebracht hat, dann empfindet man oft eine gewisse „Andersartigkeit" gegenüber den anderen Menschen. Spräche man offen über diese Dinge, die man in sich spürt, dann würden die anderen Menschen aggressiv reagieren, weil sie sich durch diese Ideen in ihren religiösen Vorstellungen angegriffen fühlen. Man passt sich also meistens mehr oder weniger an und hält den Mund, um diesen Aggressionen aus dem Weg zu gehen.

Aus irgendeinem Grunde jedoch bemerkten sie, dass ich nicht einer der Ihren war. Und sie näherten sich mir listigerweise und gaben mir ihre Nahrung zu essen. Ich vergaß, dass ich ein Königssohn war, und diente ihrem König. Und die Perle vergaß ich, um derentwillen mich meine Eltern entsandt hatten; und durch die Schwere ihrer Speisen versank ich in tiefen Schlaf.

Die eigene Anpassung und die Fremdbeeinflussung führen aber letztendlich dazu, dass man das eigene Ziel mit der Zeit immer mehr aus den Augen verliert. Man verhält sich so, wie es die anderen erwarten – und man dient ihrem König, ihrem Papst usw. Doch das höhere Bewusstsein verkümmert dabei. Es fällt – symbolisch gesprochen – in Schlaf.

Aber all dies, was sich mit mir begab, ward meinen Eltern kund und sie trauerten meinetwegen. Und in unserem Königreiche wurde verkündet, dass ein jeder zu unserem Tore komme: Die Könige und Häupter von Parthien und alle Großen des Ostens; und meinetwegen fassten sie einen Entschluss, dass man mich nicht in Ägypten lassen solle.

Die geistige Welt greift ein, um uns wieder an unsere Aufgabe zu erinnern.

Und sie schrieben einen Brief an mich, und jeder Große unterfertigte ihn mit seinem Namen:

„Von deinem Vater, dem König der Könige, und deiner Mutter, der Herrin des Ostens, und von deinem Bruder, unserem Zweiten, dir, unserem Sohne in Ägypten, Gruß.
Auf, erhebe dich von deinem Schlaf und höre auf die Worte unseres Briefes. Erinnere dich, dass du ein Königssohn bist. Siehe die Versklavung, siehe, wem du dienst! Entsinne dich der Perle, derentwegen du nach Ägypten geschickt wurdest! Erinnere dich deines strahlenden Gewandes und gedenke deiner prächtigen Toga, die du tragen sollst und mit der du geschmückt sein sollst, dass im Buche der Starken dein Name gelesen werde! Und mit deinem Bruder, unserem Stellvertreter, zusammen sollst du Erbe in unserem Reiche sein!"

Der Brief war ein Brief, den der König mit seiner Rechten versiegelt hatte vor den Bösen, den Leuten von Babel und den wilden Dämonen von Sarbug.

So ein Brief kommt natürlich nicht im „Klartext". Er ist „versiegelt" in Symbolen. Er kommt zu uns durch unsere Träume, Gedanken und Fantasien. Durch diese

Versiegelung überlistet der Brief die Kräfte in uns, die diese Information nicht zulassen wollen und können. Gekleidet in Symbole kann diese Information alle Barrieren überwinden.

Er flog wie ein Adler, der König der Vögel. Er flog und ließ sich neben mir nieder, als ganzer wurde er Wort.

Der Adler ist ein Tier der Lüfte und steht damit für die geistige Ebene.

Bei seiner Stimme, dem Geräusch seines Rauschens, erwachte ich und erhob mich von meinem Schlaf; ich nahm ihn auf und küsste ihn und löste sein Siegel und las.

Der Schlaf symbolisiert den Zustand der Unbewusstheit, in dem sich die meisten Menschen befinden, die in der materiellen Welt leben – auch dann, wenn sie glauben, sie seien „wach". Mit dem Erwachen aus dieser Unbewusstheit entwickelt sich auch ein Verständnis für die symbolische „Versiegelung" der Botschaften, die aus der Tiefe der Seele zu uns dringen.

Ganz so, wie in meinem Herzen aufgezeichnet, waren die Worte meines Briefes geschrieben.

Die Botschaft spricht ein verborgenes Wissen an, das in uns ist, und so kommt es zu einer Resonanz – zu einer Wechselwirkung.

Ich entsann mich, dass ich ein Königssohn sei und dass meine Freiheit nach Verwirklichung dränge. Ich erinnerte mich an die Perle, um deretwillen ich nach Ägypten gesandt worden war ...

Es erwacht ein innerer Drang nach geistiger Entfaltung, und das vergessene Wissen kommt zurück.

... und ich begann den laut schnaubenden Drachen zu beschwören. Ich versenkte ihn in Schlummer und Schlaf, da ich den Namen meines Vaters über ihm aussprach und den Namen unseres Zweiten und den meiner Mutter, der Königin des Ostens. Und ich ergriff die Perle und wandte mich um, in mein Vaterhaus zurückzukehren.

Wenn das Bewusstsein in uns erwacht, dann schwinden die aggressiven und triebhaften Kräfte, und der Drache – der Wächter der Perle – gibt den Weg frei. Nun wird es möglich, die Erfahrung zu sammeln, für die man in die materielle Welt kam.

Und ich zog ihr schmutziges und unsauberes Gewand aus und ließ es in ihrem Lande zurück.

Es geht bei der Erfahrung nicht um die konkreten irdischen Umstände, unter denen wir sie gewonnen haben. Das ist Ballast (= unsauberes Gewand), den wir zurücklassen können.

Und ich nahm meinen Weg zum Licht unseres Landes, zum Osten.

Der Rückweg beginnt – der Wiederaufstieg in die geistige Welt.

Und meinen Brief, meinen Erwecker, fand ich auf dem Wege vor mir; wie er mich durch seine Stimme geweckt hatte, so führte er mich nun mit seinem Lichte. Auf chinesischem Stoff mit Rötel geschrieben, mit seinem Aussehen vor mir strahlend, mit der Stimme seiner Führung gab er mir Mut und zog mich mit seiner Liebe; ich zog vorwärts und durchquerte Sarbug.

Dieser „Erwecker" ist unsere innere Stimme, die uns erweckt hat. Sie führt uns auf dem Weg zurück ins Licht und lässt uns die Hindernisse überwinden.

Ich ließ Babel zu meiner Linken und gelangte zum großen Maischan, zum Hafen der Kaufleute am Ufer des Meeres.
Und das strahlende Gewand, das ich abgelegt hatte, und meine Toga, die es umhüllte, hatten meine Eltern von den Höhen Hyrkaniens durch ihre Schatzmeister hierher gesandt, die wegen ihrer Treue damit betraut wurden. Und wiewohl ich mich nicht seiner Würde entsann – denn ich hatte doch mein Vaterhaus in meiner Kindheit verlassen –, so wurde das strahlende Gewand doch plötzlich, als ich es mir gegenüber sah, wie mein Spiegelbild mir gleich.

Das abgestiegene Bewusstsein kommt aus der materiellen Welt zurück und vereinigt sich wieder mit seinem Seelenkörper und seinem Geistkörper.

Ich sah es gänzlich in mir und ich sah mich in ihm mir gegenüber, denn wir waren zwei in Verschiedenheit und doch wiederum eins in einer Gleichheit. Und auch die Schatzmeister, die es mir gebracht hatten, sah ich in gleicher Weise: Sie waren zwei und doch waren sie gleich an Gestalt.

Die Zweiheit – das Denken in Polaritäten – ist überwunden.

Denn ein Siegel des Königs war auf sie gedrückt, dessen, der mir meinen Schatz und meinen Reichtum durch sie zurückstellte, mein strahlendes Gewand, geziert mit der Pracht herrlicher Farben, mit Gold und mit Beryllen, Chalzedonen und Achaten und mit verschiedenfarbigen Sardonen. Es war in seiner Erhabenheit angefertigt worden, mit Diamantsteinen waren alle seine Nähte befestigt, und das Bild des Königs der Könige war in voller Größe überall aufgemalt; Saphirsteinen gleich waren seine Farben gewirkt.

Gold (gelblich, rötlich) = Feuer
Berylle (verschiedene Farben, manchmal auch farblos)
Chalzedone (bläulich) = Wasser
Achate (bräunlich) = Erde
Sardone (= Sardonyx, verschiedenfarbig)
Diamanten (funkelnd) = Feuer
Saphirsteine (blau) = Wasser

Hier werden sieben edle Materialien aufgelistet. Solche Listen sind in vielen Fällen nicht einfach nur willkürliche Aufzählungen, sondern sie haben oftmals auch eine symbolische Bedeutung. Im konkreten Fall liegen aber leider nur sehr wenige verwertbare Informationen vor, sodass man die Interpretation nicht an einer Kontroll-Information „gegenchecken" kann. Weiterhin gibt es die meisten Edelstein-Arten in verschiedenen Farben und Farbnuancen, was ebenfalls die symbolische Zuordnung erschwert. Das gilt vor allem für die Berylle und Sardone (= Sardonyx), zumal im Text auch ganz ausdrücklich von „verschiedenfarbigen Sardonen" die Rede ist (was jedoch ein deutlicher Hinweis ist, auf das Farbschema zu achten). Zu den Beryllen gehören: Goshenit (farblos, ohne Einlagerungen), Smaragd (grün durch Chrom oder Vanadium), Aquamarin (bläulich durch Eisen), Heliodor (hellgelb, grün durch Eisen), Bixit (rot durch Mangan), Morganit (rosa bis violett durch Mangan), Goldberyll (gelb bis goldgelb durch Eisen).
Die ersten vier Zeilen der obigen Tabelle erinnern vom Schema sehr stark an die vier Materialien, die dem Königssohn (= dem Menschen) mitgegeben wurden. Daher bietet es sich an, die Berylle dem Element „Luft" zuzuordnen und hier ein ähnliches Polaritätenschema der Elemente anzunehmen, das auf den Farben der Steine basiert. So, wie das Silber alle Farben unverfälscht widerspiegelt, so lässt ein reiner Beryll alle Farben unverfälscht hindurch. Das deutsche Wort „Brille" geht übrigens zurück auf die Lesesteine, die im 13. Jahrhundert aus Beryll geschliffen wurden. Auch die Sardonen würde ich diesem Element zuordnen, da sie in verschiedenen Farben erwähnt werden.

Wenn man nun die oberen vier Zeilen als Polaritätenschema interpretiert, dann ergibt das:

Feuer (Gold) – Luft (Beryll); Wasser (Chalzedon) – Erde (Achat)

Und wenn man die unteren vier Zeilen als Polaritätenschema interpretiert, wobei hier die Erde in der Mitte ebenfalls verwendet wird, dann ergibt das:

Erde (Achat) – Luft (Sardone); Feuer (Diamant) – Wasser (Saphir)

Im ersten Fall handelt es sich um das geistige (überirdische) Polaritätenschema, im zweiten Fall um das materielle (unterirdische) Polaritätenschema. Das überirdische und das unterirdische Polaritätenschema sind damit auf dem Gewand vereint – und damit ist auch die Polarität von Geist und Materie überwunden.

Ich sah, dass in seinem ganzen Umfang die Bewegungen meiner Erkenntnis aufzuckten, und ich sah, dass es sich bereitmachte wie zum Sprechen. Ich hörte den Laut seiner Melodien, die es flüsterte bei seinem Herabkommen: „Ich gehöre zum hurtigsten Diener, den sie vor meinem Vater großgezogen haben, ich habe in mir verspürt, dass meine Gestalt mit seinen Werken wuchs."

Das strahlende Gewand (= der Geistkörper) sagt, dass es dem hurtigsten Diener gehöre. Es gehört dem Anteil, der in die materielle Welt hinabgestiegen ist. Und es ist an seinen Werken gewachsen. Durch die Erfahrungen in der materiellen Welt wächst der Geistkörper.

Und mit seinen königlichen Gesten streckte es sich mir entgegen und es eilte an der Hand seiner Überbringer, dass ich es nähme. Und auch mich trieb meine Liebe an, ihm entgegenzueilen und es zu empfangen. Und ich streckte mich hin und empfing es. Mit der Pracht seiner Farben schmückte ich mich und ich hüllte mich ganz in meine Toga von glänzenden Farben. Ich kleidete mich in sie und stieg auf zum Tor der Begrüßung und der Anbetung. Ich beugte mein Haupt und verehrte den Glanz meines Vaters, der es mir gesandt hatte, dessen Befehle ich befolgt hatte, so wie auch er tat, was er verheißen hatte; und am Tore seiner Satrapen gesellte ich mich zu seinen Großen, denn er hatte Wohlgefallen an mir und nahm mich auf, und ich war mit ihm in seinem Reiche. Und beim Klange von Wasserorgeln priesen ihn alle seine Diener dafür, dass er verkündete, dass ich zum Tore des Königs der Könige gehen solle und mit der Opfergabe meiner Perle mit ihm zusammen vor unserem König erscheinen solle.

Die Perle der „Weisheit" wird an den König wie eine Opfergabe übergeben. So hat auch der „König" – also Gott – durch das Leben seines Dieners eine neue Erkenntnis gewonnen.

Das Geistige wächst an den Erfahrungen in der materiellen Welt – Gott wächst durch die Erfahrungen seiner Geschöpfe.

Dieser Satz ist letztendlich die Antwort auf die Frage nach dem Sinn des Lebens. Geist kann sich nur vermehren, wenn er über ein Erfahrungsfeld verfügt. Hier in der materiellen Welt kann er Ideen ausprobieren und neue Erfahrungen sammeln. So, wie ein Bauer das Getreide auf dem Acker aussät und später wieder erntet, so werden in der materiellen Welt Ideen ausgesät und Erfahrungen geerntet. Ohne den Acker könnte der Bauer das Getreide nicht vermehren. Und ohne die materielle Welt bliebe der Geist unfruchtbar. Bei jedem Zyklus von Aussaat und Ernte gibt es einen Zuwachs. Beim Bauern gibt es einen Zuwachs an Getreide – beim Geist gibt es einen Zuwachs an Erfahrungen und an Erkenntnissen.

Unser Leben in der materiellen Welt ist also nicht die Folge eines Fehlers – es ist keine Auflehnung gegen Gott, keine Strafe und auch keine Verbannung, sondern es ist ein wichtiger Teil des Schöpfungsplans. Wir sind nicht hier in der materiellen Welt, weil Adam und Eva vor ewigen Zeiten gegen die paradiesische Nahrungsmittelverordnung verstoßen haben, sondern weil wir ganz gezielt mit einer Aufgabe in diese Welt geschickt wurden.

Wir sind hier,

- um uns zu entwickeln,
- um neue Ideen auszuprobieren,
- um neue Erfahrungen und Erkenntnisse zu sammeln
- und um die geistigen Prinzipien zu erkennen, die sich in der materiellen Welt offenbaren.

Anhang

Empfehlungen für den weiteren Weg

In diesem Buch wurde ein Weg dargestellt, wie man mit Hilfe der Symbolsprache das verborgene Wissen freilegen kann, das

- in den biblischen Texten enthalten ist,
- in den deutschen Volkmärchen und
- in den Bildern, die aus der Tiefe unserer Seele kommen.

Es wurden die wichtigsten Grundlagen, Grundstrukturen und Motive vorgestellt. Es wurde gezeigt, was man alles erkennen kann und welche Welt sich einem öffnet, wenn man diesen Weg geht. Und es wurde an verschiedenen Quellen nachgewiesen, dass es sich eigentlich um einen sehr alten Weg handelt. Viele Menschen sind im Laufe der Jahrtausende schon auf diesem Weg gegangen und haben uns Wegmarken hinterlassen, an denen wir uns heute orientieren können.

Eines kann man jedoch in einem solchen Buch nicht zeigen: wie es tatsächlich ist,

- wenn einen die inneren Bilder für die mythischen Motive sensibilisieren,
- wenn einen die mythischen Motive für die inneren Bilder sensibilisieren,
- wenn diese innere Wechselwirkung einsetzt,
- wenn sich das Verborgene in einem offenbart,
- wenn man die innere Kraft spürt, die diesen inneren Prozess steuert.

Diesen inneren Prozess kann man aus ganz prinzipiellen Gründen weder zeigen noch darstellen, sondern man kann ihn nur selbst erleben, wenn man anfängt,

- auf die mythischen Motive und auf die inneren Bilder zu achten,
- die mythischen Motive und die inneren Bilder miteinander zu verknüpfen
- und die Motive zu deuten, die sich in der Symbolsprache offenbaren.

Ich habe versucht, in diesem Buch die Voraussetzungen dafür zu schaffen, damit Sie als Leser diesen Prozess selbst erleben können. Es liegt nun an Ihnen, ob Sie diesen Weg weitergehen wollen oder nicht.
Möglicherweise wird es auch Leser geben, bei denen das Thema erst einmal für eine gewisse Zeit ruhen muss – vielleicht sogar für ein paar Jahre. Vielleicht wird

es dann irgendwann ein Traum sein, ein Märchen, ein Fantasyfilm oder eine Bibelverfilmung, wodurch das Thema der Symbolsprache wieder aufgeworfen wird, weil man zufällig auf irgendein Motiv stößt, das einen ganz besonders anspricht.

Wenn Sie diesen Weg nun weitergehen wollen, dann empfehle ich als nächsten Schritt zwei Dinge:

1.) das Märchen „Aschenputtel" eigenständig zu deuten und später auch andere Märchen, Mythen, biblische Texte und Fantasyfilme, sowie auch die eigenen Träume und Fantasien

2.) den Literaturangaben zu folgen und die theoretischen Grundlagen weiter auszubauen, sodass der Funke der Inspiration auf fruchtbaren Boden fallen kann

Zu diesem Zweck habe ich im Anhang einerseits eine allgemeine Checkliste für esoterisch-symbolische Deutungen beigefügt und andererseits ein Literaturverzeichnis.

Auch diese beiden Empfehlungen basieren letztendlich auf der Grundpolarität von bildhaften Motiven und logisch-rationalen Argumenten, die uns in diesem Buch schon mehrfach begegnet ist. Beide Seiten sind gleichermaßen wichtig, wenn man das esoterische Wissen in der Symbolik der Märchen und Mythen erkennen will.

Allgemeine Checkliste für eine esoterisch-symbolische Deutung

Überprüfung des Textes

- Gibt es andere Fassungen oder Übersetzungen des Textes?
  - Luther-Bibel, Elberfelder Bibel, Interlinear-Übersetzung

- Wie weit stimmt der historische Gehalt?

- Welche Widersprüche und Inkonsistenzen sind erkennbar?

- Welche Parallelen zu anderen Texten sind erkennbar?
  - z. B. Parallelen im Neuen Testament zum Alten Testament

Überprüfung der Motive und Strukturen

- Grundfragen:
  - Was bedeutet ein Motiv, wenn ich es im übertragenen Sinne als einen inneren Prozess interpretiere?
  - Auf welcher Ebene beginnt die Erzählung?
  - Zu welcher Ebene wird hinauf- oder hinabgestiegen?

- Gibt es Analogien zu den vier Elementen?
  - Feuer, Luft, Wasser, Erde

- Sind Drei-Ebenen-Strukturen erkennbar (Tabelle aus dem Kapitel: „Symbolische Analogien zum Drei-Ebenen-Schema" verwenden)?
  - Luft, Wasser, Erde
  - Vögel, Fische, Landtiere
  - Berg, Garten, Wald
  - weiß, rot, schwarz

- Sind Polaritäten erkennbar?
  - links und rechts
    - Gnade und Strenge
    - Fühlen und Denken
    - Leid und Leidenschaft
    - Schwester und Bruder
  - unten und oben
    - Abstieg und Aufstieg
    - Tod und Auferstehung
    - Abschied und Wiederkehr
    - Verfleischlichung und Vergeistigung
    - Materie und Geist
  - die Polaritäten der Elemente
    - Wasser-Erde; Feuer-Luft
    - Wasser-Luft; Feuer-Erde
    - Wasser-Feuer; Erde-Luft

- Gibt es einen Hinweis auf einen doppelten Abstieg oder Aufstieg?

- Gibt es einen Hinweis auf einen siebenstufigen Abstieg oder Aufstieg?

- Welche typischen Motive aus dem zweiten Teil des Buches sind erkennbar?
  - Personifizierungen für den höheren Seelenanteil
  - Hinweise auf Hüllen, Verhüllungen und Enthüllungen
  - die Symbolik des Todes
  - Rose, Salz, Häuser ...
  - Welche Verteufelungen sollten korrigiert werden?
- Gibt es andere Geschichten und Situationen, wo uns die gleichen Motive begegnen?
  - Gibt es diese Motive in der Bibel?
  - Gibt es diese Motive in Märchen, Mythen und Fantasyfilmen?
  - Kenne ich die Motive aus eigenen Träumen und Fantasien?
- Welche vorhandenen Deutungen gibt es
  - in einem Traumdeutungslexikon?
  - in einem Mythologie-Lexikon?
  - in einem Buch über das Tarot?
  - im Internet?
  - Was empfinde ich, wenn ich diese Deutungen lese?

Die Methoden der Verstärkung

- in die Motive einsteigen (visualisieren)

- auf die zusätzlichen Motive achten, die dabei in uns auftauchen

- die Motive und Deutungen darstellen, schriftlich ausformulieren, mitteilen
  - aufschreiben
    - was man deuten kann
    - was es bedeutet
    - was man nicht deuten kann
    - warum man es nicht deuten kann
    - was es möglicherweise bedeuten könnte
    - was dagegen spricht
    - wo vergleichbare Motive aufgefallen sind
  - auf die Ideen und Argumente achten, die dabei spontan kommen

- starke Emotionen nutzen

- Ergebnisse (Deutungen) zusammenfassen, verknüpfen

Literatur zum Thema

Obwohl es bei diesem Buch in erster Linie das Internet war, wo ich viele Quellen, Hinweise und Ideen fand, beschränkt sich dieses Literaturverzeichnis hauptsächlich auf Bücher, die richtig klassisch in Papierform erschienen sind. Das Internet ist ein sehr flüchtiges Medium, und daher kann man nie wissen, wie lange eine Webseite tatsächlich verfügbar sein wird. Eine ausführliche Linksammlung auf all die Quellen und Hinweise, die ich im Laufe der Zeit gefunden habe, würde sicherlich nur sehr wenig bringen, weil die meisten Links schon nach kurzer Zeit nicht mehr funktionieren würden. Aus diesem Grund beschränke ich mich bei der folgenden **Linksammlung** auch nur auf die wichtigsten Quellen, die ich für die esoterisch-symbolischen Deutungen herangezogen habe:

Die Bibelzitate stammen – sofern nicht anders angegeben – aus der revidierten Luther-Bibel von 1984: http://www.bibel-online.net/.

Die Märchen der Brüder Grimm werden zitiert nach: http://gutenberg.spiegel.de/grimm/maerchen/0htmldir.htm.

Das Perlenlied ist zitiert nach: Hans Zimmermann, Görlitz : Quellen in neun Sprachen, http://12koerbe.de/phosphoros/perle.htm.

Das Höhlengleichnis von Platon basiert auf der Übersetzung von Friedrich Schleiermacher: http://gutenberg.spiegel.de/platon/politeia/politeia.htm.

„Prometheus: Der Kampf zwischen Sohn und Vater" von Jörg Rasche wird zitiert nach:
http://www.opus-magnum.de/rasche/Prometheus/html/rasche_opus_magnum_kap_3.html.

Weitere Internet-Links finden sich im Text dieses Buches.

Das nachfolgende **Literaturverzeichnis** enthält Grundlagen und Quellen, aber auch weiterführende und ergänzende Themen. Es ist nicht so, dass ich vollständig und in allen Punkten mit den Autoren übereinstimmen würde, aber es gibt zumindest etliche Details, bei denen ich zu einer sehr ähnlichen Bewertung und Interpretation komme. Es sind teilweise Bücher, die meinen Weg geprägt haben. Aber es sind auch einige Bücher dabei, auf die ich erst stieß, nachdem ich es geschafft hatte, mein eigenes „inneres Wissen" freizulegen und in Worte zu fassen. Diese Bücher waren für mich wie Wegmarken, die mir zeigten, dass auch andere Menschen schon vor mir auf diesem Wegstück gegangen waren. Mehrfach fand ich dabei die Ideen, Schlussfolgerungen und Beispiele wieder, die ich mir selbst gerade erarbeitet hatte. In einem Fall sah ich mich sogar gezwungen, die Einleitung dieses Buches abzuändern, weil sie so ähnlich war, dass sie andernfalls fast wie ein Plagiat gewirkt hätte.

Einige der aufgelisteten Bücher sind leider nicht mehr über den normalen Buchhandel erhältlich. Mitunter hat man jedoch Erfolg, wenn man beim ZVAB sucht (Zentrales Verzeichnis Antiquarischer Bücher, http://www.zvab.com/).

Im Gegensatz zu den bisherigen Quellenangaben beschränke ich mich an dieser Stelle jeweils nur auf Autor und Titel, da einige dieser Bücher in unterschiedlichen Ausgaben erschienen sind und weil es für die Literatur-Empfehlungen nicht so wichtig ist, ob man die gebundene Ausgabe aus dem einen Jahr verwendet oder die Taschenbuchausgaben aus einem anderen Jahr.

Grundlagen

Benedikt, Heinrich Elijah: Die Kabbala als jüdisch-christlicher Einweihungsweg, Band 1 und 2
Dietzfelbinger, Konrad: Der spirituelle Weg des Christentums
Dietzfelbinger, Konrad: Mysterienschulen
Endres, Franz Carl: Die Symbole des Freimaurers
Fromm, Erich: Märchen, Mythen, Träume
Harpur, Tom: Der heidnische Heiland
Helmond, Johannes: Die entschleierte Alchemie
Merkelbach, Reinhold: Mithras – Ein persisch-römischer Mysterienkult
Monroe, Robert A.: Über die Schwelle des Irdischen hinaus
Papus: Die Kabbala
Reemts, Christiana: Origenes – Eine Einführung in Leben und Denken

Ruf, Oskar : Die esoterische Bedeutung der Märchen
Tepperwein. Kurt: Die geistigen Gesetze

Zur Geschichte der Esoterik

Faivre. Antoine: Esoterik im Überblick – Geheime Geschichte des abendländischen Denkens
Hornung, Erik: Das geheime Wissen der Ägypter und sein Einfluss auf das Abendland

Die Beschäftigung mit der esoterisch-symbolischen Sichtweise ist nur die eine Hälfte der Wahrheit. Die andere Seite, die letztendlich genau so wichtig ist, das ist die kritische Auseinandersetzung mit der traditionellen, historischen und wörtlichen Sichtweise auf das Christentum.

Deschner, Karlheinz: Der gefälschte Glaube
Ranke-Heinemann, Uta: Nein und Amen – Anleitung zum Glaubenszweifel

Allgemeine Nachschlagewerke

Die Bibel:

    -revidierte Luther-Bibel
    -Elberfelder Bibel
    -Interlinear-Übersetzung

Fink, Georg: Traumsymbole – Lexikon
Grimm, Jakob und Wilhelm: Kinder und Hausmärchen
Knaurs Lexikon der Mythologie
Origenes: Vier Bücher von den Prinzipien
Schmidt, Karl O.: Das Thomas-Evangelium
Waite, Arthur Edward: Der Bilderschlüssel zum Tarot
Walker, Barbara G.: Das geheime Wissen der Frauen (als Mythologie-Lexikon)

Themen zur Ergänzung und zur Vertiefung

Bühler, Walther: Geistige Hintergründe der Kalenderordnung
Case, Paul Foster: Der Wahre und Unsichtbare Rosenkreuzer-Orden
Dethlefsen, Thorwald: Ödipus der Rätsellöser
Dethlefsen, Thorwald: Schicksal als Chance
Finkelstein, Israel; Silberman, Neil Asher: Keine Posaunen vor Jericho
Holroyd, Stuart: Gnostizismus
Jankovich, Stephan von: Ich war klinisch tot
Lüthi, Max: Märchen
Moody, Raymond: Blick hinter den Spiegel
Moody, Raymond: Leben nach dem Tod
Roob, Alexander: Alchemie und Mystik – Das hermetische Museum
Weinreb, Friedrich: Schöpfung im Wort

Danksagung

An erster Stelle möchte ich meiner Frau danken, die sicherlich am stärksten davon betroffen war, dass ich über mehrere Jahre hinweg oft mehrere Stunden am Tag am Computer saß. Ohne ihre Rücksicht und Toleranz wäre dieses Buch niemals möglich gewesen.

Weiterhin danke ich meinem Freund Mabo, der meine Entwicklung im Internetforum von Anfang an begleitete und mich immer wieder dazu ermunterte, die Themen zusammenzufassen und dieses Buch zu schreiben.

Darüber hinaus möchte ich mich auch bei all jenen bedanken, die mir im Forum und per eMail viele wichtigen Impulse gaben, mich auf Quellen und Zitate hinwiesen und mich durch ihre Nachfragen und Einwürfe dazu zwangen, meine Ideen immer wieder neu zu hinterfragen und zu begründen. Das „innere Wissen" wurde in vielen Fällen gerade durch diesen Dialog freigesetzt, und letztendlich entstanden auf diese Weise die Texte, die in diesem Buch zusammengefasst wurden. So danke ich: AstridC, Bolshoi, Caroline, Caru, Chile-Klaus, Chris, DaveRave, Dirk, elcappuccino, Evi, Freddie, Helium, Ina, Johannes, Martin, MiWi, Nick, smember, Templar, XI ... Einen besonderen Dank auch an Alexandra B. Schütze, Trampeltierchen, Narretey und Narada. Ihre Korrekturen und Anmerkungen haben dazu beigetragen, dass so mancher Stolperstein und Tippfehler vorab gefunden und ausgeräumt wurde.

Und auch bei PitTHEM alias Alpha alias Z(et) möchte ich mich an dieser Stelle ganz herzlich bedanken. Er hat mir bei vielen Dingen geholfen, auch wenn dies ganz sicher nicht seine Absicht war. In gewisser Weise war er mein „Trainer", denn durch seinen erbitterten Widerstand konnte ich überhaupt erst die innere Kraft entwickeln, die notwendig war, um mein „inneres Wissen" freizusetzen.

Die gewagte Ästhetik des Lichtes

von Dr. Th. Kurz, Chicago, USA

Silvian Sternhagel arbeitet seit 1992 als freischaffender Künstler. Mit Ende des Jahres 1996 hat sich der Künstler ein ungewöhnliches Sujet für seine feinen Acryl- und Ölgemälde gewählt: Landschaften.
Sternhagel zitiert auf seinen Bildern verschiedenste Naturelemente und fügt sie zu einer anderen Welt zusammen. Er inszeniert eine Harmonie, in der die Ästhetik des Lichtes im Mittelpunkt steht. Durch seine ungewöhnliche Gabe, einzelne Komponenten aus dem Kontext heraus zu zitieren und durch seine surrealistische Vergangenheit, die in jedem seiner Werke deutlich zu Tage tritt, eröffnet sich dem Betrachter eine nie zuvor gesehene Welt, die den Eindruck grenzenloser Freiheit erweckt.
Die Kombination verschiedenster Malstiele – aus dem Naturalismus, Surrealismus und der Klassischen Moderne – ist typisch für seine inszenierten, postmodernen Gemälde, die den Zusatz: „Bilder aus dem 6. Kontinent®" führen, der treffend verdeutlicht, dass es sich hierbei nicht um irdische, sondern um transzendente Ansichten handelt.
In unserer schnelllebigen, hektischen Zeit, die vielmehr Vordergründigkeiten als Tiefgründigkeiten favorisiert, stellen Sternhagels Bilder einen wohltuenden Gegenpol dar. Der Künstler selbst äußert sich bescheiden: „Meine gemalten Räume sollen auch die Möglichkeit der geistigen und seelischen Entspannung eröffnen." Und doch können sie mehr als das: Taucht man auf den ersten Blick ein in eine Welt voller Harmonie, entdecken die Augen erst auf den zweiten Blick die unzähligen filigran gemalten Einzelheiten. Dadurch erschließt sich die Handlung der Bilder fast wie von selbst und kann – ähnlich einem Buch mit vielen Kapiteln – abgelesen werden. Jedoch mit dem einen Unterschied, dass Sternhagels „Roman" Freiraum bietet für eine individuelle Interpretation und Erfahrung, wobei sich der Spannungsbogen scheinbar von selbst vorantreibt.

Aus dem weiteren Verlagsprogramm

Helmut Rittirsch
Die Seele Gottes
Oder: die Widersprüche des Göttlichen

Von der unendlichen Weite bei der Suche nach Gott. - Dieses Buch ist außergewöhnlich, denn es schildert auf spannende Weise die Suche nach dem Sinn des Lebens. Erzählt wird die Geschichte eines ehemaligen Pastors, der bereits von Kindesbeinen an auf der „Suche nach Wahrheit" war. Schon als kleiner Junge wurde er immer wieder mit Gefühlen und Eindrücken konfrontiert, für die er keine passenden Worte finden konnte, doch spürte er zunehmend, dass hier etwas Außergewöhnliches, nicht „Normales" geschah. Er beschließt zu forschen und findet zum Christentum, zur Philosophie, zur Psychologie, zur Esoterik und zu östlichem Gedankengut. Im Laufe seines Lebens und nach dem Studium von annähernd 10.000 Büchern wird ihm nach und nach klar, dass es um eine Wahrheit geht, für die es keine Worte gibt. Und dass die Begegnung mit Gott rein gar nichts mit dem zu tun hat, was wir Menschen nur allzu gerne glauben wollen. Der Leser wird auf packende Weise eingeladen, sich auf die „unendliche Weite" einzulassen, die in uns allen wohnt und in welcher die „Entdeckung Gottes" lauert, die wegen ihrer Unbeschreiblichkeit in keinen menschlichen Vorstellungsrahmen einzufügen ist.

244 Seiten, Paperback, ISBN 3-937568-73-5

Klaus Sandner
Christus ist in Euch!
Friede sei mit Euch!

Verkündungen des Jungen Karmel

Ich sah aus meiner Vergangenheit – Die Geburt Christi im Menschen – Mystik, Institution, Theologie – Der Weg ohne Meister – Glaubensgespräche – Bürger und Begine – Schwestern Jesu – Nicht länger in Gemeinden schweigen – Die Gebetsarche – Dank während der Mahlzeit – Von Wort, Sprache & Schrift zum jungen Karmel – Gebet für die Tiere dieser Welt – Gottes Regenbogen.

250 Seiten, Paperback, ISBN 3-929046-81-4

Kurt Tepperwein
Nutze die Kraft deiner Gedanken

Ich werde Sie mit diesem Buch an Ihre innere Wahrheit erinnern, an Sie selbst, an den, der Sie wirklich sind, an Ihr wahres Sein. Auch wenn sich vieles von dem, was Sie hier lesen werden, fantastisch anhört: Es ist die Wirklichkeit. Machen Sie sich als Grundlage des Denkens bewusst: Wir alle haben schon unzählige Male gelebt. Wir waren Bauern, Soldaten, Hausfrauen, Könige, Bettler. Wir waren Männer, Frauen, wir sind geboren worden, waren erfolgreich oder nicht, wurden krank und alt, sind gestorben … – nur um zu erkennen, dass wir danach immer noch leben, um zu erkennen: Wir sind Bewusstsein. Es ist ganz wichtig, dass wir uns das bewusst machen, denn das Mentaltraining ist ein geistiges Werkzeug, das absolut zuverlässig funktioniert. Was nicht immer so absolut zuverlässig funktioniert, ist der Mensch. Daher erfahren Sie in diesem grundlegenden Buch wie wir uns als Werkzeuge des Schicksals optimieren, denn die Ergebnisse mit dem Mentaltraining können nur so gut sein, wie der, der es ausführt.
292 Seiten, Paperback, ISBN 3-937568-34-4

Karlheinz Derwall
Die Wahrheit des Christentums
Wie können wir die Lehre von Jesus verwirklichen?

Die Religionen sind das Grundübel der Menschheit, also genau das Gegenteil von dem, was sie vorgeben zu sein. Sie sind der Ursprung allen Leids, aller Unwissenheit und Ignoranz. Die Menschen von diesem Alptraum zu befreien, sollte unser wichtigstes Ziel sein. Anstatt sich auf eine theologische Krücke zu stützen, die in zahllosen Zeitaltern die direkte Ursache fast allen menschlichen Elends gewesen ist, sollten wir die Menschen lehren, Tugendhaftigkeit um ihrer selbst willen auszuüben und mit Selbstvertrauen durch das Leben zu gehen. Wir sollten dem Fluch der etablierten Einzelreligionen entgegentreten, um die Menschheit von dieser direkten Ursache fast allen menschlichen Leidens zu erlösen. Sinngemäß nach Frau H.P. Blavatsky
112 Seiten, Paperback, ISBN 3-929046-72-5

Auf unserer Homepage finden Sie weitere Bücher unseres Verlagsprogramms sowie viele Informationen.

Spirit Rainbow Verlag • Gudrun Anders
Ferberberg 11 • 52070 Aachen
Tel 0241 - 70 14 721 • Fax 0241 - 446 566 8
Email: info@spirit-rainbow-verlag.net
www.spirit-rainbow-verlag.net